Adam Wolf

Fürst Wenzel Lobkowitz

Sein Leben und Wirken

Adam Wolf

Fürst Wenzel Lobkowitz
Sein Leben und Wirken

ISBN/EAN: 9783743621022

Hergestellt in Europa, USA, Kanada, Australien, Japan

Cover: Foto ©ninafisch / pixelio.de

Manufactured and distributed by brebook publishing software (www.brebook.com)

Adam Wolf

Fürst Wenzel Lobkowitz

Fürst Wenzel Lobkowitz,

erster geheimer Rath Kaiser Leopold's I.

1609—1677.

Sein Leben und Wirken

von

Adam Wolf.

Mit Portrait.

Wien, 1869.
Wilhelm Braumüller
k. k. Hof- und Universitätsbuchhändler.

Das Recht der Uebersetzung in fremde Sprachen behält sich der Verfasser vor.

I. Raudnitz und die Lobkowitz.

Wer einmal auf der Eisenbahn von Prag nach Dresden gefahren ist, erinnert sich der Stadt und des Schlosses Raudnitz, von welchen die Station den Namen trägt. Die Stadt liegt auf einer Berglehne, hat einen breiten Platz und einige Gassen, sieht aber so öde und verlassen aus wie so viele Städte des siebzehnten Jahrhunderts, die wir aus den Bildern Merian's kennen. Einst führte hier eine Brücke über die Elbe und leitete den Verkehr aus dem Mittelgebirge nach der Hauptstadt. Die Brücke wurde jedoch im dreißigjährigen Kriege zerstört, und seitdem zog sich Handel und Wandel westwärts auf die Straße über Doxan. Heutzutage haben die Čechen die Stadt Raudnitz (čechisch Roudnice) zu einem Mittelpunkt ihrer nationalen Bestrebungen ausersehen, wahrscheinlich deshalb, weil Raudnitz eine der ältesten Niederlassungen in Böhmen ist, und der Sage nach am Fuße des Řip oder Georgsberges die ersten slavischen Schaaren ihr Lager aufgeschlagen haben.

Das Schloß erhebt sich auf einer felsigen bebüschten Anhöhe und bietet mit seinem massiven Vierecke, seiner breiten Front und den vier Eckvorsprüngen einen wahrhaft großartigen Anblick. Es ist ein Renaissancebau des siebzehnten Jahrhunderts wie so viele Schlösser in Deutschland und Oesterreich. Die Vorderseite ist der Stadt zugekehrt. Durch ein hohes Thor kommt man in den Hofraum, und rechts und links auf breiten offenen Stiegen in die Gänge und Gemächer des Hauses. Von den Altanen genießt man eine herrliche Aussicht auf die Elbe und die fruchtbare Ebene bis zu waldigen Bergen des

Mittelgebirges. Wie oft sind über diese Felder feindliche Schaaren gestreift: Hussitenschwärme, schwedische und sächsische Regimenter und die strammen preußischen Soldaten Friedrich II. Schloß Raudnitz wird in der Geschichte Böhmens viel genannt. Es war einst ein Besitz der Kirche, Eigenthum der Prager Bischöfe und namentlich ein Lieblingsaufenthalt des edlen, kunstsinnigen Ernst von Pardubitz, des ersten Erzbischofes von Prag. Der römische Tribun Cola Rienzi saß in Raudnitz gefangen. Johannes Huß wurde hier in der Capelle zum Priester geweiht. Oftmals kamen zu Anfang der Hussitenzeit die Führer der katholischen und reformatorischen Partei zusammen, um in ernsten Gesprächen den religiösen Streit zum Ausgleich zu bringen. Von 1431 bis 1592 wechselte Raudnitz seine Herren. Noch in der Hussitenzeit kam es in den Pfandbesitz der Smiřicky, dann des Zdenko von Sternberg, des Führers der katholischen Barone. Georg Podiebrad confiscirte das Gut für die Krone, verpfändete es wieder, der Besitz ging von Hand zu Hand, bis Kaiser Maximilian II. 1575 Raudnitz an den Oberstburggrafen von Böhmen Wilhelm von Rosenberg verkaufte. Dieser hatte seine Freude an dem neuen Besitz, kaufte Gründe und Dörfer dazu, legte Weingärten an und hatte unter anderem in Raudnitz auch ein chemisches oder vielmehr alchemistisches Cabinet, welches mit seinen Instrumenten und Stoffen oftmals den Adepten im Dienste Rudolf's II. aushelfen mußte. Rosenberg vermachte 1592 Raudnitz seiner Frau Polyxena von Pernstein als Wittthum, sein Bruder, der alte berühmte Wok von Rosenberg, der letzte seines Geschlechtes, überließ es der Wittwe als freies Eigenthum. Erst als 1603 Polyxena Rosenberg-Pernstein den Zdenko Lobkowitz heiratete, kam Raudnitz an die Familie Lobkowitz. Schloß und Gut sind noch heute in ihrem Besitze und wie bekannt führen die Lobkowitz seit 1785 den Titel: Herzoge von Raudnitz.

Die jetzigen Herren wohnen im Schlosse Eisenberg an den Hängen des Erzgebirges, in Wien oder in Steiermark.

In Raudnitz ist es im Winter und Sommer so still wie in einem alten verlassenen Palaste. Nur im Spätherbst wird es in seinen Räumen lebendig. Da kehrt die Familie in ihren alten Stammsitz ein, Gäste kommen und gehen, fröhliche Jagdgenossen streifen durch Feld und Wald, und am Abend rückt Alles zu heiteren und ernsten Gesprächen zusammen.

Das alte Schloß war ein winkeliger burgartiger Bau mit Wall und Graben, und lag seit der Hussitenzeit größtentheils in Schutt. Wilhelm von Rosenberg baute das Schloß wieder auf. Die Schweden schossen im dreißigjährigen Krieg, als sie hier über die Brücke wollten, die Frontmauer in Trümmer. Erst Wenzel von Lobkowitz, der erste Herr dieses Namens auf Raudnitz, begann wieder seinen Erbsitz herzustellen und wohnlich einzurichten. Der alte Bau wurde vollständig abgebrochen und von italienischen Baumeistern von 1660 bis 1684 ein Neubau in der Form aufgeführt, wie wir ihn heutzutage kennen.

Auch das Innere ist modernisirt. Die mittelalterlichen Kunstschätze der Prager Erzbischöfe sind längst verstreut, aber man findet dafür viele Werthstücke an Nippsachen, Geschirr, alten Möbeln, Florentiner Kästen und eine auserlesene Sammlung von Waffen aus den letzten drei Jahrhunderten. Die Zierden des Schlosses sind aber die Bibliothek, das Archiv und die Bildersammlung. Die Bibliothek zählt 50.000 Bände mit 480 Manuscripten und 1200 Incunabeln, unter diesen einen schönen Codex des Plato und spanische Werke des 16. und 17. Jahrhunderts. Sie sind der gelehrten Welt nicht unbekannt. Alljährlich wallfahrten Geschichtsforscher und Philologen hierher, um besondere Studien zu machen. Das Archiv ist eines der reichhaltigsten und bestgeordneten in Böhmen und für die vaterländische Geschichte des 16. und 17. Jahrhunderts unentbehrlich. Die Gallerie hat über 600 Bilder, darunter freilich viel bedeutungslose, aber auch Prachtstücke und Werke der ersten Meister: von Tizian, Tintoretto, Albrecht Dürer,

Hanns Holbein, Lucas Cranach, van Dyck, Rembrandt, Quintin Messys, Breughel und in zweiter Reihe von Hogstraten, van der Meeren, van der Brucken, Jordaens, Bredael, Houthorst, Brand und Kupetzky. An den Wänden hängen Bildnisse von Männern und Frauen aus den Familien Pernstein, Rosenberg, Lobkowitz, Sulzbach, Mendoza u. a. Ein Antiquarius kann da Geschichten aller Art erzählen von der Cultur vergangener Zeiten, von Festen und Hofleben, von ehrgeizigen Männern, verliebten Frauen, Künstlern und Sängerinnen.

Besonders auffällig ist das lebensgroße Bildniß eines Mannes, ein Kniestück, gut erhalten, von einem unbekannten Meister gemalt. Es stellt einen Staatsmann des siebzehnten Jahrhunderts vor. Der Kopf ist äußerst ausdrucksvoll. Die schlichten Haare sind bereits mit Grau untermischt, der Bart nach der Sitte der Zeit geschnitten, die Stirne hoch, die Nase lang, wohlgeformt, der Mund fest geschlossen, die Lippen noch immer fein und weich, unter den dichten Brauen schauen ein Paar dunkelblaue Augen hell und scharf hervor. Der Mann ist etwa über fünfzig Jahre, mittelgroß, kräftig gebaut, von fester Gesundheit. Das Alter scheint ihn nur angehaucht zu haben. Er erscheint in der reichen malerischen Tracht seiner Zeit, im schwarzen Sammetrock mit den überhängenden weißen Spitzenkrausen, das goldene Vließ auf der Brust. Die eine Hand hält einen Brief, die andere ist auf den Tisch gestützt. Alles an der Figur ist wie aus einem Gusse. Das Bild beschäftigt Geist und Phantasie in dem Maße, daß man den anderen Bildern wenig Aufmerksamkeit schenkt. Man hat den Eindruck eines vornehmen Mannes, der befehlen darf und kann, und der befohlen hat. Bei dem ersten Blicke scheinen die Züge starr, hart und kalt, mit einem leisen Zug von Ironie auf den Lippen. Wenn man das Gesicht länger betrachtet, wird Alles weicher, milder; man liest ein freundliches Wohlwollen, leichten Spott, bestimmte Klarheit, feste Ueberzeugung, stolzes Selbstbewußtsein, Lebensmuth und Lebenskraft herab. Jedenfalls ist das Bild ein echtes Portrait, welches den Charakter des Mannes in seinem Werden und Sein wiedergibt.

Wer ist der Mann? Der Castellan des Schlosses antwortet auf diese Frage: Fürst Wenzel Eusebius Lobkowitz, der zweite Fürst dieses Namens, Herzog von Sagan, der Erbauer des Schlosses, Stifter des Fideicommisses für seine Familie, Soldat im dreißigjährigen Kriege, Präsident des Hofkriegsrathes, Obersthofmeister und erster geheimer Rath Kaiser Leopold's I., in seinem Alter gestürzt, verbannt und in Raudnitz verlassen und vergessen gestorben.

In den Geschichtsbüchern der Zeitgenossen ist wenig über das Leben und Wirken dieses Mannes zu finden[1]). Sie sprechen nur im Allgemeinen von seinem Einflusse am österreichischen Hofe, und wie er denselben mißbraucht habe in einem geheimen Einverständnisse mit Frankreich zu einer Zeit, in der Oesterreich für die Freiheit Europa's die Waffen gegen Ludwig XIV. erhob. Die neueren Geschichtschreiber erzählen wenig mehr.[2]) Die Vorliebe für die österreichische Geschichte, ein besonderes Interesse für das Zeitalter nach dem westphälischen Frieden haben mich bewogen, den Schritten jenes Mannes nachzugehen von seinem ersten Auftreten im öffentlichen Leben bis zur Höhe seiner Wirksamkeit, und bis zu seinem Fall und Tod. Das Raudnitzer Archiv enthält Tausende von Briefen an Wenzel Lobkowitz, gesandtschaftliche Berichte, Regierungsgutachten, Staatsschriften und Aufzeichnungen aller Art. Das Studium derselben offenbarte mir zunächst das Leben und die Denkart jenes Mannes. In dem k. Staats-

---

[1]) Gualdo Priorato: storia di Leopoldo Cesare 1656 — 1670. Vienn. 1670 — 74. Wagner: historia Leop. M. 1719 — 34. Menchen: Leben und Thaten Leop. I. 1707. Rinck: Leben und Thaten Leopold d. Gr. 1708. Pufendorf Sam.: de rebus succicis libri XXVI (1620—1654) 1705.

[2]) Was Mailáth in seiner Geschichte des österreichischen Kaiserstaates IV. 42 mittheilt, sind Anekdoten und ein kurzer Auszug aus den Proceßacten.

archiv in Wien benützte ich die Wahlacten, die Correspondenzen der Kaiser und Minister, die Protokolle des geheimen Rathes und vornehmlich die Acten, welche auf die ungarische Verschwörung und ihre Folgen Bezug haben. Die Tagebücher des Fürsten Johann Adolph Schwarzenberg und so mannigfache Briefe im fürstlich Schwarzenbergischen Hausarchive in Wien gewährten mir eine eigenthümliche Erkenntniß von geheimen Kräften und Strebungen, welche in den officiellen Staatsacten nicht vorkommen.¹)

Der Stoff ist mir in den Jahren der Sammlung und Arbeit so angewachsen, daß ich daran denken konnte, eine Geschichte der Regierung K. Leopold's I. zu schreiben. Aber je älter man wird, desto mehr lernt man seine Kraft und Thätigkeit beschränken. So beschied ich mich, die Grenzen enger zu ziehen und zunächst das Leben und Wirken des Fürsten Lobkowitz als des hervorragendsten Staatsmannes zu schildern. Nur in einigen Capiteln greift das Buch weiter aus, und erzählt die Geschichte Leopold's I. in ihrer ersten Hälfte, von 1650 bis 1680, wie sie sich in der Gestaltung des monarchischen Lebens, in der äußeren Politik und öffentlichen Verwaltung darstellt. Das biographische und individualisirende Element sollte dabei mit der Geschichte des Reiches verbunden werden.

Es ist keine glänzende Partie der österreichischen Geschichte, die hier geschildert wird. Die äußere Politik war unsicher, schwankend, die Feldzüge ohne Resultate, der Staatshaushalt in Unordnung, das Verfassungsleben erstarrt, die geistigen Interessen ohne Gehalt und Fortbildung. Alles Leben schien in dem religiösen und monarchischen Zwang verkommen. Und doch schieden sich damals die Ideen und Verhältnisse der alten und neuen Zeit. Mitten in dem Wirrwarr der Leopoldinischen

¹) Das Raudnitzer Archiv ist in den Anmerkungen, wo es als Quelle citirt wird, mit R. A., das Schwarzenbergische Archiv mit Schw. A. das k. Staatsarchiv mit St. A. bezeichnet. Das Datum ist neuen Stils.

Regierung erkennt man die Züge einer neuen Politik: den Uebergang aus der feudalen Staatsverfassung in ein modernes Staatsleben, die Ausbildung Oesterreichs zu einem Gesammtstaate, die Kräftigung der Regierung und die Keime einer neuen Volkswirthschaft. Eisern war die Zeit, eisern waren die Männer, welche aus dem dreißigjährigen Kriege aufgewachsen sind, ohne Herz für das Volk, gleichgiltig für die geistigen Interessen, dünkelhaft, stolz, begierig nach Reichthum und Herrschaft. Viele gleichen dem Bilde, welches Logau 1655 in seinen Sinngedichten gezeichnet hat:

> Anders sein und anders scheinen,
> Anders reden, anders meinen,
> Alles loben und ertragen,
> Allen suchen zu behagen,
> Allem Winde Segel geben,
> Bösen, Guten dienstbar leben,
> Alles Thun und alles Dichten
> Blos auf eig'nen Nutzen richten,
> Wer sich dessen will befleißen,
> Wird ein Weltmann jetzt geheißen.

Aber es gab doch auch Männer von ehrbaren Sitten, festem geraden Sinn, voll Ueberzeugung, Thatkraft und Treue für ihre Fürsten.

Unter den Ministern, welche in der ersten Zeit K. Leopold's die Geschäfte führten, Portia, Auersperg, ist Wenzel Lobkowitz jedenfalls der bedeutendste: voll Talent und Geist, unabhängig, reich, unbestechlich, aus einem Hause, dessen Traditionen die Ehrfurcht und den Gehorsam für das Haus Oesterreich über Alles stellten; dabei freimüthig, selbstständig, listig, gewandt und eine Zeit von solchem Einflusse, daß der Souverän vor dem Minister zu verschwinden schien; und doch war er der Minister eines absoluten Herrn und selbst absolutistisch gesinnt. Seine Schicksale sind mit der Geschichte Oesterreichs eng verknüpft, sein Bildungsgang ist ein Spiegelbild seiner Zeit, sein Wirken führt uns ein in die Grundsätze der altösterreichischen Politik und die geheimen Triebkräfte einer

Regierung, die ausgelebt hat und von der das jüngere Geschlecht nichts mehr weiß.

Die Lobkowitz sind ein altes böhmisches Geschlecht.[1]) Sie hießen mit ihrem Familiennamen Popel, d. h. Asche, waren Grundherren, dienten den Premysliden und Luxemburgern und nannten sich erst Herren auf Lobkowitz, als der eine 1407 das Gut Lobkowitz mit der gleichnamigen Burg auf dem linken Elbufer zwischen Kostelec und Melnik kaufte. In der Mitte des fünfzehnten Jahrhunderts theilte sich das Geschlecht in zwei Linien: in die Linie Lobkowitz-Hassenstein und die Popel-Lobkowitz, welche ihren alten Namen Popel beibehielt. Die Herren von Lobkowitz-Hassenstein waren im deutschen Theile Böhmens an den Hängen des Erz- und Mittelgebirges ansässig. Sie besaßen Hassenstein, eine Burg bei Kaden auf einer Vorhöhe des Erzgebirges, Großpriesen an der Elbe, Eidlitz und Obrstwy. Sie waren feurige, hitzige Edelleute, wurden protestantisch und hielten zur alten Verfassung und Freiheit des Landes. Am Ende des sechzehnten Jahrhunderts verschwanden sie aus Böhmen; sie wanderten nach Sachsen und Franken aus; ein Zweig derselben ist noch in Franken ansässig und lebt fort im baierischen Adel.

Der berühmteste dieses Geschlechtes war Bohuslav Lobkowitz-Hassenstein (1462—1510), ein viel gereister Herr, Gelehrter und Dichter, voll Verständniß und Begeisterung für die geistigen Bestrebungen seiner Zeit, Humanist im schönsten Sinne des Wortes. Er hatte in Italien studirt, diente dem Jagellonen Wladislav, arbeitete lange Jahre in den Archivalien in Karlstein und machte dann große Reisen im Orient. Er hielt sich in Constantinopel, in Palästina, Egypten und Nordafrica auf. Nach der Rückkehr lebte er still in seiner Burg für Studien und Poesien. Seine Bibliothek, für die er Bücher

---

[1]) Vgl. Hormayr, histor. Taschenbuch 1830, S. 228. „Die Lobkowitz," čechisch „Lobkowic". Ich behalte die deutsche Schreibweise bei.

und Handschriften in allen Ländern aufkaufen ließ, stand bei den Zeitgenossen in großem Ansehen. Die Gedichte, die er geschrieben hat, sind gelehrte Schulpoesien, wie sie damals in der Mode waren, meist didactischen Inhaltes: eine Elegie auf den Tod der Königin Anna, ein Gemälde des Hoflebens, eine Satyre auf die Sitten des böhmischen Adels u. a. Sie wurden 1570 gedruckt und waren damals sehr verbreitet.

Die Popel'sche Linie trennte sich im sechzehnten Jahrhundert wieder in zwei Linien. Auch diese zerfielen durch Theilung des Stammbesitzes und neuen Erwerb in mehrere Familien, die sich von ihrem Besitze Herren von Dux, Bilin u. a. nannten. Sie waren schon seit 1459 Reichsfreiherren, blieben katholisch, königlich gesinnt, dienten als Officiere, Landeshofmeister und Oberlandesrichter in Böhmen. Am Hofe K. Rudolph's II. lebte Georg Popel Lobkowitz, der Günstling und Vertraute seines Herrn, bis er 1592 verhaftet, zum Verluste seiner Güter und ewigen Gefängniß verurtheilt wurde. Er starb 1607 im Gefängnisse, von seiner edlen Tochter Eva, der böhmischen Antigone, getröstet und gepflegt.

Die jüngste Linie der Popel Lobkowitz war die Chlumetzer, so genannt vom Schlosse Chlumetz im Taborer Kreise, welches der Familie seit 1474 gehörte. Durch zwei Glieder, Zdenko und Wenzel Lobkowitz, kam dieses Geschlecht im siebzehnten Jahrhundert zu Reichthum, Ehren und einer wahrhaft geschichtlichen Stellung. Diese beiden Männer haben die Lobkowitz in den eigentlich österreichischen Adel, wie er sich seit dem siebzehnten Jahrhundert aus dem feudalen Provincialadel herausbildete, eingeführt. Sie wurden Minister, Fürsten, Herzoge, kamen allen ihren Vettern an Macht und Ehre zuvor, und nannten sich deshalb auch „Regierer" des Hauses Lobkowitz. Von ihnen stammen die Fürsten Lobkowitz ab, welche heutzutage in Böhmen und Steiermark begütert sind, und durch ihre Ueberlieferungen, ihre Verwandtschaften wie durch ihren Güterbesitz zu den vornehmsten österreichischen Adelsgeschlechtern gehören.

Zdenko oder Zdeněk Popel von Lobkowitz (1568—1628) war ein jüngerer Sohn, hatte studirt, trat unter Rudolph II. in den öffentlichen Dienst, wurde Reichshofrath, Gesandter in Spanien, Sachsen, Brandenburg und erhielt 1599 das Amt eines obersten Kanzlers von Böhmen, das er unter allem Wechsel der Herrschaft und Politik unter Rudolph, Mathias und Ferdinand II. bis zu seinem Tode inne hatte. Zdenko Lobkowitz wird als ein kluger stolzer Mann geschildert, der in der spanischen Hofluft erzogen in Oesterreich eine Gattung Herzog von Lerma, aber ohne den unbeschränkten Einfluß dieses Ministers darstellte. Durch seine feste Ueberzeugung, durch Talent und die Schärfe seines Geistes beherrschte er alle anderen Beamten des Königreiches.[1]) Er war nicht antinational; er liebte die Sprache und Geschichte seines Volkes, schrieb mit Vorliebe čechisch, aber in der Politik stellte er sich seinen protestantischen hitzigen Adelsgenossen gegenüber. Er vertheidigte die absolute Gewalt des Souveräns gegen die aristokratisch ständische Partei, die Herrschaft des Katholicismus gegen die Bestrebungen des Protestantismus in Böhmen. Zdenko Lobkowitz rieth noch 1609 dem Kaiser Rudolph zum Widerstand gegen die aufrührerischen Stände und zur Ablehnung ihrer religiösen und politischen Forderungen.[2]) Er verweigerte auch die Unterschrift zu dem Majestätsbriefe, obwohl ihn sein Amt als Oberstkanzler von Böhmen dazu verpflichtete. Als man ihn daran erinnerte, daß Mathias durch Gestattung der Religionsfreiheit den Frieden in Oesterreich hergestellt habe, erwiederte er: Wenn Mathias seinen Unterthanen den Weg zur Hölle bahnt, soll es darum auch Rudolph thun? Die nationale und ständisch-autonom gesinnte Partei der böhmischen Herren hat ihn gefürchtet und gehaßt. Schon 1609 wollten sie ihn zum Fenster hinauswerfen. Budowa nannte

---

[1]) Chlumetzky, Carl von Zierotin 1862. 576, 577.
[2]) Gindely, Geschichte des böhmischen Majestätsbriefes. 1858. 70.

ihn einen „Störenfried". Sie beschuldigten ihn der Unredlichkeit in Geldsachen, der Unkenntniß der Landesgesetze. Mehrmals versuchten sie ihn vom Amte zu bringen, nur die Gunst des Königs hielt ihn aufrecht.¹) Auch Mathias behielt ihn als Oberstkanzler. Zdenko Lobkowitz setzte es 1617 bei den böhmischen Ständen durch, daß Erzherzog Ferdinand von Steiermark als Thronfolger in Böhmen anerkannt und gekrönt wurde. Durch seine Kenntniß der böhmischen Verhältnisse und Parteien leistete er Ferdinand II. wichtige Dienste. Er erlebte den Sieg und Fall der Revolution in Böhmen, die gewaltsame Katholisirung des Volkes und die Begründung der absoluten Gewalt der Krone. Die neue Landesordnung von 1627, welche Böhmen als ein erobertes Land erklärte, das Recht der Gesetzgebung an die Krone zog und die Vertretung des Landes änderte, war zumeist ein Werk des Zdenko Lobkowitz und des Kanzlers Otto Nostiz.

Kaiser Ferdinand II. hat Zdenko Lobkowitz auch begnadet und belohnt, wie wenig andere, die ihm treu gedient hatten. Er verschaffte ihm 1621 das goldene Vließ, 1624 die Fürstenwürde und schenkte ihm Geld und Güter. Zdenko Lobkowitz hat es auch verstanden, durch guten Haushalt und kluge Benützung der Verhältnisse seinen Besitz zu vermehren. Von seinem Vater hatte er nur die zwei Güter Chlumetz und Zistebnic, beide im Taborer Kreise gelegen, erhalten. Erst als sein älterer Bruder Ladislav starb, wurde er ein reicher Mann. Er erbte 1621 die Reichsherrschaft Neustadt oder Sternstein in der Oberpfalz, welche sein Vater gekauft hatte, Ribnik in Schlesien und Holeschau in Mähren. Kaiser Ferdinand überließ ihm 1623 als Entschädigung für die Verluste, welche er und sein Bruder in der böhmischen Revolution erlitten und auf 120.000 fl. berechnet hatten, die confiscirten mährischen Güter Prusinowic, Drzewohostiz und Bystric. Zdenko Lobkowitz war

---

¹) Gindely, a. a. O. 123, 124, 125.

demnach ein reicher angesehener Herr und konnte die Fürsten=
würde wohl annehmen.

Die politischen Rücksichten, welche ihn seit seiner Jugend
leiteten, scheinen auch seine Heirat veranlaßt zu haben. Es
war damals nicht selten, daß die Söhne und Töchter des
Oberstburggrafen und Oberstkanzlers von Böhmen unter ein=
ander heirateten. Der Besitz, Verkehr, das Interesse, auch
öfter die Neigung führten dazu. Zdenko Lobkowitz hatte 1603
Polyxena von Pernstein, die Tochter seines Vorgängers im
Amte des Oberstkanzlers Wratislav von Pernstein geheiratet.
Polyxena Pernstein war 1566 geboren und am Hofe Maxi
milian's II. erzogen. Ihre Mutter, Donna Maria Mauri=
quez de Lara, war die Obersthofmeisterin der Kaiserin und
mit ihr aus Spanien gekommen. Polyxena vermählte sich 1587
mit dem betagten Oberstburggrafen Wilhelm Rosenberg, wurde
1592 mit sechsundzwanzig Jahren Wittwe und eine reiche
Erbin. Durch guten Haushalt wußte sie ihr Vermögen zu
vermehren. Sie besaß von ihrem Manne Schloß und Gut
Raudnitz und kaufte eine Reihe von Gütern dazu: Schrecken=
stein, Enzowan, Mühlhausen, Brezau, Unterberkowitz. Nach
dem Bilde, welches sie als junge Gräfin Rosenberg darstellt,
war sie eine schöne, stattliche Frau, wie alle Pernstein blond=
haarig und blauäugig; als die Frau Rosenberg's trägt sie
eine rothe Rose im Haar, wie die Frauen der York in England. Bei ihrer zweiten Heirat mit Zdenko Lobkowitz war
sie bereits siebenunddreißig Jahre und zwei Jahre älter als
ihr Gemahl, eine ehrbare, entschlossene, kühle Frau, streng
katholisch, dem Hause Habsburg in Neigung und Unterwür=
figkeit zugethan, und den böhmischen Herren mit ihren natio=
nalen und aristokratischen Sondergelüsten gründlich abgeneigt.
Dessungeachtet stand sie bei dieser Partei in hoher Achtung.
Als am 23. Mai 1619 die aufrührerischen Edelleute die kai=
serlichen Statthalter Graf Martinitz, Slavata und den Rath
Fabricius aus dem Fenster der Landstube im Prager Schlosse

warfen und die Pistolen nachfeuerten, war es Polyxena Lobkowitz, welche die verhaßten Männer rettete. Martinitz war zuerst durch den Schloßgraben in das naheliegende Pernstein'sche Haus, welches Polyxena Lobkowitz bewohnte, geflüchtet; auch Slavata, der am Kopfe verwundet war, wurde von seinen Dienstleuten in ihr Haus gebracht. Sie half Martinitz zur Flucht und lieferte Slavata nicht aus, obwohl ein bewaffneter Haufe erschien und eine Wache vor ihr Haus gestellt wurde, so daß sie selbst vier Monate in einer Art Gefangenschaft lebte. Slavata blieb ein Jahr lang bei ihr, bis er geheilt war.[1]) Zdenko Lobkowitz war in Wien bei König Ferdinand und begleitete ihn nach Frankfurt zur Kaiserwahl. Die Aufständischen in Böhmen zogen seine Güter ein, aber sie wagten es nicht, das Eigenthum seiner Frau anzutasten.

Zdenko Lobkowitz hat durch diese Heirat sein Glück nicht weniger begründet, als durch seinen Verstand und seine Thätigkeit. Die Verbindung mit den Pernstein hielt ihn in Verbindung mit der katholischen und österreichischen Partei des Landes, stärkte seinen Einfluß an dem österreichischen und spanischen Hofe und verschaffte ihm ausgebreitete Verbindungen. Er selbst war mit den Fürstenberg, Waldstein, Trčka verwandt; durch seine Frau kam er in Verwandtschaft mit den Mendoza's in Spanien, den Kettler in Kurland, den Herzogen von Teschen, mit den Gonzaga, Venosa und Caserta in Italien.

Die Ehe war durch mehrere Jahre kinderlos, bis Polyxena am 30. Januar 1609 einen Sohn gebar, der Wenzel Eusebius genannt wurde. König Philipp III. von Spanien stand durch seinen Gesandten zu Gevatter und schenkte der Mutter einen Schmuck im Werthe von 5000 Scudi. Bei dem Taufact war auch der Diplomat und Capuciner P. Lorenz von Brindisi zugegen. Dieser rühmte sich, durch eine Andacht, die er von vier Capucinern in Jerusalem verrichten ließ, den Segen des

---

[1]) Žireček Jos. Information Slavata's gegen den Grafen Thurn. 1865.

Himmels erfleht zu haben, daß Polyxena noch in ihrem dreiundvierzigsten Jahre eines Knabens genesen konnte.¹) Daher kam auch die Vorliebe des Oberstkanzlers und seiner Frau für den Capucinerorden. Einige Jahre später, 1615, gründeten sie neben ihrem Schlosse Raudnitz ein Capucinerkloster mit Kirche und Gruft, in der sie auch beide begraben liegen. Zdenko Lobkowitz starb am 16. Juni 1628, seine Frau überlebte ihn noch lange Jahre und hatte die Freude, ihren Sohn als tapferen Officier aus dem Kriege heimkehren und glücklich verheiratet zu sehen. Sie starb am 24. Mai 1642 in Prag. Von der Denk- und Fühlart der Ältern ist viel auf Wenzel Lobkowitz übergegangen: der stolze Ehrgeiz des Vaters, wie die kühle Entschlossenheit und das redliche Herz der Mutter. Die Geschichte der Familie ist oft die Geschichte eines Gliedes derselben. Man erkennt daraus die Bedingungen seines Lebens und Wirkens.

¹) Chlumetzky, Carl von Zierotin. 576. Note 577.

II. Wenzel Lobkowitz, Jugend und Soldatenleben.
1609—1652.

Wenzel Lobkowitz wurde bei seiner Mutter in Prag erzogen. Ueber seine Jugend und sein erstes selbstständiges Auftreten im Leben ist nur wenig aufgezeichnet. Er bekam einen deutschen Erzieher, studirte bei den Jesuiten Latein und Philosophie, dann die Rechte an der Prager Universität und trieb zugleich alle sogenannten ritterlichen Uebungen. Es fehlte ihm nicht an Talent und geistiger Anregung. Schon mit zehn Jahren schrieb er ein lateinisches Gedicht zu Ehren eines Bischofes, eines Grafen Kolowrat, der mit den Lobkowitz verwandt war. Unter seinen Jugendschriften findet sich eine Reihe von schulmäßigen Abhandlungen „über die Annehmlichkeit des Landlebens", über den Satz: „das Glück ist dem Kühnen hold," eine „Einleitung zur Rechtswissenschaft", die sogar gedruckt wurde. Gewiß haben ihm diese stilistischen Uebungen viel Mühe gekostet, er hat auch keine schriftstellerischen Versuche mehr gemacht. Aus der Schule brachte er nur ein kümmerliches Wissen mit. Das Jesuitenlatein und die damalige Rechtswissenschaft waren nicht dazu angethan, einen jungen feurigen Geist zu befriedigen. Viel mehr wirkte auf ihn die Mutter, von der er spanisch und italienisch lernte, und sein Erzieher Lorenz Bärnclau, ein wackerer unterrichteter Mann, welcher später als „Hofrath" die Verwaltung der Güter leitete. Lobkowitz erlebte in seiner Jugend das bewegte Parteileben der

böhmischen Herren, die Revolution, die kurze Herrschaft des
Winterkönigs, den Sieg am weißen Berg, die Gewaltherrschaft
unter Karl Liechtenstein, die Wiederkehr der Jesuiten und die
gewaltthätige Herstellung des Katholicismus. Er hat die
Männer der Revolution gekannt, deren Häupter 1622 vor
dem Prager Rathhause fielen, von denen andere flüchtig in
der Fremde verdorben und gestorben sind.

Sobald der junge Herr seine Studien beendet hatte,
ging er auf Reisen, wie es damals bei dem österreichischen
Adel allgemein Sitte war. Die Khevenhüller, Waldstein, Herberstein haben im sechzehnten und siebzehnten Jahrhundert große
Reisen nach Frankreich, Italien bis in den Orient unternommen.
Graf Johann Adolph Schwarzenberg schrieb 1631: „wird
keiner ästimirt, der nicht gereist ist und seine Exercitien gelernt
hat". Zuerst schickte die Mutter ihren Sohn 1627 nach Italien
zu den verwandten Gonzaga's. Im Frühjahre 1628 kehrte er
zurück. Sein Vater war krank und starb noch im selben Jahre.
Wenzel Lobkowitz wurde großjährig erklärt, ließ sich zum
k. Kämmerer ernennen und ging 1630 wieder auf Reisen, diesmal nach Deutschland und in die spanischen Niederlande. Dort
regierte noch die alte Infantin Isabella, eine Tochter Philipp's II.,
früher vermählt an den Erzherzog Albrecht von Oesterreich, seit
1621 Wittwe, damals vier und sechzig Jahre alt, eine kühle
bigotte Frau, die immer im schwarzen Nonnenkleide ging.
Lobkowitz brachte ihr Briefe des Kaisers Ferdinand II., in
welchen er als der Sohn jenes Mannes, „der zur Zeit der
Rebellion in Böhmen dem Hause Oesterreich wichtige Dienste
geleistet", besonders empfohlen ward. Der junge Herr wurde
gut aufgenommen, die Regentin schenkte ihm in der ersten
Audienz ihr Bildniß von van Dyck gemalt und schrieb an seine
Mutter und die Kaiserin in liebenswürdiger Weise über ihn.
Wenzel Lobkowitz lernte dort noch den alten finsteren Charakter
der spanischen Politik kennen, aber auch die Regsamkeit der
Bürgerschaft, den Aufschwung des belgischen und holländischen

Handels, die Blüthe der Malerei und der humanistischen Wissenschaft. Er verkehrte mit Professoren und Malern, besuchte Gent, Brügge, Antwerpen, und hielt sich eine Zeit in Amsterdam am Hofe des Generalstatthalters Heinrich von Oranien auf. Im Frühjahre machte er einen Ausflug über den Canal, besuchte London, Windsor und ließ sich dem Könige Carl I. vorstellen. Seine Reisebriefe sind mager. Eingehender berichtet sein Reisebegleiter Quinetio Baptista Roberti, ein italienischer Edelmann, den ihm seine Mutter mitgegeben hatte und der die Correspondenz mit ihr führte. Im Sommer wollten sie nach Frankreich und Spanien und auf dem Rückwege nach Italien; aber es war in Frankreich nicht behaglich, in Spanien war die Pest, in Italien Krieg. Auf den Rath der Mutter blieb Lobkowitz noch am Hofe der Regentin in den Niederlanden.

Als jedoch aus der Heimat die Berichte kamen von dem Einfall der Sachsen in Böhmen, von den großen Rüstungen unter Wallenstein's Führung, litt es Lobkowitz nicht mehr in der Fremde. Er kehrte im Herbst 1631 nach Oesterreich zurück, ließ sich ein Patent geben und warb auf seinem Gute Holleschau in Mähren ein Regiment von Arkebusieren zu Pferd [1]). Binnen Kurzem hatte er zehn bis zwölf Compagnien beisammen. Der Kaiser ernannte ihn zum Obersten [2]), sein Reisebegleiter Roberti trat als Oberstwachtmeister in das Regiment. Sie führten dasselbe noch im Frühjahr 1632 der großen Armee zu, welche Wallenstein im Norden Böhmens aufgestellt hatte. Lobkowitz stand anfangs bei dem Corps des Maradas in Böhmen, dann bei dem Corps in Schlesien, welches 1632—34 abwechselnd von Maradas, Schaumburg, Gallas und Colloredo befehligt wurde. Zur Zeit der Schlacht von Lützen war Lobkowitz Commandant in Görlitz. Als Wallenstein dann (Mai 1633)

---

[1]) Reiter mit Degen und großen Radschloßpistolen.
[2]) Decret v. 20. April 1632. R. A.

in Schlesien einrückte, schloß sich Lobkowitz der Hauptarmee an und focht mit gutem Erfolge in der Schlacht von Steinau mit (18. October 1633). Nach dem Abmarsche der Hauptarmee aus Schlesien blieb er mit seinem Regimente bei dem Corps des FM. Rudolph Colloredo zurück.

Im Herbst 1633 waren mannigfache Gerüchte über die Verhandlungen Wallensteins mit dem Feinde, über seinen Abfall und seine Abdankung verbreitet. Der langsame Marsch nach Schlesien, die matte Kriegführung daselbst, die Freilassung des Grafen Thurn, die Flucht des Schweden Taupadl hatten den Verdacht der Generale rege gemacht, noch ehe sie von dem politischen Spiel des Feldherrn und den Anzeigen, welche darüber in der Wiener Hofburg einliefen, irgend eine Kenntniß hatten. Rudolph Colloredo schickte im Spätherbst 1633 den Fürsten Lobkowitz an den Generallieutenant Gallas und in die unmittelbare Nähe Wallenstein's, der damals an der Elbe bei Leitmeritz in Böhmen stand, um irgend etwas über die Absichten und Maßregeln des Feldherrn zu erfahren. Es war eine heikliche Mission, da er ohne Urlaub nach Böhmen kam und Wallenstein ein solches selbständiges Auftreten seiner Officiere strenge zu ahnden pflegte. Gallas gab auch Lobkowitz den Rath, nur leise aufzutreten. Als Wallenstein von der Ankunft des Obersten hörte, ließ er ihm sagen, er möge sogleich zu seinem Regimente zurückkehren, denn „es liege im Dienst Sr. Maj., daß alle Officiere bei ihren Regimentern verbleiben." Lobkowitz säumte auch nicht, dem Befehle des gefürchteten Feldhauptmannes nachzukommen und war bereits zu Weihnachten 1633 wieder in Schlesien. In den Briefen an seine Mutter sprach er sich nur vorsichtig und in leisen Andeutungen über seine Sendung aus. „Wie es scheint, schrieb er ihr[1]), geht der Herzog morgen nach Leitmeritz; Gott gebe

---

[1]) 20. November 1633 aus Schloß Enzowan, welches Wallenstein kurz vorher verlassen hatte.

ihm Glück auf die Reise, damit er etwas Gutes vollbringe; doch befürchte ich, daß wir noch große Wirren in diesem Königreiche haben werden." Und später aus Görlitz[1]): „Ich wünsche nichts als den Frieden, um mich mit Ehren aus diesen Wirren herausziehen zu können; daß der Herzog die Absicht habe zu resigniren, glaube ich nicht, weil es Zeit und Gelegenheit nicht zulassen, die er wie ein geschickter Fechter gar wohl in Acht zu nehmen weiß." In einem Briefe nennt er Wallenstein offen einen „Verräther" und fügt bei: „so lange er an der Spitze der Armee steht, wird es nicht gut gehen." Wenzel Lobkowitz war damals ein junger Mann von fünfundzwanzig Jahren und sprach nur im Eindrucke der Gerüchte, die wie Vögel dem Sturme voranfliegen. Eine Kenntniß von dem Zusammenhang der Dinge, von der Politik des Feldherrn hatte er nicht; eben so wenig von der Scene in Pilsen am 12. Jänner, wo die Officiere die bekannte Ergebenheitsschrift unterschrieben, oder von den Maßregeln, welche der kaiserliche Hof ergriffen hatte, die Armee zu erhalten und den gefürchteten Feldherrn unschädlich zu machen. Die Generale und Obersten der Armee waren in den Tagen des Januar und Februar 1634 in einer peinlichen, gefahrvollen Ungewißheit, zumal an so entfernten Punkten wie in Schlesien. Der commandirende General Rudolph Colloredo war gut kaiserlich gesinnt, aber er wußte bis in die zweite Hälfte des Februar nichts von den Vorgängen in Wien und Pilsen, nichts von dem Patente vom 24. Jänner, in welchem der Kaiser die Armee ihres Eides gegen den Herzog von Friedland entband und sie an Gallas anwies. Die ersten Depeschen, die er von Gallas erhielt, waren vom 15. und 17. Februar. Das Patent vom 18. Februar, welches die Absetzung Wallenstein's aussprach, erhielt er erst am 26. Februar und zwar über Görlitz. Die Briefe waren an Lobkowitz adressirt, und dieser schickte sie durch einen vertrauten Officier an

---

[1]) 11. Jänner 1634. R. A.

den General. Gallas hatte in einem Briefe an Lobkowitz beigefügt, daß Wallenstein abgesetzt sei und er den Befehl habe, sich der Person des Feldherrn zu versichern. Weder Gallas noch Piccolomini dachten anfangs an eine Gewaltthat, sie hofften vielmehr auf die Nachgiebigkeit des Herzogs, und waren vor allem darauf bedacht, die Armee zu sichern und einem Kampfe der friedländisch und kaiserlich gesinnten Regimenter vorzubeugen [1]). Der Commandirende in Schlesien erhielt den besonderen Auftrag dafür zu sorgen, daß die friedländisch gesinnten Truppen seines Corps nicht zu den Sachsen übergingen. Colloredo besprach sich mit Lobkowitz, den Generalen Goltz und Bornival, traf Vorkehrung, um einen Einfall der Sachsen in Böhmen zu verhindern, und nahm am 24. Februar, noch ehe die blutige Gewaltthat in Eger vollzogen war, in Ohlau den General Graf Schafgotsche, der in die Pläne des Herzogs eingeweiht war, gefangen. Nur dem Obersten des Regimentes Inng-Trczka gelang es, mit fünf Compagnien zum Feind überzugehen. Der Aufruhr des Oberstlieutenant Freiberger, der in Troppan offen den Abfall vom Kaiser proclamirte, wurde im Keime erstickt [2]). Die Treue und Klugheit Colloredo's wurde ihm später sehr gelohnt. Er erhielt vom Kaiser 200.000 fl. auf das Gut des Grafen Trczka Opočno in Böhmen angewiesen, das dadurch in seinen Besitz kam und noch heute der Familie Colloredo gehört.

Wenzel Lobkowitz blieb mit seinem Regimente in Schlesien bis zum Sommer 1634. Colloredo bedurfte seiner und anderer getreuen Officiere sehr, denn in der allgemeinen Unordnung nach dem Falle Wallenstein's waren die Führer nur auf ihren eigenen Willen und auf die Treue ihrer Officiere angewiesen. Colloredo befehligte in Schlesien 2000 Mann Infanterie und 4000 Reiter. Als die Sachsen unter Arnim mit verstärkter

---

[1]) Höfler, Briefe des Gallas, österreichische Revue 1867. 1. Heft.
[2]) Hurter, Wallenstein's letzte Lebensjahre. 450.

Macht losbrachen, konnte er sich nicht behaupten. Er wurde am 4. Mai 1634 bei Liegnitz geschlagen, mußte Schlesien räumen und sich nach Böhmen zurückziehen. Lobkowitz hatte bei Liegnitz tapfer mitgefochten und mehrere Officiere seines Regimentes verloren.

Die Ereignisse führten den Krieg wieder in das unglückliche Land Böhmen. Die Sachsen und Schweden vereinigten sich bei Görlitz und brachen in Böhmen ein. Banér hatte es vornehmlich auf Prag abgesehen. Er wollte bei Leitmeritz und als er die Brücke abgebrochen fand, bei Raudnitz über die Elbe. Maradas und Lamboy leisteten hier tapferen Widerstand. Die Brücke wurde bei der Kanonade zerstört, ein Theil des Schlosses ging in Flammen auf, aber Banér mußte weichen. Er kam erst bei Melnik über die Elbe. Der Zeitverlust vereitelte den Ueberfall Prag's, den er beabsichtigt hatte. Maradas und Colloredo hielten die Stadt, und als ein Hilfscorps aus Oesterreich anrückte, ging Banér in die Elbebene zurück und räumte noch im September das Land Böhmen.

Bei dem Marsche aus Schlesien war Wenzel Lobkowitz mit seinem Regimente in der Vorhut. Er führte dann im Mittelgebirge den kleinen Krieg gegen die Schweden, ließ sie zu keiner Ruhe kommen und befreite Leitmeritz, die Burgen Kamnitz, Schreckenstein und Tetschen. Nach dem Abzuge der Feinde nahm er Winterquartier in Aussig, und überwachte den Verkehr zwischen Prag und Pirna, wo die kaiserlichen und sächsischen Gesandten über den Frieden verhandelten.

Die Feldzüge in Böhmen waren jedoch von minderer Bedeutung gegen den großen Krieg, der in Schwaben und am Rhein geführt wurde. Nach dem Falle Wallenstein's und nachdem der Unordnung in der Armee gesteuert war, hatte sich die Kriegslage allgemein günstig für den Kaiser gestaltet. Kronprinz Ferdinand hatte im Mai 1634 den Oberbefehl über die Armee in Pilsen übernommen, eroberte Regensburg und erfocht am 5. und 6. Sept. 1634 den entscheidenden Sieg bei

Nördlingen. Eine neue Epoche des großen deutschen Krieges begann von diesen Tagen. Die Schweden betraten nie mehr den Süden Deutschlands. Die evangelische Phalanx in Norden wurde gesprengt. Der Kurfürst von Sachsen trat vom schwedischen Bündnisse zurück; er machte Frieden mit dem Kaiser (30. Mai 1635), der Kurfürst von Brandenburg folgte nach, die ganze protestantische Kriegspartei schien aufgelöst. Dafür trat 1635 Frankreich offen in die Reihe der Feinde und Richelieu gewann den besten deutschen Heerführer, Bernhard von Weimar, um mit dessen Hilfe deutsche Länder zu erobern. Deßungeachtet stand die Kriegslage günstig für den Kaiser. Gallas drängte das französisch-deutsche Heer bis nach Metz zurück, und im Frühjahr und Sommer 1636 waren die „kaiserlichen und des Reiches Waffen" siegreich von der Ostseeküste bis zum Rhein und zu den Alpen. Auch die unglückliche Schlacht bei Wittstock (23. September 1636), in welcher Banér die vereinigten österreichischen und sächsischen Truppen schlug, änderte an dem günstigen Stande der kaiserlichen Waffen wenig.

Wenzel Lobkowitz hatte an den Feldzügen 1635 und 1636 am Niederrhein und in Westphalen Theil genommen. Er focht unter Lamboy, schlug am 14. August 1635 den schwedischen Oberst Roß bei Rüsselsheim, sprengte am 12. September eine Abtheilung Hessen. Im November 1635 stand er bei dem Corps des Freiherrn von Metternich, welcher bei Coblenz den Rhein bewachte. Anfangs 1636 wurde er nach Lippe abberufen und übernahm statt des Grafen von Rittberg das Commando über 7 Reiter und 4 Infanterie-Regimenter [1]). Er sollte den Welfenherzogen, welche die Neigung zeigten, zum Kaiser zu halten, als militärische Stütze dienen; aber erst das Anrücken größerer Streitkräfte unter Feldmarschall Götz drängte den Herzog von Lüneburg zum Anschluß an den Kaiser [2]). Lobkowitz vereinigte

---

[1]) Ordre des Grafen Millesimo, 15. Januar 1636, Uebergaburkunde des Grafen Rittberg, Lemgo 10. März 1636.

[2]) Barthold, Geschichte des großen deutschen Krieges. I. 293. 348.

sein Corps mit dem des Götz und machte den Feldzug gegen die Hessen in Westphalen mit. Nach der Schlacht von Wittstock im Herbst 1636 wurden Götz und Lobkowitz abberufen, sich mit Hatzfeld in Thüringen zu vereinigen und die Schweden von weiterem Vordringen in Sachsen abzuhalten. Am 26. Februar 1637 erfochten die österreichischen und sächsischen Truppen den Sieg über die Schweden bei Pegau in Sachsen. Fürst Lobkowitz hatte mit 7 Kürassier- und 2 Dragoner-Regimentern den Stoß des schwedischen Fußvolkes ausgehalten und den glücklichen Erfolg entschieden. Er blieb den Schweden auf dem Rückzug bis Torgau auf dem Nacken und bestand immer kleine Gefechte. Baner wich noch im Juli 1637 hinter die Oder zurück, die Kaiserlichen rückten durch die Rheinarmee des Gallas verstärkt in Pommern ein. Alle Städte und Festungen an der Elbe waren in ihrer Gewalt. Die Kriegsmacht der Schweden schien vollständig gebrochen. Ihre alte kriegsgewohnte Infanterie war schon bei Nördlingen vernichtet, sie führten den Krieg nur mit deutschen Söldnern und mit französischem Gelde.

Es folgte nun die Zeit, in welcher Frankreich als Hauptleiter den deutschen Krieg weiter führte, und in welcher die religiöse Begeisterung, die nationalen politischen Ideen vom Beginne des Kampfes vollständig erloschen. Der Religionskrieg wurde ein Eroberungskrieg. Die deutschen Fürsten hatten keine andere Sorge mehr, als sich zu erhalten und zu vergrößern, und über das Volk wurde alle Noth, alles Elend eines wilden Krieges losgelassen. Das war die Zeit, von welcher der strenge Sittenprediger Philander von Sittewald berichtet [1]: „wie die alte deutsche Freiheit von den Feinden angefochten und fast unterdrückt war, und sogar diejenigen, welche es mit den Deutschen gut meinen, von diesen nicht geliebt werden; es war kein Dank bei den Deutschen zu erjagen; man koche es mit ihnen, wie man wolle, sie halten den Freund wie den

---

[1] Soldatenleben, II. 664.

Feind, die Ausländischen wie die Einheimischen, und was das ärgste ist, so hat unsere Armee, unser Volk, unser Herr kein Glück noch Segen mehr, es geht alles über und wider einander." Das war die Zeit der Raub- und Streifzüge, welche „der Jäger von Soëst" so lebendig erzählt[1]), die Zeit der kühnen wilden Parteigänger, welche den Spruch führten[2]):

    Frisch, unverzagt, beherzt und wacker,
    der scharfe Säbel ist mein Acker,
    und Beute machen ist mein Pflug,
    damit gewinn' ich Geld's genug.

    Gewalt für Recht,
    ich bin der Herr,
    trotz', der sich sperrt,
    ein jeder thu' was ich begehr',
    wer das nicht thut,
    dem kost' es Ehr und Gut;
    ich bin das Recht,
    trotz', der mir widerspricht.

Wenzel Lobkowitz hatte diese wüsten Soldaten im Norden Deutschlands kennen gelernt. „Es ist ihnen nicht zu trauen, schrieb er an seine Mutter[3]), sie fügen dem Lande großen Schaden zu, morden und schlagen den Unserigen die Köpfe ab, wo sie ihrer nur habhaft werden können; es ist ärger, unter diesen Völkern zu sein als unter erklärten Feinden." Die Lust am Soldatenleben war ihm vergangen. 1638 ging er in die Heimat, heiratete und lebte eine Zeit still zu Hause. Nur einmal noch im Sommer 1639, als der schwedische General Banér wieder durch das Elbthal in Böhmen einfiel, übernahm Lobkowitz ein Commando. Er hatte den Auftrag, die flüchtigen Schaaren des alten „Heerverderbers" Gallas zu sammeln, und es gelang ihm, die Hauptstadt Böhmens zu entsetzen (20., 21. Mai 1639). Als dann Banér im October wiederkehrte und den Hradschin in Prag beschoß, nahm Lobkowitz

---

[1]) Simplicissimus.
[2]) Moscherosch, Soldatenleben. II. 665. Weltweiser I. 79.
[3]) Lemgo, 7. März 1636. R. A.

an der Vertheidigung rühmlichen Antheil. Die Schweden konnten er und Hatzfeld mit ihrer schwachen Macht nicht verjagen. Erst als Piccolomini und Erzherzog Leopold mit einer frischen Armee anrückten, wurde das furchtbar heimgesuchte Land wieder frei. Lobkowitz war in Prag so populär geworden, daß die Studenten, welche an der Vertheidigung Antheil genommen hatten, ein Jahr nachher ihm zu Ehren ein Schauspiel aufführten. Die Vertheidigung Prags, die Verfolgung des Feindes waren jedoch seine letzten Thaten im Felde.

Er trat nicht aus der Armee, aber der Kaiser verwendete ihn in den letzten Jahren des deutschen Krieges zu militärischen politischen Missionen. Am Wiener Hofe hatte man den jungen Lobkowitz stets im Auge behalten. Das Glück war ihm zwar nicht beschieden, an einer der großen Schlachten bei Lützen oder bei Nördlingen theilzunehmen, aber er hatte seinen Muth, seine Geschicklichkeit in Schlesien und Böhmen mehrmals bewiesen und die commandirenden Generale hatten in den Berichten seinen Namen immer mit Auszeichnung genannt. Sein Verdienst, sein Name, seine Verwandtschaft, wie die Neigung des Kaisers Ferdinand's III. stellten dem Fürsten eine bedeutende Laufbahn sicher. 1632 war er als Oberst in die Armee eingetreten, 1636 (10. Juni) wurde er General-Feldwachtmeister, 1637 obwohl noch im Felde Hofkriegsrath, 1640 nach dem böhmischen Kriege General-Feldzeugmeister, 1644 (1. August) Vicepräsident des Hofkriegsrathes, 1645 (2. März) geheimer Rath. Sein Leben war in allen diesen Jahren sehr bewegt; er war bald in Wien, bald in Dresden, München oder an dem Hoflager des Kaisers ohne einen bestimmten Dienst, aber vielfach thätig und wirksam. Im Sommer 1640 schickte ihn der Kaiser nach Dresden[1]), um den Kurfürsten Johann Georg zu vermögen, zum Reichstag nach Regensburg zu kommen. Der alte Kurfürst nahm ihn gut auf, trank mit ihm, ver-

---

[1]) Decret, Regensburg, 26. Juni 1640. Mf.

sprach nach Regensburg zu reisen und verwendete sich besonders für die Religionsfreiheit der Protestanten in Schlesien. Lobkowitz reiste ganz befriedigt ab. Aber weder Johann Georg noch ein anderer Kurfürst erschien auf dem Reichstage, auf den man jahrelang gehofft hatte, um an der Herstellung des Friedens und der Vereinigung der Stände mit dem Reichsoberhaupte zu arbeiten. Nur ein weltlicher Fürst, der Markgraf Wilhelm von Baden, war erschienen, als der Kaiser am 13. September 1640 den Reichstag eröffnete. Die Verhandlungen schleppten sich in gewohnter Langsamkeit fort, aber der Reichstag blieb doch beisammen, ungeschreckt von den schwedischen und französischen Soldaten, welche Banér und Guebriant bis an das linke Donauufer bei Regensburg führten. Mitten in dem wüsten Kriegstreiben entfaltete der Reichstag eine segensreiche Wirksamkeit und bereitete den Frieden vor [1]).

Einen peinlichen Auftrag erhielt Fürst Lobkowitz 1643 von dem Generalissimus Erzherzog Leopold Wilhelm [2]), nämlich Kriegsgericht zu halten über die Officiere, welche in der unglücklichen Schlacht bei Breitenfeld am 2. November 1642 ihre Schuldigkeit nicht gethan hatten. Der Verlust der Schlacht hatte in der Armee eine große Aufregung hervorgerufen: die deutschen Officiere beschuldigten die welschen, die Obersten den Commandirenden. Thatsache war, daß das Ausreißen einiger geschlossener Regimenter die Verwirrung und den Untergang des alten österreichischen Fußvolkes veranlaßt hatte. Namentlich war das Regiment Madlung zuerst feldflüchtig geworden. Ueber dieses Regiment hielten Erzherzog Leopold Wilhelm und Marschall Piccolomini am 27. November zu Rokitzan in Böhmen strenges Gericht [3]). Die Standarte wurde zerbrochen, die Mannschaft decimirt, die Officiere zweier Regimenter wurden

---

[1]) Koch, Geschichte des deutschen Reiches unter Ferdinand III. 1865. I. 338.

[2]) Aus Bischofteinitz 8. Januar 1643. R. A.

[3]) Vgl. Koch a. a. O. 371.

gefangen nach Prag geführt. Diese waren die Obersten Hanns von Mablung und Johann Desfours, Oberstlieutenant Lenz, Oberstwachtmeister Friedrich Unger, Oberstlieutenant Mieznlasch, Rittmeister Briegell vom Regiment Pompei, zwei Cornets, Oberst Marlofski, Wilhelm Graf Gall, der Oberstlieutenant vom Regiment Pompei Mathias Tomanin und Rittmeister Pogre. Das Kriegsgericht, welches Fürst Lobkowitz nach Prag berufen hatte, verurtheilte die Obersten Hanns von Mablung und Johann Desfours wegen Feldflucht und vernachlässigter Pflicht zum Tode[1]). Die beiden Officiere wurden am 10. Juni 1643 auf dem Altstädter Ring zu Prag enthauptet. Mablung hatte sich in den letzten Tagen von den Jesuiten zum Katholicismus bekehren lassen. Von den anderen Officieren wurden 4 freigesprochen, die übrigen in andere Regimenter versetzt.

In den nächsten Jahren war Wenzel Lobkowitz meistens in der unmittelbaren Umgebung des Kaisers, so im October 1644 in Linz, nachdem der Kaiser Wien wegen der herrschenden Pest verlassen hatte; so im Januar bis März 1645 in Prag, als die Generale Hatzfeld und Götz aus den Resten der geschlagenen Heerhaufen des Gallas eine neue Armee bildeten. Wenzel Lobkowitz war mit Hatzfeld und Johann von Werth, der seine 3000 „Freireiter" nach Böhmen führte, in Pilsen zusammengetroffen, um mit ihnen den Feldzug zu besprechen[2]). Er überbrachte auch den Befehl des Kaisers, sobald wie möglich einen Hauptschlag zu führen und die Feinde zu überwinden. Sie erwarteten Torstenson bei Prag, aber der alte fränkliche Schwede, der mehr in der Sänfte als zu Pferde Schlachten

---

[1]) „... als der Feldflucht und hintangesetzter Pflichtschuldigkeit überwiesen und weil ein Exempel vonnöthen, daß das Publicum wegen Mangel an Ernst nicht benachtheiligt werde." Das Gericht bestand aus 4 Obersten, 4 Oberstlieutenants, 4 Oberstwachtmeistern, 4 Rittmeistern, dem Generalauditor Fraasen und Fürst Lobkowitz. Theatrum Europaeum. Mj. im R. A.

[2]) Bericht des Fürsten Lobkowitz an den Kaiser. Linz, 16. Januar 1645. Vgl. Barthold, Gesch. des großen deutschen Krieges. II. 505.

lieferte, umging Prag und schlug die kaiserliche Armee am 6. März 1645 bei Jankau in Böhmen derart auf's Haupt, daß 7000 Mann auf dem Platze blieben und der Rest sich flüchtig zerstreute. Die Schweden konnten ohne Widerstand den Krieg an die Donau in's Herz von Oesterreich verlegen. Der Kaiser eilte nach dem Unglücke von Jankau tief erschreckt von Prag nach Regensburg und Wien, verließ Wien wieder und hielt sein Hoflager in Linz, während die Schweden Zeit und Kraft an die Belagerung Wiens verschwendeten.

Lobkowitz war von Regensburg, wohin er den Kaiser begleitet hatte, nach Prag zurückgekehrt. Er eröffnete den Landtag und arbeitete an der Sammlung und Rüstung einer neuen Armee. Wie der Abt von Lilienfeld, Cornelius Strauch, sich damals große Verdienste um die Vertheidigungsanstalten von Wien erwarb, so war Lobkowitz in Prag rastlos thätig. Er sammelte die flüchtigen Soldaten, versorgte sie mit Geld, Lebensmitteln, Munition, Pferden, so daß in wenig Wochen wieder 11—12.000 Mann bei Prag schlagfertig standen. Von der Schwedengefahr wurde Oesterreich bald befreit. Torstenson brach im October von der Donau auf, eilte durch Böhmen der sächsischen Grenze zu und legte noch im December 1645 den Oberbefehl nieder. Die Armee, welche der Erzherzog Leopold Wilhelm bei Klattau im Winter 1646 mit dem baierischen Hilfscorps vereinigte und gegen die Schweden führte, bestand zumeist aus den von Lobkowitz gesammelten und geworbenen Truppen.

Noch während des Krieges kam der Kaiser nach Prag, um den Kronprinzen Ferdinand zum König von Böhmen krönen zu lassen. Die Ceremonie wurde am 5. August 1646 vollzogen. Wenzel Lobkowitz war dazu vom Kaiser eingeladen und hatte sich vieler Auszeichnung zu erfreuen[1]). Von Prag

---

[1]) Relation, wie die Krönung Ferdinand IV. am 5. August 1646 in Prag vor sich gegangen. Mf. im R. A.

aus (December 1646) schickte ihn der Kaiser zu dem Erzherzog Leopold Wilhelm, um ihn zu vermögen, den Oberbefehl niederzulegen ¹). Der Erzherzog war bestimmt, das Gouvernement in den spanischen Niederlanden zu übernehmen. In Spanien war der Thronerbe Karl Balthasar am 9. October 1646 gestorben und der König hatte damals nur noch eine Tochter. Es war eine Verabredung getroffen, den zweiten Sohn der Regentin von Tirol, den Erzherzog Sigismund, nach Spanien zu berufen, um ihn mit der spanischen Regierung vertraut zu machen. Kaiser Ferdinand III. lud deswegen seinen Bruder Leopold Wilhelm zu sich, um sich mit ihm über gemeinsame Schritte zur Wahrung ihrer Erbfolgerechte zu berathen. Wenzel Lobkowitz hatte diese Mission nur ungern übernommen. Er verehrte den Erzherzog als einen tapferen General, als seinen Vorgesetzten und mußte ihm den Wunsch des Kaisers ausrichten, das Commando niederzulegen und an den berüchtigten alten Gallas zu übertragen. „Ich für meine Person," schrieb Lobkowitz an den Erzherzog, „wünschte eine andere und bessere Commission; aber Se. Majestät hat mich beauftragt, ich bitte Ew. Durchlaucht, mein gnädiger Herr zu bleiben; ich will dem Haus Oesterreich wie meinem Vater dienen ²)." In der That unterblieb die Reise des jungen Erzherzogs Sigismund. Leopold Wilhelm ging im März 1647 als Statthalter in die spanischen Niederlande, und die Chefs der beiden Linien des Hauses Habsburg suchten inzwischen ihre Interessen durch neue Heiraten enger zu verknüpfen. Kaiser Ferdinand III. heiratete 1647 eine Tochter der Regentin von Tirol, die Erzherzogin Marie Leopoldine, und der König von Spanien Philipp IV.

---

¹) Instruction für Wenzel Lobkowitz. 4. December 1646. Mj. im R. A. Vgl. Koch II. 161. Koch erwähnt a. a. O. II. 142 einer Mission des Fürsten Lobkowitz an den Kurfürsten von Sachsen 1646. Dieser Gesandte, Kammerrath und Münzmeister in Böhmen, war nicht der Fürst Lobkowitz, sondern Graf Georg Popel Lobkowitz, von der Biliner Linie.

²) Mj. im R. A.

eine Tochter Ferdinands III., Maria Anna, welche früher mit seinem Sohne verlobt war.

In demselben Winter 1647 schickte der Kaiser den Fürsten Lobkowitz nach München, um dort den Bemühungen des schwedischen und französischen Gesandten, welche den Kurfürsten vom Kaiser loslösen und zu einem Separatfrieden bringen wollten, entgegenzuarbeiten. Zugleich sollte Lobkowitz wegen der baierischen Reichstruppen verhandeln, über welche der Kurfürst Maximilian seit 1629 und 30 den Oberbefehl führte und ein unbedingtes Verfügungsrecht ansprach, während der Kaiser sie als einen Theil der Reichsarmee ansah. Die Friedensverhandlungen waren in München schon seit 1645 in Gang und zur Zeit, als Lobkowitz abgeschickt wurde, ziemlich weit gediehen. Lobkowitz kam aber gar nicht nach München, der Kurfürst schickte ihm seine Gesandten nach Abensberg entgegen. Die Verhandlungen blieben ohne Resultat und der Kurfürst schloß am 14. März 1647 den Waffenstillstand mit Frankreich, zunächst um sein Land von der Noth des Krieges zu erlösen. Die alten Soldaten, welche die Fremden haßten und sich dem Kaiser und Reich verpflichtet hielten, empfanden dieses Abkommen mit dem Feinde tief. General Melander von Holzapfel, Protestant und von früher Jugend an Soldat, nahm eine Stelle in der kaiserlichen Armee an, und Johann von Werth, der alte kühne Reiterführer, bot sich an, das ganze baierische Reichsheer dem Kaiser zuzuführen. Die Verhandlungen mit ihm leitete Lobkowitz von Prag und Pilsen aus [1]).

Das Unternehmen mißglückte, denn die Regimenter verweigerten Johann von Werth den Eid und blieben dem Kurfürsten getreu. Johann von Werth kam in rascher Flucht und nur von einigen Dienern begleitet nach Böhmen. Er trat als General der Cavallerie in die kaiserliche Armee ein. Maximilian von Baiern forderte seine Auslieferung, aber die kaiserliche

---

[1]) R. A. Vgl. Barthold II., 567.

Regierung verweigerte sie und meinte, Werth habe seiner Ehre und Pflicht gemäß gehandelt. Als der Kurfürst noch im selben Jahre den Franzosen und Schweden den Waffenstillstand kündigte und seine Truppen wieder mit der kaiserlichen Armee vereinigte[1]), verlangte er abermals die Auslieferung Werth's und Spork's, oder wenigstens ihre Entfernung von der Armee. Die kaiserlichen Gesandten Khevenhüller und Kurtz beharrten auf ihrer Weigerung. Auch Wenzel Lobkowitz wurde in dieser Angelegenheit nach München geschickt. Er gab, weil der Kurfürst von seiner Forderung nicht abging, dem Kaiser den Rath, Johann von Werth auf eine kurze Zeit von der Armee zu entfernen, bis man sehe, wie sich die baierischen Officiere mit den kaiserlichen vertragen würden[2]). Johann von Werth wurde nach Prag beschieden und Lobkowitz eröffnete ihm, daß er bei dem Anrücken der baierischen Armee für eine Zeit verschwinden müsse. Werth begab sich in das Cistercienserkloster Lilienfeld in Niederösterreich, dessen Abt Strauch ein vertrauter Freund des Fürsten Lobkowitz war. Hier lebte Werth fast ein Jahr lang in stiller Zurückgezogenheit. Erst gegen Ende des Krieges kam er wieder zur Armee und führte ein Corps im westlichen Böhmen[3]).

Wenzel Lobkowitz begleitete den Kaiser auf seinen Reisen 1647 nach Eger und Pilsen, 1648 nach Linz und Wien. Er versah das Amt eines Kriegsministers bei der Person des Kaisers, denn der Präsident des Hofkriegsrathes, Graf Schlick, war alt, der Geschäfte entwöhnt und lebte in Wien. Noch 1647 (28. August) erhielt Lobkowitz den Rang eines Generalfeldmarschalls. Ein Commando hat er nicht mehr übernommen. Die kaiserliche Armee befehligte 1647 Melander von Holzapfel, der, mit den baierischen Truppen vereinigt, die Schweden aus

---

[1]) Vertrag vom 2. September 1647. Koch II. 310.

[2]) Bericht des Fürsten Lobkowitz an den Kaiser, München, 21. September 1647. R. A.

[3]) Johann von Werth starb auf seinem Gute Benatek in Böhmen.

Böhmen und Schlesien jagte, dann den unglücklichen Krieg an der Donau führte und in der Schlacht von Zusmarshausen (17. Mai 1648) fiel. Nach ihm übernahm Piccolomini den Oberbefehl. Er besiegte die Schweden in dem letzten Gefechte des Krieges bei Dachau in Baiern (5. October 1648), ging bei Ingolstadt über die Donau und wollte nach Prag aufbrechen, als am 31. October aus München die Nachricht von dem in Münster und Osnabrück abgeschlossenen Frieden eintraf.

Fürst Lobkowitz hatte bis zum Ende auf die Kriegführung Einfluß genommen. Er schickte 1000 Dragoner unter dem Oberstwachtmeister Susa nach Prag, um der bedrängten Besatzung zu Hilfe zu kommen. Von ihm gingen die Truppennachschübe aus, welche Feldzeugmeister Golz an der Sazawa zu einem Corps vereinigte und die den Pfalzgrafen Carl Gustav veranlaßten, die Belagerung Prags am 2. November aufzuheben.

Neben dieser politischen und militärischen Thätigkeit war Lobkowitz in den vierziger Jahren oftmals berufen, als kaiserlicher Commissär die Regierung bei den böhmischen Landtagen zu vertreten, so 1643, 1644, 1645, 1649 in Prag und in Budweis. Es war das ein Amt, um das ihn Niemand beneidete, denn er überbrachte dem Land keine friedliche Botschaft, keine Erleichterung der Kriegslasten, vielmehr immer neue Begehren der Regierung, neue Forderungen von Geld und Soldaten. Die böhmischen Stände erkannten das Elend des Volkes, aber ebenso die Nothwendigkeit, die Regierung zu unterstützen und in der allgemeinen Bedrängniß auszuharren. Graf Heinrich Schlick, der Präsident des Hofkriegsrathes, ein alter Edelmann, der ein Herz hatte für die Leiden des Volkes, schrieb einmal an Lobkowitz[1]): „Den Landtag betreffend will ich wohl glauben, daß die Herren Stände schwer fürkommen, dergleichen Auflagen einzugehen, weil selbe bei uns niemals

---

[1]) Wien, 3. Juni 1645. R. A.

erhört worden; wenn wir aber unseren Herrn und uns selbst vom Feind errettet haben wollen, so müssen wir uns auf alle Weise angreifen. Gott wolle den armen Leuten auch die Mittel verleihen, daß sie es also nach der Landtagsresolution geben können." Kein österreichisches Land war in diesem entsetzlichen langen Kriege von Freund und Feind so heimgesucht worden wie Böhmen. Das Volk war in Zahl, Kraft, Wohlstand und geistigen Interessen tief herabgekommen. Die Segnungen des Friedens konnten erst einem künftigen Geschlechte zu Gute kommen. Die Schweden wollten auch nach dem Frieden das Land nicht verlassen, bedrückten das Volk mit Kriegssteuern und Lieferungen aller Art, ja sie raubten noch die Archive und Bibliotheken aus. Erst nach langen Verhandlungen in Prag und Nürnberg räumten sie das Land.

Wenzel Lobkowitz war zur Zeit des westphälischen Friedens in der besten Kraft seines Lebens, neununddreißig Jahre alt, kräftig, gesund, reich an Erfahrung, eingeweiht in die Grundsätze der kaiserlichen Politik, ein Kenner der höfischen Formen, gewandt in allen Beziehungen des Lebens, begierig nach Einfluß, Macht und Ehre. Sein Name, sein Reichthum, seine streng absolut monarchische und katholische Gesinnung, wohl auch seine Verwandtschaft mit der dritten Gemahlin des Kaisers, einer Gonzaga, schienen ihm alle die glänzenden Güter des Lebens sicher zu stellen. Geheimer Rath war Lobkowitz bereits seit 1645. Der Kaiser verlieh ihm seit 1649 statt des alten Gundacker Liechtenstein, der selten mehr im Rath erschien, die zweite Stelle im geheimen Rathe [1]). Als der Präsident des Hofkriegsrathes, Graf Schlick, 1650 erkrankte, übertrug der Kaiser dem Fürsten Lobkowitz den Vorsitz im Hofkriegsrathe [2]). Nach dem Tode Schlick's 1652 wurde Lobkowitz Präsident des Hofkriegsrathes [3]). Er war nun der

---

[1]) Handbillet des Kaisers vom 9. Februar 1649. R. A.
[2]) Vom 15. Jänner 1650.
[3]) Handbillet vom 2. März 1652.

zweite im Rath des Kaisers, Chef des Kriegswesens, einer der ersten Männer des Reiches, dessen Rath und Schutz gesucht und begehrt wurde. Sein Leben, seine Grundsätze sind von dieser Zeit an mit der Geschichte Oesterreichs eng verbunden. —

III. Haushalt und Familie.

Mitten in dem wechselvollen bewegten Kriegsleben hatte Wenzel Lobkowitz niemals der Bande vergessen, die ihn an seine Heimat, an seinen Besitz, an die Familie ketteten. Sein Vater war schon 1628 gestorben und die Mutter führte zur Zeit, als er auf Reisen ging, noch die Verwaltung der Güter. 1633 trat er in den Besitz seiner väterlichen Güter, und 1637 überließ ihm seine Mutter auch ihre eigenen Güter gegen eine Leibrente von 3850 fl. Wie sein Vater, so war Wenzel Lobkowitz darauf bedacht, sein Vermögen zu vermehren, zu sichern, und sich selbst wie seiner Familie den Rang und die Titel zu verschaffen, welche dieselbe unter die vornehmsten Familien Oesterreichs und Deutschlands einführten. Keine Erbschaft, keine Forderung, kein Rechtstitel, keine Sicherstellung wurde vergessen. Es ist ganz eigenthümlich und erinnert ganz und gar an den mittelalterlichen Patrimonialstaat, wenn wir lesen, wie damals die Adelsfamilien mit dem Souverain und dem Staatsschatze abrechneten. 1636 hatte Ferdinand II. an Lobkowitz die Nassau'sche Herrschaft Weilburg überlassen, theils für den Aufwand bei der Rüstung und Erhaltung seines Regimentes, theils als Entschädigung für eine Erbforderung, welche ihm seine Muhme, eine Lobkowitz, vermacht hatte [1]). Den Besitz der Herrschaft Weilburg konnte Lobkowitz nicht antreten, denn sie kam in Folge der Generalamnestie an das Haus Nassau

---

[1]) 200.000 fl., welche Eva Lobkowitz aus den confiscirten Gütern ihres Vaters zugesprochen waren.

zurück. Wohl aber wurden ihm die 200,000 fl. in verschiedenen Anweisungen ausgezahlt und der Kaiser sagte ihm noch eine andere Entschädigung zu. 1646 verkaufte Ferdinand III. das schlesische Herzogthum Sagan, das früher Wallenstein gehört hatte, mit allen Rechten und Freiheiten an den Fürsten Lobkowitz [1]). Dieser rechnete dabei seine früheren Ansprüche in die Kaufsumme ein, verkaufte einige Güter in Böhmen und zahlte den Rest des Kaufschillings bar aus. Ein Geschwisterkind seiner Mutter, ein Fräulein Febronia von Pernstein, die letzte ihres Namens, hatte Wenzel Lobkowitz und den Grafen Max Trautmannstorff 1645 zu Erben der großen Herrschaft Leitomischl in Böhmen eingesetzt. Lobkowitz fand sich mit seinen Verwandten ab, und ließ sich seine Ansprüche mit 100.000 fl. ablösen. Ferdinand III. bestätigte 1647 Wenzel Lobkowitz seine Fürstenwürde für ihn und seine Nachkommen; er erhob die Herrschaft Sternstein oder Neustadt zu einer gefürsteten Grafschaft des deutschen Reiches, und setzte es durch, daß Lobkowitz als deutscher Reichsfürst in den Fürstenstand aufgenommen wurde. Mit ihm zugleich kamen Hohenzollern und Eggenberg in den Reichsfürstenstand, aber ihre Gesandten wurden erst 1653 in den Fürstenrath zu Regensburg eingeführt.

Von seinem Vater hatte Lobkowitz die Reichsherrschaft Sternstein in der Oberpfalz, sowie die oben genannten Güter in Böhmen und Mähren geerbt; von seiner Mutter Raudnitz, Schreckenstein, Enzowan, die schönen Güter an der Elbe, sowie das alte Stammgut Chlumetz. Kaiser Leopold verlieh ihm 1666 die Lehen Waldthurn und Schönsee mit den beiden Schlössern Frauenstein und Reichenstein in der Oberpfalz. Lobkowitz kaufte dazu das böhmische Güttlein Waldheim an der pfälzischen Grenze, er arrondirte seinen Besitz in Böhmen, besaß Häuser in Prag bei der St. Thomaskirche auf der Kleinseite,

---

[1]) Kaufvertrag vom 9. Juli 1646.

das alte Stammhaus der Pernstein auf dem Hradschin, Weingärten in der Neustadt, die Schlösser zu Sagan, Raudnitz, Neustadt u. a. Am Anfang des Jahrhunderts hatten Zdenko Lobkowitz und Polyxena nur ein mäßiges Vermögen, waren tief verschuldet, oft mit den Steuern im Rückstande. Nach einem halben Jahrhundert war ihr Sohn einer der reichsten Edelleute, Landstand in Böhmen und Mähren, Fürst und Minister. Er nannte sich nun Herzog von Sagan, Fürst und Regierer des Hauses Lobkowitz, gefürsteter Graf zu Sternstein, Herr zu Chlumetz, Raudnitz u. s. w.

Die Verwaltung der Güter, die Ordnung des Haushaltes erforderte natürlich eine Zahl von Beamten und Dienern. Die österreichischen Herren des 16. und 17. Jahrhunderts lebten wie kleine Souveraine, hatten ihren Hof, regierten wie deutsche Landesherren, übten die Gerichtsbarkeit, erhoben Steuern, erließen Gesetze für die Gemeinden, für die öffentliche Sicherheit, für den Luxus, und waren niemand verantwortlich als ihrem obersten Lehensherrn, dem Kaiser und König. Fürst Lobkowitz hatte in seinem „Hofstaat" als Chef einen fürstlichen Hofmarschall [1]), und ihm untergeben einen fürstlichen Hofmeister, Stallmeister, Hofcassiere, Pagen, Hofcapläne, Hoftrompeter und eine Reihe von Dienern [2]). — Für die Regierung waren bestellt eine Hofkanzlei mit einem Hofkanzler, mehreren Räthen und Secretären, ferner die fürstliche Hofkammer mit einem Kammerdirector, mit Kammerräthen, Rentmeistern und Buchhaltung. Es bestand in Wien eine eigene Agentschaft mit einem Actuar, welcher die Führung der Reichsgeschäfte in Gemeinschaft mit dem dazu bestellten Advocaten und Procuratoren besorgte. Bei dem Reichstage in Regensburg war ein fürst-

---

[1]) Oberst von Wolfsthal, Oberstlieutenant von Rochwein, Hauptmann von Audlaw u. a.

[2]) Fürstlich Lobkowitz'sche Hofstaatsordnungen, Bestallungen und Instruktionen 1650—1674.

licher Reichstagsabgesandter. — An der Spitze der Verwaltung der böhmischen Güter stand ein Regent, unter ihm waren Inspectoren, Wirthschaftsräthe, die Hauptleute und Unterbeamten der einzelnen Domänen, die Forst- und Jägerpartei, die Gestütt-, Berg- und Hüttenmeister u. a. Die Oberleitung der Reichsherrschaft Sternstein mit dem Lehengute Waldthurn und dem benachbarten Gute Waldheim in Böhmen führte der Oberamtmann in Neustadt; unter ihm stand der Richter in Waldthurn und der Verwalter in Waldheim. Die Lehenssachen besorgte ein Lehenpropst in Neustadt und ein Lehenamtsverwalter in Waldthurn. — Ueber das Herzogthum Sagan war ein Landeshauptmann bestellt, dem die Wirthschaftshauptleute, Rentmeister, Forstmeister u. a. untergeordnet waren. Er leitete die Regierung des Landes in gleicher Weise wie zur Zeit des Herzogs von Friedland, dem das Land früher gehört hatte, und zwar nach einer Instruction des Wallenstein von 1633. Das Herzogthum hatte seine besondere Hof-, Land- und Manngerichtsordnung, seine eigenen Landstände, Prälaten, Herren, Ritter und Städte. Sie leisteten dem Fürsten den Huldigungseid, wurden von dem Landeshauptmann zu Landtagen zusammenberufen und beriethen über die fürstlichen Postulate und Vorschläge.

Man sieht, es war dies kein einfaches Hauswesen, sondern ein kleiner Hof- und Staatshaushalt. In ähnlicher Weise hatten die Eggenberg, Liechtenstein, Auersperg, Schwarzenberg, Esterhazy ihre Regierung und ihren Hofstaat. Und doch zogen es diese Herren vor, im Hof- und Staatsdienst zu leben und ihrem Kaiser als Vasallen unterthänig zu sein. Wenzel Lobkowitz hatte seit 1650 seinen ständigen Wohnsitz in Wien und kam nur selten mehr auf seine Güter, nach Sagan nie mehr. Die Verwaltung seiner Güter behielt er immer im Auge, ordnete, baute und ging dabei ins Einzelne ein wie der große Albrecht von Waldstein, von dem die Herren alle gelernt hatten.

Fürst Lobkowitz war zweimal verheiratet. Schon 1631, zur Zeit als er in Belgien war, wollte ihn sein ehemaliger Erzieher Bärnclau ¹) mit einer ältlichen Wittwe Kolowrat verheiraten, welche Güter im Werthe von 8- bis 900.000 fl. besaß, aber Lobkowitz war damals gar nicht geneigt zu heiraten und wies das Anerbieten zurück. Wenige Jahre nachher lernte er eine junge Wittwe kennen: Johanna, geborne Myska von Zlunitz und früher vermählt an den böhmischen Edelmann Felix Pietipesti von Chisch und Egerberg. Er verliebte sich und heiratete sie in Prag am 3. November 1638. Seine Mutter hatte es bei Hofe durchgesetzt, daß die Wittwe noch vor der Hochzeit zur Gräfin ernannt wurde. Sie war jung, hübsch, eine reiche Erbin, besaß Geld und Gut, und brachte namentlich einen Reichthum an Silber, Edelsteinen, Bildern und kunstreichen Gefäßen mit. Ein Bild in Raudnitz stellt sie als junge Frau dar mit blonden Haaren, einem runden lebhaft gefärbten Gesicht und hellen Augen, aus denen aber mehr Gutmüthigkeit als Geist herausleuchtet. Sie schrieb meistens czechisch, war eine gute verständige Hausfrau, ging selbst in die Küche, beaufsichtigte die Mägde und führte die Wirthschaft in musterhafter Weise. Ihren Gemahl liebte sie zärtlich, obwohl er meist von ihr entfernt war.

1648 bei dem Ueberfalle der Schweden in Prag hatte die Frau viel zu leiden. Die feindlichen Officiere pflegten vornehme Personen bis zu ihrer „Ranzionirung" gefangen zu halten, d. h. bis sie sich für eine Summe Geld wieder loskauften. Bei der Einnahme der Kleinseite in Prag 1648 war

---

¹) Bärnclau schrieb ihm 1633: er möge sich entschließen, ehe andere Fürsten und Herren sich dazu machen, solche Brocken fallen einem nicht alle Tage zu." Die Gräfin Kolowrat heiratete später den Herzog Franz von Sachsen-Lauenburg, der in die Wallenstein'sche Sache verwickelt war. Sie besaß die schönen Güter im nördlichen Böhmen, welche heutzutage der kaiserlichen Familie gehören.

dem schwedischen Oberst Koppy das Haus Lobkowitz zugefallen. Er verglich sich mit der Herrin auf 8000 Thaler. General Königsmark erpreßte aber unter Drohung der Plünderung nochmals 8000. Da die Fürstin nicht so viel bares Geld vorräthig hatte, schrieb sie ihrem Manne. Dieser schickte 4000 Thaler bar, den Rest in Silberkleinodien, welche aber Königsmark nicht annahm. Er quittirte auch nur 3000 Thaler und zwang die Fürstin zu einem neuen Vertrage auf 9000 Thaler, fällig in sechs Wochen. Trotz aller Verwendung bei den Gesandten in Osnabrück erhielt Lobkowitz nichts von den erpreßten Summen zurück. Der Pfalzgraf Carl Gustav stellte zwar einen Sicherheitsbrief für die böhmischen Güter aus, aber in Sternstein erhob ein schwedischer Proviantmeister Steuern und Gefälle aller Art auch nach dem Frieden. Enzowan schenkten die Schweden einem böhmischen Flüchtling, und die andern Güter waren so verheert, daß Bauern und Knechte davon gelaufen waren. Johanna Lobkowitz starb bald nach dem Frieden am 17. Juni 1650. Sie hinterließ keine Kinder und setzte ihren Gemahl zum Erben ein.

Fürst Lobkowitz hatte seine Frau herzlich geliebt, deß ungeachtet hielt er sehr bald Umschau nach einer zweiten Frau. 1653 zur Zeit, als er bereits an dem Wiener Hofe lebte, vermählte er sich mit einer Fürstin aus souverainem Hause, mit der Pfalzgräfin zu Sulzbach und bei Rhein, Auguste Sophie. Er war 44, sie 29 Jahre alt. Die Geschichte dieser Heirat und Ehe gibt einen solchen Einblick in die Sitten und Gewohnheiten des 17. Jahrhunderts, daß wir einiges darüber mittheilen.

Der Vater der Fürstin, August, Pfalzgraf von Sulzbach, war 1632 gestorben, ihre Mutter Hedwig, eine geborne Herzogin von Holstein-Gottorp, lebte in Nürnberg; ihr älterer Bruder Christian August war regierender Herr in Sulzbach, der jüngere Philipp wurde später Feldmarschall in kaiserlichen Diensten und ein tüchtiger Landwirth, der unter dem Namen

Florinus ein Hausbuch über die Landwirthschaft geschrieben hat¹). Die Prinzessin war geboren den 22. November 1624. Nach dem Tode ihres Vaters kam sie an den königlichen Hof in Schweden zu ihrer Großtante der Königin Hedwig Eleonore, der Wittwe Gustav Adolfs. Dort wurde sie erzogen und lebte meist bei der verwittweten Königin in Niököping. Wenzel Lobkowitz wurde schon 1650 auf die junge Dame aufmerksam gemacht, und bekam von dritter Hand ein kleines Medaillon mit einem Bildniß von ihr auf Elfenbein gemalt. Er dachte schon damals daran sie zu heiraten, aber erst 1651 nach vollendetem Trauerjahre schickte er seinen Rath Röthel nach Sulzbach und Nürnberg, um bei Bruder und Mutter um die Prinzessin zu werben. Eine Ehewerbung war damals ein feierlicher Act und wurde vom Hofe an bis in die bürgerlichen Kreise hinein mehr wie ein ernstes Geschäft behandelt. Die Aeltern, Advocaten und Hausfreunde hatten dabei mehr zu thun als die Liebesleute. Der Briefwechsel zwischen der Pfalzgräfin Hedwig und Lobkowitz enthält auch nichts von Liebe, sondern nur die Ausdrücke der gegenseitigen Achtung und die Fragen über Morgengabe, Widerlage und Wittwensitz. Die Briefe der Brautleute selbst sind in einem so feierlichen, gemessenen Tone gehalten, wie es heutzutage kaum mehr zwischen Fremden üblich ist. Der Lobkowitz'sche Vertraute brachte den Secretär des Pfalzgrafen mit nach Wien, mit dem Lobkowitz den Heiratsvertrag besprach. Die Pfalzgräfin selbst war arm, ihr Vermögen war bei der Vormundschaft „abalienirt" worden; sie bekam nur 12.000 Thaler mit. Der Fürst ließ ihr dieselbe Summe als Widerlage versichern und legte noch 4000 Thaler zu. Als Wittwe soll sie eine Rente von 2800 Thalern aus dem Einkommen von Sternstein genießen und in Sternstein oder in

---

¹) Der kluge und rechtsverständige Hausvater von Florinus, mit Rechtsanmerkungen von Donauer, Nürnberg 1702.

einem anderen Schlosse wohnen. Die Verwandten waren mit
diesen Bedingungen sehr zufrieden. Der Pfalzgraf verlangte
nur, daß seine Schwester bei der evangelischen Religion bleiben
dürfe. Das „fürstliche Fräulein" blieb noch den Winter über
in Schweden, reiste im Februar 1652 ab und kam erst am
23. Juni 1652 in Sulzbach an. Sie war auch öfters „stille
gelegen", wie sie ihrer Mutter schrieb, um von den Beschwerden
der Reise auszuruhen. Ein Oberst Stängel, im Dienst ihres
Bruders, hatte sie aus Stockholm abgeholt und begleitet.

Braut und Bräutigam sahen sich jedoch noch lange nicht,
inzwischen schrieben sie sich höfisch steife, mit Titeln und Redens=
arten überfüllte Briefe. So die Braut an den Bräutigam den
26. September 1652 aus Nürnberg: „Hochgeborner Fürst: Eure
Liebden — an mich gethanes freundliches und mir angenehmes
Schreiben vom 12. dieses habe ich mir wollen einhändigen
lassen, sage auch E. L. vor solche Höflichkeit und daß meine
Ankunft E. L. soll Freud verursacht haben, freundlichen Dank,
zugleich auch vor die Versicherung dero Zuneigung gegen mich;
werde E. L. viel mehr vor einen Freund als Diener, wie es
E. L. gefallen, zu sehen und zu nennen halten. E. L. melden
auch, daß sie die Erlaubniß haben möchten, hierher zu kommen;
so steht es ganz in dero Lieben. Wenn es E. L. gefällig sein
mag, so werden E. L. mich allhier bei Ihro Gnaden meiner
gnädigsten geliebten Frau Mutter, welche ich gottlob in guter
Gesundheit vorgefunden, antreffen; was E. L. ich in freund=
licher Antwort nicht verhalten will, daneben in den Schutz des
Höchsten ergeben werde, auch sein."

Fürst Lobkowitz kam im Januar 1653 nach Nürnberg.
Dort wurden am 3. Februar 1653 die Ehepacten unterzeichnet,
am 6. Februar war die Vermählung. Nach einigen Tagen reisten
beide nach Neustadt an der Waldnab, dem Schloß und Gut
der Lobkowitz. Der Fürst blieb bei seiner Frau bis in den
Sommer, ging dann nach Böhmen und Wien zurück. In den
späteren Jahren kam er gewöhnlich im Frühjahr oder Sommer

für einige Wochen nach Neustadt. Die Fürstin verbrachte dort Jahr für Jahr bis zum Abend ihres Lebens. Ein Bild von einem unbekannten, aber ganz vortrefflichen Meister gemalt, zeigt sie als junge Frau von ungefähr 30 Jahren mit einem runden, echt fränkischen Gesichte, wie sie Lucas Cranach in seinen heiligen und weltlichen Bildern so oft gemalt hat: sie hat schöne braune Augen, schwarze Haare mit Locken, eine lange Nase, kleinen Mund und niederes Kinn; der Ausdruck ist offen, klar, mehr kräftig als weich, mehr verständig als herzlich.

Die Heirat der deutschen Prinzessin aus dem alten streng protestantischen Geschlechte mit einem Fürsten, der erst vor Kurzem in den Fürstenstand des Reiches eingeführt war, die Verbindung mit einer Familie, deren Eifer für die katholische Religion bekannt war, machte allgemeines Aufsehen. Alle Verwandten der Fürstin, Männer und Frauen der Welfen, der Pfälzer und Holsteiner schickten ihre Glückwünsche ein, sprachen aber zugleich ihre Besorgniß wegen eines Religionswechsels aus. Die Zeit war noch nicht an religiöse Duldung gewöhnt; trotz des Friedens war der religiöse Haß noch lebendig und wurde von den protestantischen und katholischen Geistlichen geschürt. Am Wiener Hofe galten noch die alten strengen Grundsätze wie zur Zeit Ferdinands II. Noch 1650 wurden die Religionsedicte erneuert; auf den Besitz eines protestantischen Buches, auf die Uebertretung des Fastengebotes war die Strafe der Güterconfiscation und Landesverweisung gesetzt; niemand durfte ohne besondere Erlaubniß der Regierung in ein protestantisches Land verreisen. Von den adeligen Familien, welche der Religion willen 1625 aus Böhmen und Mähren, 1628 aus Innerösterreich ausgewiesen waren, kamen nur wenige zu ihrem früheren Besitz. Kein Protestant wurde in die Regierung oder in den Hofdienst aufgenommen. Heiraten von Katholiken und Protestanten kamen selten vor und wurden nur geduldet.

Der regierende Pfalzgraf wollte vor der Heirat den Satz in die Ehepacten aufgenommen haben, daß seine Schwester bei ihrer Religion bleiben dürfe. Der Fürst hatte darauf geantwortet, man möge ihm das nicht zumuthen, er hoffe vielmehr, seine Frau werde sich aus Ueberzeugung der katholischen Religion zuwenden. In der That versuchte er in den ersten Monaten nach der Heirat auf die religiöse Denkart seiner Frau einzuwirken. Er lud den Jesuiten P. Nidler in sein Haus; aber es brauchte viel Mühe, ehe die Fürstin, welcher schon der bloße Anblick eines Mannes aus dem gefürchteten Orden Entsetzen einjagte, sich nur zu einer Unterredung mit ihm herbeiließ. Sie bezeigte dem Jesuiten alle Achtung, ein Gespräch über religiöse Dinge wies sie jedoch ab. Zwei Jahre später wollten die Jesuiten noch einen Mann ihres Ordens in das Haus einführen. Der Provinzial machte geltend, daß ein Jesuit nach den Statuten des Ordens nicht allein in einem Hause leben dürfe. Der Fürst ersuchte jedoch den Provinzial für diesen Fall um Dispens. P. Nidler kam 1649 als Rector in das Collegium zu Neuburg und 1664 nach Regensburg. Er besuchte die Fürstin in Neustadt und gab die Hoffnung nicht auf, sie zu bekehren, unsomehr, als ihr Bruder, der Pfalzgraf Christian August, 1655 zur katholischen Religion übergetreten war. Ihre Verwandten von der Neuburger Linie waren schon seit 1614 katholisch. Die Fürstin Auguste und ihre Mutter blieben jedoch bei ihrer Bibel, ihrem Gesangbuche und gaben ihren protestantischen Glauben nicht auf. Allmälig fügte sich Lobkowitz der Ueberzeugung seiner Frau, unsomehr als sie bei ihrer Dienerschaft nur Katholiken anstellte und der Geistlichkeit in Neustadt kein Hinderniß in den Weg legte. In seinen Briefen an Geistliche sprach er wohl die Hoffnung aus, seine Frau noch bekehrt zu sehen: „der Himmel werde ihm diesen Trost unverhofft zusenden"; aber in den Briefen an seine Gemahlin ist nicht die leiseste Andeutung, daß er sie zum Uebertritt drängte oder diesen auch nur wünschte. Eine fremde Einmischung, ein Drängen der Geistlichen wies er bestimmt ab.

Die Fürstin war auch nicht zu bewegen nach Wien zu gehen und sich am kaiserlichen Hofe vorstellen zu lassen. Durch ihre Religion war sie von Jugend auf wie alle Glieder der deutschen protestantischen Fürstenfamilien dem Hause Habsburg fremd, abgeneigt; zudem fühlte sie sich als deutsche Fürstin ganz und gar ebenbürtig und wollte nicht als die Frau eines Vasallen im Gefolge gehen. Sie lebte still in Neustadt, schmückte Schloß und Garten, beaufsichtigte die Verwaltung und sammelte Geld. Im Schloß zu Neustadt hat sie ihre Kinder geboren und in Zucht und Frömmigkeit auferzogen. Dort war ihre Heimat, ihr Frieden. Oefter besuchte sie ihr Bruder Philipp; ihre Mutter starb schon 1657. Die Fürstin Auguste war bei dem Volke beliebt, sogar bei den katholischen Geistlichen. Man kann die Worte Logan's auf sie anwenden [1]):

Herrschen nicht und auch nicht dienen,
Freundlich, hilflich, tröstlich sein,
Dieses ziemt allein den Weibern,
Ist ihr Amt, ihr Ruhm allein.

Freundlich, hilfreich, tröstend war sie für Jedermann. Dem Fürsten imponirte diese schlichte, ehrenwerthe Frau mit ihrem festen Willen, ihrer Hingebung, ihrer zärtlichen Liebe, die sich über alle Gegensätze erhob. Sie schrieb ihm jeden Monat ein- oder zweimal, immer deutsch und zwar so gut, wie damals wenige Frauen geschrieben haben. Er lernte seine Frau lieben, wenn er sie nicht schon früher geliebt hatte. Jedes Blatt, jeden Brief von ihr legte er sorgfältig zusammen; er fragte sie um Rath und überließ ihr die freie, fast unabhängige Verwaltung der Güter. Und sie erkannte ihn als ihren Herrn, als den Mann von edlen Sitten, freier Ueberzeugung und uneigennütziger Denkart. Als sie ihn 1657 wegen der

---

[1]) Logan's Sinngedichte; L. starb 1655.

Verzichtleistung auf das Erbrecht in Neuburg, die man von ihr forderte, um Rath fragte, antwortete er[1]): „Es ist billig, daß der Verzichtbrief, wie es in C. L. und anderen fürstlichen Häusern gebräuchlich ist, erfolge, an welchem ich E. L. nicht begehre weder zu verhindern noch aufzuhalten und weder mir noch den meinigen im Geringsten zu Nutzen zu machen."

In den Briefen der beiden Gatten herrscht der kühle, vornehme Ton, welchen die Sitte der Zeit vorschrieb. Hie und da findet man die Worte der Neigung, des Erkennens, der Freude wie unter einer fremden Hülle versteckt. Er nennt sie immer „Hochgeborne Fürstin", „Eure Liebden", sie ihn „Hochgeborner Fürst", „mein gestrenger Herr" und „Euer Gnaden"; in den Zeilen dann „mein herzallerliebster Schatz"; „das kommt vom Herzen, das nur glücklich sein kann in der Ehe" u. s. w. Wir theilen hier zwei Briefe mit:

Hochgeborne Fürstin!

Hochgeehrter, herzallerliebster Schatz. Eurer Liebden küsse ich Ihre lieben Hände, und habe Dero liebes und sehr angenehmes Schreiben vom 17. Juli bei meiner Ankunft, so die vorige Woche beschehen, zurecht empfangen, und daraus vors erste erfreulich verstanden, daß Eure Liebden sammt unseren lieben Kindern sich bei guter Gesundheit und fürstlichem Wohlergehen befinden, darin der Allerhöchste Eure Liebden gnädiglich erhalten wolle. Ist mir auch lieb zu vernehmen gewesen, daß Euer Liebden meine Schreiben wohl zukommen sein.

Die Waldau'schen Sachen betreffend, Gott sei gedankt, daß es damit ohne größere Ungelegenheit dergestalt von statten gegangen und wird alles für des Herrn Herzog Christian August Liebden gut sein. Wann Se. Liebden sich bei Churbaiern so weit vorgesehen, daß Seine Liebden wegen dieser

---

[1]) Aus Frankfurt, 29. September 1657. N. A.

zusammengebrachten Völker itzt oder künftig nicht etwan große
Unkosten aufgeschrieben und aufgebürdet werden, welches als=
dann Sr. Liebden nicht geringen Nachtheil verursachen würde und
daß Se. Liebden in der Zeit der Beliebung nach der Besatzung
befreit werden mögen; anderweitig würden Se. Liebden in ein
größeres Labyrinth, als sie vor gewesen, einrinnen müssen,
welches nur blos meine einfachen Gedanken sind, die ich Euer
Liebden hiemit vertraulich nicht verhalten wollen. Daß Se. Liebden
mit dero hochgeliebten Frau Gemalin und Fräulein Prinzessin
zu Eure Liebden kommen und bei Eure Liebden etliche Tage
verbleiben, um den Verlauf und Ausgang des Waidau'schen
Wesens desto besser und näheter abzuwarten, ist wohl daran
geschehen und vornehmlich, daß Eure Liebden Seiner Liebden
mit aller schwesterlichen Liebe und Gütlichkeit begegnet haben.
Und ist mir ebenfalls lieb, daß die Fräule Prinzessin bei
Euer Liebden verblieben, unseren lieben Kindern Gesellschaft
zu leisten.

Meine Person betreffend bin ich vorige Wochen zwei
Tag vor Ihrer Majestät, weil sie wegen der Jagd zurück=
geblieben, als den vergangenen Erchtag allhier gesund ange=
kommen, und wann die königliche Gnad so groß wäre wie die
stete Arbeit und travaillen sein, könnte ich mich etlichermaßen
contentiren. Bei diesem neuen Hof aber Neid und Haß nicht
wenig regieret, ist eine große Mühe fortzukommen, denn man
genug nur daran zu thun hat, alle Tritt fleißig zu beobachten
und die Leute zu contentiren. Es ist mir auch wider alle
Zuversicht die Gesandtschaft zur Wahl nach Frankfurt auf=
getragen worden. Hätte wohl meinestheils gewünscht, daß Ihre
Majestät jemanden tauglicheren und erfahrneren als ich bin,
zu diesem hochwichtigen und gefährlichen Werke erkieset und
verordnet hätten, wie ich denn auch um Verschonung dessen
inständig angehalten habe; weilen es aber nicht verfangen wollen,
so habe mich halt müssen gehorsam unterwerfen. Itzt ist man
hier begriffen, mich vollkommen zu expediren. Sobald ich meine

Expedition werde empfangen haben, werde ich mich aufmachen und voran zu Euer Liebden kommen, deroselben meiner Schuldigkeit und hohem Verlangen nach aufzuwarten. Den Tag oder Zeit kann ich Euer Liebden nicht bestimmen, denn dieses sogar noch bei Hof nicht determinirt ist, weil so importirende Affairen sich alle Augenblick so zu sagen, ändern thun.

Im Uebrigen berichte Euer Liebden auch, was massen ich abermalen bei unseren hiesigen Beamten große Nachlässigkeiten angetroffen, die mir viel Verdruß und Ungedult erwirket, in Summa, ich bin zum Leiden geboren. Gott verleihe mir Kraft und Vernunft, daß man es ertragen möge. Und thue schließlich neben den Kindern in Euer Liebden getreues Herz mich ganz und gar befehlen und unveränderlich verbleiben

    Euer Liebden

        ganz ergebener getreuer

Prag, den 31. Juli 1657. Gemahl bis in Todt,

        W., H. z. Sagan m. p.

Hochgeborner Fürst!

Freundlicher, mein im Herzen vielgeliebter und hochgeehrter Herr und Gemahl. Euer Liebden liebes und mir sehr angenehmes schreiben vom 4. habe ich bei dieser post zu recht erhalten, aus welchem ich mit freuden gesehen, daß Euer Liebden gesundt und in fürstlichem wolstandt sich befinden, dabey der Höchste Euer Liebden noch lange erhalten wolle, mir und den Kindern zum trost, welche Euer Liebden gehorsamst die Handt küssen, und befinden sich Gott lob wol.

Des herrn hofkanzlers Hochers schreiben habe ich nach dem empfang Herrn von Andrimont durch einen reitknecht nach Sulzbach geschickt, was sie aber dort machen, weiß ich nicht eigentlich, als daß der herr graff und herr bischoff das podagra haben, sind zwar willens gewest heut wieder zu kommen, ist aber noch keine gewißheit vorhanden.

Sage Euer Liebden auch dienstlichen Dank, daß Sie mir meines ungeschickten Bruders schreiben haben wollen lesen lassen, lege sofort solches wieder bey und finde darinnen, daß er gar übel muß aufgeräumt oder nicht bei sinnen seyn, indem er Euer Liebden vor alle empfangene wolthat nicht allein so schlechten Dank gibt, sondern auch gar Euer Liebben wol gemeintes schreiben so übel ausdeutet. Ich däuchte mich recht unglückselig, solche zween Brüder zu haben, mit denen man nirgends kann fortkommen, wüßte auch nicht, wer dem Jüngsten solche vorschläg müßte geben, es wäre denn, daß er zu dem Boinenburg gerathen wär, der ihn so verführte, er gebe nur acht, daß er ihn wohl bette, so kann er wohl ruhen, ich fürchte aber, die reue möchte einst zu spat kommen. Euer Liebden melden, daß sein schreiben gar englisch sey. Haben Euer Liebden es nicht zu achten, indem sie doch bleiben, wer sie sind und seiner gar nicht bedürfen; hoffe auch nicht, daß es Euer Liebden einiges nachdenken solle machen, noch viel weniger, daß Euer Liebden mich inskünftig werden entgelten lassen, denn wenn es meinem verlangen nachginge, sollten Euer Liebden ihr lebtag nicht einen unschönen augenblick von all den meinigen gehabt haben. Nichts mehr wünsche ich als daß die Händel zu Sulzbach einmal zu endt kämen, daß Euer Liebden dieser plag überhoben wären.

Weillen zu erinnern nichts weiteres vorgefallen, so ergebe ich die Kinder und mich in Euer Liebden väterlich und getreues Herz, ich aber verharre

Euer Liebden

Neustadt,
den 16. Januarii 1668.

getreue gehorsame
gemahlin weil ich leb,
Augusta Sophia.

Man kann wohl fragen, wie ein Mann, der eine so herzliche, verständige, gediegene Frau besaß, getrennt von ihr leben konnte, daß er sie in jedem Jahre kaum ein- oder zwei-

mal auffuchte; wie ein Mann, der Geld und Gut in Fülle
hatte, es über sich bringen konnte, dem Hofe zu dienen, wo
man seinen Rath annahm oder ablehnte, wo Neid und Haß
alle Wege durchkreuzten, wo Zeit und Verhältnisse die besten
Kräfte rasch abnützten und bei Seite schoben? Aber darin war
Wenzel Lobkowitz unbeugsam, wie seine Frau in ihrer religiösen
Ueberzeugung. Er konnte nicht auf dem Lande in einfacher
Zurückgezogenheit leben, er wollte nicht vom Hofe entfernt
bleiben: „er würde dadurch, schrieb er, sein Glück und seine
Wohlfahrt verlieren." Glück, Wohlfahrt und Ehre erblickte er
eben wie sein Vater im öffentlichen Dienst, in dem wechsel=
vollen Leben eines Staatsmannes, in den Vortheilen, welche
diese Stellung gewährte, in den Huldigungen der Menge, zu=
meist aber in dem Vertrauen des Fürsten, dem er seine Kraft
und Thätigkeit widmete. —

IV. Der Wiener Hof und die Regierung.

Wie verschieden war dieses Oesterreich des siebzehnten Jahrhunderts mit seinem Adels-, Stadt- und Klosterleben, mit seinen Sitten und Regierungsgrundsätzen von dem Staate Oesterreich unserer Zeit! Oesterreich hatte damals noch einen schmalen Leib. Seine Spitzen erreichten im Norden die mittlere Oder, im Süden das adriatische Meer, inmitten erschien es so eingekerbt, daß nur eine Straße aus Inneröfterreich nach Tirol führte und das türkische Gebiet kaum einen Tagmarsch von der steirischen Grenze entfernt war. Die vorderöfterreichischen Besitzungen waren weitaus zerstreut und zerbröckelt. Land und Volk trugen noch die traurigen Spuren des großen Religions= krieges. In Böhmen, Mähren, Schlesien lagen ganze Strecken Landes wüst, Inneröfterreich war verarmt und in Ungarn lähmte der Grenzkrieg jeden Aufschwung der Cultur. Die pro= vinciellen und nationalen Freiheiten waren gestürzt, die Pro= testanten verjagt, oder höchstens in einem Gebirgswinkel still= schweigend geduldet. Eine Reihe alter Adelsfamilien war ge= richtet, ausgewandert und verdorben, neue Geschlechter aus Italien, Belgien und Spanien eingefügt. Im Bürgerthum war das Gemeindeleben erstorben, Handel und Industrie ge= lähmt, das Bauernthum unfrei, leibeigen oder unterthänig. Alle Besitzverhältnisse waren seit einem Jahrhundert geändert.

Ein großer Theil des Grund und Bodens war im Besitz der todten Hand. Das Vermögen der Jesuiten allein konnte in Böhmen auf 15, in Inneröfterreich auf 6 Millionen ge= schätzt werden. Die Geistlichen waren in allen Kreisen des

Lebens thätig: wir finden Capuciner, Dominicaner, Jesuiten als Hauscapläne, Beichtväter, als Boten und Rathgeber in den wichtigsten politischen Geschäften. Vor allen führten die Jesuiten das große Wort. Sie beherrschten die Gewissen, den Unterricht, sie steckten der Wissenschaft die Grenze. Unter ihrer todten Autorität verkümmerte jede Forschung, jede Dichtung. Nicht ein gelehrtes Werk von Bedeutung ist aus jener Zeit zu verzeichnen, kaum rettet die Volksdichtung ihre harmlosen Gesänge. Wie die Jesuiten die alten gothischen Kirchen mit barocken Façaden überkleideten, so pflanzten sie romanische Anschauungen, ein fremdes Denken und Fühlen in das nationale Leben. Was war aus dem frischen, lebensmuthigen Volke von Deutschösterreich, das eine Zeit der Führer und Träger aller geistigen Interessen der deutschen Stämme war, geworden? Ergeben in leidendem Gehorsam fügte es sich der priesterlichen und adeligen Herrschaft. In träger Gleichgiltigkeit, im Ringen um das Dasein schleppte es sein Leben fort, seiner Geschichte, jeder politischen Thätigkeit, jeder Regung eines Gesammtlebens entfremdet. Nur langsam entwickelten sich wieder Cultur und Wohlstand, nur allmälig gediehen die Bedingungen eines neuen staatlichen Lebens.

Oesterreich hatte damals wenig über 6000 ☐Meilen, mit 12 Millionen Einwohnern, eine Armee von 80.000 Mann und ein Einkommen von kaum 6 Millionen fl. Seine materielle Macht war daher nicht groß. Was Oesterreich seine Weltstellung gab, war das deutsche Kaiserthum, das seine Dynastie mit allen Rechten und Pflichten inne hatte, sein Einfluß als katholische Macht, die Anwartschaft auf Spanien und der Besitz in Ungarn, welcher immer das Streben wach erhielt, an die untere Donau auszuschreiten und sich dort zu befestigen.

Der Staatsbau zeigte noch die föderative Form mit dem ständischen Gefüge im Innern. In Ungarn war das Königthum eine Lehensmonarchie, sie verpflichtete die Vasallen dem Herrn und den Herrn den Vasallen. Das Volk kam dabei gar nicht in Betracht. In Deutschösterreich war die Staatsmacht wie in Frankreich in den reformatorischen Kämpfen zu einer absoluten erwachsen. Der König, Markgraf, Herzog war hier „Haupt und Gipfel" aller Gewalt, alles Rechtes. Der Zug der Zeit, das Gesetz, die Staats- und Rechtswissenschaft, wie die öffentliche Meinung gingen auf Befestigung der absoluten Fürstengewalt. Der Souverain galt als Inhaber und Repräsentant der göttlichen Weltregierung. Diese Allmacht des Monarchen war jedoch nicht zu der Staatsallmacht erwachsen, wie sie das 18. Jahrhundert erzeugt hat. Der Regent erschien mehr beschränkt als ein constitutioneller Fürst, denn er war und machte sich abhängig von dem Rath seiner Minister, von der Meinung der Vornehmen, und diese waren durch Familien- und Standesinteressen mannigfach verkettet. Auch ein kräftiger Fürst konnte keine durchgreifende Macht üben, denn der Staat war noch durch eine Menge fester abgeschlossener Rechtskreise zerklüftet. Wohl war das Recht der Gesetzgebung an die Krone gezogen und der Nerv der alten Freiheit, das Recht der Steuerbewilligung, durchschnitten. Aber die Stände waren doch nicht wie in Frankreich absorbirt, sie waren dem Absolutismus gegenüber ein politisches und sociales Gegengewicht, sie hatten Einfluß auf die Verwaltung und ergänzten die Regierung. Es gab keine einheitliche Verfassung, kein gemeinsames Recht, keine gleichmäßige Verwaltung. Eine gemeinsame Vertretung war seit dem gewaltthätigen Anlauf 1609 und 10 nicht wieder versucht worden. Jede Provinz hatte ihre eigene Rechtspflege, Polizei und Wehrpflicht, ja einzelne sogar ihre eigene Zolllinie. Man unterschied in Oesterreich drei Gruppen von Ländern: die ungarischen Erbländer, die böhmischen Erbländer, welche zu keinem deutschen Reichskreis gehörten, und die deutschen Reichskreisländer, Oesterreich ob und unter der Enns, damals Niederösterreich genannt, Steiermark, Kärnten und Krain, damals Innerösterreich, Tirol mit den Vorlanden Oberösterreich genannt. Trotz der nationalen Verschiedenheit waren diese Länder durch Natur und Lage, durch eine Fülle gemeinsamer Interessen zu gleichartiger Entwicklung bestimmt. Aber in der Regierung war nichts gemeinsam als die Dynastie, die oberste Staatsgewalt und einzelne Zweige der staatlichen Thätigkeit.

Von den Organen der Regierung des deutschen Reiches waren der Reichshofrath und die Reichskanzlei in Wien, aber dem Kaiserthum war das geringste Maß von Rechten und Pflichten geblieben. „Die Macht des Kaisers entspricht nicht dem hohen Amt und dem Anscheine, den er zur Schau trägt", schrieb 1664 der venetianische Gesandte. Als Souverain von Oesterreich hatte der Kaiser als obersten Rath der Krone und oberste Centralstelle den geheimen Rath. Hier liefen alle Angelegenheiten des Krieges und Friedens, die Fragen über Schädigung der Hoheitsrechte, über Gesetzgebung, öffentliche Sicherheit und die Aufsicht über die Verwaltung zusammen.

Unter dem geheimen Rath fungirten als selbstständige Ministerien für das ganze Reich nur der Hofkriegsrath und die Hofkammer; jener für das Heer, für die Grenzvertheidigung und den völkerrechtlichen Verkehr mit der Türkei, diese für die gemeinsamen Einkünfte und Auslagen, Handelsfreiheiten, Privilegien. Die österreichische Hofkanzlei hatte nur in Verfassungsfragen und bei Gesetzen allgemeiner Natur eine Wirksamkeit für das ganze Reich. Die föderative Natur des Reiches war noch sichtbar in der böhmischen und ungarischen Hofkanzlei, in der besonderen Stellung der ungarischen und innerösterreichischen Hofkammer, so wie in den verschiedenen Landesbehörden. Innerösterreich hatte eine „geheime Stelle", welche nur an den geheimen Rath berichtete. Nach unten verlief die Verwaltung in ein wahres Wurzelwerk autonomer Gewalten. Es ist nicht möglich von diesen Resten der feudalen Ordnung ein vollständiges Bild zu geben. Die Staatsmacht hatte sie überwachsen, zerklüftet. Oesterreich glich der Wiener

Hofburg. Noch stand hier der mittelalterliche Bau mit seinen Stockwerken, Erkern und Höfen, aber die Thürme waren durchbrochen, die Gräben ausgefüllt und neue Bauwerke angesetzt.

In dieser Hofburg residirte damals Ferdinand III., seit 1637 deutscher Kaiser und Souverain von Oesterreich, in seiner Jugend Soldat und Feldherr, im Alter ein friedliebender, kränklicher Mann. Ein fremder Gesandter schrieb 1654 von ihm[1]): „Der Kaiser hat mehr Verstand als seine Verwandten und viele seiner Räthe. Er kennt die Neigungen und Talente eines jeden Einzelnen, beurtheilt ihn darnach und theilt ihm die Arbeit zu. Er spricht deutsch, ganz vorzüglich italienisch, lateinisch und hinlänglich spanisch. Er antwortet rasch, spricht gerne über Dinge, welche die Politik nicht berühren, zeigt viel Wißbegierde und weiß sich genau an alles zu erinnern, was geschehen ist. Bei den Audienzen benimmt er sich mit viel Anstand und Wohlwollen. In früherer Zeit war er in der Regierung thätiger, jetzt ist er der großen Politik so wie der fortwährenden Unglücksfälle und Verlegenheiten müde. Der Tod seines ältesten Sohnes hat ihn ganz gebeugt. Seine Gesundheit ist schwach, aber er hat die zähe Ausdauer seines Geschlechtes. Er ist sehr religiös und beweist das ebenso durch die eifrige Theilnahme an allen kirchlichen Functionen, so wie durch Handlungen der christlichen Liebe. Sein einziges Vergnügen ist die Musik; er componirt gut und hat auch ein richtiges Urtheil über die Stimmen. Er führt ein sehr geordnetes und mäßiges Leben, liebt die Pracht, ohne verschwenderisch zu sein. Ueber alles stehen bei ihm die Tugenden der Billigkeit und Gerechtigkeit.

---

[1]) Relazione di Girolamo Giustiniani 1654. St. A. Die Relationen der Botschafter Venedigs im 16. und 17. Jahrhundert sind nach den Handschriften im Wiener Staatsarchiv herausgegeben von Jos. Fiedler: Fontes rerum austriacarum, herausgegeben von der k. k. Akademie der Wissenschaften in Wien, XXVI. und XXVII. Band, 1866, 1867. Ich citire die Handschriften.

Geschieht irgend eine Ungerechtigkeit, so geht sie nicht von ihm, sondern von seinen Ministern oder einer falschen Auffassung aus" ¹).

Die erste Hälfte der Regierung Ferdinands III. war stürmisch. Mehrmals sah er die Feinde im Lande, das Reich in Gefahr. Was hatten die beiden Habsburger Kaiser, der zweite und dritte Ferdinand, nicht alles daran gesetzt, die Einheit und Unverletzlichkeit des deutschen Reichsbodens zu bewahren! Wie viel Heere waren ausgezogen, wie viele Millionen vergeudet! Die Tirannei im Glauben hatte auch die Freunde Oesterreichs mißtrauisch gemacht. Das Resultat war ein vermittelnder Friede, ein Friede, der die Fremden ins Reich führte, die Nation zerspaltete und eine religiöse Freiheit gewährte, wie sie vor dem Kriege bestand. In Oesterreich blieb der Protestantismus verfolgt, unterdrückt. Ferdinand III. regierte nach den politischen und religiösen Grundsätzen seines Vaters. Ein Glaube, ein Gesetz, eine Herrschaft war das leitende Princip der österreichischen Politik. Auf ein gutes Einverständniß mit Deutschland hielt Ferdinand III. mehr als sein Vater, er war in allem mehr deutsch gesinnt. Seine größte Besorgniß war, daß sich die Türken und Polen verbinden und die Nord- und Ostgrenze Oesterreichs bedrohen könnten ²).

Ferdinand III. war dreimal verheiratet: 1631—1646 mit der spanischen Infantin Maria Anna, welche einst dem Carl Stuart bestimmt war; 1648—1649 mit der Erzherzogin Marie Leopoldine von Tirol, 1650 mit der Prinzessin Marie Eleonora von Mantua. Aus der ersten Ehe stammten Ferdinand IV., Leopold I. und Maria Anna, welche Philipp IV. von Spanien heiratete. Aus der zweiten Ehe stammte der Erzherzog Carl Joseph, und aus der dritten die zwei Töchter Eleonora und

---

¹) Se qualch' ingiustitia è trascorsa, non è scorsa della sua mano, mà da ministri et informationi sinistre. Giustiniani. St. A.
²) Giustiniani 1654.

Maria Anna. Der Kronprinz Ferdinand IV. war bereits bei Lebzeiten seines Vaters als König von Böhmen und Ungarn und 1653 als römischer König gekrönt. Die Nachfolge im deutschen Reich hatte dem Kaiser viel Mühe gekostet; und er vermochte die Wahl nur durch sein maßvolles, gerechtes Auftreten und mit viel Geld durchzusetzen. Der junge Prinz starb ein Jahr nachher 1654, 9. Juli an den Blattern.

Das Recht der Erbfolge ging auf den zweiten Sohn, Erzherzog Leopold, über. Er war geboren den 9. Juni 1640, bei dem Tode seines Bruders vierzehn Jahre alt, ein unreifer Knabe von schwacher Gesundheit, der wie sein Vater immer an Magenschmerzen litt. In seinem Gesicht war wenig Familienhaftes; er hatte braune Augen, dunkle Haare; nur die große herabhängende Unterlippe kennzeichnete den Habsburger. Er war von Haus aus ein lebhafter, empfindlicher, jähzorniger Knabe, aber sein Vater hatte ihn hart gehalten und die Erzieher, ein Graf Fugger, später Graf Portia halfen dazu, seine Natur zu bändigen. Sie prägten ihm Demuth und Gehorsam ein. Er kam fast nie aus den Studien heraus, für die er übrigens wenig Neigung hatte. Er lernte lateinisch und italienisch, das letzte meistens von seiner Stiefmutter. Der Vater hatte ihn für die Kirche bestimmt, die Erziehung war daher vornehmlich eine religiöse. Erst als er Erbprinz wurde, fing man an, ihn in die militärischen und politischen Geschäfte einzuweihen. Aber er hatte noch gar keine Erfahrung weder im Schlimmen noch im Guten. „Viele meinen, schrieb ein Venetianer, man könne große Erfolge von ihm erwarten, aber bisher merkt man wenig davon." [1])

Eine einflußreiche Persönlichkeit am Hofe war der Bruder des Kaisers, Erzherzog Leopold Wilhelm, geboren 1614. Schon

---

[1]) È concetto di molti che si posse aspettare da questo principe riuscita grande. Mà non se ne scopro per anco apparenza. Giustiniani 1654.

als Kind war er zum geistlichen Stand bestimmt. Mit eilf Jahren machte man ihn zum Bischof von Passau und Straßburg, mit zwölf Jahren zum Bischof von Halberstadt und Erzbischof von Bremen. 1628 erhielt er die reiche Abtei Hirschfeld in Hessen; 1637 wurde er Erzbischof von Olmütz, 1639 Hoch- und Deutschmeister. Leopold Wilhelm war mehr Soldat als Geistlicher, ein tapferer Offizier, ein umsichtiger General, aber auf dem Schlachtfelde meist unglücklich. In der Schlacht bei Breitenfeld 1642 focht er wie ein gemeiner Soldat; nur mit Mühe brachten ihn Piccolomini und Borneval aus dem Gefechte. 1646 legte er den Oberbefehl nieder und ging als Statthalter in die spanischen Niederlande. Die Brüsseler Bürger sahen den bescheidenen, edlen, freigebigen Herrn gerne. Er hatte Sinn und Verständniß für die bildenden Künste. David Teniers d. J. wurde sein Hofmaler. Das Bild ist bekannt, welches den Besuch des Erzherzogs in Teniers Atelier darstellt. Damals legte der Erzherzog die Sammlung von Bildern, Münzen und Antiken an, die er später nach Wien brachte. Seine Gemäldesammlung war eine der kostbarsten und bedeutendsten der damaligen Zeit. 1656 legte er sein Amt nieder und kehrte nach Wien zurück. Er war damals 42 Jahre. Die fremden Gesandten schildern ihn als einen mäßigen, frommen, bescheidenen Mann, von reinen Sitten und viel Klugheit. Er war aber so kränklich, daß ihm die Aerzte kein langes Leben versprachen. Er selbst glaubte an einen frühen Tod; er litt an der Gicht, konnte keine anstrengende Bewegung, nicht einmal auf der Jagd vertragen, seine Verdauung war schlecht und doch aß er viel und gut. Mit seinen geistlichen Würden war ein großer Grundbesitz verbunden. Man schätzte sein Einkommen mit der Apanage auf 400.000 fl., aber man hielt ihn für reicher als er war. Im Publikum glaubte man, er habe einen großen Barschatz liegen, er habe seinem Oberſthofmeister und Günſtling, Graf Schwarzenberg eine Herrschaft in Böhmen im Werth von 400.000 fl. und eine bare Summe von 60.000 fl. geschenkt.

Thatsächlich hatte er aber immer Schulden, wußte seine Gläubiger kaum zu befriedigen und nahm von seinem Obersthofmeister bare Vorschüsse. Sein kleiner Hofstaat mit einigen Kämmerern und Trabanten kostete ihm nicht so viel als sein schöner Stall, seine Kunstliebhaberei und seine übergroße Freigebigkeit. Bei dem Kaiser stand der Erzherzog in großem Ansehen, aber er liebte die Ruhe und mischte sich nicht in die Regierung. Bei wichtigen Fragen des Krieges oder Friedens wurde immer seine Meinung eingeholt[1]). Er starb am 20. Nov. 1662.

Kaiser Ferdinand III. war nach dem Tode des Kronprinzen 1654 immer kränklicher und stiller geworden. Man nahm eine auffallende Schwermuth an ihm wahr; auch die Geburt eines Prinzen[2]) konnte ihn nicht aufheitern. Ende März 1657 in der Osterwoche wurde er bettlägerig. Noch war er in der Politik thätig und unterzeichnete am 30. März den Vertrag mit Polen. Die Hofleute glaubten nur an ein vorübergehendes Unwohlsein, aber die Geistlichen waren besser unterrichtet. Als Graf Schwarzenberg, der Obersthofmeister des Erzherzogs Leopold Wilhelm in die Capucinerkirche kam, um das heilige Grab zu besuchen, sagte ihm P. Gregorius ins Ohr, man möge auf das, was das Gewissen Sr. Majestät erfordere, bedacht sein, in den folgenden Tagen dürfte es zu spät sein, der Kaiser sei auf den Tod krank, es sei Zeit, daß er seine letztwilligen Bestimmungen treffe. Schwarzenberg erzählte das dem spanischen Gesandten de la Fuente, dem Erzherzog Leopold Wilhelm und dem Minister Fürst Auersperg. Der spanische Botschafter bestand darauf, daß man dem Kaiser zu einer Disposition über das Zeitliche ermahne. Als der Kaiser am 30. März Abends zwischen 10 und 11 Uhr schlechter wurde, übernahm es die Kaiserin, ihn an Beicht und Com-

---

[1]) Aus den Finalrelationen der venetianischen Gesandten Nani 1658, Molin 1661. St. A.

[2]) Erzherzog Ferdinand, geboren 11. Februar 1657.

munion zu erinnern. Er nahm dies gütig auf, beichtete und
communicirte noch in derselben Nacht. Auf den Rath seines
Beichtvaters, des P. Gans, den letzten Willen zu erklären,
rief er die Kaiserin, seinen Bruder und den ältesten Sohn,
Erzherzog Leopold vor sein Bett. Er bat seinen Bruder, dem
jungen Könige beizustehen und die Vormundschaft über die
anderen Kinder zu übernehmen. Gegen Morgen erklärte der
Sterbende seinen letzten Willen. Der Hofkanzler Graf Sinzen=
dorf schrieb ihn nieder und las das Testament in Gegenwart
der geheimen Räthe Fürst Auersperg, Graf Trautson, Kurtz,
Schwarzenberg, Portia, Cavriani und Don Gonzaga vor. Am
Ostertage, den 1. April, empfing der Kaiser die letzte Oelung.
Nochmals ließ er seinen Bruder zu sich rufen, war aber so
schwach, daß er seine Gedanken nicht mehr sammeln und keine
Mittheilung machen konnte. Den ganzen Tag lag er in einer
Agonie. Um Mitternacht brach plötzlich unter der Wohnung
des Kaisers, in der sogenannten welschen Küche, Feuer aus.
Die Flamme schlug zum Fenster, durch den Kamin zum Dach
hinaus, die ganze Burg schien wie im Feuer zu stehen. Man
glaubte schon den Kaiser übertragen zu müssen, aber mit Hilfe
der Burgwache und der vielen Leute, welche wegen der Krank=
heit des Kaisers bei Hof waren, wurde das Feuer bald ge=
löscht. In der Nacht starb einer der großen Adler, welche im
Hofe der Burg gehalten wurden, und der Aberglaube war
gleich geschäftig, dieses Ereigniß mit dem Gang menschlicher
Schicksale in Verbindung zu bringen. Der Kaiser überlebte
die Nacht nicht, er starb am 2. April Morgens zwischen 4
und 5 Uhr sanft und still, in Gegenwart seiner Familie.

Der Erzherzog Leopold Wilhelm ging am Morgen zu
dem jungen König, bezeigte sein Beileid, seine Huldigung zum
Antritte der Regierung und bot seinen Beistand an. Der
König dankte ihm und sagte, daß er ihn wie seinen zweiten
Vater betrachte. Der Erzherzog ordnete noch am selben
Tage die Leichenfeierlichkeiten an, besprach sich mit mehreren

Räthen und Ministern über die Regierung, wurde aber selbst so schwach, daß er sich zu Bette legen mußte. Die Meinungen der geheimen Räthe waren verschieden: Auersperg war für eine Regentschaft, Portia dafür, daß der Erzherzog Leopold Wilhelm die Vormundschaft übernehme, der König aber alle Befehle mit seiner Unterschrift ausgehen lasse und im geheimen Rath den Vorsitz führe. Da die Meinungen zu sehr entgegengesetzt waren, ließen der Erzherzog und der Thronfolger eine besondere Conferenz ansagen. Die Minister sollten darüber berathen, was dem Könige, dem gesammten Erzhaus, Land und Leuten am dienlichsten sei, und was den Landen und der Armee zu schreiben und zu befehlen sei. Die Conferenz fand am 6. April unter dem Vorsitz des ältesten geheimen Rathes, des Grafen Kurtz statt. Anwesend waren Kurtz, Trautson, Lobkowitz, Nostitz, Sinzendorf und der Secretär Schiedenitz. Auersperg und Oettingen hatten sich wegen Unwohlsein entschuldigt. Die Räthe beschlossen: König Leopold I. sei in Ungarn und Böhmen volljährig und könne die Regierung nach Schluß seines Jahres antreten, für Oesterreich sei es zweifelhaft, aber es seien Beispiele vorhanden, daß Erzherzoge im 14. oder 15. Jahre die Regierung angetreten und im eigenen Namen Hoheitsrechte ausgeübt, Verträge und Bündnisse abgeschlossen hätten. Die Notificationsschreiben sollen für das In- und Ausland im Namen des Königs ausgefertigt, und die Regierung in seinem Namen, mit Intervention des Erzherzogs Leopold Wilhelm geführt werden. Die Umfrage und das Sammeln der Stimmen im Rath steht dem Könige, der Beschluß dem Erzherzoge zu. Der Letztere soll nach dem Inhalt der goldenen Bulle die Rechte eines Kurfürsten üben.

Dieses Gutachten wurde von dem Erzherzog und dem Könige angenommen und darauf die Notificationsschreiben wegen des Todes des Kaisers, wegen des Regierungsantrittes seines Sohnes an die Fürsten des Reiches, wie an alle Höfe, mit denen eine Correspondenz üblich war, im Namen Sr.

Majestät erlassen. Den geheimen Räthen und den Behörden in allen Erbländern wurde befohlen, bis auf Weiteres im gewöhnlichen Geschäftsgange zu amtiren ¹).

So war denn Leopold I. seit dem 2. April 1657 regierender Fürst und Herr in Oesterreich. Die Huldigung der österreichischen Stände hatte er bereits 1655 (24. Jänner) empfangen; im selben Jahre (1655, 27. Juni) war er zum König von Ungarn, 1656 (14. September) zum König von Böhmen gekrönt worden. Er war damals siebzehn Jahre alt, von schwacher Gesundheit, scheuem Gemüthe, ohne Neigung eine große Rolle zu spielen, den Gang der Dinge mehr erwartend als suchend, abhängig von seinen Ministern, aber fleißig, unermüdet, von reinen Sitten und einem feinen ehrlichen Sinne. Wie verschieden von Ludwig XIV., der früh anfing, den Staat dem Hofe unterzuordnen und Maitressen Einfluß auf den Staat zu gestatten. Der Venetianer Battista Nani schildert 1658 den jungen Kaiser derart ²): „Der Kaiser ist von reinen unschuldigen Sitten, fern von allen Ausschweifungen und Lastern, welche sein Privatleben beflecken könnten; er ist mit ausgezeichneten Tugenden geschmückt, scheu im öffentlichen Auftreten, ein Muster von Bescheidenheit. Obwohl von seinem Vater in einer Art Eifersucht, welche alle Fürsten wie ein Schatten begleitet, von aller Kenntniß der Geschäfte fern gehalten, hat er sich doch in der kurzen Zeit, in der er regiert, so viel Wissenschaft von seinen Interessen und den Interessen anderer Fürsten erworben, daß er alles leicht auffaßt und geeignete Antworten gibt. Er ist unermüdlich in Geschäften, aufmerksam im Rath, höchst geduldig bei den Audienzen, scharfsichtig im Unterscheiden, läßt seine Neigungen nicht merken,

---

¹) Diarium seit des Kaisers Ferdinands III. zugenommener schweren Krankheit und erfolgten leidigen Todesfalle 1657, 28. März — 15. Mai von Graf Adolph Schwarzenberg. Msc. im Schw. A.

²) Relazione di Battista Nani 1658. St. A.

weiß die Absichten anderer zu erkennen und seine Minister anzuspornen" ¹).

Ein ähnliches Bild gibt Sagredo 1659 ²): „Er verlebt seine Jugend in der Reinheit und Unschuld der Sitten. Sie ist beispiellos bei einem Privaten, aber wunderbar bei einem Prinzen, der kein anderes Gesetz zu kennen braucht als seinen Willen. Er liebt die Arbeit und ist sehr fleißig. Die Art seines Vaters, welcher die Staatsgeschäfte mit großer Klugheit und Aufmerksamkeit leitete, dient ihm dabei zum Muster. Er begreift alles, antwortet rasch, verschließt seine Neigungen, wählt die besseren Rathschläge, bildet sich eine eigene Meinung und entscheidet mit solcher Feinheit des Urtheils, daß man schon jetzt von seinen großen Fähigkeiten sprechen kann; für die Zukunft verspricht er noch mehr. Seine Hausangelegenheiten hält er in großer Ordnung. Er liebt den Frieden, wie es seine Erziehung mit sich brachte. Es ist seine Ueberzeugung, daß die Größe seines Hauses, die Dauer und der Ruhm seiner Herrschaft und die Wohlfahrt der Unterthanen sich am besten durch einen dauernden Frieden begründen und befestigen lassen. Seine Gesundheit kräftigt sich sehr; er sucht sie durch viele Bewegung im Freien zu stärken. Jagd und Musik sind sein Vergnügen, seine einzigen Leidenschaften."

Eingehender und lebendiger schildert ihn der Venetianer Molin 1661 ³): „Leopold I. hat jetzt ein Alter von 21 Jahren, ist mehr klein als groß, sehr mager, vollblütig, zuweilen cholerisch, obwohl seine Gemüthsart sonst nicht sehr heftig ist. Er erfreut sich der Gesundheit, welche der Jugend zukommt, hat aber keine besondere Kraft. Er hat keine Anlage zu Ausschwei-

---

¹) Indefesso al negozio, attento à consigli, pacientissimo nell' Audienze; dissimulato nel scuoprir i suoi affetti, perspicace nel discernere i fini, e purgatissimo nel svegliare i sensi di soui proprii ministri. Nani.

²) Relazione di Nicolo Sagredo 1659. St. A.

³) Relazione di Molin, 27. Sept. 1661. St. A.

fungen, kennt überhaupt keine Leidenschaft. Seine größte Unordnung ist, daß er vom Mittagmal bis zum Abendmal nicht sechs Stunden vergehen läßt, aber das ist Hausbrauch in Deutschland und so eingewurzelt, daß auch die Sorge um Gesundheit und Leben niemand davon abbringt. Seine Leibesübungen sind Reiten und Jagen, er kommt jedoch nur einmal in der Woche dazu, denn er ist in jeder Rathssitzung, bei allen kirchlichen Functionen gegenwärtig. Nur im Frühjahr und Herbst, wo er sechs Wochen auf das Land geht, setzt er seine Uebungen fort. Sein Jagdgebiet ist das schönste, bequemste, das vielleicht irgend ein Fürst der Welt hat; es ist nahe bei Wien und enthält Wild für jede Jahreszeit. Der Kaiser verwendet jährlich 60.000 fl. dafür, aber mehr aus Gewohnheit und um Bewegung zu machen, als aus eigentlichem Jagdvergnügen. Seine vorzüglichste Neigung ist Musik. Er hat Verständniß dafür, componirt selber ganz gut und genießt sie in der Kirche, an der Tafel, in der Kammer oft ganze Tage hindurch. Man sagt, daß er dieses Genusses nie satt wird. Er unterhält eine Capelle für Gesang und Instrumentalmusik, auch dafür gibt er jährlich 60.000 fl. aus. Seine wenigen freien Stunden verwendet er zum Componiren. Er macht auch kleine Gedichte in italienischer Sprache. Oft improvisiren der Kaiser und der Erzherzog Leopold Wilhelm in dem kleinen häuslichen Kreise italienische Sonette; jeder spricht einen Vers und wetteifert mit dem andern. Sie geben mit dieser friedlichen unschuldigen Beschäftigung der ganzen Welt ein Beispiel. Viele wünschen jedoch, daß diese Neigung zur Musik nicht zu sehr vorherrsche; er sollte seine Zeit für die Politik und höhere Ziele verwenden, um im Besitze der Macht zu bleiben. Die Seelengüte und Frömmigkeit dieses Fürsten ist unglaublich; er hat keine Spur von einem Laster und verabscheut jede Unsittlichkeit; er beichtet alle Sonntage, communicirt alle vierzehn Tage und außerdem noch an großen Fest- und Apostel-tagen. Vor jedem, auch dem niedrigsten Geistlichen, zieht er den Hut ab und wohnt allen kirchlichen Feierlichkeiten bei. In der Fastenzeit besucht er dreimal in der Woche die Kirche und hält noch an einem anderen Tage Betstunden nach römischer Art. Seine Pünktlichkeit im Kirchenbesuch, im Rath und Ertheilen von Audienzen ist bewundernswerth und zumal in dem Alter, wo man eine kleine Unordnung gerne verzeihlich findet. Er hat vorzügliche Anlagen, ertheilt den Ministern ganz geeignete Antworten. Er vergleicht im Rathe die verschiedenen Meinungen und wählt, wie man sagt, immer die besten. Aber er weicht beinahe immer von der Meinung seiner Räthe ab, wenn er auch keinen Entschluß faßt, ohne sie zu hören. Er hat keine Neigung für den Soldatenstand, seine Erziehung war mehr religiös als militärisch, doch liebt er alle ritterlichen Eigenschaften, freut sich des Ruhmes, des Beifalles, des Zurufes."

„Der Hof ist zahlreich. Man zählt gegen 200 Kämmerer, von denen aber nur wenige im Dienste sind. Der Kaiser hat 300 Pferde, meist Reitpferde und von besonderer Schönheit. Viele sind Geschenke der Fürsten. Seine Garde ist nicht zahlreich; sie besteht aus einem Regimente Infanterie von 2000 Mann, 100 Trabanten und 100 Mann der Arcierenleibgarde, welche ihn bei seinen Fahrten zu Pferd begleiten. Es gewährt einen majestätischen Anblick, wenn er in der Stadt zu Pferd oder im Wagen erscheint. Er fährt immer im offenen Wagen. Uebrigens sind seine Gebäude, die Einrichtung und das Einkommen nicht nach dem Range, den er als der erste Monarch der Christenheit einnimmt."

„Der Erzherzog Leopold Wilhelm, der Oheim des Kaisers ist 47 Jahre alt und von schwacher Gesundheit. Er ist ein kluger Fürst, denkt wenig an Regierungssachen, entweder weil er die Geschäfte nicht nach seinem Wunsche leiten kann oder weil er seine Zeit auf Bilder und Curiositäten verwendet. Man erzählt, er sei gegen einen Krieg mit den Türken und zumeist aus persönlichem Ehrgeize, weil dabei wegen der Bundesgenossen ein Fürst aus souverainem Hause nöthig sei und er wegen seiner Gesundheit nicht mehr ins Feld ziehen kann. Auch der Erzherzog Ferdinand von Tirol bewirbt sich um den Posten; das würde aber zu viel kosten und wenig nützen; deßwegen begnügte man sich mit der Oberleitung eines Marschalls wie Montecuculi."

Die Stiefmutter Leopold's I., Eleonora, eine geborene Prinzessin von Mantua, seit 1657 Wittwe, war eine Dame von Geist und Lebhaftigkeit, geehrt und geliebt vom ganzen Hofe. Sie hielt viel auf Pracht, hatte ein Einkommen von 200.000 fl., einen eigenen Hofstaat und allein zwanzig Damen in Dienst. Sie fügte sich dem Willen und den Neigungen ihres Stiefsohnes; bei den musikalischen Oratorien, die sie veranstaltete, fand sich der Kaiser und der ganze Hof ein. Auch ließ sie berühmte italienische Prediger kommen, deren Predigten sehr besucht waren. Sie mischte sich gerne in öffentliche Geschäfte, erfuhr alle Geheimnisse der Politik, unterstützte die Partei, welche den Frieden mit Frankreich wollte und hing besonders an ihren Verwandten in Italien. Sie hatte nur einen Sohn zur Welt gebracht, der frühzeitig starb; ihre zwei Töchter Eleonore und Maria Anna waren noch Kinder.

Der Stiefbruder des Kaisers, Erzherzog Carl, geboren 7. August 1649, ein Sohn der zweiten Frau Ferdinand's III., war 1661 zwölf Jahre alt, zeigte viel Verstand und Lernbegierde, war aber körperlich ebenso schwach, wie Leopold in seiner Jugend. Er hatte kein anderes Einkommen als das ihm der Kaiser gewährte. Er sollte in den geistlichen Stand treten. Man unterhandelte in Rom, um ihm, wenn der Erzherzog Leopold Wilhelm sterben sollte, die Nachfolge im Deutschmeisterthum und seinen Bisthümern zu sichern. Er besaß bereits ein Kanonicat in Passau. Sein Obersthofmeister Graf Rabatta war ein angesehener Hofmann und sehr beliebt bei dem Kaiser. Der Erzherzog lebte aber nicht lange; er starb, 15 Jahre alt, am 27. Jänner 1664.

Eine besondere Stellung hatte der Jesuit P. Müller, Beichtvater des Kaisers, ein Mann von viel Wissen und frommen strengen Sitten. Er hatte immer Zutritt zum Kaiser und wurde bei der Besetzung von Hof= und Kirchenämtern um Rath gefragt. Er hielt aber gerne zurück und kümmerte sich nicht um politische Dinge.

Der geheime Rath, die wichtigste Centralstelle der Regierung, war nach der Natur seiner Geschäfte Staats= und Ministerrath zugleich, obgleich er nicht die Gewalt des Staatsrathes in Spanien hatte. Unter Ferdinand II. gab es nur sechs oder sieben geheime Räthe; unter Ferdinand III. und Leopold I. waren so viele geheime Räthe ernannt, daß es nicht möglich war, sie alle zu versammeln oder nur das Geheimniß der Berathungen zu bewahren. Manche geheime Räthe waren gar nicht fähig, in großen politischen Fragen ein Urtheil zu geben. Leopold führte deßwegen besondere Conferenzen ein, d. h. er berief in den geheimen Rath nur die Fachminister und einige Vertrauensmänner und zwar nach eigenem Ermessen oder auf den Vorschlag des Obersthofmeisters. Dieser war der erste geheime Rath, gewissermaßen Ministerpräsident. Der geheime Rath war der oberste Gerichtshof, das Ministerium des Aeußern, er gab im Namen des Kaisers Gesetze, legte sie aus, wachte über die Vollziehung. Kein Gesetz bestimmte die Grenzen oder den Gehalt seiner Wirksamkeit. Bei der Jugend, Unerfahrenheit und Scheu Leopold's I. war diese Regierung vielmehr eine aristokratische, oligarchische, als rein monarchisch[1]). Wohl erkannte der Kaiser die Mittelmäßigkeit mancher Minister, aber er konnte sich schwer ent=

---

[1]) In summa negar non si può che quel governo, il quale con un principe giovine hoggiedi rittenendo più dell' Aristocratico que del Monarchico. Molin 1661. St. A.

schließen, sie zu entlassen. Um sein Gewissen zu beruhigen, um die Last eines bestimmten Entschlusses von sich abzuwälzen, nahm er meistens die Beschlüsse der Mehrheit an oder folgte den Rathschlägen desjenigen, der sein Vertrauen genoß. Dieser Grundsatz war ihm eingeflößt und wurde genährt von seinen Beichtvätern und anderen, welche sich auf krummen Wegen die Geschäfte anmaßten, ohne dazu zu gehören. Es war eine Regierung ohne Kraft und Ordnung. Die geheimen Räthe waren unter sich uneinig, eifersüchtig, kaum fähig, die große Last der Regierung zu tragen. Sie kamen mehr zusammen sich zu unterhalten, als für ihren Herrn zu arbeiten oder die Intriguen der Feinde zu durchkreuzen. Statt dem Ganzen, dem Staate zu dienen, dienten sie den Parteien [1]). Die kaiserliche Macht würde groß sein, sagt der Venetianer Molin, wenn die Regierung kräftig geleitet und die Schätze nicht von einer schlechten Regierung vergeudet würden [2]). Es wäre ein großes Glück für die Unterthanen, schreibt ein anderer, wenn sich der Kaiser selbst leiten würde; sie würden dann nicht dem Geize, den Launen und Interessen seiner Günstlinge erliegen [3]).

In den letzten Jahren Ferdinand's III. waren geheime Räthe: Der alte Cardinal Harrach, Erzbischof von Prag, der jedoch selten im Rath erschien, Fürst Maximilian von Dietrichstein, Obersthofmeister des Kaisers, mehr Hof- als Staatsmann, der alte Octavius Piccolomini, Capitän der Arcierengarde, der Oberstkämmerer Graf Max Waldstein, dem Namen nach geheimer Rath, Graf Johann Franz Trautson, Präsident der Regierung von Niederösterreich, von vortrefflichem Charakter,

---

1) Relazione di Nani 1658. St. A.

2) La potenza Imperiale sarebbe formidabile nella casa d'Austria, se fosse validamente diretta e non dissipati li suoi tresori; mà consunti questi della generosità e dal mal governo; Molin 1661.

3) Se però volesse dirigersi se stesso sarebbe gran fortuna dei sudditi, mentre non soggiacerebbono all' avarizia, interesse e capriccio dei favoriti. Sagredo 1665.

aber ohne politische Erfahrung, unentschlossen und träge; Fürst Lobkowitz, Präsident des Hofkriegsrathes, Fürst Auersperg u. a. Einer der besten und geachtetsten Staatsmänner war der Graf Ferdinand von Kurtz, geheimer Rath und Reichsvicekanzler, ein Mann von großer politischer Erfahrung, zumeist in den deutschen Angelegenheiten. Kurtz hatte die Wahl Ferdinand's IV. zum römischen König eingeleitet; er war auch thätig für die Wahl Leopold's I. Er war schon ein alter Herr, mit einem Fuß im Grabe, aber sehr arbeitsam, ehrgeizig und von allem unterrichtet [1]). Von besonderem Einflusse war Dr. Johann Mathias Prickhelmayr, seit 1648 Baron von Goldegg genannt, der Sohn armer Bauersleute aus Niederösterreich, früher Advocat in Wien, 1627 Kammerprocurator, 1635 Reichshofrath, 1637 nach der Entlassung Werdenberg's österreichischer Hofvicekanzler, und seit 1640 oberster Hofkanzler. Er war sehr erfahren in allen Angelegenheiten des Hauses Oesterreich, sehr freimüthig, ausdauernd, fest im gesetzlichen Sinne. Der Kaiser hielt viel auf ihn. 1656 trat er aus dem Dienst und starb bald nachher, 67 Jahre alt [2]).

In der ersten Zeit der Regierung Leopold's I. waren die wichtigsten Räthe: Portia, Auersperg, Schwarzenberg, Sinzendorf und Lobkowitz.

Graf Johann Portia, geb. 1606, kam als Page an den Hof Ferdinand's II., wurde unter Ferdinand III. Regimentsrath in Innerösterreich, 1649 Gesandter in Venedig, 1654 Obersthofmeister Leopold's I. Die stille ruhige Art seines Wesens, seine gefällige Gewandtheit, seine wahrhafte Herzensgüte machten ihn dem Kaiser sehr angenehm und vertraut. Der Kaiser sicherte ihm sogar die Stelle eines Obersthofmeisters und Oberstkämmerers lebenslänglich zu; 1662 erhob er ihn in den Reichs-

---

[1]) Giustiniani 1654. Nani 1658. St. A.
[2]) Biedermann, Geschichte der österreichischen Gesammtstaatsidee, 1. Abtheilung 1867, 103. Giustiniani a. a. O.

fürstenstand. Portia war ein vortrefflicher Hofmann, aber untauglich zur Regierung, faul, langsam, unentschlossen ¹). Er war weder gefürchtet noch geliebt, mußte seinen Freunden nicht zu nützen, seinen Feinden nicht zu schaden, fügte sich in alles, zog alle Geschäfte hinaus, mißtraute aller Welt und war unfähig, aus sich selbst einen Entschluß zu fassen. Wenn ihn andere Minister fragten, war seine Antwort, er müsse sich mit dem ersten Minister berathen. In den ersten Jahren der Regierung Leopold's I. traute man ihm noch den Ehrgeiz zu, erster Minister werden zu wollen, und bei dem Mangel an tauglichen Individuen war das nicht unmöglich ²). Er machte Partei gegen Auersperg und gegen den spanischen Gesandten, er war immer dagegen, daß die Spanier in Deutschland eine Autorität wie in früherer Zeit ausübten. Später wurde Portia alt, gebrechlich, kümmerte sich weniger um die öffentlichen Geschäfte; er vergaß oft über Tisch die wichtigsten Depeschen und vernachlässigte die bringendsten Verhandlungen ³). Doch war er immer für den Wohlstand seiner Familie bedacht. Die Venetianer wußten recht gut, daß die Pässe nach Friaul immer gut gegen die Türken besetzt sein würden, weil Portia in Friaul seine Güter hatte. 1640 hatte er die Herrschaft Ortenburg in Kärnten gekauft und das schöne Schloß Spital im Renaissancestil der Zeit gebaut. Als er 1665 starb, hinterließ er mehr als eine Million, aber eine Nachkommenschaft ohne Geist und Hoffnung ⁴).

Johann Weichard, Graf, und seit 1653 Fürst Auersperg, stammte aus der älteren Linie dieses krainerischen Geschlechtes. Er bekleidete mehrere Stellen in der Regierung, trat dann in den

---

¹) Pigro, lento, irresoluto. Sagredo 1665.
²) Non sarà gran cosa nella penuria d'altri Soggetti che si rimette un giorno al primo grado del Ministerio. Nani 1659.
³) Nach den Relationen von Nicolo Sagredo und Nani, Molin und Giovanni Sagredo. St. A.
⁴) Sie starb 1698 mit seinem Enkel aus.

Hofdienst, wurde Ajo und Obersthofmeister des Kronprinzen Ferdinand IV. und nach dessen Tode, 1655, der erste geheime Rath, also der erste Minister und Rathgeber des Souverains. Ferdinand III. schätzte ihn sehr, noch mehr sein Zögling Ferdinand IV., obwohl ihn Auersperg ganz beherrschte [1]. Leopold I. ließ ihm die Stelle des ersten Ministers und damit die Vertretung der Regierung nach außen und innen, aber er liebte ihn nicht und gab viel mehr auf den Rath Portia's oder Lobkowitz's. Auersperg war ein Mann von den besten Manieren, von lebhaftem Geist, tüchtig in der Arbeit, geeignet zu den Verhandlungen mit fremden Mächten, aber wegen seiner Eifersucht, seines Ehrgeizes, der ihm immer andere Würden wünschenswerth machte, gefürchtet und gehaßt. Er überschätzte sich selbst und liebte niemand als sich selbst. Wie er durch die Spanier in die Höhe gekommen war, so blieb er immer mit den spanischen Ministern eng verbunden. Er hoffte durch die Ehe des Kaisers mit einer spanischen Infantin sein Glück dauernd zu begründen. Wie Portia und Sinzendorf und andere wurde er von seiner Frau geleitet [2]. Auersperg, Portia und Schwarzenberg waren in steter Eifersucht und in Mißtrauen gegen einander. Auersperg hetzte Portia gegen Schwarzenberg, gegen den Erzherzog Leopold Wilhelm, er wollte seinen Schwiegersohn, Graf Lamberg, zum Oberstkämmerer machen. Wie die meisten seiner Amtsgenossen vergaß auch Auersperg seine Privatinteressen nicht. 1653, als er in den Reichsfürstenstand erhoben wurde, schenkte ihm der junge römische König die Burg und Vogtei Wels; 1654 wurde er mit Münsterberg und Frankenstein in Schlesien belehnt und nannte sich fortan Herzog von Münsterberg; er kaufte die Herrschaft Thüngen im Reich. Sein Bruder hatte Güter in Istrien gekauft. Die Venetianer fürchteten auch von dieser

---

[1] Auersperg era Padrone del suo Padrone. Giustiniani 1654.
[2] Diarium des Fürsten Schwarzenberg 1659. Schw. A.

Seite her keinen Einfall der Türken, indem sie annahmen, der Minister Auersperg werde von seinen Familiengütern alle Kriegsschäden abwehren. Nach dem Tode seines Bruders, Wolf Engelbrecht Graf Auersperg, Landeshauptmann in Krain, erbte der Fürst 1673 auch Gottschee und Seissenberg ¹). Sein politisches Wirken und sein Fall wird in diesem Buche erzählt werden.

Der zweite geheime Rath war Fürst Wenzel Lobkowitz und zwar seit 1649. Als Ferdinand III. 1655 den Fürsten Auersperg zum ersten geheimen Rath ernannte, fand Lobkowitz darin eine Zurücksetzung und beschwerte sich. Der Kaiser ließ ihm durch Portia antworten, die Erklärung Auersperg's als erster Rath sei ein leerer Titel, dessen Bedeutung von Lobkowitz selbst abhänge, Auersperg dürfe sich in seine Geschäfte nicht einmischen; der Kaiser habe ihm auch den Titel nur des unaufhörlichen Drängens wegen gegeben ²). Deßungeachtet gingen die Geschäfte durch die Hand Auersperg's. Der Einfluß Lobkowitz's stützte sich anfangs mehr auf sein Amt als auf die Neigung des Kaisers. Leopold wandte ihm erst nach dem Tode Portia's sein Vertrauen zu. Die Venetianer verhandelten gerne mit Lobkowitz, weil er mit Wärme und Neigung auf ihre Interessen einging. In ihren Berichten schildern sie ihn mehr gewandt als tief, ehrgeizig, klug, verstellt, bedacht auf seinen eigenen Vortheil, zugänglich für Schmeicheleien, stolz und selbstbewußt, als einen Mann, der seinen Witz und Spott über alles ergoß, fest und sicher auftrat, seine Freunde beschützte, seine Feinde wo möglich vernichtete ³). Alle fürchteten seinen unabhängigen Sinn, zumeist der spanische

---

¹) Nach den Relationen von Giustiniani, Nani, Molin und Giovanni Sagredo.
²) Portia an Lobkowitz, 6. Februar 1655. R. A.
³) Nach den Relationen des Giustiniani 1654, Nani 1659 und Molin 1661.

Gesandte, dessen Pläne er oft durchkreuzte. Als Präsident des Hofkriegsrathes war Lobkowitz Chef der Armee, der Armeeverwaltung und leitete den gesandtschaftlichen Verkehr mit der Türkei. Dadurch kam er vielfach mit den Ungarn in Berührung, die ihn frühzeitig als gewaltthätig und ihrer Verfassung abgeneigt fürchten lernten.

Graf Adolph Schwarzenberg, geheimer Rath seit 1648, stand im Dienste des Erzherzogs Leopold Wilhelm und wurde erst nach der Rückkehr desselben aus den Niederlanden in die Conferenzen gerufen. Adolph Schwarzenberg stammte aus der niederländischen Linie dieses alten deutschen Geschlechtes und war der Sohn jenes Adam Schwarzenberg, der bis zu seinem plötzlichen Tode, 1641, als dirigirender Minister und Statthalter in Berlin die brandenburgische Politik geleitet hatte. Adolph Schwarzenberg war geboren am 20. September 1615 zu Weibelskirchen in Luxemburg, einem Erbgute seiner Mutter. Er genoß eine sorgfältige Erziehung, studirte in Paris, machte von 1631—34 große Reisen, und hielt sich, so lange Brandenburg der Bundesgenosse Schwedens war, in neutralen Landen, zumeist in Frankreich auf, das damals noch nicht in den Krieg eingetreten war. Nach dem Prager Frieden ließ ihm sein Vater die Wahl frei, wo er sein Glück suchen könne. In Frankreich wollte er nicht bleiben, „denn der Humor der Franzosen, schrieb er seinem Vater, sei niemand mehr zuwider als ihm" [1]; Brandenburg war ihm durch das Schwanken seiner Politik verleidet; so wandte er sich nach Oesterreich, wo sein Vetter Georg Ludwig Schwarzenberg ansässig war und sich am Hofe Ferdinand's II. einen Namen gemacht hatte. Adolph Schwarzenberg wurde anfangs am österreichischen Hofe kühl aufgenommen, er mußte sich wegen seines Aufenthaltes in Frankreich rechtfertigen, aber durch Geduld und Ausdauer kam er in die Höhe, gewann großen Einfluß, vergrößerte sein

---

[1] Msc. Schw. A.

Vermögen und wurde der Gründer der Familie Schwarzenberg, welche noch heute zu den ersten österreichischen Adelsgeschlechtern gehört. Adolph Schwarzenberg wurde 1635 kaiserlicher Kämmerer, 1641 Reichshofrath, 1646 Hofkriegsrath, 1648 geheimer Rath; 1646 trat er in den Dienst des Erzherzogs Leopold Wilhelm, wurde dessen Oberstkämmerer und 1656 Obersthofmeister. In den Niederlanden suchten die Spanier ihn vom Erzherzog zu entfernen, weil er ein Deutscher war. In der That schickte ihn der Erzherzog schon 1654, noch ehe er sein Amt als Generalgouverneur niederlegte, nach Wien. Schwarzenberg wollte 1655 Obersthofmeister der Kaiserin Eleonore werden, aber Auersperg haßte ihn und hintertrieb es. So blieb Schwarzenberg im Dienst des Erzherzogs bis zu dessen Tod [1]), aber er nahm deßungeachtet großen Einfluß auf die Geschäfte. Sein Rang als geheimer Rath wurde nach dem Jahre 1649 bestimmt. Kaiser Leopold fragte ihn oft um seinen Rath. 1658, als einige Kurfürsten bei der Kaiserwahl an den Erzherzog Leopold Wilhelm dachten, leitete Schwarzenberg die vertrauliche Correspondenz mit Fürstenberg in Köln, was man ihm am kaiserlichen Hofe lange nicht vergaß. Auersperg und Portia waren gegen ihn. Aber Schwarzenberg ging ruhig seinen Weg und kam über alle zum Sieg. Er war ein guter sparsamer Haushälter. Die Güter seines Vaters in Brandenburg und Kursachsen waren confiscirt und er mußte lange Prozeß führen, bis ihm der Kurfürst von Brandenburg als Entschädigung eine Forderung an das Haus Oesterreich im Betrage von 500.000 Thalern abtrat. Ferdinand III. verpfändete ihm dafür die böhmischen Herrschaften Bürglitz und Kruschowitz (1654). Schon 1646 hatte er von seinem Vetter, Graf Georg Ludwig Schwarzenberg, dessen Güter Murau und Freudenau in Steiermark, so wie die frän-

---

[1]) L'assisté nel tempo di guerra et di pace, nelle bataglie et negli conseigli. Giorgi 1671. St. A.

tischen Stammgüter mit dem Schloß Schwarzenberg geerbt. Der Erzherzog Leopold Wilhelm war ihm Besoldung, Pension und bare Vorschüsse schuldig und gab ihm dafür 1660 die Herrschaft Wittingau in Böhmen, welche der Kaiser dem Erzherzog überlassen hatte ¹). 1661 kaufte Schwarzenberg von den Marabas die Herrschaft Frauenberg, 1662 Kornhaus in Böhmen, von seiner Mutter besaß er Güter in Luxemburg und Lothringen. Er war einer der reichsten Edelleute, Landherr in Steiermark, Böhmen, Mähren, Ungarn, Vasall der Krone Spanien und reichsunmittelbar in Deutschland. Kaiser Leopold hatte ihm schon 1668 die Fürstenwürde versprochen; zwei Jahre nachher, 1670, wurde Schwarzenberg zum Reichsfürsten ernannt und 1674 in den deutschen Reichstag eingeführt. Schwarzenberg vertrat im geheimen Rath wie überall die alte kaiserliche Politik, welche den Zusammenhang Oesterreichs mit Deutschland, die Hoheit des Kaiserhauses, den Bestand des Reiches und seine Unabhängigkeit nach außen vertheidigte. Er war den Schweden und Franzosen Feind; diese mochten ihn nicht; daher kommen die ungünstigen Urtheile der Gesandten Pufendorf, Gremonville u. a. Die Venetianer nennen ihn einen vortrefflichen Edelmann, von edlen Sitten und großen Talenten, der aber mit Ausnahme der deutschen Reichsangelegenheiten in auswärtigen Geschäften wenig Erfahrung hatte. Er galt für sehr klug und ehrgeizig, man nahm an, er strebe, wenn Portia sterben sollte, nach der Stelle des Obersthofmeisters und ersten Ministers. Die anderen Minister hatten kein Vertrauen zu ihm ²). Schwarzenberg machte den Beichtvätern des Kaisers sehr den Hof, so P. Müller, dann P. Christoph Stetinger und dem Beichtvater der Kaiserin Eleonore, P. Sauter. Er war in allem sehr geordnet und fleißig. Seinen

---

¹) In Folge eines Prozesses mußte Wittingau später beinahe noch einmal gekauft werden.

²) Relationen des Nani 1658, Nicolo Sagredo und Nani 1659, Molin 1661.

Briefen, Tagebüchern, den Berichten über die Sitzungen des geheimen Rathes verdanken wir manche interessante Kenntniß über das politische und persönliche Treiben am Hofe Leopold's. Jedenfalls war er ein Mann von Energie, der nach einem bewegten Wanderleben an einem fremden Hofe, in einem fremden Lande das Glück seines Hauses von unten aufzubauen verstand. Er war vermählt mit einer Gräfin Stahremberg, hinterließ einen Sohn und eine Tochter, welche seit 1666 an den Fürsten Christian von Eggenberg verheiratet war und durch welche der Besitz von Krumau an das Haus Schwarzenberg kam [1]).

Geheime Räthe waren ferner: Fürst Hannibal Gonzaga, seit 1658 Vicepräsident des Hofkriegsrathes, ein Verwandter der Kaiserin Mutter, ein alter Soldat, klug, ruhig, zurückhaltend, der sich nicht gerne in die Politik mischte; Graf Nostiz, oberster Kanzler für Böhmen, ein rühriger, fleißiger Mann, der aber nicht über das Gewöhnliche hinausragte, und sich in allem auf Auersperg stützte [2]), vornehmlich aber Graf Ludwig Sinzendorf, Präsident der Hofkammer.

Sinzendorf stammte aus der Neuburg'schen Linie dieses Geschlechtes, war geboren 1616, trat in den Finanzdienst, wurde unter Ferdinand III. Hofkammerrath, unter Leopold I. 1657 geheimer Rath und nach dem alten David Ungnad Präsident der Hofkammer, also einer der ersten Minister, zunächst beauftragt mit der Leitung des Finanzwesens, aber von Einfluß auf alle politischen Geschäfte. Sinzendorf war ein Mann von mittelmäßigen Anlagen, eingebildet und hochmüthig, „er ging, wie Moleschott von einem Hofmanne seiner Zeit sagt [3]), so richt und strack einher als ein Bolz und als ob er mit Stacketen umzäunet war." Sinzendorf verdankte seine Stellung

---

[1]) Adolph Berger, das Fürstenhaus Schwarzenberg, österreichische Revue, November 1866.
[2]) Relationen des Giustiniani 1654, Molin 1661, Giorgi 1671.
[3]) Geschichte Philanders von Sittewald, 1677. I., 86.

nur seinem Namen und der Gunst des Kaisers, der den feinen gewandten Höfling gerne in den engen Hofkreis zog. Eine Ursache war auch, daß die zweite Frau Sinzendorf's, eine geborene Prinzessin von Holstein, oft zu Hofe kam und von der Kaiserin Margarethe gerne gesehen wurde. Die österreichischen Finanzen waren seit mehr als einem Jahrhundert in Zerrüttung, aber kein Minister hat so leichtsinnig gewirthschaftet und seine Stellung so für sich ausgebeutet, als Sinzendorf. Und er war durch vierundzwanzig Jahre Finanzminister. Von seiner Verwaltung wird noch gesprochen werden.

Man kann wohl fragen, wie bei der Zerfahrenheit und Zwietracht in diesem Ministerium, bei der Unfähigkeit einzelner Glieder, bei der Jugend und Schwäche des Fürsten noch Erfolge der österreichischen Politik möglich waren. Aber es gab doch Bindemittel, welche alles zusammenhielten, und Grundsätze, welche diesem scheinbar ohnmächtigen Körper Kraft und Leben einhauchten. Das Festhalten an den Ueberlieferungen der österreichischen Politik, die zähe Ausdauer in den Unternehmungen, und vor allem die Einheit im monarchischen Willen, dem sich alle Gewalten unterordneten und in dem alle Interessen des Staates und Volkes zusammenflossen. Diese Bindemittel und Grundsätze haben der Leopoldinischen Regierung nach Innen Halt und Stärke über die wildwuchernden Reste der feudalen Ordnung, und nach Außen Ansehen und Vertrauen verliehen. —

V. Die Kaiserwahl.

1657, 1658.

Ferdinand III. war es nicht möglich gewesen, die Wahl Leopold's zum römischen König durchzusetzen. Wohin er sich wendete, überall fand er Bedenken und Widerstreben. Als der Tod an ihn herantrat, war die Frage nicht gelöst, das Reich ohne Haupt, die Mehrzahl der Fürsten uneinig und aus religiösen und politischen Gründen Oesterreich abgeneigt. Vorerst stritten sich die Kurfürsten von der Pfalz und von Baiern um das Reichsvicariat. Beide behaupteten mit der Kurwürde auch alle Vorrechte der Kur und damit den Anspruch auf das Reichsvicariat erworben zu haben. Jener ließ in Frankfurt, dieser in Speier Manifeste in seinem Sinn anschlagen. Da kein Richter war, so übten beide das Vicariatsrecht aus, und der Streit dauerte noch fort, als die Wahl bereits vollzogen war. Der ärgerliche Auftritt im Wahlcollegium, als der hitzige Carl Ludwig von der Pfalz dem bairischen Gesandten, der seinen Vater verunglimpfte, das Tintenfaß an den Kopf warf, ist oft erzählt worden.

Der Wahltag war von dem Erzkanzler des Reiches, dem Kurfürsten von Mainz, auf den 14. August 1657 ausgeschrieben, aber es dauerte lange, bis die Gesandten der acht Kurfürsten in Frankfurt eintrafen und die Wahlgeschäfte in Gang kamen. Die Fürsten selbst erschienen erst im Februar und März 1658, nachdem das Ergebniß der Wahl bereits gesichert war, dafür waren die Gesandten des Papstes, des Herzogs von Savoyen, der Könige von Frankreich und Schweden, in Frankfurt an=

wesend, Frankreich war durch den Herzog von Grammont und den Marquis de Lionne, einen der fähigsten Diplomaten aus der Schule Mazarin's vertreten.

Der Wiener Hof war von Anbeginn entschlossen, die Wahl mit allen Mitteln durchzusetzen. So jung Leopold war, er erkannte wie seine Vorfahren in der Kaiserwürde die wichtigste Stütze für die Größe seines Hauses. Die Minister Auersperg, Portia, Schwarzenberg und Kurtz waren darüber einig, daß die Kaiserkrone eine Nothwendigkeit für Oesterreich sei, daß sich Leopold I. bewerben müsse, ja, daß man keinen andern Prätendenten aufkommen lassen dürfe. Noch vor dem Wahltage wurden Wenzel Lobkowitz und Dr. Volmar, einer der gelehrten Politiker, der in der letzten Zeit des großen Krieges oft zu Missionen in das Reich verwendet war, voraus geschickt, um in München, Heidelberg und Mainz dem französischen Einfluß entgegen zu arbeiten und für die Wahl Leopold's zu wirken [1]).

Es war bekannt, daß Ludwig XIV. in dem Aufstreben seines Ehrgeizes daran gedacht hatte, deutscher Kaiser zu werden. Allein schon die leisen Andeutungen seiner Agenten und Gesandten regten den Widerstand der geistlichen Kurfürsten an, obwohl sie alle von der französischen Politik umstrickt waren. Weil die Vereinigung der französischen und deutschen Krone keine Aussicht hatte, war Ludwig XIV. eifrig bemüht, einen eigenen Candidaten aufzustellen und das Haus Oesterreich nicht zur Kaiserwürde gelangen zu lassen. Die französischen Gesandten säeten nach allen Seiten Zwietracht und arbeiteten vorerst dahin, die Wahl hinauszuschieben. Sie machten geltend, daß früher der Friede zwischen Frankreich und Spanien hergestellt sein müsse, daß die Kaiserkrone im Hause Oesterreich erblich werde. Sie drohten, Frankreich werde fünf Tonnen Goldes aufwenden und 25.000 Mann an der Grenze auf-

---

[1]) Conferenz, 11. Mai 1657, St. A.

stellen, um die geistlichen Kurfürsten zu zwingen, Oesterreich von der Krone auszuschließen¹).

Als diese Gründe nicht wirkten, versuchte Frankreich den jungen Kurfürsten von Baiern zu vermögen, sich um die Kaiserkrone zu bewerben. Der Herzog von Grammont kam nach München und bot drei Millionen Livres an, aber der Kurfürst wies jede Versuchung zurück. Man gab dem Gesandten zu verstehen, daß man in dem Antrage nur die geheime Absicht Frankreichs erkenne, Baiern und Oesterreich zum Schaden des gemeinen Wohles und der katholischen Religion zu trennen. Wenzel Lobkowitz konnte schon im Juni 1657 aus München berichten, daß Grammont nichts ausgerichtet habe, und sogleich nach Paris zurückgekehrt sei. Die militärische Drohung Frankreichs sei nicht ernstlich gemeint, und die Rüstungen im Elsaß, von denen so viel Lärm gemacht würde, ohne Bedeutung²). Der Kurfürst Ferdinand Maria schrieb selbst in den freundschaftlichsten Ausdrücken nach Wien³). Besonders war es seine Mutter, die verwittwete Kurfürstin Maria Anna, eine Schwester Kaiser Ferdinand's III., welche für Oesterreich offen Partei nahm. Sie sagte dem österreichischen Gesandten, Graf Trautson: wie gut es ihr Sohn mit Oesterreich meine, er begehre nicht Kaiser zu werden, finde es nicht zweckmäßig und habe auch nicht die Mittel zu dieser Würde. Der Kurfürst sei wie sein verstorbener Vater für Oesterreich. Die katholische Religion könne im Reiche nur durch die beiden Familien erhalten werden. Die Wahl könne vernünftigerweise auf niemand anderen als auf das Haus Oesterreich fallen. Wenn auch keine anderen Gründe dafür sprechen, und die Verdienste Oesterreichs um das Reich gar nicht in

---

¹) Diarium des Grafen Schwarzenberg über die Verhandlungen des geheimen Rathes. Schw. A.

²) Lobkowitz an Leopold I., Juni 1657. St. A.

³) An Leopold I., 14. Juni 1657. St. A.

Betracht kämen, die Noth führe dazu. Niemand sei vorhanden, der die Mittel habe, das Reich und seine Würde zu erhalten, als das Haus Oesterreich. Ihrem Gemahle, dem verstorbenen Herzoge, haben einst vier Kurfürsten die Krone angetragen, aber er wollte sie als ein vernünftiger Herr nicht annehmen. So lasse sich auch ihr Sohn, der Kurfürst, in nichts ein, was dem Reich, dem gemeinen Wesen und seinem eigenen Hause gefährlich werden könne [1]). Der Erzbischof von Köln, ein geborener bairischer Prinz, von Frankreich beeinflußt und von dem Ehrgeize beseelt, sein Geschlecht erhöht zu sehen, drängte seinen Bruder, den jungen Kurfürsten von Baiern, in Briefen und durch seine Gesandten, die Wahl anzunehmen [2]). Auch der Kurfürst von Mainz versuchte Baiern für seine Pläne zu gewinnen. Man trachtete den Kurfürsten nach Frankfurt zu bringen, um ihn von seiner Mutter und den österreichisch gesinnten Räthen zu trennen. Aber der Kurfürst blieb seinem Entschlusse treu, nur ließ er sich zu keiner Verpflichtung für Oesterreich herbei, sondern bewahrte seine Freiheit und sein Recht [3]).

Unbedingt für Oesterreich war der Kurfürst Johann Georg II. von Sachsen, der in der Politik ganz auf der Bahn seines Vaters blieb und wie dieser seine deutsche Gesinnung oftmals bewährte. Der französische Gesandte wurde in Dresden kurz abgefertigt. Der Kurfürst sagte zu dem österreichischen Gesandten Graf Wolkenstein: er wolle sein Leben lang ein Freund Oesterreichs bleiben und wünsche nur, daß alle Kurfürsten dieselbe Intention hätten; wenn die Fürsten persönlich auf dem Wahltage erscheinen würden, so sei Hoffnung, daß

---

[1]) Geheime Berichte des Grafen Franz Trautson, österreichischen Gesandten in München. 22., 23., 24. Juli 1657. St. A.

[2]) Trautson, geheimer Bericht vom 24. Juli 1657. St. A.

[3]) Fürst Lobkowitz und Volmar an den Kaiser, Frankfurt, 12. Jänner 1658. R. A.

alles gut gehen würde ¹). Der Reichsvicekanzler, Graf Kurtz, kam mit dem sächsischen Minister Friesen zu Raudnitz in Böhmen zusammen, um sich mit ihm zu besprechen ²), und dieser gab die besten Versicherungen. Johann Georg versprach nochmals in einem Neujahrsbriefe an König Leopold, daß er ihm in der Wahlangelegenheit alle Dienste erweisen wolle ³).

Der Stimme Sachsens war der Wiener Hof sicher, auf jene von Baiern konnte er mit aller Wahrscheinlichkeit rechnen, aber die wichtigste Stimme, jene des Kurfürsten von Brandenburg, war unsicher, und bei der selbstständigen Politik desselben schwer zu gewinnen. Man wußte wohl in Wien, der Kurfürst setze einen Preis und er werde bei der Lage der Dinge eher dem König Leopold seine Stimme geben, als irgend einem anderen deutschen Fürsten oder apanagirten Prinzen. Ueber den Preis konnte man sich nicht so rasch einigen. Der Kurfürst hatte sich bei Beginn des schwedisch-polnischen Krieges den Schweden angeschlossen, die Schlacht von Warschau mit erfechten helfen und dafür die Anerkennung der Souverainetät über sein Herzogthum Preußen erhalten. Es war anzunehmen, daß er das gefährliche Bündniß bei günstiger Gelegenheit wieder verlassen werde, besonders als der König Carl Gustav nach Holstein marschirte und ihm die Last der Vertheidigung allein überließ. Oesterreich drängte ihn zum Abfall von Schweden und zum Frieden mit Polen. Aber man war, als im August 1657 der Wahltag eröffnet wurde, des Entschlusses des Kurfürsten noch nicht sicher. Friedrich Wilhelm machte noch eine andere Bedingung: er forderte wie 1653 vor der Wahl Ferdinand's IV. die Zurückgabe Jägerndorfs oder als Ersatz

---

¹) Wolkenstein's Bericht an den Kaiser, 24. Juli 1657. St. A.

²) Friesen brachte von seinem Herrn solche Satisfaction, daß man zufrieden sein kann. Graf Ferdinand Kurtz an seinen Bruder Max Kurtz. 21. August 1657. St. A.

³) Johann Georg an K. Leopold, 1. Jänner 1658. St. A.

dafür Glogau und Erledigung der Breslauer Schuld ¹). Oesterreich schien zu einem Vergleich bereit, aber die Verhandlungen zogen sich hinaus. Niemand wußte, wie sich Friedrich Wilhelm entscheiden würde.

Der Kurfürst von der Pfalz war der Sohn des „Winterkönigs" und in der Abneigung gegen das Haus Oesterreich aufgezogen. Er hatte noch vor Kurzem einen Protest an das österreichische Cabinet erlassen, weil ihm dieses nicht den Titel eines Reichsvicekanzlers gegeben hatte. Er schien im französischen Interesse zu arbeiten und hatte von Frankreich in der Wahlangelegenheit 20.000 Th. bekommen ²). Man wußte in Wien nicht gewiß, wohin er sich neigen werde, aber man kannte ihn als einen sparsamen Herrn, der viel auf Geld und Gut hielt. Der Kurfürst hatte damals noch ein besonderes Interesse, das ihn sehr beschäftigte. Er lebte seit Jahren in einem vertrauten Verhältnisse mit dem Hoffräulein Louise von Degenfeld und hatte sich, obwohl seine Gemahlin noch bei ihm lebte, am 14. April 1657 mit ihr trauen lassen.

Die rheinischen Kurfürsten waren alle Oesterreich feindlich gesinnt. Ihr Wunsch ging dahin, den so theuer erkauften Frieden mit Frankreich aufrecht zu erhalten, um ihre Länder nicht einem neuen verwüstenden Kriege auszusetzen. Oesterreich schien ihnen zu sehr in die spanischen Interessen verflochten. Sie nahmen an, Leopold I. würde sich als Kaiser sogleich mit den Spaniern verbinden und einen Reichskrieg gegen Frankreich führen wollen. Sie wünschten deßwegen einen Kaiser, der keine oder nur eine geringe Hausmacht besitze. Mehr oder weniger waren sie alle bei Beginn der Wahlangelegenheit von Frankreich abhängig und handelten nach den Intentionen dieser

---

¹) Droysen, Geschichte der preußischen Politik III., 2. Abth. 366. Droysen benützte das Berliner Archiv, ich das Wiener Archiv. Es ist begreiflich, daß meine Darstellung in diesem und dem VI. Capitel in vielen Punkten von jener Dr. verschieden ist.

²) Fürst Lobkowitz an K. Leopold. Frankfurt, 1. Oct. 1657. St. A.

Macht. Der Kurfürst von Köln stand unter dem Einflusse seines Großhofmeisters, des Domherrn Graf Egon Fürstenberg, der im Einverständniß mit dem französischen Hofe war, von diesem bezahlt und geleitet wurde. Der Kurfürst von Mainz folgte den Rathschlägen seines Kanzlers von Boineburg, eines Convertiten, der eine ganz eigene Politik befolgte, nämlich Oesterreich von Deutschland auszuschließen, und zwischen Frankreich und dem Reich eine vermittelnde Macht mit dem Mittelpunkt Mainz zu gründen. Schon 1654 hatten sich Mainz, Trier, Köln, der Bischof von Münster und der Pfalzgraf von Neuburg verbündet, um den Frieden am Rhein zu erhalten. Boineburg galt als ein kluger Politiker und genoß bei den rheinischen Fürsten das größte Ansehen. Ein Vertrauensmann in der Wahlconferenz schrieb deßwegen nach Wien: „Seht, daß Ihr ihn gewinnt, er wirkt auf die Kurfürsten" [1]).

Als der Wahltag ausgeschrieben war, konnte Oesterreich nur auf zwei Stimmen rechnen, alle übrigen waren feindselig oder schwankend. Deutsche und europäische Interessen kamen bei diesem Wahltage in Kampf, die allgemeine Lage von Europa wirkte darauf zurück. Frankreich wünschte ein langes Interregnum und forderte das Kurcollegium auf, zuerst den Frieden mit Spanien zu vermitteln. Der schwedische Gesandte beschuldigte Oesterreich wegen des polnischen Bündnisses des Reichsfriedensbruches und forderte, daß gar nicht zur Wahl geschritten werde. In Frankfurt und von Frankfurt aus begann das Spiel der Parteien und es schien, als wären die französischen Diplomaten die Herren an diesem deutschen Wahltage [2]).

Der erste fremde Gesandte in Frankfurt war der französische. Er kam wenige Tage nach dem Kurfürsten von Mainz,

---

[1]) Anonymes Schreiben, 26. Sept. 1657. St. A.
[2]) Droysen a. a. O. 360.

der am 17. August in Frankfurt eingetroffen war. Nur allmälig erschienen die Gesandten der Kurfürsten. Die böhmische Wahlbotschaft kam am 23. August. Sie bestand aus den Herren: Fürst Wenzel Lobkowitz, Graf Carl Kolowrat, Präsident des Appellationsgerichtes in Prag, dem Reichshofrath Dr. Crane und Franz von Scheidlern, Rath bei der böhmischen Hofkanzlei. Die Wahlconferenz wollte die böhmische Gesandtschaft anfangs gar nicht zulassen, weil die Krone Böhmen nur am Act der Wahl, nicht an der vorhergehenden Verhandlung Theil zu nehmen habe. Es waren noch andere Gründe. Der Kurfürst von Mainz sagte Lobkowitz bei dessen erstem Besuche, daß man ihre Vollmachten gar nicht prüfen wolle, bis der Friede zwischen Spanien und Frankreich abgeschlossen sei. In der That beschloß die Wahlconferenz am 7. November, die böhmischen Vollmachten nicht ablesen zu lassen, weil Leopold I. als König von Böhmen seine kurfürstlichen Rechte erst mit achtzehn Jahren ausüben dürfe [1]). Dieselben Bedenken waren schon bei der Wahl Ferdinand's IV. in Augsburg besprochen worden. Lobkowitz machte jedoch geltend, der König von Böhmen werde mit vierzehn Jahren volljährig, Leopold sei wie viele seiner Vorfahren in seinem vierzehnten Jahre gekrönt worden, sei daher großjährig und könne wie sein Bruder 1653 von der Wahl nicht ausgeschlossen werden. Die Wahlconferenz erhob denn auch keine weitere Einsprache, die böhmische Wahlbotschaft wurde zugelassen. Die Hoffnung für die Wahl König Leopold's schien jedoch immer geringer zu werden. Im November 1657 wurde sogar die Wahlsache, wie Frankreich wünschte, vertagt. Viele der Gesandten, auch der Brandenburgische, reisten einstweilen weg. Lobkowitz mußte seinem Herrn, der in Prag auf einen günstigen Ausgang der Dinge wartete, die Reise nach Frankfurt widerrathen.

---

[1]) Lobkowitz an K. Leopold, 9. Nov. 1657. St. A.

Um die Wahlgeschäfte noch mehr zu verwirren und die Macht Oesterreich von der Kaiserkrone auszuschließen, gab der französische Hof den geistlichen Kurfürsten den Rath, entweder den Erzherzog Ferdinand von Tirol, oder den Hoch- und Deutschmeister den Erzherzog Leopold Wilhelm zum Kaiser zu wählen. Die Wahl König Leopold's würde den Frieden und die Freiheit Deutschlands gefährden; er wolle eine spanische Prinzessin heiraten und würde die Verbindung mit Spanien sogleich aufnehmen. Er könne nach der goldenen Bulle gar nicht gewählt werden, weil er nicht achtzehn Jahre sei. Er sei auch dann zu jung. Frankreich gab Geld und gute Worte. Um Köln zu gewinnen, wurde dem Bruder des Egon Fürstenberg eine Grafschaft in Frankreich versprochen. Mainz hatte bereits 50.000 fl. erhalten, Pfalz und Trier sollten noch besonders bearbeitet werden [1]). In der That dachten die geistlichen Kurfürsten daran, den Erzherzog Leopold zu wählen. Er war kein regierender Herr, verstand den Krieg und schien den Frieden mit Frankreich am besten zu verbürgen. Egon Fürstenberg war schon wenige Wochen nach dem Tode Ferdinand's III. mit dem Obersthofmeister des Erzherzogs, dem Grafen Schwarzenberg in Verbindung getreten. Ein Beamter des Erzherzogs in Prag vermittelte die geheime Correspondenz. Am 24. Mai 1657 schrieb der Kölner Domherr an Schwarzenberg [2]), daß Mainz, Trier, Köln und Baiern für den Erzherzog Leopold Wilhelm, Sachsen, Brandenburg und die Pfalz für König Leopold sein würden. Dieser sei zu jung, könne den Eid nicht leisten. Volmar richte nichts aus und habe seine Commission niedergelegt. Wenn der Deutschmeister die Wahl nicht annehme, würde man sich an Frankreich wenden. Ludwig XIV. biete ohnehin alles Mögliche an: er wolle dem Reich nicht beschwerlich fallen, in Straßburg residiren und

---

[1]) Diarium des Grafen Schwarzenberg. Schw. A.
[2]) Diarium des Grafen Schwarzenberg. Schw. A

dort eine deutsche Regierung bilden. Man könne Frankreich bei dieser Wahl nicht vor den Kopf stoßen. Es sei am besten, drei Candidaten vorzuschlagen: den Fürsten von Pfalz-Neuburg, den König Ludwig XIV. und den Erzherzog Leopold Wilhelm. Die ersten zwei seien nicht durchzubringen, man würde alsdann den dritten, den Erzherzog wählen. Fürstenberg erhielt später von den geistlichen Kurfürsten den Auftrag, zum Erzherzog zu gehen und ihm die Krone anzutragen. Dies wagte aber der Domherr nicht. Die geistlichen Kurfürsten luden deßwegen den Deutschmeister ein, nach Frankfurt oder nach Mergentheim zu kommen, um in der Nähe zu sein. Auch der Papst war für den Erzherzog. Er ließ dem Erzbischof von Köln durch den Nuntius eröffnen, daß er den Deutschmeister von seiner geistlichen Würde dispensiren wolle; dieser werde auch alle seine Güter und Einkünfte behalten. Oesterreich möge etwas für ihn thun. Wenn Leopold I. nach Spanien käme, was zu erwarten sei, so könne sein Stiefbruder Carl als römischer König erklärt werden[1]). Boineburg und Egon Fürstenberg gingen im October nach München, um dem Kurfürsten von Baiern nochmals die Krone anzutragen und im Weigerungsfalle ihn wenigstens zu bestimmen, seine Stimme dem Erzherzog Leopold Wilhelm zu geben. Sie wurden abgewiesen. Der Kurfürst gab ihnen zu verstehen, daß dieser Candidatenwechsel und diese Bewegung für den Erzherzog nur von Frankreich ausersonnen sei, um das Haus Oesterreich zu trennen[2]).

Eine Zeit hatte sich auch der Erzherzog Ferdinand von Tirol Hoffnung auf die Kaiserwürde gemacht. Seine Gesandten fragten in Mainz und Köln herum. Als sich dann das Züngelein auf die Seite des Erzherzogs Leopold Wilhelm neigte,

---

[1]) Fürstenberg an Schwarzenberg aus Bonn und Brüssel, 24. Mai, 15. Juni, 12. Juli 1657. Schw. A.
[2]) Graf Max Kurtz an Ferdinand Kurtz, 19. October 1657. St. A.

suchte er wenigstens ein Geld herauszuschlagen. Er forderte die drei Millionen, welche Frankreich als Entschädigung für den Elsaß versprochen und nicht gezahlt hatte, ja er schrieb an Schwarzenberg, daß diese Forderung in die Wahlcapitulation aufgenommen werden möge. Der Erzherzog fügte seinem Briefe hinzu: „Besser ein frommer verständiger Kaiser als ein mächtiger, der Krieg führt, so ein junger Herr (wie König Leopold) könne Gutes und Böses noch nicht unterscheiden; das Reich bedürfe eines Kaisers, der die Regierung und das Kriegswesen versteht; das sei bei dem Erzherzog Leopold Wilhelm der Fall; wenn die Wahl auf Leopold I. fallen sollte, würden die Fürsten eine Capitulation entwerfen, welche Leopold I. nicht annehmen könne"[1]).

In Wien erfuhr man zwar nicht alles, aber doch sehr vieles aus diesen geheimen Briefen. Der Minister Auersperg hatte seinen Herrn zuerst davon unterrichtet, daß man die Krone dem Erzherzoge Leopold Wilhelm anbieten wolle. Lobkowitz und Volmar schrieben aus Frankfurt über die französischen Umtriebe und meldeten, wie die Gesandten der geistlichen Fürsten gegen den König Leopold agitirten und die Mehrzahl der Kurfürsten bereits für den Erzherzog gewonnen sei[2]). Der König wurde eifersüchtig und zurückhaltend gegen seinen Oheim. Der Oberfthofmeister Portia ließ merken, wie unlieb es dem Könige sei, wenn Minister und andere mit dem Erzherzoge verkehrten. Es war sogar beschlossen, ihn zu entfernen. Am Wiener Hof hat man auch dem Grafen Schwarzenberg seine Vermittlung und Correspondenz lange nicht vergeben[3]). Oesterreich konnte die Kaiserwürde keinem anderen Candidaten, am wenigsten einem Prinzen seines Hauses überlassen. Es hieß

---

[1]) November 1657. St. A.

[2]) Diarium des Grafen Schwarzenberg. Schw. A.

[3]) Li tentativi suoi in Francfort per essaltar l'Arciduca all' Imperio, non si scancellano dalla memoria. Bericht des venetianischen Gesandten Giorgi 1671. St. A.

ihm einen Kampf auf Leben und Tod anbieten, wenn man die Krone auf einen Fürsten mit geringer oder keiner Hausmacht übertrug. Das hatte Boineburg in seiner kleinstaatlichen Politik vergessen. Er wollte den Frieden mit Frankreich bewahren und forderte Oesterreich heraus. Die Stellung Oesterreichs, seine Staatsmacht, der Charakter der deutschen Provinzen machte die Kaiserwürde für seinen Souverain nothwendig. Mit Recht sahen die österreichischen Minister in der Frage nicht bloß eine persönliche Angelegenheit, sondern ebenso eine Angelegenheit des Staates. Auersperg, Portia, Lobkowitz, alle waren darin einmüthig, und man muß gestehen, daß sie alle Thätigkeit, Klugheit und Energie angewendet haben, um die Wahl Leopold's I. durchzusetzen.

Die Seele des ganzen Wahlgeschäftes war der Reichsvicekanzler, Graf Ferdinand Kurtz, ein alter, vielerfahrener, ehrlicher Mann, welcher die Zustände und Persönlichkeiten der deutschen Höfe genau kannte. Die besten Nachrichten erhielt er von seinem Bruder, Graf Maximilian Kurtz, Landhofmeister in Baiern. Mit Vorwissen des Kurfürsten theilte ihm dieser alle die Intriguen mit, die von Frankreich und den rheinischen Kurfürsten gesponnen wurden. Auch gab er ihm mit viel Humor Winke, wie der eine oder andere Minister zu gewinnen sei. Die zwei Brüder waren patriotische deutsche Männer, gescheidt, freimüthig, ohne selbstsüchtige Interessen und aus politischer Ueberzeugung für die Vereinigung Deutschlands mit Oesterreich. Max Kurtz wies die 30.000 Thaler, welche ihm 1657 der Kurfürst von Köln anweisen wollte, ebenso zurück, wie das goldene Vließ und die 50.000 Thaler, welche ihm vom Wiener Hofe geboten wurden. Erst nach der Wahl nahm er von Oesterreich 20.000 fl.[1] Geheimnisse gab es in dieser Wahlsache nicht. In München und Wien erfuhr man jede Aeußerung der französischen Gesandten und in Köln und Trier

---

[1] Wahlacten. St. A.

wieder die Beschlüsse des geheimen Rathes und der österreichischen Wahlbotschaft. Max Kurtz schrieb darüber seinem Bruder ¹): „Der Großhofmeister Graf von Fürstenberg ist hier gewest, wird morgen oder übermorgen verreisen: basta dire, daß er nichts gericht hat, sondern über die Beständigkeit meines gnädigsten Herrn unwillig geworden. Es fliegt noch ein anderer Teufel in der Luft herum, dem wird es auch also gehen. Ihr müßt aber auch etwas zu der Sache thun und die anerbotenen Versicherungen nicht vergessen, weil man uns und zwar mit Euch selbst droht und dies mit einer solchen Politika, die auch nicht weit vom Lucifer geschmiedet worden ist. In fine, ich wünschte mir ein paar Stunden in der Nebelkappe des Dr. Faust bei ihm zu sein. Materia hätten wir genug zu lachen, aber auch viel nutzbares für unsere Herrschaften zu reden. Man ist bei Eurer Kanzlei unbehutsam oder Eure Gesandten ungewahrsam in ihren Discursen, denn sie zeihen den Herrn Bruder, daß er vermeine, alles nach seiner Opinion durchzudrucken. Es wurde zu Frankfurt gerühmt, daß Oesterreich des kurbairischen Votums sicher sei, so lange des Kurfürsten Mutter und der Kurtz bei der Stelle seien, als wenn mein Herr als ein Kind oder zu großer Unterwerfung anzusehen. Da sieht mein Bruder, was für Arglist gebraucht wird, um meinen Herrn zu hintergehen. Graf Egon hat mir geschrieben, man weiß zu Frankfurt alles und zwar nur von Euren eigenen Leuten. Wenn Ihr also nicht mehr geheim haltet, ist es schwer, meine Correspondenz fortzuführen." Ueber Volmar schrieb Max Kurtz: „Er hat sich in Frankfurt wie ein Feind des Hauses Oesterreich benommen, was andere gut meinen, verderben seine eigenen Minister" ²). Volmar sprach viel

---

¹) München, 19. October 1657. St. A.
²) Max Kurtz an den Reichsvicekanzler, 10. August 1657. St. A. Volmar ist ein gar zu unbescheidener Herr, sagt alles ohne Bedacht, allegirt die Autores, amplificirt was er vermeint in seinen Kram zu passen. Ders. an dens. München, 21. August 1657. St. A.

ohne Bedacht, glaubte alles, was seiner Meinung entsprach, und forderte die Ergebenheit für Oesterreich wie eine Pflicht. Lobkowitz hatte mit ihm einen schweren Stand und dämpfte ihn so viel er konnte.

Neben Ferdinand Kurtz war es besonders Fürst Lobkowitz, der für die Wahl Leopold's I. gewirkt hat. Bis Ende des Jahres 1657 lauten seine Berichte durchaus ungünstig. Von Anfang 1658 zeigt sich ein Umschwung für Oesterreich. Durch sein kluges, maßvolles Auftreten gewann Lobkowitz allmälig alle Gesandten der rheinischen Kurfürsten, obwohl alle das Verhältniß zu Frankreich voranstellten. Er wirkte nicht durch gute Worte allein, sondern ebenso durch Geld und Versprechen. Vorerst befriedigte er die Räthe und Minister, welche die Wahl Ferdinand's IV. befördert hatten, und denen viel versprochen aber wenig gezahlt war. Lobkowitz ließ sich genau darüber berichten. Im Ganzen wurden noch 51.000 fl. gezahlt [1]: an die geheimen Räthe und Secretäre von Kurmainz 8000 fl., an den Kurfürsten von Trier 15.000 fl., an dessen Bruder von Letzen 4000 fl., an den trierschen Kanzler Anethane 3000 fl., an die Räthe von Köln 5000 fl., Egon Fürstenberg hatte bereits 25.000 fl. erhalten; an den Hofmarschall Haslang in Baiern 3000 fl., an Sebottendorf und Friesen, die geheimen Räthe in Kursachsen 5000 fl. und an die Räthe der Kurpfalz 8000 fl. Graf Oettingen und Volmar waren eigens nach Heidelberg gereist, um den Hofmarschall, Freiherrn von Landas, zu gewinnen. Der Kurfürst von der Pfalz war auch der erste, der sich für Oesterreich erklärte.

Lobkowitz gewann hierauf den Kurfürsten von Trier und sprengte dadurch die Opposition der geistlichen Kurfürsten. Der Kanzler Anethane hatte von Ferdinand III. bis zu 15.000 fl. erhalten. Er nahm 1658 von Oettingen 6000 fl., der Kur-

---

[1] Wahlacten. St. A.

fürst selbst 12.000 Thaler ¹). Es kam sogar zu einem geheimen Vertrag zwischen Trier und Oesterreich. Der Kurfürst sagte seine Stimme und die Beförderung der Wahl zu. Leopold I. versprach ihm, wenn er Kaiser würde, den Schutz von 4000 Mann und Schadloshaltung des Bisthums und der Stände in jeder Gefahr. Der Kurfürst erhält außer den gezahlten 12.000 Thl. noch 6000 Thl. für ein Regiment von 8000 M., und bei einer Gefahr des Erzstiftes monatlich 3000 Thl., bis er diese Truppen an Oesterreich überlassen kann. Oesterreich unterstützt den Kurfürsten, wenn er angegriffen wird, mit Truppen und Proviant. Oesterreich zahlt ferner für den Festungsbau von Coblenz 50.000 Thaler und zwar die Hälfte gleich, die Hälfte nach der Wahl ²).

Schwieriger waren Mainz und Köln. Lobkowitz machte dem Mainzer Kurfürsten, Johann Philipp von Schönborn, viele Besuche und gab sich viel Mühe, ihn und seinen Kanzler Boineburg umzustimmen. Kursachsen, Trier, der spanische Gesandte sprachen zu, aber der Kurfürst zögerte lange, obwohl der Erzherzog Leopold Wilhelm schon seit Monaten im Interesse seines Neffen, des Königs Leopold, abgelehnt hatte. Erst als ihm die Franzosen unter der Hand drohen ließen, schickte er seinen Obermarschall zu Lobkowitz ³) und ließ ihm sagen, er nehme seine Zuflucht zu Oesterreich und wolle ihm ergeben bleiben. Der Kurfürst nahm die 100.000 Thaler an, welche ihm König Leopold hatte anbieten lassen. Er versprach dafür dem Kaiser zu den Römermonaten zu verhelfen, bat um Pulver und Sold für 1000 Mann zu Fuß und 200 zu Pferd. Er ließ melden, daß er dem Könige „mit treuem Gemüthe" zur Krone verhelfen wolle. Der Kurfürst schien so

---

¹) Dankschreiben des Kurfürsten vom 27. Jänner 1658. St. A.

²) Geheimes Vereinbarungsinstrument. Frankfurt, 22. Juni 1658. St. A.

³) 11. Jänner 1658. Lobkowitz an den Kaiser, 12. Jänner 1658. St. A.

entschieden für Oesterreich, daß er dies schriftlich dem Papst
versicherte und den König Leopold einlud, nach Frankfurt zu
kommen, um seine Wahlstimme für Böhmen abzugeben. Später
äußerte er zu Volmar: er habe schon nach dem Tode Ferdinand's III. keinen anderen Gedanken gehabt, als die Krone
wieder an Oesterreich zu bringen, aber es müsse Frieden zwischen Spanien und Frankreich werden, die beiden Kronen führten
Krieg ins Unendliche zum Nachtheil des Reiches, auch müsse
Oesterreich Frieden mit Schweden machen [1]). Auch Köln ent
schied sich für den König von Ungarn: „weil nach dem gegen
wärtigen Zustand niemand besser zu erwählen sei, als dieser
junge Fürst mit seinen trefflichen Eigenschaften, weil er Lande
besitze, welche die Vormauer der Christenheit wider den gemeinsamen Feind seien." Gewiß haben dabei die klingenden Gründe
ebenso gewirkt wie die politischen. Diese Spenden an Herren
und Diener waren damals allgemein und kamen bei jeder
Wahl vor. Auch die Räthe von Fürsten, welche entschieden für
einen Candidaten waren, nahmen Geld. So erhielt der geheime
Rath in Kursachsen Sebottendorf 3000, Graf Friesen 2000
Thaler, ein Herr von Rechenberg, der in Dresden viel galt,
2 bis 3000 fl. Friesen hatte von dem spanischen Botschafter
an 100.000 fl. erhalten [2]).

Nur Brandenburg war für Geld nicht zugänglich. Frank
reich wollte den brandenburgischen Gesandten in Frankfurt bestechen, und hatte dem Kurfürsten 100.000 Thaler angeboten.
Dieser wies jedoch alles zurück. Bei Friedrich Wilhelm waren
in der Wahlangelegenheit nur die politischen Motive maßgebend. Der Kurfürst forderte von Oesterreich außer Jägerndorf eine Defensivallianz auf zehn Jahre. Er wußte, daß
Oesterreich seiner bedürfe. Sein Gesandter äußerte: „Das

---

[1]) Volmar's Bericht vom 5. März 1658. St. A.
[2]) Die Ausgaben für den Wahltag betrugen 233.499 fl. Hofkammerwesen von 1671. Msc. in Melk.

Haus Oesterreich sei in einer solchen Lage, daß, wenn Brandenburg von ihnen das Hemd vom Leibe fordere, man es geben müsse" ¹). Das österreichische Ministerium bot einen Vergleich: für Jägerndorf ein Aequivalent von Polen, welches Oesterreich große Summen schuldete, für die Breslauer Schuld die Aemter in Halberstadt und in den Marken, die an Graf Schwarzenberg verpfändet waren; dieser sollte mit 300.000 Thalern abgefunden werden ²). Auch zu einem Bündnisse war Oesterreich geneigt. Ohne das Mißtrauen von beiden Seiten wäre der Abschluß früher erfolgt. Montecuculi und Lisola, der österreichische Gesandte, verhandelten in Berlin von Anfang 1658 an. Am 15. Februar 1658 wurde zwischen Brandenburg und Oesterreich ein Offensiv- und Defensivbündniß geschlossen, nach welchem der Kurfürst den Befehl über eine vereinigte Armee übernehmen und die Schweden in Holstein bekämpfen sollte. Der Vertrag schloß die Garantie der Souverainetät des Herzogthums Preußen in sich. König Leopold ratificirte ihn am 23. März. Erst seitdem war es nicht mehr zweifelhaft, daß Brandenburg für Oesterreich stimmen werde. Der Kurfürst ging von der Forderung wegen Jägerndorf ab und ließ König Leopold die besten Versicherungen geben. Ende März kam die brandenburgische Gesandtschaft nach Frankfurt, an ihrer Spitze der Herzog Moriz von Nassau, ein durch seinen militärischen Ruhm angesehener Herr.

So waren denn alle Kurfürsten für Oesterreich gewonnen. Es blieb ihnen nichts anderes übrig. Ein französischer König an der Spitze Deutschlands war unmöglich; so viel deutscher Sinn war auch in jenen lebendig, welche Frankreich und die Kriegsgefahr fürchteten. Der Kurfürst von Baiern und der Erzherzog Leopold Wilhelm hatten abgelehnt, Friedrich Wilhelm von Brandenburg war nicht geneigt, als Candidat auf-

---

¹) Droysen, Geschichte der preußischen Politik. III. 3. 372.
²) A. a. O. 373.

zutreten. Die kluge Verhandlung und der Drang der Umstände führte zu Oesterreich. Frankreich gab die Hoffnung auf, die Wahl Leopold's zu hindern. Lionne drohte in Frankfurt, aber er sprach nur mehr von Garantien für die Zukunft. „Ludwig XIV., sagte er dem Gesandten von Trier [1]), habe erfahren, daß der König von Böhmen selber nach Frankfurt kommen wolle, weil kein anderer Fürst im Reiche die Krone ansprechen und die Kurfürsten keinen anderen wählen wollen; König Ludwig achte die freie Wahl, aber Ferdinand III. und Leopold haben gegen den Münster'schen Frieden gehandelt, und keine Entschädigung dafür geleistet; die Kurfürsten sollten dieselbe übernehmen; der König wolle wissen, wie er mit dem Reiche stehe, wer Freund oder Feind sei; als Feind werde er jeden ansehen, welcher eine Schadloshaltung widerrathe." Durch den ganzen Winter befürchtete man in Frankfurt eine gewaltsame Störung von Seite Frankreichs. Die Franzosen hatten Einverständnisse in Ehrenbreitenstein, in der Oberpfalz, in Constanz. Die Freunde Oesterreichs riethen, an der Grenze von Böhmen eine Armee aufzustellen. Noch im Februar 1658 warnte Max Kurtz vor einer Reise des Königs Leopold, weil die Franzosen leicht einen Handstreich in der Oberpfalz versuchen könnten.

König Leopold war seit Monaten in Prag und harrte einer günstigen Nachricht. Bis Februar waren die Stimmen zweifelhaft, kein Kurfürst kam nach Frankfurt, der Winter war streng, die Wege schlecht und unsicher. Erst die Berichte des Fürsten Lobkowitz zerstreuten alle Besorgnisse. Anfangs März reiste Leopold von Prag über Eger, Nürnberg und Würzburg nach Frankfurt. Auf dem Wege hatten sich der Kurfürst von Sachsen und der Erzherzog Leopold Wilhelm beigesellt. Sie bewohnten in Frankfurt das Haus, „der große Braunfels" genannt. Allmälig kamen auch die Kurfürsten; am

---

[1]) Wahlacten. 1658. St. A.

23. März der von Trier, am 27. April der von Köln, am 1. Mai Carl Ludwig von der Pfalz. Baiern und Brandenburg waren durch Gesandte vertreten.

Die Wahl verzögerte sich jedoch, und mehr als einmal schien die Wahlversammlung auseinander zu gehen. Die Kurfürsten waren bemüht, die Wahlcapitulation für eine Vergrößerung ihrer Landeshoheit und für die Wahrung ihrer besonderen politischen Interessen zu benützen. Auch hier steckte Frankreich dahinter. Der französische Gesandte hielt den Fürsten wieder das Schreckbild einer Vereinigung der österreichischen und der spanischen Länder, wie unter Carl V., vor; er forderte in der Wahlcapitulation eine bindende Verpflichtung des Reichsoberhauptes, die Feinde Frankreichs nicht zu unterstützen, damit es nicht zu einem neuen Kriege gegen das Reich genöthigt werde. Die Berathung dauerte vom 11. April bis 27. Mai [1]). Schon die ersten Sitzungen zeigten, daß das Kurcollegium völlig gespalten war. Mainz, Köln, Pfalz standen gegen Sachsen, Baiern, Trier. Die verschiedensten Anträge kamen vor. Kurpfalz forderte, daß der Kaiser keinen Krieg ohne den Willen der Kurfürsten und Stände anfange, und wenn er in einem solchen verflochten sei, davon abstehe. Brandenburg wollte die Herstellung des Friedens zwischen Schweden und Polen und wünschte, daß das Reich dafür bestimmte Forderungen an Schweden stelle [2]). Es wurde vorgeschlagen, einen Artikel aufzunehmen, daß, wenn der Kaiser gegen die Capitulation handle und auf „Collegialerinnern" nicht abstehe, die Kurfürsten ohne Weiters zu einer neuen Wahl schreiten dürften. Die Versammlung ließ aber diesen mittelalterlichen Reichssatz, an dem so manche Königsgewalt zu Grunde gegangen war, doch fallen. Auch der Antrag der beiden Fürsten-

---

[1]) 11., 13., 15. April. 3., 4., 6, 8., 10., 13., 16., 18. 27. Mai 1658. St. A.

[2]) Wahlprotokoll. St. A. Droysen a. a. O. 392.

berg, in der Wahlcapitulation das Reich zu einer Entschädigung Frankreichs zu verpflichten, wurde zurückgewiesen. Ebenso das Verlangen Schwedens, daß der Kaiser sich nicht in den polnischen Krieg mischen dürfe. Dafür wurden Artikel aufgenommen, welche die Territorialgewalt der Fürsten auf Kosten ihrer Stände vergrößerten und die Interessen des Reiches von denen Oesterreichs trennten. Der Kaiser sollte verpflichtet werden, Spanien im Kriege gegen Frankreich keinen Beistand zu leisten, während Frankreich ungehindert die Reichsstände unterstützen dürfte. Der Reichsvicekanzler, Graf Kurtz, war der Meinung, alle diese Punkte gehörten nicht vor einen Wahltag, sondern vor einen Reichstag, man möge sich einfach an die Wahlcapitulation Ferdinand's IV. halten. Aber die Kurfürsten ließen sich diese Gelegenheit nicht entgehen, die Kaisergewalt noch mehr zu binden, als sie schon gebunden war.

Besonders wurde über die Artikel 13 und 14, welche dem künftigen Kaiser die Unterstützung der Feinde Frankreichs in Italien und in den Niederlanden untersagten, lebhaft gestritten. Die allgemeinen politischen Verhältnisse wirkten dabei ebenso ein, wie die besonderen Interessen der Fürsten. Drei Stimmen waren dagegen, drei dafür. Brandenburg entschied für die Beschränkung der Kaisergewalt im Sinne des Artikels [1]. Um ein Gegengewicht zu geben, wurde vorgeschlagen, eine ähnliche Sicherung für Schweden und dessen Reichslande aufzunehmen. Dagegen waren die Franzosen und die geistlichen Kurfürsten. Die Oesterreicher erklärten, daß sie die Artikel 13 und 14 nicht vertragen könnten. König Leopold fühlte das Demüthigende und Gefährliche dieser Punkte. Die fremde Macht Frankreich war in einer Kriegsgefahr mehr begünstigt als Oesterreich. Volmar fuhr in einer Sitzung heraus, wenn man seinem Herrn eine ärgere Wahlcapitulation vorlege, so werde dieser

---

[1] Droysen a. a. O. 396.

sie mit Füßen treten, er werde sich nicht binden lassen. König Leopold schrieb an den Kurfürsten von Baiern¹): „Wenn auch die Wahl auf mich fallen würde, was könnte dem katholischen Wesen für eine Sicherheit geschafft werden, wenn die Artikel so bleiben, wenn einem römischen Kaiser dergestalt die Hände gebunden werden, daß er fast nicht wissen möchte, gegen wen er sich zu defendiren und wen er zu protegiren hätte, daß er seiner eigenen Hausmacht entsagen und sich verbinden sollte, sich derselben in keiner Weise zu bedienen." Der Kurfürst antwortete, daß er zur Milderung jenes Artikels wirken wolle, jedenfalls werde sein Gesandter bei seinem Votum bleiben. Auch die übrigen Freunde Oesterreichs bemühten sich, die Ausdrücke jener Artikel zu mildern, aber es dauerte noch lange, bis ein Vergleich eintrat.

Ende Mai war die Wahlcapitulation fertig, am 21. Juni wurde sie im Kurfürstencollegium dictirt. Damit begann der eigentliche Wahlact. Die Bürger der Stadt wurden nach der goldenen Bulle eingeschworen, die Thore gesperrt. Die ersten Artikel der Capitulation wurden rasch angenommen. Bei dem 13. Artikel wiederholte sich der Streit und die Aufregung war so groß, daß ein völliger Bruch bevorstand. Wie früher waren drei Stimmen dagegen, drei dafür. Brandenburg zögerte zwei Tage, dann stimmte es für jenen Artikel, aber mit dem Zusatz: daß ebenso Frankreich und dessen Bundesgenossen keinem Feinde des Kaisers, der Kurfürsten, Fürsten und Stände des Reiches Hilfe leisten sollten. Brandenburg verfolgte dabei den besonderen Zweck, der Krone Schweden den Beistand Englands und Frankreichs zu entziehen²). Die Wendung befriedigte weder Frankreich noch Oesterreich. Sachsen, Baiern wehrten sich gegen den Artikel und den Zusatz. König Leopold drohte abzureisen: er wolle warten, bis man die Krone, die man werthlos ge-

---

¹) Frankfurt, 11. Juni 1658. St. A.
²) Droysen, a. a. O. 105.

macht, anzunehmen ihn bitten werde. Nur allmälig näherten sich die Parteien. Brandenburg ließ vorstellen, daß ohne diesen Mittelweg Mainz, Köln und Pfalz einen anderen wählen und ihren Mann unter den Schutz Frankreichs und Schwedens stellen würden. Mainz erklärte, man werde noch den Pfalzgrafen von Neuburg wählen. König Leopold hatte jeden Punkt der Capitulation mit seinen Ministern Lobkowitz, Auersperg, Portia, Kurtz, Oettingen und Schwarzenberg berathen[1]). Auch sie widerstrebten lange den harten Bedingungen. Oesterreich forderte, daß wenigstens eine Wendung genommen werde, die alles auf den Besitzstand nach dem Frieden von 1648 stellen möge. Man ließ Brandenburg wegen Jägerndorf eine Entschädigung und eine Berücksichtigung seiner Jülich'schen Ansprüche anbieten. Spanien versprach Subsidien. Es gelang endlich eine Fassung des Artikels zu finden, welche wenigstens nicht beleidigend für Oesterreich war und welche die Kurstimmen vereinigte (15. Juli). Die kaiserlichen Minister riethen ihrem Herrn, die Capitulation anzunehmen, damit die Fürsten keinen Argwohn faßten: „seine Intention sei zuletzt doch auf des Reiches Wohlfahrt gerichtet, und die zweideutigen Klauseln könnten zu Gunsten der kaiserlichen Würde ausgelegt werden." Auch der Erzherzog Leopold Wilhelm war dafür und König Leopold entschied sich, nachdem er nochmals mit seinen Ministern alle Punkte besprochen hatte, für die Annahme der Capitulation. Er ließ erklären, „daß er sie der goldenen Bulle und dem Herkommen gemäß zu sein befinde".

Die Capitulation enthielt sechsundvierzig Artikel mit vielen Veränderungen und Zusätzen zu der Capitulation Ferdinand's IV. Sie füllte ein ganzes Buch. Neu waren die Artikel: die Kurfürsten, Fürsten und Stände können ihre Unterthanen selbst zum Gehorsam bringen; die Landstände der Ter-

---

[1]) Conferenzen am 23., 25., 29. Mai, 10., 28. Juni, 3. Juli 1658. Wahlacten. St. A.

ritorien dürfen sich keiner anderen Macht als der ihres Landesfürsten anschließen; der Kaiser kann eine selbstständige Verfügung der Landstände über die Steuern nicht gestatten. Der Kaiser soll ohne Bewilligung des Reiches keinen Krieg mit den Nachbarn anfangen. Er verpflichtet sich, nicht an dem Kriege Theil zu nehmen, der zwischen Spanien und Frankreich in den Niederlanden und in Italien geführt wird. Frankreich soll den Feinden des Kaisers keinen Beistand leisten, aber es soll ihm erlaubt sein, den Reichsständen zu helfen, wenn sie von jemand angegriffen würden. Der Kaiser übernimmt die Vermittlung für den Frieden zwischen Spanien und Frankreich und zwischen Schweden und Polen. Im Reiche ist keine fremde Werbung zu gestatten. Der Kaiser darf ohne Zustimmung der Kurfürsten keine Reichsacht aussprechen. Kein deutsches Land soll ohne ihre Bewilligung abgetreten werden. Die Reichshofräthe sind aus dem Reiche zu nehmen. In Reichssachen wird nur die deutsche und lateinische Sprache gebraucht. Das Reichsvicariat in Italien kommt wieder an das Haus Savoyen; dieses wird mit Montferrat belehnt. Die kurfürstlichen Gesandten gehen selbst den Reichsfürsten vor [1]).

Die Kurfürsten hatten ihren Willen behauptet. Der Kronvertrag löste die letzten wichtigen Rechte von der Kaisergewalt ab und machte diese in der That zu dem „Schatten eines großen Baumes," wie sie die Spanier zur Zeit Carl's V. genannt hatten.

Nach der Erklärung König Leopold's stand der Vornahme der Wahl nichts mehr entgegen. Kurmainz stellte den Antrag, die Wahl nicht mehr zu verzögern und das Kurcollegium stimmte zu. Am 18. Juli 1658 erfolgte die Wahl. Der Kaiser nannte sich, wie in Böhmen und Ungarn, Leopold I. Er war damals wenige Monate über achtzehn Jahre alt, hatte an der Wahl Theil genommen und sich selbst die Stimme

---

[1]) Rink, Leben Leopold's I. 415—422.

gegeben. Nach alter Sitte wurden an diesem Tage alle Fremden ausgewiesen. Der schwedische und französische Gesandte kehrten nicht mehr zurück. Weil die alte Krönungsstadt Aachen durch einen Brand sehr gelitten hatte, wurde diesmal Frankfurt für die Krönung bestimmt. Der Streit, ob der Kölner Erzbischof wie seine Vorgänger in Aachen, oder der Erzbischof von Mainz, zu dessen Diöcese Frankfurt gehörte, den Kaiser krönen sollte, wurde zu Gunsten des ersteren ausgeglichen[1]). Die Insignien waren bereits nach Frankfurt gebracht, die Krönung wurde am 1. August vollzogen.

Das Ceremoniell wich nur in geringen Dingen von dem alten Brauche ab und ist in alten Büchern weitläufig beschrieben. Die Bartholomäuskirche war reich ausgeziert, vom Rathhaus zur Kirche eine Brücke von dicken Dielen gelegt. Auf dem Römerberge hatte man zum ersten Male einen Brunnkasten mit einem Rohrstock in die Erde gesetzt. Morgens zwischen 8 und 9 Uhr kam der Kaiser mit großem Gefolge zur Kirche. Die Kurfürsten erwarteten ihn am Thore, seine Minister Auersperg und Lobkowitz hatten sich schon früher eingefunden. Nachdem der Erzbischof von Köln die Krönung vollzogen hatte, schlug der junge Kaiser vierzehn Ritter, und der Zug von Fürsten, Ministern, Herolden bewegte sich wieder zum Rathhause zurück. Hinter ihnen fiel das Volk über das rothe Tuch auf den Dielen her. Der Kurfürst von Sachsen ritt von der Kirche in den Haberhaufen und holte ein Mäßlein. Der bairische Gesandte vertrat seinen Herrn als Erbtruchseß und brachte auf silberner Schüssel ein Stück Rindsbraten; jener von Brandenburg holte dem Kaiser Wasser in einem silbernen Becken. Dann tafelten alle im Römer, und zum Ende wurden silberne und goldene Münzen unter das Volk ausgeworfen. Es war so ziemlich beim Alten geblieben, auch darin, daß der Graf Erich von Salm-Reifferscheid, als

---

[1]) Rink, I. 424.

Erbmarschall des Erzstiftes Köln, des Kaisers Pferd mit Zeug und Zierrath verlangte, wie seine Ahnen bei den Krönungen 1486 und 1520 gethan hatten.

Nach der Krönung reisten die Kurfürsten in ihre Heimat zurück. Der Kaiser verließ Frankfurt am 8. August[1]) und ging nach München, um seine Tante und den Kurfürsten von Baiern, dem er neben Sachsen zumeist die Krone verdankte, zu besuchen. Am 1. October traf Leopold I. wieder in Wien ein. Er war frohen Gemüthes, ebenso seine Minister, besonders Wenzel Lobkowitz, der viel zu dem glücklichen Erfolge der Wahl beigetragen hatte. Die österreichische Politik hatte ungeachtet der harten Bedingungen des Kronvertrages ein wichtiges Resultat erreicht: das Haus Oesterreich stand trotz der Intriguen Schwedens und Frankreichs wieder an der Spitze des Reiches, seine deutschen Provinzen blieben mit dem Reiche verknüpft. Auch in Deutschland war man befriedigt. Die Selbstständigkeit der Fürsten war sicher gestellt. Die Capitulation band in Betreff des Krieges den Kaiser und Frankreich in gleicher Weise, der Friede schien verbürgt.

Frankreich war jedoch mit der Wahl nicht zufrieden. Der französische Gesandte erklärte den deutschen Fürsten, sein Herr kenne keinen Kaiser[2]). Es dauerte lange, bis Ludwig XIV. das Reichsoberhaupt anerkannte. Dem französischen Hofe genügte die Bedingung der Wahlcapitulation nicht, welche Oesterreich die Unterstützung der Feinde Frankreichs untersagte. Frankreich wollte größere Erfolge erringen und eine festere Garantie gewinnen, als die Artikel der Wahlcapitulation zu bieten vermochten. Die Politik, welche der Kurfürst von Mainz und sein Kanzler Boineburg seit 1654 eingeschlagen hatten, fing an zu reifen, nämlich Mainz zum Mittelpunkt Deutschlands zu machen und einen unabhängigen Fürstenbund

---

[1]) Wahlacten, 1657, 1658. St. A.
[2]) Portia an Lamberg. Ebersdorf, 15. Sept. 1659. St. A.

zu gründen, welcher zwischen Frankreich und Oesterreich ein Gleichgewicht herstellen und die deutschen Länder fester vereinen sollte, als es die Kaiserwürde und die alte Verfassung im Stand war. Der Kurfürst von Mainz erweiterte die bisherige Alliance der rheinischen Fürsten zu einem mitteldeutschen Fürstenbunde und gab ihm unter Zutritt Frankreichs eine politische, militärische Organisation. Jeder der Verbündeten hielt sein Contingent bereit, ein Bundesrath sollte die Angelegenheiten des Bundes besorgen. Anfangs gehörten dazu die rheinischen Fürsten, mit Mainz an der Spitze, dann das Gesammthaus Lüneburg, Hessen-Cassel, Münster, Pfalz-Neuburg, Frankreich, Schweden, seit 1659 Württemberg, und seit 1664 Brandenburg. Der rheinische Bund war geschlossen zur Wahrung des westphälischen Friedens und zu gemeinsamer Vertheidigung [1]), aber im Grund war er die praktische Auslegung der Artikel 13 und 14 der Wahlcapitulation, denn sein Hauptzweck war dahin gerichtet, Oesterreich zu isoliren und von einem Kriege in den Niederlanden fernzuhalten. Der Bund organisirte außerhalb der alten Verfassung eine selbstständige Macht. Er entsprach den Sonderinteressen der deutschen Fürsten, der Friedenspolitik des Mainzer Kurfürsten. Er entsprach ebenso den Interessen Frankreichs. Frankreich hatte dazu die Wege geebnet, es trug auch den Gewinn davon. „Diese Alliance, schrieb der französische Gesandte aus Regensburg, gibt dem Könige Gelegenheit, seine Freunde und seinen großen Credit im Reiche zu unterhalten, sie macht ihn zum Mitgliede des Rathes der deutschen Fürsten, ohne ihn davon abhängig zu machen" [2]). Als ein Jahr nachher zwischen Frankreich und Spanien Frieden geschlossen wurde, zerfiel der Zweck des Bundes, aber dieser bestand fort bis 1667, auch

---

[1]) Die Bundesacte vom 14. August 1658.
[2]) Gravel an Ludwig XIV., Regensburg, 13. Jänner 1667, Mignet II., 38.

als Boineburg gestürzt war und den Dienst verlassen hatte. Der Mainzer Kurfürst hielt seine Schaukelpolitik zwischen Frankreich und Oesterreich fest bis zu seinem Tode, und sie hat nicht wenig beigetragen, daß die österreichische Politik in Deutschland gelähmt blieb bis zu dem großen Kriege von 1675. —

VI. Kriege gegen die Schweden und Türken.
1660–1664.

Während die deutschen Fürsten bei der Kaiserwahl so eifrig bemüht waren, Oesterreich von einem Kriege mit Frankreich abzuhalten, ließen sie der österreichischen Politik gegen Osten und Norden ungehindert Partei ergreifen. Die Kriegslust des Königs von Schweden, sein Zerwürfniß mit Polen hatte einen blutigen Krieg veranlaßt, welcher schon im ersten Jahre die Schweden bis an die Karpathen führte. Ferdinand III. hatte immer die Besorgniß, daß sich die Schweden mit den Türken verbinden und den Norden und Osten Oesterreichs bedrohen könnten. Die Rücksichtslosigkeit, mit welcher Carl Gustav von Schweden jeden Sieg ausnützte, die Art, wie er Brandenburg nöthigte, seine Neutralität aufzugeben, die geheime Verbindung mit Rákóczy, dem ehrgeizigen Fürsten von Siebenbürgen, alles das schien die Sicherheit Deutschlands und Oesterreichs zu gefährden und die Gefahren eines neuen großen Krieges herauf zu beschwören. Aber Kaiser Ferdinand III. war kränklich, mißtrauisch, kriegsmüde. Er war anfangs nicht geneigt, sich in die nordischen Händel zu mischen. Erst als sich Brandenburg mit Schweden verbündet hatte und die Uebermacht Schwedens nach der Schlacht von Warschau eine so gefährliche Stellung einnahm, entschied sich der Kaiser zu den Waffen zu greifen. Er vermittelte zwischen Polen und Brandenburg, versprach eine Kriegshilfe, und als Carl Gustav sich offen mit Rákóczy in Verbindung setzte, schloß er ein Schutz- und Trutzbündniß mit Polen und Dänemark [1]. Noch auf seinem Todbette, am 30. März 1657, unterzeichnete er den Vertrag mit Polen wegen einer Kriegshilfe von 4000 Mann.

Der junge König Leopold folgte der Politik seines Vaters, die Ausführung übernahm in der ersten Zeit seiner Regierung der Erzherzog Leopold Wilhelm. Auf dessen Rath bot Oesterreich dem Könige von Polen ein Hilfscorps von 10.000 Mann, jedoch nur gegen Geld und die Abtretung der galizischen Salzbergwerke. Der polnische Gesandte entschuldigte sich zwar, daß Polen kein Geld aufbringen könne und die Salzwerke ein unveräußerliches Krongut seien, aber man einigte sich in dem Vertrage vom 27. Mai 1657 dahin, daß die Krone Polen eine Summe von 300.000 fl. versprach und die Salzwerke an Oesterreich verpfändete. Zugleich leistete Polen das Versprechen, im Fall der Erledigung des polnischen Thrones das Haus Oesterreich allen anderen Bewerbern vorzuziehen [2]. Oesterreich wollte mit diesem Vertrage Polen befreien und seine ungarischen Grenzen sichern. Es war hohe Zeit, denn Rákóczy war bereits in Polen eingebrochen, hatte viel Zulauf von gemeinem Volke, und ließ sengen und brennen [3].

Noch im Sommer 1657 rückte der alte General Hatzfeld mit 16.000 Mann österreichischer Truppen aus Oberschlesien nach Polen. Im Juli löste ihn General Montecuculi, damals General der Cavallerie, im Commando ab. Er führte die Truppen in das Lager vor Krakau. Schon im August und September konnte er dem Präsidenten des Hoffkriegsrathes, Fürst Lobkowitz, berichten, daß die Truppen Rákóczy's geschlagen seien, daß dieser den Frieden begehre und die Schweden

---

[1] 1. December 1656.
[2] Diarium des Grafen Schwarzenberg. Schw. A. Der Vertrag vom 27. Mai 1658. Wagner I, 58.
[3] Bericht des polnischen Gesandten in der geheimen Rathssitzung am 21. April 1657. Diarium des Grafen Schwarzenberg. Schw. A.

in Krakau bald capituliren würden; der König von Polen sei nach Warschau zurückgekehrt und der Friede mit Brandenburg abgeschlossen ¹). Im October 1657 marschirte das österreichische Hilfscorps mit dem polnischen Heere unter Czarnecky in das Lager von Thorn, dann nach Posen, wo sie Winterquartiere nahmen. Der König von Schweden war nach Pommern zurück, das polnische Gebiet vom Feinde geräumt ²), und als noch Brandenburg offen vom schwedischen Bündnisse abfiel, war es um die schwedische Herrschaft in der polnischen Ebene geschehen. Der Zweck des Krieges schien erreicht.

Die Kriegsleidenschaft des Königs von Schweden und die Politik des Kurfürsten von Brandenburg erhielten jedoch Oesterreich bei dem nordischen Kriege. Friedrich Wilhelm von Brandenburg hatte durch ein geschicktes Hinüber und Herüber die Souverainetät seines Herzogthums Preußen von Schweden und Polen anerkannt erhalten. Durch einen glücklichen Krieg gegen Schweden konnte er auch Pommern erwerben. Er verließ das schwedische Bündniß, schloß geheime Verträge mit Polen, ohne sich jedoch der österreichischen Liga anzuschließen. In allen Wechselverhältnissen behauptete er eine kluge, selbstständige Politik, schonte seine Kraft, und hielt alle Fäden dieser nordischen Wirren in der Hand. Seine Stimme bei der Kaiserwahl gedachte er nur im Interesse seiner Politik zu vergeben. Er forderte von Oesterreich das Herzogthum Jägerndorf und ein Bündniß auf zehn Jahre. Der Wiener Hof wollte dieses Bündniß nicht gegen Schweden allein, sondern gegen Jedermann, also auch gegen Frankreich gerichtet wissen, was dem Kurfürsten nicht entsprach. Die Verhandlungen darüber dauerten den ganzen Winter, von 1657 auf 1658, bis am 15. Februar

---

¹) Montecuculi an Lobkowitz, 29. Juli, 11., 21., 30. August, 30. September 1657. R. A.

²) Montecuculi an Lobkowitz, 23. October, 8., 18., 20., 21. December 1657. R. A.

1658 ein Offensiv- und Defensivbündniß zwischen Oesterreich und Brandenburg zu Stande kam. Binnen vier Wochen sollten 10.000 Mann Oesterreicher, 6000 Polen und 3000 brandenburgische Truppen, welche der Kurfürst auf 10.000 Mann zu erhöhen versprach, vereinigt sein. Der Kurfürst sollte die militärische Leitung übernehmen und den Feldzug in Holstein eröffnen. Die Erwerbung Pommerns für Brandenburg wurde in Aussicht gestellt[1]). Aber es vergingen noch Monate, ehe der Vertrag von den Fürsten genehmigt wurde. Beide zögerten, ihre Truppen marschiren zu lassen: Oesterreich, weil es früher der Wahlstimme Brandenburgs versichert sein wollte, der Kurfürst aus Mißtrauen und aus Furcht von Oesterreich hintergangen zu werden. Als dann Oesterreich nachgab und König Leopold den Vertrag am 23. März genehmigte, wünschte der Kurfürst einige Artikel geändert und schob die Ratification hinaus. Er fürchtete immer einen Bruch Oesterreichs und Frankreichs, und wollte in einen solchen Krieg nicht eingezogen werden. Es lag in seinem Interesse, als er den Artikel 13 der Wahlcapitulation durchsetzen half, und den Zusatz vom 3. Juli in Vorschlag brachte, welcher die Krone Schwedens der Unterstützung Frankreichs und Englands berauben sollte. Es ist erzählt worden, daß für diese Artikel eine Einigung zu Stande kam, und Leopold I. am 18. Juli gewählt wurde. Das Hinderniß der Vereinigung der militärischen Kräfte Oesterreichs und Brandenburgs war hinweggeräumt.

Die erste Frucht dieses Bündnisses war der gemeinsame Feldzug gegen die Schweden in Dänemark. Carl Gustav hatte, nachdem er aus Pommern verjagt war, den Frieden mit Dänemark gebrochen, die Insel Seeland überfallen, Schleswig, Holstein, ganz Jütland in seine Gewalt gebracht. Ohne die tapfere Vertheidigung der Bürger von Kopenhagen wäre

---

[1]) Pufendorf, VII. 15—17. Stenzel, preußische Geschichte II. 141. Droysen III. 2., 375.

auch die Hauptstadt unter seine Herrschaft gekommen. Die österreichischen Truppen standen im Sommer 1658 an der Grenze von Polen und Brandenburg. Im August hatte Montecuculi den Marsch gegen Thorn angetreten, kehrte jedoch auf das Verlangen des Kurfürsten um und vereinigte seine Armee mit den brandenburgischen Truppen zu Frankfurt an der Oder (September 1658). Die Verbündeten rückten im November in Holstein ein, besetzten Kiel, Schleswig, Flensburg, während die Schweden sich auf die Inseln zurückzogen. Am 14. December setzten die Oesterreicher auf die Insel Alsen über, eroberten Sonderburg, Nordburg und verjagten die Schweden. Montecuculi rückte dann in Jütland ein, nahm das Schloß Kolding, schlug mit den Polen eine schwedische Abtheilung bei Friedrichsöde, und blieb bis zum Mai 1659 in Viborg. Er meldete von dort, daß der König von Schweden bei einem Generalsturm auf Kopenhagen zurückgeschlagen worden sei, daß sich die Schweden von allen Inseln zurückzögen und dänische und holländische Schiffe im Belt kreuzten[1]). Die Verbündeten fanden auf der Halbinsel keinen Widerstand mehr. Montecuculi blieb den ganzen Sommer ruhig in Kolding, der Kurfürst in Flensburg. Die deutsche Nation konnte auf die Erfolge der vereinigten österreichischen und brandenburgischen Waffen stolz sein. Die gefürchtete schwedische Macht war in die Defensive geworfen, und ein vollständiger Umschwung der Verhältnisse herbeigeführt.

Aber es fehlte dem Bündnisse an gegenseitigem Vertrauen und an einem gemeinsamen Interesse. Oesterreich wollte die selbstständige Führung seiner Politik im Norden behaupten und Brandenburg war nicht geneigt, sich derselben zu ergeben. Die Forderungen Brandenburgs und der Wunsch Oesterreichs,

---

[1]) Montecuculi an Lobkowitz, Sonderburg, 20. December 1658. Rippen, 7., 17. Jänner 1659. Viborg, 15., 26. März, 16., 26. April, 14. Mai. R. A.

den Kriegsschauplatz nach Pommern zu verlegen, nährten das Mißtrauen. Als der Kurfürst für die Protestanten in Schlesien eine größere Religionsfreiheit und abermals die Abtretung Jägerndorfs begehrte, wies Oesterreich diese Forderungen ab. Schon im Frühjahr 1659 hatte Oesterreich den Kurfürsten gemahnt, den Krieg nach Pommern zu verlegen, um die schwedische Macht in ihrem besten Punkte zu treffen. Der Kurfürst wünschte jedoch dafür die Betheiligung aller Verbündeten und forderte zugleich, daß das eroberte Land in seinen Besitz übergehen solle. Während darüber verhandelt wurde, erschien ein österreichisches Corps von 4000 Mann unter de Souches in Schwedisch-Pommern (Ende Juli), besetzte Kamin, Swinemünde, Wollin und belagerte Stettin. Der Kurfürst marschirte sogleich mit seinen besten Regimentern nach Pommern. Montecuculi rückte ebenfalls nach. Binnen Kurzem war Schwedisch-Pommern, mit Ausnahme Stettins, sowie Kurland in der Gewalt der Verbündeten.

Trotz der gemeinsamen Waffenthaten war aber das Bündniß Oesterreichs mit Brandenburg dem Zerfall nahe. Die Selbstständigkeit, mit welcher Montecuculi den Krieg führte, hatte die Eifersucht des Kurfürsten schon in Schleswig angeregt; der Krieg in Pommern steigerte sein Mißtrauen, besonders als de Souches sich weigerte, die eroberten Plätze an Brandenburg zu überlassen. Der Kurfürst betrachtete Pommern als ein Erbland und mochte kein kaiserliches Heer an den Küsten der Ostsee sehen. Er unterstützte die österreichische Armee nicht, forderte von Oesterreich neue Hilfsgelder im Betrag von 250.000 Thaler. Als Montecuculi im Winter nach Berlin kam, wurde er kühl empfangen, seine Beschwerden fanden kein Gehör, so daß er über die Undankbarkeit des Kurfürsten nach Wien berichtete. Die Bundesgenossenschaft zerfiel, sobald ein allgemeiner Friede in Aussicht stand. In Wien war man längst dazu entschlossen[1]). Die österreichischen Minister

---

[1]) Portia an Lamberg, Ebersdorf, 18. September 1659. St. A.

hatten dem Kaiser gerathen, Brandenburg nicht mehr zu leisten als geleistet war und kein neues Gebiet zu erobern. Was Oesterreich in den Krieg geführt hatte, die Unabhängigkeit Polens und die Sicherheit der ungarischen Grenzen, war erreicht. Der Parteikrieg in Siebenbürgen, die Erfolge der Türken daselbst und der spanisch-französische Friede, welcher am 7. November 1659 unterzeichnet wurde, konnten den Wunsch des Wiener Hofes, sich aus dem nordischen Kriege zurückzuziehen, nur vermehren.

Die Westmächte Frankreich, England und Holland hatten bereits im Haager Concert (21. Mai 1659) den Frieden in Aussicht gestellt. Nur der Eigensinn und der Stolz des Königs von Schweden verhinderte einen friedlichen Vergleich. Nun trat Frankreich, welches durch den pyrenäischen Frieden freie Hand erhalten hatte, als Vermittler auf und zwar zu Gunsten Schwedens, als Gegensatz zu Oesterreich. Es forderte die Räumung Pommerns von den alliirten Truppen, die Rückstellung an Schweden und drohte im Weigerungsfall mit Krieg. Man war in Wien dazu geneigt. Nur erklärte der Wiener Hof, als Verbündeter Polens in die Friedenshandlung einzutreten; er begehrte zugleich den Frieden für Dänemark und für Brandenburg wenigstens den Besitz von Stettin. Die Friedensverhandlungen begannen im December 1659 im Kloster Oliva bei Danzig. Rasch erfolgte die Einigung nicht. Eine Partei wollte die andere ausnützen, und die Vermittler vermehrten die Zwistigkeiten. Erst als Carl Gustav, der König von Schweden, am 23. Februar nach kurzer Krankheit starb, kam die Verhandlung in Fluß. Er hatte seiner Gemahlin empfohlen, rasch Frieden zu schließen. Das Volk seufzte nach Frieden, sein Sohn war minderjährig, die Regierung wieder in den Händen der Aristokratie, und Frankreich ließ einen günstigen Frieden hoffen. Schweden schloß seine Verträge mit dem Kaiser, Polen und Brandenburg in Oliva (3. Mai 1660), mit Dänemark in Kopenhagen (27. Mai 1660), mit Rußland zu Kardis (1. Juli 1661).

Montecuculi war noch in Pommern, als ihm der schwedische General Wrangel am 26. März den Waffenstillstand hatte anzeigen lassen. Die österreichischen Truppen blieben im Lande bis zur Friedensratification und zur Auswechselung der Gefangenen. Im September 1660 kehrten die Regimenter in die Heimat zurück [1]). Montecuculi bedankte sich bei Lobkowitz, weil der Kaiser seine Kriegsoperationen gebilligt hatte. Zugleich empfahl er ihm die protestantischen Officiere der Armee, damit sie ihre Pensionen erhielten und nicht gezwungen würden, in fremde Dienste zu treten [2]). Bei dem Ausbruche des Krieges waren nämlich viele protestantische Officiere, welche in der letzten Zeit des dreißigjährigen Krieges mitgekämpft hatten, in die österreichische Armee eingetreten.

Oesterreich hatte durch fünf Jahre an dem nordischen Kriege Antheil genommen und große Opfer an Geld und Menschen gebracht. Was war der Gewinn? Die einzige Frucht war die Unabhängigkeit Polens. Schweden behielt seine Macht an der Ostsee. Durch die Vermittlung Frankreichs bekam es nicht nur Pommern und Schleswig-Holstein zurück, sondern auch von Polen Estland, Oesel und einen Theil von Livland abgetreten. Durch das Bündniß mit Brandenburg hatte Oesterreich nur der Politik des Kurfürsten gedient. Die Souverainetät über Preußen war anerkannt. Fortan war es das Streben des Kurfürsten, an der Ostsee vorzurücken und seinen Ländern die Bedeutung eines europäischen Staates zu geben. Der Friede von Oliva hat die erste Staffel zu dem preußischen Staate gelegt [3]).

Noch ein anderer Nachtheil ist Oesterreich wenigstens

---

[1]) Montecuculi an Lobkowitz, Parchim, 19., 20., 21. Mai, 28. Juli 1660. R. A.

[2]) Montecuculi an Lobkowitz, Parchim, 23. September 1660. R. A.

[3]) Droysen, a. a. O. 497.

mittelbar aus der Theilnahme am nordischen Kriege erwachsen, nämlich die Unterwerfung Siebenbürgens durch die Türken und weiter der Krieg mit den Türken.

Siebenbürgen stand seit 1526 unter eigenen Fürsten, die von Oesterreich und von der Pforte abhängig waren. Von Zapolya an hatten es alle versucht, zu einer gesicherten freien Stellung zwischen Oesterreich und der Türkei zu kommen, und ein eigenes Reich zwischen den Karpathen und der Donau zu gründen. Zuletzt war es der ehrgeizige Georg Rákóczy II., seit 1648 Großfürst von Siebenbürgen, welcher durch ein Bündniß mit den Schweden die Unabhängigkeit erkämpfen wollte. Er wurde von den Polen geschlagen, mußte einen schimpflichen Frieden schließen und kam in Conflicte mit den Türken, welche seinen Untergang herbeiführten. Diese waren empört, daß Rákóczy, den sie als ihren Vasallen betrachteten, es gewagt hatte, wie ein souverainer Fürst Krieg zu führen. Sein selbstständiges Auftreten, die Art, wie ihn der schwedische Gesandte in Constantinopel in Schutz nahm, beleidigte die Pforte derart, daß sie den bereits begonnenen Feldzug gegen das venetianische Dalmatien aufgab, um den Fürsten von Siebenbürgen zur Unterwerfung zu bringen [1]). „Man will bei der Pforte nicht hören, daß er lebt, schrieb der österreichische Resident an Lobkowitz; wenn die Siebenbürger sich nicht entschließen, einen anderen Fürsten zu wählen und Rákóczy auszuliefern, so haben sie die Tataren und Grenztürken in ihrem Lande" [2]). Die Pforte setzte Rákóczy ab und befahl den Ständen des Landes, einen neuen Fürsten zu wählen. Als Rákóczy auf eigene Faust gegen die Türken fortkämpfte und den Pascha von Ofen mit seinen Truppen besiegte, schickte die Pforte eine Armee von 100.000 Mann unter dem Befehle

---

[1]) Reninger an Lobkowitz, 11. Juli, 15. August 1657, 6. Jänner 1658. R. A.

[2]) Reninger an Lobkowitz, 16. März, 3. April 1658. R. A.

des Großveziers nach Siebenbürgen. Rákóczy hatte seinen Anhang im Lande und kämpfte muthig gegen die Türken, bis er bei Klausenburg am 22. Mai 1660 geschlagen wurde und bald nachher seinen Wunden erlag¹). Die Türken besetzten Großwardein und erkannten zuerst Johannes Kemény, dann Michael Apaffi, einen schwachen, im Krieg und in der Politik unerfahrenen Mann, als Großfürsten an. Sie machten kein Hehl daraus, daß sie Siebenbürgen vollständig unterwerfen und in ein Paschalik verwandeln wollten.

Oesterreich war Georg Rákóczy in seiner Noth nicht beigestanden. Man mißtraute ihm wie allen Rákóczy's, und wollte auch seinetwegen nicht einen Krieg mit den Türken anfangen²). Leopold I. hielt zwar als König von Ungarn sein Recht auf Siebenbürgen aufrecht, aber er war bemüht, den Streit ohne Verlust und Krieg auszugleichen. Erst als im Frühjahre 1661 die Stände Siebenbürgens sich an Oesterreich um Hilfe wendeten, entschloß sich der Kaiser an dem Parteikriege Theil zu nehmen, und Johannes Kemény gegen den türkischen Candidaten Apaffi zu unterstützen. Montecuculi rückte mit 23 bis 24.000 Mann nach Ungarn, vereinigte sich an der Theiß mit Kemény und drang in Siebenbürgen bis Klausenburg vor, ohne ein Gefecht zu bestehen, ohne einen Widerstand zu finden. Die Türken wichen überall zurück. Ohne einen Feind gesehen zu haben, marschirte Montecuculi zurück nach Oberungarn und überwinterte in Kaschau³). Kemény setzte den Kampf gegen Apaffi und die Türken fort, fiel aber am

---

¹) 9. Juni 1660 in Großwardein.

²) Schmidt von Schwarzenhorn an Lobkowitz, 16. April 1658: die Herren Ungarn meinen, man solle auf alle Weise dem Rákóczy beistehen, ich sehe aber nicht ein, wie das ohne langen Türkenkrieg wird sein können; ein Krieg ist bald angefangen, aber nicht so geschwind beendet; halte für's Rechte, daß man ohne Krieg und Verlust die Sache begleiche. R. A.

³) Oesterreichische militärische Zeitschrift 1828, 1. Heft: Montecuculi's Feldzüge 1661—1664, S. 21.

20. Jänner 1662 in einem Gefechte. Die einzige Frucht des Feldzuges war, daß einige feste Plätze in Siebenbürgen von österreichischen Soldaten besetzt blieben.

Es hatte den Anschein, als ob sich Oesterreicher und Türken aus dem Wege giengen, aber lange konnte der Kampf nicht ausbleiben. Das seltsame Verhältniß der dreifach getheilten Herrschaft in Ungarn, die unsicheren Grenzen, die nationalen und politischen Gegensätze mußten dazu führen. Die Macht der Türken war durch die Uneinigkeit der christlichen Staaten so hoch gestiegen, daß sie einen Ring nach dem anderen zur Knechtung der christlichen Völkerschaften schmieden konnten [1]). Die Eroberung Candia's sicherte ihre Herrschaft im Mittelmeer, die Unterwerfung Siebenbürgens mußte sie in Ungarn begründen. Wohl hatte das türkische Reich nicht mehr die Kraft wie zur Zeit Soliman's, aber ein kriegerischer Sultan konnte sich durch seine Soldatenmacht, durch die zahlreiche Cavallerie, und die Disciplin und Tapferkeit der Janitscharen der ganzen Christenheit gefürchtet machen.

Oesterreich suchte den Krieg nicht. Der Kaiser, die Minister waren für den Frieden, auch der österreichische Gesandte in Constantinopel mahnte dazu. Im Volke war man überrascht, daß die Regierung beinahe ängstlich den Krieg zu vermeiden suchte. Man erzählte, der Erzherzog Leopold Wilhelm sei gegen den Krieg, weil er commandiren wolle und wegen seiner schwachen Gesundheit nicht mehr zu Felde ziehen könne, auch der Erzherzog Ferdinand von Tirol habe sich um das Commando beworben; das würde viel kosten und wenig nützen. Hätte Leopold I. seine kriegsgewohnte Armee, welche 1660 aus Norddeutschland heimzog, sogleich nach Ungarn geschickt, er würde die Türken, die nicht gerüstet waren und den Krieg gegen Oesterreich scheuten, zu vernünftigen Bedingungen gezwungen haben. Man dachte in Wien daran, fand aber die

---

[1]) Relation des Sagredo 1665. St. A.

Dinge nicht dazu angethan. Graf Rottal, der mährische Landeshauptmann, der in mehreren Missionen nach Ungarn ging, berichtete, in welchem elenden Zustande er die Armee gefunden habe. Die Festungen waren verfallen, die Truppen schlecht verpflegt. Die ungarischen Stände hatten keine Lust zum Kriege, um Siebenbürgen zu erobern [1]), sie verlangten vielmehr die Entfernung der deutschen Truppen [2]). Die Magnaten waren unter einander zerfallen. Niklas Zrini tadelte alle Maßregeln Montecuculi's und schrieb sogar eine Satire auf dessen Kriegführung. Als Fürst Portia als königlicher Commissär, 1665 (1. Mai), die ungarische Ständeversammlung eröffnete, kamen nur Beschwerden vor, und die Protestanten verlangten ihre Kirchen zurück. In Wien traute man den Ungarn nicht recht und hatte auch Ursache dazu. Schmidt von Schwarzenhorn, der 1658 mit Gonzaga und Radolt geheime Conferenzen mit den ungarischen Ständen hielt, schrieb an Lobkowitz: „Auf die Herren Ungarn ist sich nicht zu verlassen und ohne Armada nichts gegen die Türken zu richten" [3]).

Besonders war es der Obersthofmeister des Kaisers, Graf Portia, welcher vom Krieg abmahnte, indem er immer auf das Mißverhältniß der Kräfte hinwies [4]). Und der Kaiser folgte Portia. Aber eben weil man dem Kriege ausweichen wollte, führte man ihn herbei. Die Türken erkannten darin eine Schwäche Oesterreichs; sie glaubten, Oesterreich sei gar nicht im Stande, einen Krieg zu führen. Früher hatten die türkischen Pascha's in Ungarn dem Großherren den Krieg abgerathen, nun bestanden sie darauf. Alle Versuche Oesterreichs, den Krieg

---

[1]) Horváth, Geschichte der Ungarn, deutsch II., 249.
[2]) In Ungarn ist große Unordnung, die deutschen Völker werden von den Ungarn selbst angefochten, niedergemacht, wo kleine Parteien erscheinen. Schmidt an Lobkowitz, 11. September 1658. R. A.
[3]) 13. Februar 1658. R. A.
[4]) Relation des Sagredo 1665. St. A.

zu vermeiden, waren fruchtlos. Eine Friedenssendung nach Constantinopel hatte den entgegengesetzten Erfolg.

Den politischen Verkehr mit der Türkei leitete nach altem Brauch in Oesterreich der Hofkriegsrathspräsident, damals Wenzel Lobkowitz. Durch tüchtige Männer, welche die Politik des Orients und die Verhältnisse in Ungarn genau kannten, war er von allem genau unterrichtet. Das war zuerst Johann Rudolph Schmidt von Schwarzenhorn [1]), ein geborner Graubündtner, seit 1629 in österreichischen Diensten, von 1630 bis 1648, also durch achtzehn Jahre kaiserlicher Resident in Constantinopel. Er übernahm noch mehrmals Missionen an die Pforte und leitete als Vicepräsident des Hofkriegsrathes die orientalischen Geschäfte, ein alter ehrlicher Mann, der anfangs gegen einen Türkenkrieg war, weil er europäische Verwicklungen fürchtete, von 1660 an aber die Rüstung und Verstärkung der Armee empfahl [2]). Der andere war Simon Reninger, ein geborner Steirer, seit 1650 Resident in Constantinopel, ein Mann von Kenntnissen, Geist und Scharfblick, der sich in die orientalischen Verhältnisse ganz einlebte und manchen anderen Diplomaten überragte. Er stand bei den Türken in Ansehen, war über Personen und Zustände vortrefflich unterrichtet und schrieb klare, eingehende Berichte [3]). So sehr er wie Schmidt dagegen war, Rákóczy gegen die Türken zu unterstützen, so rieth er, sobald die Türken ausrückten und ihre Forderungen steigerten, zu mannhaftem Widerstand.

Oesterreich hielt in Siebenbürgen Klausenburg und einige feste Plätze besetzt, die ihm vom Fürsten Johannes Kemény als Pfand der Treue übergeben waren. Die Türken verlangten

---

[1]) Geboren 1590, gestorben 2. April 1667. Zedler's Lexicon, 35. Band, 416, 417.

[2]) Schmidt an Lobkowitz, 10. Juli 1660: Ihre Majestät thun recht, daß Sie Ihre Waffen verstärken, sonst möchte den Türken die Lust zu weiteren Eingriffen kommen. R. A.

[3]) Die Briefe Reninger's an Lobkowitz füllen mehrere Bände. R. A.

nun die Rückgabe der Festungen und die Schleifung von Zrinivár, einem Fort in Südungarn, welches die Uebergänge über die Mur gegen Csakathurn vertheidigte. Das kaiserliche Cabinet war geneigt, um der Gefahr des Krieges zu entgehen, die festen Plätze in Siebenbürgen zu übergeben. Der Resident hatte dies erklärt und als der Krieg schon vor der Thüre war, schickten die Minister eine Botschaft nach Belgrad[1]), welche den Türken die festen Plätze in Siebenbürgen nochmals anbot. Aber je mehr Oesterreich den Krieg zu vermeiden suchte, desto höher steigerten die Türken ihre Forderungen, obwohl sie noch lange nicht gerüstet waren. Simon Reninger, den der Großvezier, Achmet Köprili, im März 1663 nach Belgrad mitgenommen hatte, schrieb an Lobkowitz[2]), daß die türkische Macht noch vor einem Monat nicht beisammen sein würde, sie erwarte Zuzüge aus Albanien, Asien und Aegypten, wolle ihre Fasten in Ruhe halten und warten, bis die Brücke bei Esseg hergestellt sei. Wenn die kaiserliche Armee bei Zeiten komme, noch in vierzig oder fünfzig Tagen, so werde sie von den Türken nichts zu besorgen haben. Zweck der Türken sei das Land zu verheeren, Ungarn sei so ruinirt, daß die Türken sich selber verlieren würden. Je mehr sie Widerstand fänden, desto leichter sei Frieden mit ihnen zu machen.

Erst im Mai war die türkische Armee vollständig und lag in großen Haufen zerstreut zwischen Esseg, Belgrad und Temesvar: 70.000 Mann Fußvolk, 80.000 Reiter mit 225 Kanonen und einem großen Belagerungstrain[3]). Der Groß-

---

[1]) Freiherr von Goës und Kammerrath Peris; sie conferirten mit Reninger.

[2]) Belgrad, 25. März 1663, über Ragusa und Venedig. R. A. Der Großvezier begegnete Reninger mit großer Achtung, er stellte ihm der Türken willen eine Wache vor das Haus, damit die Leute nicht glaubten, er sei frei und könne thun was er wolle. Reninger an Lobkowitz, 14. Juni 1663.

[3]) Sagredo, 1665.

vezier ließ aussprengen, daß er nach Croatien wolle. Er konnte Ende Mai den Feldzug eröffnen, brach aber erst im Juli von Belgrad auf.

Noch langsamer kam Oesterreich ins Feld. Man war in Wien noch 1662 überzeugt, daß die Türken keinen Krieg wagen würden, daß Regimenter reducirt, Pferde verkauft und noch im März und April 1663 fünf Regimenter Fußvolk den Spaniern nach Mailand und Neapel überlassen wurden. Man konnte über 28.000 Mann verfügen, diese waren jedoch in Oberungarn und allen Ländern zerstreut. Die Ungarn wollten eine deutsche Armee gar nicht ins Land lassen, bis die Insurrection aufgestellt sei. Montecuculi, der zum Oberbefehlshaber ernannt war, beschloß bei Altenburg eine feste Stellung zu nehmen, um nach allen Seiten die Wege frei zu haben. Aber er hatte bis Mitte Juli nur 5535 Mann mit 12 Kanonen beisammen [1]). Von dem ungarischen Aufgebot waren dies- und jenseits der Donau nur einige tausend Mann versammelt, die Führer uneinig, voll Widerwillen gegen die deutschen Soldaten. Das waren die Vertheidigungsanstalten der Regierung, während eine türkische Armee von 120.000 Mann mit 12.000 Janitscharen heranbrauste.

Der Großvezier drang ungehindert durch das offene Land bis Gran vor. Die Bevölkerung von Wien gerieth in großen Schrecken. 70.000 Bewohner flohen mit Hab und Gut [2]). Die Straße nach Linz war mit Flüchtigen bedeckt, viele starben auf dem Wege. Die Gesandten und die Regierung waren bereit, dem Kaiser, wenn er fliehen würde, zu folgen. Erst die Nachricht eines Couriers, daß die Türken über die Donau und vor Neuhäusel gezogen seien, richtete die Herzen wieder auf. In der That wollte der Großvezier diese Festung, welche die Wege nach Oberungarn, Mähren und

---

[1]) Rintelen, österreichische militärische Zeitschrift, 2. Heft, 126.
[2]) Sagredo's Bericht.

Oesterreich schützte, vorerst in seine Gewalt bringen. Die türkische Armee hatte sich am 26. Juli bei Gran vereinigt, ein Corps ging über die Donau, besetzte das gegenüber liegende Parkany und schlug Brücken. Der Commandant von Neuhäusel, Graf Adam Forgács, griff die Türken mit 6000 Mann an, wurde geschlagen, verlor 1200 Mann und entkam selbst mit genauer Noth. Am 15. August rückte der Großvezier vor Neuhäusel und begann die Belagerung, welche dreiundvierzig Tage bis zum 26. September dauerte. Um vor einem Entsatz sicher zu sein, ließ Achmet Köprili die Waglinie, welche FML. Spork mit 2000 Reitern bewachte, durchbrechen und seine Tataren durch das offene Land streifen. Mehr als 15.000 leichte Reiter durchzogen das Land bis zur mährischen Grenze. Nur nach Preßburg, welches Montecuculi besetzt hielt, wagten sie sich nicht. Sie wirthschafteten in einer gräulichen Weise, zündeten die Dörfer an, und schleppten 25.000 Einwohner als Sclaven fort. Die Kinder wurden wie Holzbündel zusammen gebunden und auf die Pferdecroupe geworfen[1]. Nachdem sich der Großvezier überzeugt hatte, daß von Mähren her eine österreichische Armee nicht im Anmarsche sei, rief er die Tataren zurück, und verwendete seine ganze Kraft zur Belagerung von Neuhäusel. Er wollte die Festung noch vor dem Herbst zu Fall bringen, weil dann der sumpfige Boden die Eroberung erschwerte. Die Türken belagerten Neuhäusel ganz regelrecht, zogen Laufgräben, sprengten Minen und stürmten. Graf Forgács vertheidigte sich tapfer und war entschlossen, den Platz zu halten. Als jedoch nach fünf Wochen kein Entsatz erschien, ließen ihn die Ungarn durch ihre Weiber um die Uebergabe bitten. Sie bezogen am 24. September nicht mehr die Wache, verleiteten auch die deutschen Truppen unter dem Marchese Pio zur Meuterei und begehrten nochmals die Uebergabe. Forgács hieb einige der Meuterer nieder,

---

[1] Sagredo.

konnte aber die Masse nicht bezwingen und war genöthigt, am 26. September zu capituliren. Tags darauf zog die Besatzung, 2472 Mann, kriegsgefangen aus. 500 Ungarn nahmen sogleich türkische Dienste¹).

Mit dem Fall von Neuhäusel schloß der Feldzug von 1663. Der Kaiser war von diesem unglücklichen Ausgange sehr enttäuscht. Seine Minister, namentlich Portia, hatten ihm alle schlimmen Nachrichten verhehlt und immer neue Hoffnungen vorgespiegelt. Als wenige Tage vor der Uebergabe von Neuhäusel der venetianische Gesandte den Kaiser fragte, ob er gute Nachrichten habe, antwortete dieser: „Die Türken belagern wohl, machen aber keine Fortschritte"²). Montecuculi war mit seiner kleinen Schaar nicht im Stande, etwas zu unternehmen. Der Hofkriegsrath mahnte ihn noch am 13. September ab, einen offenen Schlag zu führen. Montecuculi schrieb, klagte, forderte, aber erst im October kamen die Zuzüge und das ungarische Aufgebot an die obere Donau. Er mußte sich begnügen, die Insel Schütt und Preßburg, diesen Knotenpunkt aller Verbindungen dies- und jenseits der Donau, besetzt zu halten³).

Der Großvezier unternahm nichts Erhebliches mehr. Nachdem er die Festungswerke von Neuhäusel wieder hergestellt und einige Städte in Oberungarn heimgesucht hatte, führte er die Armee nach Gran und Pest zurück und löste sie auf. Mit reicher Beute beladen kehrten die einzelnen Corps in die türkischen Provinzen zurück. Der Großvezier hatte im Beginn des Feldzuges die Kraft seiner Armee nicht benützt, bis die Ungunst des Wetters die Fortschritte verzögerte. „Der Himmel, schrieb der venetianische Gesandte, brachte das ein, was

---

[1] Der Hofkriegsrath stellte Forgács vor ein Kriegsgericht. Der Kaiser schlug jedoch den Proceß nieder. Forgács wurde nach einem Jahre aus der Haft entlassen und vom Hofe und von der Residenz verwiesen.

[2] Sagredo's Bericht.

[3] Rintelen, österreichische militärische Zeitschrift, 1828. 2. Heft, 159.

durch die Nachlässigkeit der Minister versäumt war; er schickte Regen, daß die Wege grundlos wurden und der Vezier über vierzig Tage in Pest bleiben mußte, weil die Kanonen auf den schlechten Wegen nicht fortgebracht werden konnten. Gott hat den Türken die Hand gereicht, aber die Augen zugebunden" [1]). Wäre der Großvezier, statt Neuhäusel anzugreifen, nach Wien geeilt, so hätte er die Stadt ohne Soldaten, ohne Lebensmittel, die Bevölkerung voll Schrecken und Furcht gefunden und leicht überwältigt. Als man ihn deßwegen in Constantinopel tadelte, erwiederte er: man habe nicht voraussetzen können, daß eine durch feste Mauern geschützte wichtige Stadt so vernachlässigt werde.

Die Unzufriedenheit über die schlechten Vertheidigungsanstalten war allgemein, am größten in Wien. Montecuculi wurde von den Reichsständen und von seinen Gegnern im Ministerium angeklagt. Er schrieb deßwegen einen Bericht über den Feldzug von 1663 nieder, und schickte ihn durch Portia an den Kaiser. Die meisten Verwünschungen wurden gegen Portia laut, der unter dem Waffenlärm eingeschlafen schien [2]). Auch gegen Lobkowitz sprach sich die öffentliche Meinung aus. Der Hofkriegsrath und sein Präsident hatten die Rüstung so lässig betrieben, als wenn Staat und Volk in keine Gefahr kommen konnten. Bis October war die Armee nur durch drei frisch geworbene Regimenter und das Regiment Portia, welches aus dem spanischen Dienst zurückkehrte, verstärkt worden. Erst mit Beginn des Winters kam mehr Leben in die Rüstungen. Lobkowitz raffte sich auf und suchte in einem zweiten Kriegsjahre einzubringen, was er im ersten versäumt hatte. Im Februar 1664 zählte die österreichische Armee bereits 36.123 Mann Fußvolk und 11.927

---

[1]) Che se Dio, si come hà date le mani à Turchi, non li avesse altretanto chiusi gl'occhi. Sagredo.

[2]) Sagredo.

Reiter. Um auf die ungarische Insurrection nicht rechnen zu müssen, schloß Lobkowitz mit einzelnen Magnaten Werbverträge und ließ den Herren das Recht, ihr Volk selbst zu commandiren.

Eine Ursache der schwachen Rüstung und Zögerung Oesterreichs 1663 lag darin, daß man vom deutschen Reiche eine Hilfe an Geld und Truppen erwartet hatte. Der Reichstag war eröffnet, die kaiserlichen Vorschläge schon am 20. Jänner 1663 vorgelesen, aber die Reichsstände zeigten sich so zerfahren, daß eine Hilfe für den Feldzug 1663 nicht zu hoffen war. Nur der Kurfürst von Brandenburg hatte ein Hilfscorps zugesagt. Seine Truppen, etwa 1500 Mann Fußvolk, 600 Reiter und 1000 Dragoner kamen Ende September nach Oesterreich und wurden, da der Feldzug vorüber war, in die Winterquartiere nach Böhmen verlegt [1]). Die Fürsten des Rheinbundes hatten eine Kriegshilfe unter der Bedingung versprochen, daß ihre Truppen ein eigenes Corps unter selbstständigem Commando bilden sollten, und kein Waffenstillstand oder Friede ohne die Zustimmung des Bundes geschlossen würde. Der Kaiser war auf die Bedingung eingegangen, obwohl sie die Kaisergewalt und die Verfassung des Reiches schädigte. Zu Ende des Jahres führte Graf Wolf Hohenlohe die Contingente des Rheinbundes, 7000 Mann Fußvolk und 1200 Reiter nach Oesterreich. Angesichts der drohenden Türkengefahr und in der Ueberzeugung, daß diese zuerst die Kaiserstadt treffen würde, setzte der kaiserliche Hof seine Bemühungen fort, das gesammte deutsche Reich gegen die Türken aufzubieten. Fürst Lobkowitz unterhandelte mit den Reichsständen, der Kaiser kam zu Weihnachten 1663 selbst nach Regensburg, nach seiner Abreise setzte der Hofkanzler Hocher die Verhandlungen fort. Der Reichstag hatte die Hilfe beschlossen, aber die Berathungen über die Form des

---

[1]) Droysen, a. a. O. III., 3. Abth., 51.

Reichsheeres, die Ansätze in der Matrikel schleppten sich schwerfällig fort. Nur spät konnte die deutsche Armee in Ungarn erwartet werden. Frankreich hatte sich erboten, als Mitglied des Rheinbundes 6000 Mann französische Truppen nach Ungarn zu schicken. Sie wurden bei Metz versammelt, standen aber noch jenseits des Rheines, als der Krieg ausbrach.

Die österreichische Rüstung war derart, daß man auf Erfolg rechnen konnte, wenn der Feldzug zeitlich begonnen würde. Es gab kein türkisches Heer in Ungarn, die Festungen waren mit wenig Mannschaft besetzt. Die Schwäche Oesterreichs hatte die Türken sorglos gemacht. Montecuculi war für einen Winterfeldzug, aber die Regierung ging nicht darauf ein. Nur der Ban von Croatien und Graf Hohenlohe unternahmen im Winter einen Streifzug in das südliche Ungarn, der viel Leute kostete und dem Ganzen keinen Vortheil brachte. Hohenlohe hatte seine 9000 Mann Deutsche und Oesterreicher mit 15,000 Ungarn und Croaten, unter Zrini, an der Mur in Steiermark vereinigt. Sie drangen in Ungarn ein, erstürmten die Stadt Fünfkirchen, Zrini verbrannte die Brücke bei Essek. Auf dem Rückwege legten sie das Land wüste, raubten Vieh und Beute aller Art und kamen am 15. Februar nach Zrinivár zurück[1].

Erst spät im Frühjahr und Sommer rückten Deutsche und Oesterreicher in das Feld, und auch da zersplittert, ungleichartig, ohne festes Ziel, ohne Einigkeit. Nach dem Plane des Kriegsrathes in Regensburg sollte die Armee in drei Abtheilungen vorgehen: Montecuculi an der Donau, de Souches in Oberungarn, Hohenlohe mit den Rheinbundstruppen in Südungarn. Der Kaiser genehmigte den Plan, obwohl Montecuculi diese Theilung der Streitkräfte widerrathen hatte[2].

Mitte April 1664 begann nord- und südwärts der Donau der Vormarsch. Souches war mit seinem Corps von 8500

---

[1] Horváth, Geschichte der Ungarn, II., 256. Wagner, Beschreibung Ungarns und der Türkei 1685. I., 5.

[2] Oesterreichische militärische Zeitschrift, 1828. 3. Heft, 269.

Mann, in welches die Brandenburger unter dem Herzog von Holstein eingereiht waren, der erste im Felde. Er rückte rasch im nördlichen Ungarn vor, und schlug am 16. Mai bei Szent-Kereszt an der oberen Gran den tapferen Pascha von Großwardein mit 15.000 Mann. Da seine Bewegung von jener der Hauptarmee abhängig war, konnte er seinen Sieg nicht benützen und blieb stehen. General Heister kam mit 2800 Mann Fußvolk und 2100 Reitern aus Schlesien und deckte ihm den Rücken.

Die Hauptarmee war Ende Mai bei Altenburg an der Donau versammelt. Sie zählte nur 12.000 Mann österreichische Truppen und 6000 Ungarn unter Graf Nadásdy. Mehrere Regimenter waren an Souches und Hohenlohe abgegeben worden. Die Reichsarmee konnte erst im Juni, das französische Corps erst Mitte Juli erwartet werden[1]), während der Großvezier mit ungeheuren Truppenmassen von Belgrad aufbrach.

Gleichzeitig mit Souches drangen Hohenlohe und Zrini mit 17.000 Mann deutschen und ungarischen Truppen von der sogenannten Murinsel in Südungarn ein und belagerten Kanissa. Der Großvezier wandte sich mit dem Gros seiner Armee, mit 40.000 Mann und 100 Kanonen zunächst gegen sie. Als Hohenlohe und Zrini die Belagerung aufhoben und sich wieder auf das rechte Murufer zurückzogen, folgte ihnen der Großvezier auf dem Fuße nach und griff sogleich Zrinivár an, um hier einen Uebergang nach Steiermark und Oesterreich zu finden. Vom 2. bis 15. Juni fanden an diesem Bollwerke, welches Zrini in dem Winkel zwischen der Mur und Drau erbaut hatte, blutige Gefechte und Stürme statt. Hohenlohe und Zrini konnten sich in der festen Stellung mit den 19.500 Mann, welche ihre Armee mit den Nachschüben zählte, wohl halten. Aber die Führer waren uneinig, die Mannschaft schmolz zusammen und es war vorauszusehen, daß der Großvezier eines Tages die Linie durchbrechen und in Steiermark

---

[1]) Hocher an Loblowitz, Regensburg, 26. Mai 1664. R. A.

einfallen würde. Die große Gefahr, die Uneinigkeit der Führer, die Vorstellungen des Hofkriegsrathes in Graz, wohl auch die Interessen der ersten geheimen Räthe des Kaisers, wie des Portia, Auersperg und Zrini bewirkten, daß der Oberbefehl über die Südarmee an Montecuculi übertragen wurde. Dieser eilte sogleich auf den Kriegsschauplatz und ließ sogleich mehrere altösterreichische Regimenter nachrücken, so daß am 21. Juni wieder 30.000 Mann vereinigt waren.

Der Regensburger Kriegsplan war zerrissen, die ganze Kriegslage geändert. Die Hauptarmee war nicht mehr an der Donau, sondern an der Mur, und die Bewegungen des Heeres mußten sich nach denen des Feindes richten. Montecuculi kam in die unangenehmsten Verhältnisse. Zrini fügte sich nicht, wollte sogleich angreifen, und als Montecuculi dies verweigerte, verließ er das Heer. Nadásdy schrieb, daß seine ungarische Miliz sich zerstreut habe; er und Bathiany hätten nur 400 Mann und mit diesen könnten sie Raab nicht vertheidigen [1]). Nur die Energie Montecuculi's hat damals Innerösterreich vor einem Türkeneinfall und seinen entsetzlichen Folgen bewahrt. Er hielt Zrinivár bis zum 30. Juni. Als das Fort erstürmt wurde, nahm er eine solche Stellung auf der Murinsel, daß die Türken nach einem Versuche, den Uebergang über die Mur zu erzwingen, keinen zweiten mehr wagten. Sie sprengten das Fort in die Luft, verließen die Mur und kehrten am 12. Juli nach Kanissa zurück. Am 15. eroberten sie Klein-Körmend, gingen wieder nach Kanissa zurück, und wandten sich am 20. nordwärts gegen die Raab, um diesen Fluß zu überschreiten und die Straße nach Steiermark und Oesterreich zu gewinnen.

Montecuculi hatte bisher kein Treffen gewagt, weil er die deutschen Reichstruppen und das französische Corps, welche seit Wochen auf dem Marsche waren, erwartete. Der Markgraf von Baden kam mit den Deutschen am 5. Juli über

---

[1]) Nadásdy an Lobkowitz, 24. Juli 1664. Lager bei Szecsöd. R. A.

Radkersburg, Graf Coligny mit den Franzosen am 10. über Güns auf den Kriegsschauplatz. Montecuculi brach am 14. Juli von der Mur auf, ging bei Neuhof über den Fluß, und vereinigte sich mit dem deutschen Fußvolke. Er hatte sichere Nachrichten über die Bewegung der Türken, und war entschlossen, ihnen am linken Ufer der Raab voranzueilen und den Uebergang zu wehren. Um keine Zeit zu verlieren, ließ Montecuculi das Fußvolk unter Sparr zurück und eilte mit der Reiterei auf dem Wege von St. Gotthard voraus. Unterwegs schlossen sich ihm die Franzosen und einige tausend Mann Ungarn, welche Nadásdy zuführte, an. Sie kamen am 24. Juli nach St. Gotthard, am 26. nach Körmend. Am selben Tage kam der Großvezier mit der Masse seines Heeres auf dem anderen Ufer an. Die Türken machten einige Versuche über die Raab zu kommen, aber Montecuculi sprengte Reiter und Fußvolk über den Fluß zurück. Der Feind gab es auf, hier den Uebergang zu gewinnen, zog am 28. Juli dem Flusse entlang nach St. Gotthard und am 31. Juli noch eine halbe Meile aufwärts, bis zu einer Stelle, wo die Krümmung der Raab den Aufmarsch der Truppen erleichterte und die hohen Ufer einen weiten Ueberblick boten. Montecuculi war den Türken auf dem linken Ufer gefolgt, vereinigte sich wieder mit dem deutschen Fußvolk, und nahm seine Stellung dem Feinde gegenüber, bereit eine Schlacht zu liefern, welche den Krieg entscheiden oder wenigstens den Feind von der deutschen Grenze zurückwerfen konnte.

Wer die beiden Heere an den Ufern der Raab betrachtete hatte ein Bild des Orients und Occidents mit aller Eigenthümlichkeit des Volksthums, mit allen Gegensätzen der Civilisation. Drüben lagerten die Janitscharen, Albanesen, die schwarzen Soldaten aus den glühenden Gefilden Afrika's, die scheußlichen Gestalten der Mongolen und Tataren, hier die Deutschen, Ungarn, Slaven, Veteranen aus Spanien und Italien, französische Edelleute und wilde Abenteurer aller Art.

Der Großvezier, Achmet Köprili, hatte 130.000 Mann, von denen freilich nur 60.000 Soldaten waren; der andere Theil bestand aus zusammengelaufenem, ungeübten Gesindel. Die Türken mußten sich hier schlagen, um aus diesem Landestheil heraus zu kommen; sie fanden keine Lebensmittel mehr, kein Futter für die Pferde. Montecuculi hatte 30.000 Mann, dabei 10.000 Reiter. Die Türken waren an Zahl überlegen, aber die Christen hatten den Vortheil der Disciplin und Stellung für sich. Sie konnten den Feind, wenn er über den Fluß wollte, in einzelnen Abtheilungen bekämpfen. Montecuculi stellte die Armee in zwei Treffen auf, die Reichsvölker in der Mitte, die Oesterreicher am rechten, die Franzosen und die Rheinbundstruppen unter Hohenlohe am linken Flügel.

Am 1. August, bei Tagesanbruch, kamen 3000 türkische Reiter mit eben so viel Janitscharen durch eine Furt über den Fluß, verjagten die Vorposten und überfielen die deutschen Reichstruppen in ihrem Lager. Die Mitte des christlichen Heeres schien durchbrochen, die Reichstruppen flohen auseinander, die Schlacht schien mit dem ersten Stoße des Feindes verloren. Montecuculi flößte jedoch seinen Officieren neuen Muth ein; „alles wird gut gehen," rief er ihnen zu. Mit drei Regimentern Fußvolk und einem Kürassierregiment warf er den Feind aus dem Lager. Während der Markgraf von Baden die Reichstruppen wieder sammelte, fiel der junge Herzog Carl von Lothringen an der Spitze seines Regimentes und mit den Kerntruppen des rechten Flügels den Feind an, und drängte ihn in den Bogen des Flusses zurück. Montecuculi hatte inzwischen das Centrum mit 1200 Mann französischen Fußvolkes und 600 französischen Reitern unter Feuillade und Gassion verstärkt, und ließ den Feind im Bogen angreifen. Von den Türken waren neue Schaaren, unter ihnen viel Freiwillige und höhere Officiere über den Fluß gesetzt, und stundenlang wogte der Kampf hin und her. Gegen Mittag schickte der Großvezier während eines furchtbaren Feuers abermals drei große Reitermassen über den Fluß, die sich im Bogen aufstellten und die Schlacht einen Augenblick lang zum Stehen brachten. Coligny und andere Generale dachten bereits an den Rückzug. Montecuculi befahl aber die Schlacht fortzusetzen. Er ließ den alten General Sport mit seinen Kürassieren einhauen, vom linken Flügel warfen sich Dragoner und Croaten auf den Feind. Nachdem die Masse der Türken etwas gelockert war, gab Montecuculi dem deutschen Fußvolk den Befehl anzugreifen. Die ganze Armee kam in's Gefecht und richtete ein furchtbares Gemetzel an. Die Deutschen und Franzosen hieben alles nieder. Wer nicht getödtet war, wurde in den Fluß gesprengt. Bis vier Uhr dauerte die Schlacht. Mehr als 3000 der besten Janitscharen und Albanesen waren getödtet. Jenseits des Flusses standen noch 30.000 auserlesene türkische Reiter. Sie waren wie vom Schrecken gebannt, ließen die Kanonen stehen und wandten sich in das Lager zurück. Als die Sonne sank, athmeten die christlichen Streiter von der blutigen Arbeit auf, und über das Schlachtfeld erscholl der Gesang: „Herr Gott, dich loben wir!" Viele hohe und gemeine Officiere waren gefallen. Auf christlicher Seite der Oberst von Nassau, der Capitän der kaiserlichen Leibgarde, Graf Carl von Trauttmannsdorf, der Feldzeugmeister der Reichsarmee Graf Fugger u. a. Von den Türken waren 6000 gefallen, noch mehr ertrunken. Auf den Wellen trieb die mit golddurchwirktem Kaftan bekleidete Leiche des Ismael Pascha, Schwager des Sultans. Sein mit Diamanten verzierter Reiherbusch wurde eine Beute der Soldaten. Viele bereicherten sich, indem sie ertrunkene türkische Officiere heraussischten. Geld, Geräthe, Turbane mit Edelsteinen, gestickte Sättel, kostbare Waffen wurden erbeutet. Nur ein Janitschar war schwer verwundet gefangen. Die Franzosen schickten ihn später ihrem Könige.

Es war eine glorreiche Schlacht. Die persönliche Tapferkeit der Franzosen hatte zum Sieg beigetragen, aber den Entscheid gab Sport mit seinen Kürassieren und vor allen Montecuculi mit seinem kühlen Muthe und seiner Besonnenheit. Noch auf dem Schlachtfelde schrieb er den Bericht an den Kaiser und überschickte ihn Lobkowitz mit den Worten: „Ehre und Preis sei Gott dem Herrn, welcher die christlichen Waffen gesegnet hat" [1]).

Einige Tage früher war in Wien die Nachricht eingetroffen von einem Siege, welchen Souches und die Brandenburger am 19. Juli bei Lewenz gegen ein türkisches Corps unter Ali Pascha erfochten hatten. Die Linie der Gran war den Türken entrissen. Souches marschirte südwärts, erstürmte Parkany und öffnete damit den Weg nach Pest in den Rücken des Feindes. Man konnte den Rückzug des Feindes an die untere Donau hoffen.

Montecuculi blieb jedoch nach der Schlacht von St. Gotthard ruhig stehen. Die Armee hatte sehr gelitten. Es fehlte an Lebensmitteln und Munition. „Die Noth ist groß, schrieb der Feldherr an Lobkowitz; ringsum ist alles wüst, öde und nichts angebaut." Ein Uebergang über die Raab war nicht so leicht. Der Großvezier hatte noch immer eine starke Armee und blieb fünf Tage in seinem Lager stehen. Man erzählte, er habe in der Schlacht die Vernichtung der Seinen gesehen, ohne helfen zu können, aber der Tod seines Nebenbuhlers, des Ismael Pascha und die Tapferkeit der Franzosen habe ihn mit Freude erfüllt. Erst am 6. August brach der Großvezier auf und marschirte über Stuhlweißenburg an die Donau. Am 28. war er in Gran, stellte die Schiffbrücke wieder her, ging am 5. September über die Donau, und nahm seine Stellung an der Neutra, um Neuhäusel zu schützen. Montecuculi folgte den Türken nicht, sondern zog links ab, über Körmend und Steinamanger nach Oedenburg.

---

[1]) Originalbericht vom 1. August 1664 im R. A. Onor e gloria a Dio Signor, chi ha prosperato geri l'armi christiani. An Lobkowitz, 2. August. R. A.

Dort verstärkte er sich mit neuen Zuzügen, so daß er wieder 30.000 Mann beisammen hatte, brach am 8. September auf, ging bei Preßburg über die Donau und stellte seine Armee hinter der Waag auf. Die beiden Heere standen sich anfangs October abermals nur wenige Meilen auseinander. Die Türken hatten die deutschen Waffen wieder fürchten gelernt und wagten keinen Angriff. Auch wußten die Führer, daß am 10. August der Friede von Vasvár geschlossen war und nur geheim bleiben sollte, bis er in Wien und Constantinopel ratificirt sei.

Gleich nach der Schlacht von St. Gotthard hatte der Großvezier dem Residenten Reninger, welcher der türkischen Armee gefolgt war, Friedensanträge gemacht. Im tiefsten Geheimniß schickte dieser einen Agenten nach Wien und erhielt die Erlaubniß, den Türken einige Zugeständnisse zu machen. Der Kaiser hatte nur ungern diesen Krieg geführt und war geneigt, wenn die Ehre es gestatten würde, sobald als möglich Frieden zu schließen. Noch während die Armeen gekämpft hatten, waren Couriere auf dem Wege nach Constantinopel, um Friedensanträge zu machen. „Aber bei den Türken vermögen Schwerter mehr als Briefe," schrieb der venetianische Gesandte [1]. Die Schlacht von St. Gotthard hatte ihnen wieder die Kraft Oesterreichs und die Ueberlegenheit der christlichen Waffen gezeigt. Sie ließen jetzt die Forderung, Komorn abzutreten, fallen; ja, sie wollten jetzt lieber mit Oesterreich als mit Venedig Frieden schließen.

Die Verhandlungen wurden in Vasvár (Eisenburg), einem kleinen Orte nahe an der Raab begonnen. Bereits am 10. August wurde der Friede oder vielmehr ein Waffenstillstand auf zwanzig Jahre abgeschlossen. Alle Feindseligkeiten zwischen Oesterreich und der Türkei sollen auf zwanzig Jahre aufhören. Die Türken behalten Großwardein und Neuhäusel, lassen aber an den Grenzen alles im alten Stand. Die Co-

---

[1] Sagredo's Bericht.

mitate Szathmar und Szabolcs, welche dem jungen Rákóczy eingeräumt wurden, fallen nach dessen Tode an den Kaiser zurück. Oesterreich hat das Recht, diesseits der Waag eine Festung anzulegen. Szekelhyd in Siebenbürgen wird geschleift, Zriniuár bleibt zerstört. Apaffi bleibt Fürst von Siebenbürgen, unabhängig von Oesterreich und von der Pforte; nur soll er an die letztere 60.000 Thaler Kriegskosten zahlen¹). Reninger, der den Frieden redigirt hatte, begleitete den Großvezier nach Gran und Neuhäusel. Er meldete, daß die Türken sogleich von der Grenze aufbrechen würden, wenn der Friede ratificirt sei. Im geheimen Rath des Kaisers war darüber keine Meinungsverschiedenheit und der Kaiser genehmigte die Artikel. Reninger bemühte sich noch in Belgrad um die Loslassung der gefangenen Christen. Bei der großen Zahl derselben war an eine Auswechslung nicht zu denken ²).

Alle Welt war von diesem Frieden überrascht. Man hatte eine zweite große Schlacht und die Vernichtung der Türkenherrschaft in Ungarn erwartet. In und außer Oesterreich war man über diesen Ausgang des Türkenkrieges unzufrieden und erbittert. Man verwünschte die Minister in Wien, daß sie nicht einmal Neuhäusel zurückverlangt hätten. In Regensburg wurde in den härtesten Ausdrücken darüber gesprochen ³): der Friede sei nur deßwegen geschlossen, daß der junge Kaiser seine Hochzeit mit der spanischen Infantin ungestört feiern könne; der Reichstag sei unnöthig, der Beistand bei so unehrenhaften Erfolgen überflüssig; die Stände würden in Zukunft zurückhaltender sein. Das kaiserliche Cabinet glaubte aber gute Gründe zum Frieden zu haben. Es fehlte an Geld. Man vermochte für die deutschen Truppen kaum die Verpflegung, viel weniger den rückständigen Sold zu leisten. Wie

---

¹) Rink, I. 529. Mailáth, Geschichte der Magyaren, III. 285. Menten, Leopold I., 75.

²) Reninger an Lobkowitz, Belgrad, 14. December 1664. R. A.

³) Droysen, III. 3., 69.

langsam waren die Reichstruppen gekommen, wie elend hatten sie sich benommen. Mit Ausnahme der Brandenburger hatte kein Contingent bei dem ersten Stoß Stand gehalten. Die Führer, wie Hohenlohe, der Markgraf von Baden, waren vertragsmäßig unabhängig. Jeder wollte commandiren. Die Franzosen und Deutschen wollten nach Hause. Montecuculi hatte das kennen gelernt, er selbst rieth zum Frieden [1]). Die Armee hatte durch schlechte Verpflegung, Krankheit und Kälte gelitten. Die Türken hatten noch eine große Uebermacht. Eine verlorne Schlacht gab Wien einer Belagerung preis. Der Kaiser wollte nicht in einen gefährlichen Krieg verwickelt sein zu einer Zeit, wo das Ableben des Königs von Spanien und ein Krieg mit Frankreich zu erwarten war [2]). Kein geringer Antrieb zum Abschluß des Friedens war die Abneigung, das Mißtrauen der Deutschen und Ungarn. Die Insurrection hatte sich 1663 unzuverlässig erwiesen. Die von den Magnaten geworbenen Truppen thaten 1664 nicht ihre Schuldigkeit. Die Ungarn glaubten, das Haus Oesterreich wolle ihre alte Freiheit umstürzen, und die Deutschen meinten, daß die Ungarn nach der Wiedererlangung ihrer Freiheit von Oesterreich abfallen und einen König aus ihrer Nation wählen wollten. Der venetianische Gesandte schrieb: „Die kaiserlichen Minister glauben und irren sich auch nicht, daß die Ungarn nur durch die Furcht vor den Türken in Gehorsam und Unterwürfigkeit erhalten werden." Er versichert, die Minister verlangten gar nicht darnach, das Königreich Ungarn der Herrschaft der Türken zu entreißen; sie wären deßwegen nicht energisch genug auf der Rückgabe der Festung Neuhäusel bestanden [3]).

---

[1]) Supplico umillissime V. E. a voler accelerare la resoluzione e gli ordini di S. M. in suggetto della armata suddetta, alternamente resseremo senza alcun soldato. Montecuculi an Lobkowitz, 25. October 1664. R. A.

[2]) Sagredo's Bericht.

[3]) Sagredo's Bericht 1665.

Der Vasvárer Friede sollte noch durch besondere Botschafter bestätigt und erweitert werden. Wenzel Lobkowitz schlug dafür den Grafen Leslie vor. Walter Leslie [1]), von der Katastrophe Wallenstein's her bekannt, war geheimer Rath und Gouverneur der slavonischen und petrinischen Grenzen, damals schon ein alter Mann, aber noch rüstig, ehrgeizig, verständig in allen Fragen der Politik und mit der Art und Weise der Türken vertraut. Er sollte schon im Winter 1664 auf 1665 aufbrechen, aber die Ausstattung der Botschaft, das Herbeischaffen von Geschenken für den Sultan und seine Minister verzögerte die Abreise bis zum Frühjahr. Reninger drängte noch im April 1665 zur Abreise, damit der Großvezier, wie dieser es selbst wünschte, von der Grenze wegziehen könne. Reninger sollte dem Botschafter folgen, erkrankte aber in Belgrad und starb im November 1665.

Leslie verließ Wien am 15. Mai. Vierunddreißig Schiffe führten ihn und sein stattliches Gefolge von Cavalieren und Pagen die Donau hinab. Von Belgrad setzte Leslie die Reise zu Land fort, und hielt am 17. September seinen Einzug in Constantinopel [2]). Während Leslie's Reise kam der

---

[1]) Walter Leslie, geboren 1605, war ein schottischer Katholik, hatte des Glaubens willen sein Vaterland verlassen, sich in Steiermark angekauft und unter Ferdinand II. Kriegsdienste genommen. 1634 war er Oberstwachtmeister und ein Haupttheilnehmer, ja der Führer bei der „Execution" Wallenstein's und seiner Anhänger in Eger. Er hatte im Kriege Glück, bekam ein Regiment, wurde Reichsgraf, und heiratete eine Gräfin Dietrichstein, die ihn mit den alten österreichischen Geschlechtern in Verbindung brachte. Noch im dreißigjährigen Kriege wurde er GFM., geheimer Rath und Gouverneur der slavonischen und petrinischen Grenzen. Die Botschaft nach Constantinopel nahm er nur an, als ihm der Kaiser von Spanien das goldene Vließ verschaffte. Er starb 1667, 5. März, 62 Jahre alt.

[2]) Die Reise ist bekannt aus den Frankfurter Relationen, so wie aus einer Beschreibung, welche der Prediger der Gesandtschaft, Paul Taferner, drucken ließ: caesarea legatio, quam mandante A. R. Imp. Leopoldo I. ad portam ottomanicam suscepit perfecitque Walterus Comes de Leslie. Vienne 1672. Hammer, Geschichte des osmanischen Reiches VI., 164. Wagner, I., 173. Rink, I., 548.

türkische Botschafter, Mohammed Pascha, nach Wien. Reninger hatte ihn als einen reichen Türken, der im Serail angestellt war und viel Einfluß übte, gut empfohlen. Lobkowitz war bereits Obersthofmeister und der türkische Botschafter wurde von dem neuen Hofkriegsrathspräsidenten, Don Gonzaga, empfangen.

Leslie blieb in Constantinopel beinahe vier Monate, vom September 1665 bis anfangs Jänner 1666. Es wurden ihm Ehren zu Theil, wie sie selten ein christlicher Gesandter von der Pforte erfahren hatte, aber seine Verhandlungen waren beinahe ohne Erfolg, trotz des vielen Geldes, das er an den Großvezier, den Mufti und an alle Minister spendete. Wegen Siebenbürgen vermochte Leslie nichts durchzusetzen, nicht einmal den Nachlaß des Tributes. Trotz der Friedensartikel wollten die Türken in Apaffi nur einen unterthänigen Fürsten wie die in der Moldau und Walachei erkennen. Ebenso wenig drang Leslie mit dem Verlangen durch, daß einige Grenzdistricte bei Neuhäusel abgetreten und die Festungswerke geschleift würden. Die Türken hatten nämlich nach dem Frieden noch 200 Dörfer bei Neuhäusel weggenommen. Sie betrachteten sich als die Herren von Ungarn und Siebenbürgen und gaben keinen Fußbreit Boden auf. Nicht einmal die christlichen Gefangenen, welche in den sieben Thürmen eingesperrt waren, gaben sie frei. Der Großvezier hatte ihre Freigebung versprochen, aber er starb und die Sache unterblieb. Auch die Rückstellung der katholischen Kirchen an die Minoriten oder andere Geistliche in Galata und Pera, welche Leslie verlangt hatte, wurde verweigert. Die Türken gaben nur das Versprechen, Katholiken und Griechen unbehelligt zu lassen und ihre Privilegien nicht anzutasten. Was der österreichische Gesandte durchsetzte, war die Einwilligung, daß die Schiffe der Hansestädte, statt wie bisher unter englischer Flagge, nun unter kaiserlich deutscher Flagge in die türkischen Häfen einlaufen durften; ferner die Handelsfreiheit für die orientalische Com=

pagnie, welche Graf Sinzendorf in Wien gegründet hatte, die aber in den späteren Wirren zu Grunde ging. Nachdem Leslie noch den neuen Residenten, Giovanni Battista Casanova, einen Schützling des Fürsten Portia, vorgestellt hatte, reiste er Anfangs Jänner ab, kam am 20. Februar nach Essek, am 17. März nach Ofen und hielt am 27. März seinen feierlichen Einzug in Wien. Achtundzwanzig Personen seines Gefolges waren gestorben. Die Reise hatte mehr als eine Million gekostet. Die Resultate waren aber sehr gering, das Verhältniß zur Türkei unsicher, die Grenzen offen wie vor dem Krieg. Der Kampf mußte später wieder aufgenommen werden.

Nach seiner Rückkehr erstattete Graf Leslie dem Kaiser zwei Berichte: den einen, der veröffentlicht wurde, über die Reise und die Resultate der Gesandtschaft, und einen zweiten geheimen Bericht über die politische Macht der Türkei und ihre Beziehungen zu den christlichen Staaten [1]). Leslie schildert darin die Türkei als „kranken Mann" und viel mehr verfallen, als Sagredo in seinem gleichzeitigen Berichte. Die Kriegsmacht der Türken, schreibt Leslie, ist seit hundert Jahren sehr herab gekommen. Die Festungen sind in schlechtem Zustande, besonders die in Ungarn und gegen eine ordentliche Armee nicht haltbar. Man verläßt sich nur auf die Masse der Truppen, zumeist auf die Janitscharen und Spahi's. Die Führer sind unerfahren, die asiatischen Truppen gar nicht brauchbar und werden von den Türken selbst verachtet. Die türkischen Minister, die vom Krieg etwas verstehen, sind Europäer, meistens Albanesen und Bosnier; sie lieben weder die Rumänen noch die Ungarn, sie sagen diesen nach, daß sie nicht wahr reden. Die Seemacht der Türken ist ganz verfallen, der Kapudan Pascha ein unerfahrener Seemann. Die besten Offi-

---

[1]) Ad. Wolf. Drei diplomatische Relationen aus der Zeit Leopold's I., Archiv für Kunde österreichischer Geschichtsquellen, herausgegeben von der k. Akademie der Wissenschaften in Wien, 1858. XX. B. 320.

ciere sind die Pascha's in den Grenzprovinzen Ungarns. Das Einkommen beträgt nicht die Hälfte mehr wie zu Soliman's Zeit. Wenn diese Monarchie mit einer beträchtlichen Macht zu Wasser und zu Land angegriffen wird, kann sie nicht den Widerstand leisten, den man annimmt. Die Christen in der Türkei, welche die Zustände besser kennen als die Türken selber, meinen, wenn die Türken einmal eine Hauptschlacht verlieren würden, könnten sie sich von der furchtbaren Verwirrung nicht mehr erholen. Die Engländer hoffen, sich einiger Inseln bemächtigen zu können. Der König von Frankreich denkt ebenfalls daran und will deßwegen einen Franzosen zum König von Polen haben. Der Sultan ist ein junger Herr von 25 Jahren, fürchtet den Pöbel, ist nicht besonders gescheidt, aber sehr verschwiegen, hat seine zwei Brüder aus Constantinopel entfernt, und wird sie wahrscheinlich hinrichten lassen, wenn er noch einen Sohn bekommt. Der Sultan ist wegen seiner Jagden und der vielen Kosten derselben bei dem gemeinen Volke verhaßt. Die meiste Autorität haben die weißen Eunuchen im Serail, welche die wichtigsten Hofämter inne haben. Leslie schilderte weiter die Zustände des Serails und schließt mit den Worten: „So wird in diesem Reich und in dieser Regierung täglich experimentirt, daß gar Niemand, sei er wer er will, einen Tag lang seines Dienstes und Lebens sicher ist. Es ist gewiß, daß dieses Reich in großer Abnahme begriffen ist, in seiner Kriegsmacht zu Wasser und zu Land, wie in seinem Einkommen; und wie der Hof und die Regierung beschaffen ist, haben die Türken vor keinem Fürsten eine so große Achtung als vor dem Kaiser" [1]).

Noch eine andere Kunde brachte Leslie mit, von den Umtrieben der Ungarn, ihren Plänen und Zwecken. Zwei Tage vor seiner Abreise hatte ihm der Großvezier durch den Dolmetsch Panajota sagen lassen, er habe vor drei oder vier

---

[1]) Geheimer Bericht des Grafen Leslie, a. a. O. 330, 331.

Monaten die Nachricht bekommen, daß die Ungarn, vornehmlich die jenseits der Donau, auf alle Weise den geschlossenen Frieden zu nichte machen wollten. Sie hätten, wie die Regierung von Ofen berichtet habe, eine Correspondenz mit den Polen angefangen. Leslie möge diese Anzeige wohl aufnehmen und bei Zeiten zuvorkommen. Der Großvezier versprach, keinen vor dem Gesetz flüchtigen Ungar zu beschützen. Er wies Leslie besonders an den Vezier in Ofen, und meinte, der Kaiser habe wenig getreue Leute in Ungarn. Als dann Leslie nach Ofen kam, begehrte er nach dem gewöhnlichen Empfang noch eine Privataudienz bei dem Vezier. Dieser schaffte seine Officiere fort und sagte: „Die Ungarn seien ungetreue Leute, der Kaiser könne sich nicht auf sie verlassen; einige hätten begehrt, der Pforte zu huldigen, sie wollten ihre Plätze räumen, ihre Söhne als Geißeln geben und es so veranstalten, daß die Türken sich der Bergstädte bemächtigen könnten; er habe schon dem Präsidenten des Hoftriegsrathes, Fürst Gonzaga, Nachricht gegeben, man solle das am kaiserlichen Hofe nicht verachten, er sei ein alter Mann und könne bald sterben oder von dem Sultan zu einem anderen Posten verwendet werden; wenn ein anderer junger Mann nach Ofen käme, der könne die Anerbieten annehmen und die Pforte dazu bringen, ohne daß der Großvezier es wisse." Als dann Leslie um Rath fragte, wie dem Uebel vorzubeugen sei, erwiederte der Vezier: man werde mehr zu thun finden als man meine; der Anfang müsse mit Balassa und einigen anderen Ungehorsamen, die keinen besonderen Anhang hätten, gemacht werden; diese müßte man sterben machen, um die anderen zu schrecken, andere solle man heimlich wegschaffen und den dritten Theil durch Geld und Beförderung gewinnen; inzwischen solle man aber, weil in Polen solche Unruhe herrscht, Kaschau mit deutschen Soldaten besetzen und nach Füllek und die anderen festen Schlösser an der polnischen Grenze deutsche Commandanten geben; er werde den ungehorsamen Ungarn keinen Schutz gewähren; er habe die Anerbieten der Ungarn dem Großvezier geschickt, dieser habe sie verworfen und ihm aufgetragen, Leslie bei seiner Durchreise alles zu offenbaren. Man möge die ungarischen Streifungen einstellen, sonst würden die Türken lieber alles Land wüste machen, als die Insolenzen der Ungarn länger ertragen; ebenso möge die Grenzlinie bald bestimmt werden; man werde gut mit ihm auskommen, er sei ein guter Muselmann, aber ein geborner Christ und der guten Christen Freund. Leslie war so von der Wahrhaftigkeit des Veziers überzeugt, daß er schließt: „In der Wahrheit, ich habe ihn für einen ehrlichen Mann gehalten, weiß Gott, wie sein Nachfolger sein wird" ¹).

Die Unzufriedenheit der Ungarn schrieb sich aus alter Zeit her. Ihre Verfassung, ein Compromiß des deutschen Feudalwesens und der rohen sarmatischen Adelsherrschaft, gab den politischen Intriguen, dem Ehrgeiz und den Privatinteressen der Einzelnen Raum. Sie vermochte keinen Staat zu begründen, weil Edelleute und leibeigene Bauern keinen Staat bilden können. Das Bürgerthum war deutschen Ursprungs und gedieh nicht recht. Der ehrbare Bürgersinn fand hier keinen Halt, er vererbte sich selten auf die nächste Generation. Verschwörung und Empörung ist auf jedem Blatt der ungarischen Geschichte zu finden. Nur kräftige Könige hatten die Ordnung aufrecht erhalten und zumeist mit fremdländischen Soldaten. In den unglücklichen Türkenkriegen war das Land verarmt, das Volk verwildert, die Edelleute der Herrschaft des Gesetzes entwöhnt. Sie waren wie kleine Despoten, an Macht ungleich, immer begierig sie zu vergrößern, die Schwachen zu unterdrücken und dem König zu trotzen. Ein Venetianer schrieb 1658: „Die Ungarn sind eine stürmische Nation, und widerstreben jeder Regierung durch Ungehorsam; sie gehorchen nur, wenn es ihnen gefällig ist; der Haß zwischen Deutschen und

---

¹) Geheimer Bericht des Grafen Leslie a. a. O. 324, 325.

Ungarn ist so groß, daß diese nur durch die Furcht vor den Türken in der Herrschaft des deutschen Joches erhalten werden" ¹). Ein anderer berichtet 1661: „Die Ungarn genießen eine solche Freiheit, daß dem Könige wenige Rechte geblieben sind. Jeder Edelmann ist ein kleiner König, hat seine Unterthanen, seine Sclaven. Sie halten den König für ihren Protector, nicht für ihren Herrn, sie sagen offen, daß ihre Freiheit keine Unterwürfigkeit verträgt. Sie haben von Natur aus eine Abneigung gegen die deutsche Nation, und wenn sie nicht in den Klauen der Türken wären, der sie des deutschen Beistandes immer bedürftig erhält, sie würden dem Hause Oesterreich die Krone abnehmen; vielmehr die Nothwendigkeit als der freie Wille erhält die Ungarn in der Herrschaft" ²).

Der österreichischen Herrschaft hatten sich die Ungarn niemals gerne gefügt. Auf allen Reichstagen unter Ferdinand II. und Ferdinand III. kamen Klagen über religiöse und militärische Bedrückung vor. Die meisten waren begründet und hatten ihre Ursachen in der Politik des Hauses Oesterreich wie in den Verhältnissen des Landes selbst. Die katholische Reaction war hier ebenso feindselig gegen den Protestantismus verfahren wie in Deutsch-Oesterreich. Sie ging in Ungarn zunächst von den katholischen Grundherren aus, und wurde von der Regierung beschützt und gefördert. Seit 1609 waren den Protestanten allmälig 400 Kirchen genommen worden. Der Linzer Friede von 1647 anerkannte die religiöse Freiheit und bestimmte ein Verhältniß der Parität. Neunzig Kirchen sollten an die Protestanten zurückgestellt werden; aber die katholischen Grundherren, geistliche wie weltliche, fügten sich nicht, und gaben die Kirchen nicht zurück. Die ungarischen Protestanten fanden sich unterdrückt. Sie strebten nach Gleich=

---

¹) Che il solo timore de Turchi fà tolerare al Regno il giogo Tedesco. Bericht des Battista Nani 1658. St. A.
²) Bericht des Alois Molin 1661. St. A.

berechtigung in religiösen und politischen Dingen. Wie das „Corpus evangelicorum" im deutschen Reichstage, wollten sie im ungarischen Reichstage als eine Genossenschaft, als „evangelische Landschaft" anerkannt sein. Die Regierung dagegen wollte nur protestantische Unterthanen und protestantische Gemeinden kennen. Als die Protestanten auf der Notablenversammlung 1662 ihre Beschwerden vorbrachten, erklärte ihnen der k. Commissär, Fürst Portia, es sei jetzt nicht Zeit sich mit den Klagen der Evangelischen abzugeben, diese gehörten nicht vor den Reichstag, sondern vor die gewöhnliche Ortsobrigkeit. Man nannte die Protestanten „unnütze Klagsteller", und verwies sie auf den Rechtsweg. Die Regierung Leopold's I. war in fortwährendem Streit mit den Protestanten. In ihren Gemeinden und Comitaten herrschte die größte Unzufriedenheit, die politische Opposition fand bei ihnen den meisten Anhang. Rákóczy hatte die Truppen, welche er nach Polen und gegen die Türken führte, zumeist in den protestantischen Comitaten geworben. Er galt als Vertheidiger der ungarischen Freiheit, und in Wien wußte man genau, daß zwischen ihm und den ungarischen Ständen ein Einverständniß bestehe [1]).

Wenn Klagen über religiöse Bedrückung zunächst aus den protestantischen Comitaten stammten, so kamen jene über die deutschen Soldaten aus dem ganzen Volke. Es bestand da das seltsamste Verhältniß. Die Grenze war offen, das ungarische Aufgebot unzureichend und keine andere Miliz im Lande, als die 100 oder 1000 Mann, welche die reichen Magnaten mehr zum eigenen Schutze als für das Land hielten. Die Regierung hielt daher die Grenzfestungen mit Soldaten besetzt, welche in Oesterreich oder Ungarn geworben waren, und als reguläre Truppen unter österreichischen Commandanten und unter dem Hofkriegsrath standen. Es gab 88 solche Grenz-

---

[1]) Reninger an Lobkowitz, 3. April 1658. R. A.

plätze. Sie waren in sechs Hauptmannschaften getheilt, und bildeten eine Art Militärgrenze von Kaschau bis zum Küstenlande. Die deutsch-österreichischen Länder zahlten dafür jährlich 300.000 fl., aber diese Summe reichte nicht aus, und die Truppen blieben oft monatelang ohne Sold. Die Verpflegung sollte von den Gespannschaften geliefert werden. Da diese nichts gaben, so holten sich die Soldaten die Lebensmittel selbst, stahlen und raubten. Auch Ungarn, die in ihren Reihen dienten, nahmen daran Theil. Die Edelleute klagten über diese rechtlosen Zustände und die Nichtachtung ihrer alten Freiheit. Sie erblickten in den Truppen weniger eine Schutzwache gegen die Türken, als ein Mittel, sie selbst gewaltsam niederzuhalten. Sie verweigerten jede Leistung für diese Truppen. „Warum sollen wir im Frieden so zahlen wie im Kriege?" erwiderten sie den Commissären der Regierung [1]). Dieses Ungarn war ein unglückliches Land. Trotz des Friedens dauerte der Grenzkrieg fort. Türken und Edelleute streiften in feindliches Gebiet und raubten Menschen und Vieh. Der Grundbesitz war unbestimmt, die Justiz verfallen. Die königliche Tafel, der oberste Gerichtshof im Lande, welcher über Leben, Ehre und Vermögen entschied, hatte nicht mehr als acht Richter und diese waren wegen der Gerichtsferien kaum 180 Tage im Jahre thätig [2]).

Die Ungarn klagten ferner über die Verletzung ihrer Verfassung [3]). Die Regierung hatte seit Jahren, so 1658 und

---

[1]) Perchè pagar lo stesso in pace che paganan in guerra. Bericht des Giustiniani 1654 St. A.

[2]) Birosz̃il, juris publici regni Hungariae specimen III. 1852. 64. Anmerkung.

[3]) Si resentinano del Governo alterato, delli ricorsi non essauditi della dieta non concessa, non admessa l'elettione di Palatino, non communicata la pace con gl'Ottomani, cesse le piazze, smembrati li territorii, non protetti gl'haueri e simili aggravii. Bericht des venetianischen Gesandten Giorgi 1671.

1661, statt eines Reichstages nur eine Scheinvertretung der Stände, einzelne vornehme Adelige und Geistliche, welche nicht von der Nation gewählt, sondern von der Krone ernannt waren, zur Berathung über die Angelegenheiten des Landes einberufen. Deutsche Minister fungirten als königliche Commissäre. Zu den Friedensverhandlungen mit den Türken waren früher nach dem Gesetze geborene Ungarn beigezogen worden. Der Friede von Vasvár war ohne ihren Mitrath, ohne ihre Mitwissenschaft abgeschlossen. Nicht einmal zu der Botschaft des Grafen Leslie wurde ein Ungar gerufen. Die Erbitterung darüber und das Mißtrauen waren allgemein. Man behauptete sogar und einige Magnaten gaben sich viel Mühe, die Wahrheit zu erforschen, daß dem Friedensvertrag von Vasvár zwei geheime Artikel beigefügt seien: 1. die ungarische Nation dürfe von den Türken nicht aufgehetzt werden und dem Kaiser sei es gestattet, sie zu zähmen; 2. den Türken werde kein Widerstand geleistet werden, wenn sie in das venetianische Friaul einfallen wollen [1]).

Gewiß griff die Regierung nicht immer zu den besten Mitteln, um die Ungarn zu versöhnen. Statt eines Reichstages berief sie Ende November 1664 wieder nur einige Adelige und Geistliche, die königlichen Räthe nach Wien, um ihnen die Nothwendigkeit des Friedens darzustellen und die Punkte desselben mitzutheilen. Lobkowitz erklärte ihnen im Namen des Kaisers: Siebenbürgen sei frei, für Neuhäusel werde eine andere Festung gebaut, der rückständige Sold gezahlt werden, der Kaiser wolle die Nationalmiliz in die festen Plätze verlegen u. a. Die ungarischen Herren waren aber davon nicht befriedigt. Sie ließen ihrem Könige durch den Palatin eine Botschaft übergeben, in der sie die Entfernung aller deutschen

---

[1]) Sagredo 1665. Er hält den ersten Punkt für wahr, den zweiten nicht.

Truppen und die Zurückführung der ungarischen Krone verlangten. Voll Mißtrauen und Erbitterung schieden die Magnaten aus Wien. Sie hatten Reden gehört, daß man ihnen noch die Reiherbüsche ihrer Kalpaks ausreißen, die goldenen Knöpfe abschneiden, daß man ihnen „böhmische Hosen" anziehen werde. Die Regierung ließ die ungarische Krone, welche während des Krieges nach Wien gebracht war, wieder nach Preßburg zurückführen, aber sie konnte die deutschen Truppen, ohne die Grenzen bloß zu stellen, nicht abberufen. 1665 wurde die deutsche Besatzung aus Siebenbürgen, wie es der Friede bestimmte, zurückgezogen und in die festen Plätze an der Theiß, besonders nach Tokai, Szathmar und Onod verlegt. Es war eine verwilderte Truppe, welche in Siebenbürgen wegen des rückständigen Soldes rebellirt und ihre Officiere verjagt hatte. Auch in Ungarn kam es bald zu blutigen Auftritten, so daß die Grenzcomitate Abgeordnete nach Wien schickten und die Entfernung dieser Truppen verlangten. Die Regierung beauftragte den Grafen Rottal, welcher als k. Commissär der Palatinalversammlung in Kaschau beiwohnte, die Ordnung herzustellen. Dieser verlegte nach Onod statt der deutschen eine ungarische Besatzung, ließ sich aber von den Abgeordneten das Versprechen geben, daß sie den Frieden mit den Türken nicht brechen würden.

Einen großen Verlust erlitt die ungarische Nation durch den Tod des Grafen Niclas Zrini, des Ban's von Croatien. Man erzählte, Zrini sei während einer Jagd umgebracht worden, aber es ist sicher, daß er seinen Tod zufällig gefunden hat. Seine Jagdgefährten fanden ihn todt im Walde [1]). Ein wilder Eber, den er gejagt, hatte ihn mit seinen Hauern niedergestreckt. Zrini war ein Mann von ausgezeichneten Anlagen, hoch gebildet, vom Volke geliebt, von den Magnaten

---

[1]) 18. November 1664. Sagredo.

geehrt, schlau, streitlustig, kühn und tapfer, wie sein Urgroßvater, der in Szigeth mit dem Säbel in der Faust gefallen war. Niclas Zrini war so von den Türken gefürchtet, daß sie in Kanissa seinen Tod mit Kanonenschüssen feierten. Am Wiener Hofe hatte man immer eine Scheu vor dem ehrgeizigen, gewaltthätigen Manne, der allein eine Armee stellen konnte. Man hielt ihn für die Ursache des Bruches mit den Türken, und war immer in Sorge, daß er wieder losbrechen könnte [1]). Während des Krieges hatte er sich keinem Commando gefügt und selbstständig wie ein kleiner Souverain benommen. Ueber den Frieden war er sehr erbittert. Er unterhielt Verbindungen mit Venedig, und sagte zu Sagredo, daß er der Republik mit 6000 ausgesuchten Soldaten dienen wolle, wenn sie seiner bedürfe, er wolle lieber rühmlich in einem Gefechte fallen, als im Müßiggange leben. Die Ungarn trauerten aufrichtig über seinen Tod. Es war kein Mann, welcher so zum politischen und militärischen Führer geeignet war, als Zrini. Sein Bruder, Peter Zrini, den der König zum Ban von Croatien ernannte, war ein guter Soldat, aber ohne Ruf, ohne den hohen Verstand und die Umsicht des Niclas Zrini. Auch die anderen Reichsbarone, wie der Palatin, der Primas, Graf Nadásdy, hatten nicht die politische Klugheit und den Einfluß des Zrini. Die Magnaten waren ohne Haupt, ohne Leitung und unter einander zerfallen.

Der empfindlichste Verlust in diesen Wirren und Kriegen war der von Siebenbürgen. „Welch' ein Unglück für Oesterreich, welch' ein Unglück für Deutschland, ruft Sagredo aus [2]). Diese Provinz ist wie ein großes Königreich, blühend, fruchtbar, erstreckt sich über Ebenen, Hügel und Hochgebirge. Die Natur schien dieses Land mit den Wällen von Hochgebirgen vor dem

---

[1]) Sagredo.
[2]) Sein Bericht 1665.

Einfall der Barbaren schützen zu wollen. Es ist voll von Burgen, volkreichen Städten und Bergwerken; es hat Ueberfluß an allem, was das Volk braucht. Nun sind die Türken Herren dieser Provinz, der Kaiser hat nichts mehr als den Titel. Die Fürsten, welche früher zinspflichtig waren, werden in Zukunft Sclaven der Türken sein. Zwar sagen die kaiserlichen Minister, um die Schmach des Friedens zu verdecken, daß sie Apaffi im Stande seiner Vorgänger gelassen. Aber wer eine Einsicht in diese Dinge hat, weiß gut, daß Apaffi bald wie ein Fürst der Moldau oder Walachei sein wird, absetzbar auf jeden Wink der Türken, unterwürfig, Sclave, jeder Macht beraubt, so daß er nicht einmal wie seine Vorgänger das Schwert gegen die Türken ziehen kann. Früher konnten die Türken erst im August den Krieg beginnen, weil sie ihre Cavallerie aus Asien kommen lassen mußten. Jetzt besitzen sie die Moldau, Walachei, Siebenbürgen und einen großen Theil von Ungarn, sie haben Raum und Futter genug, um ihre asiatische Cavallerie in Europa überwintern zu lassen. Sie können nun ihre Belagerungen bei Zeiten anfangen, während der Kaiser auf den Beistand der Deutschen angewiesen ist, welcher erst nach langen Berathungen zugestanden wird. Die Türken besitzen Neuhäusel, die Grenzfestung, welche nicht nur Ungarn, sondern auch Mähren und Schlesien sicherte, und von Wien nicht mehr als hundert italienische Meilen entfernt ist. Sie haben dort solche Vorwerke angelegt, daß die Festung eines Tages als Waffenplatz zur Eroberung Wiens dienen kann, was Soliman im vorigen Jahrhundert vergebens versucht hat. Die Grenzen sind so unbestimmt, daß die Türken, wenn der Krieg gegen Venedig beendet sein wird, wieder den Krieg gegen den Kaiser aufnehmen werden."

Die Türken hielten jedoch den Frieden mit Oesterreich ehrlich, auch nachdem sie 1669 Frieden mit Venedig geschlossen hatten. Sie gaben den unzufriedenen Ungarn kein Gehör, setzten vielmehr die österreichische Regierung von allen Umtrieben derselben in Kenntniß. So lange der Großvezier Achmed Köprili lebte, dauerte dieses friedliche Verhältniß. Erst nach seinem Tode 1676, begannen die Türken wieder sich in die ungarischen Verhältnisse zu mischen, und kamen von Ludwig XIV. angespornt wieder in Krieg mit Oesterreich. —

VII. Die erste Heirat Kaiser Leopold's.

1666.

Die österreichische Politik war in diesen Jahren auf ganz andere Ziele gerichtet, als auf einen energischen Krieg gegen die Türken. Die Verbindung der österreichischen Dynastie mit den Habsburgern in Spanien war durch Erbverträge, Wechselheiraten und eine gemeinschaftliche Politik in den großen Religionskriegen immer lebendig geblieben. Da nun die spanische Linie dem Aussterben nahe war, so eröffnete sich für das Haus Oesterreich die Aussicht auf die Herrschaft über alle oder wenigstens einen Theil der Länder der spanischen Krone. König Philipp IV., der fünfte Fürst des Hauses Habsburg in Spanien, hatte bis 1661 nur zwei Töchter, Marie Therese und Marguerite Therese. Ein Prinz Balthasar Carl, geboren 1629, war kaum zwanzig Jahre alt gestorben. Wenn der König aus dem Leben schied, war jede der beiden Töchter eine reiche Erbin, weil die castilische Erbfolge in Ermangelung von Männern den Frauen das Recht auf die Thronfolge gewährte. Die Königin Maria Anna, eine geborene Oesterreicherin, und ihr Beichtvater, der Jesuit P. Neidhart, waren nun eifrig bemüht, die ältere Prinzessin mit Leopold I. von Oesterreich zu vermählen und so die Nachfolge in Spanien an das deutsche Haus Habsburg zu bringen.

Ebenso war die Heirat des jungen Leopold unmittelbar nach dem Tode Ferdinand's III. ein Gegenstand von Berathungen der österreichischen Minister [1]). Namentlich war Auersperg, der erste geheime Rath, für eine baldige Vermählung, Oettingen, Portia, Schwarzenberg schlossen sich an, nur Lobkowitz sprach für einen längeren Aufschub. Als Graf Max Lamberg im Mai 1657 als Gesandter nach Madrid geschickt wurde, um in den Friedensverhandlungen zwischen Spanien und Frankreich das österreichische Interesse zu wahren, nahm er zugleich einen Brief mit, in welchem Leopold um die Hand der älteren Tochter des Königs von Spanien warb [2]). Der König und die Minister gingen so rasch nicht darauf ein, sie wollten die Prinzessin ohne besondere Vortheile und Zusagen nicht verheiraten. Philipp IV. sagte Lamberg, er liebe den Kaiser wie seinen Sohn, aber er könne keine bestimmte Antwort geben [3]), und der Minister, Marquis de los Balbados meinte, wenn Lamberg nicht den Bericht bringe, daß der Kaiser Hilfstruppen nach Mailand und in die Niederlande schicken wolle, werde er keine Antwort erhalten [4]. Kaiser Leopold beklagte sich sehr über diese Verzögerung, nachdem der spanische Hof selbst seine Werbung veranlaßt hatte [5]). Als Leopold 1658 in Frankfurt war, sollte er eine Tochter des Kurfürsten von Sachsen heiraten; sie war mit ihrem Vater zur Kaiserkrönung gekommen, aber sie war protestantisch und Leopold faßte keine Neigung zu ihr. Auch eine Tochter des Herzogs von Orleans, eine des Herzogs Franz von Lothringen war in Vorschlag gebracht [6]). Der Grund, warum Spanien nicht auf

---

[1]) Conferenzen am 13., 14., 15., 16. April 1657. Diarium des Grafen Schwarzenberg vom 28. März — 15. Mai. Schw. A.

[2]) Diarium Schwarzenberg. Schw. A.

[3]) Lamberg, Madrid, 30. October 1658. St. A.

[4]) Spanische Sachen, so während des Grafen von Lamberg Ambasciata meist in Heirathssachen zwischen Ihrer Majestät und der Infantin Marie Therese vorgegangen. 1657, 1658, 1659. St. A.

[5]) Kaiser Leopold an Lamberg. 12. Februar 1659. St. A.

[6]) Bericht der venetianischen Gesandten Sagredo und Nani, 1659. St. A.

die Heirat einging, lag darin, daß sich gleichzeitig mit Leopold der junge König von Frankreich, Ludwig XIV., von Mazarin angeregt, um die Prinzessin bewarb. Auch dieser wurde mit Hoffnungen hingehalten, um Spanien bessere Friedensbedingungen zu gewähren. Erst als es 1658 nach der Kaiserwahl sicher war, daß Oesterreich keinen Beistand leisten werde, entschloß sich der König von Spanien, seine ältere Tochter, Marie Therese, Ludwig XIV. zu geben. Sie erhielt eine halbe Million Goldthaler Ausstattung, entsagte für sich und ihre Erben allen Ansprüchen auf die spanische Monarchie, und Ludwig XIV. erkannte die Entsagung an. Die Punkte wurden in den Heiratsvertrag aufgenommen, am Tage des pyrenäischen Friedens unterzeichnet [1]) und den Parlamentsacten einverleibt. Die Heirat wurde am 9. Juni 1660 zu Bayonne vollzogen.

Die Rechte der österreichischen Linie sollten dadurch unberührt bleiben. Philipp IV. und Leopold I. glaubten daran. Der Kaiser verlangte im Interesse der Union der beiden Linien die Einsicht in die Heiratsacten des französischen Königs und warb zugleich um die jüngere Tochter Philipp's IV., Marguerite Therese. 1660 wurde Graf Pötting, ein besonderer Günstling des Kaisers, als außerordentlicher Gesandter und Brautwerber nach Madrid geschickt. Inzwischen die Hoffnungen beider Parteien, Frankreichs und Oesterreichs, schienen vernichtet, als die Königin am 6. November 1661 einen Prinzen zur Welt brachte. Die männliche Succession schien gesichert. Aber der Infant Carl war ein schwaches Kind; bis in das vierte Jahr mußte er mit Ammenmilch genährt werden; seine Erzieherin trug ihn noch auf den Armen zu einer Zeit, wo die Kinder keiner Unterstützung mehr bedürfen [2]). Er war immer krank, hatte Fieberanfälle, heftige Erbrechungen. Von Jahr zu Jahr

---

[1]) 7. November 1659.

[2]) Mignet, négociations relatives à la succession d'Espagne sous Louis XIV. Paris, 1835. I. 294.

stellten die Berichte der Gesandten seinen frühen Tod in Aussicht. Der König selbst war darauf gefaßt. Um dem Hause Oesterreich gerecht zu werden, ließ er durch den P. Neidhart dem Kaiser mittheilen, daß er seinen Stiefbruder, den jungen Erzherzog Carl Joseph, als Gouverneur in die Niederlande schicken wolle. Als der Kaiser den Fürsten Lobkowitz um seine Meinung fragte, erwiderte dieser: man solle den Antrag annehmen, es sei seit Carl V. Sitte, den Flanderern einen Gubernator aus dem Erzhause zu geben; der junge Erzherzog werde in die Geschäfte eingeweiht, die Polen würden ihn lieber wählen, und die Union der beiden Linien des Hauses Habsburg, welche immer ihre Maxime war, werde dadurch befördert [1]. Der Erzherzog war damals dreizehn Jahre alt, ein verständiger, lebhafter Knabe, der zu großen Hoffnungen berechtigte; aber er starb schon mit fünfzehn Jahren, 1664.

Kaiser Leopold hatte inzwischen seine Bewerbung fortgesetzt und der König gab seine Einwilligung. Der spanische Minister, Don Luis de Haro sagte zu Lamberg [2]: Die Heirat mit der spanischen Infantin wäre eine solche Partie, wie sie der Kaiser in der ganzen Welt nicht finden könne; wenn Gott den König und den Prinzen, der nur zwei Jahre und von schwacher Gesundheit sei, mit Tod abrufen sollte, wäre sie die einzige Erbin der spanischen Monarchie; die Renunciation der Infantin Marie Therese sei so eingerichtet, daß daran gar nicht zu zweifeln wäre.

In der Wiener Belvederegallerie sind zwei Bilder von Velasquez, dem berühmten Hofmaler Philipp's IV., und zwar aus seinen letzten Lebensjahren. Sie stellen die zwei spanischen Prinzessinnen vor. Marie Therese trägt ein weißes, mit Perlen

---

[1] Lobkowitz an den Kaiser, Wien, 16. December 1662. R. A.
[2] Spanische Sachen in der Heirat mit der Infantin Marguerite sub oratoribus Lamberg et Pötting 1660, 1663, 1664 — 1667. Lamberg's Bericht, Madrid, 29. März 1660. St. A.

besetztes Kleid, eine Art Haube mit rothen Bändern durch-
schlungen und stützt die kleine Hand auf einen Tisch; sie hat
ein kindlich frohes Gesicht, blonde volle Haare und frische
rothe Wangen. Marguerite Therese ist in einem Alter von
ungefähr sechs Jahren; ihr Gesicht ist ganz kindhaft, der
Teint besonders zart, die hellen blauen Augen schauen wie
absichtslos vor sich hin; sie trägt ein Rosakleid, geschlitzte
Aermel, eine rothe Schürze und in der Hand ein Spielzeug
mit zwei Glöckchen. Marguerite war geboren den 12. Juli 1651
und zur Zeit der Brautwerbung noch ein Kind. Erst 1663,
am 5. April, wurde in Madrid die Verlobung kundgemacht.
Niemand im spanischen Rathe war dagegen als Graf Castriglio.
Medina vertrat ganz besonders das kaiserliche Interesse [1]).
Bereits am 28. April 1663 wurde die Nachricht in Wien
den Landständen mitgetheilt. Der Kaiser schrieb selbst an
Ludwig XIV. und erhielt Glückwunschschreiben aus Paris,
Berlin, München u. a. Alles schien zufrieden, nur die Franzosen nicht. Der Erzbischof von Embrun, der französische
Gesandte in Madrid, meldete seinem Könige, daß dem Heiratscontract ein geheimer Vertrag beigefügt sei, in welchem
die Niederlande dem zweiten Sohn dieser Ehe zugesagt seien,
wenn er in seiner Jugend nach Spanien geschickt und
dort erzogen würde [2]). Die Abreise der Prinzessin war für
das Frühjahr 1665 bestimmt, verzögerte sich jedoch immer
mehr. Im September erkrankte Philipp IV. und starb nach
wenigen Tagen, am 17. September 1665. Er war zeit-
lebens ein kränklicher verdrossener Mann, und hatte erst spät
die tiefe Verkommenheit seines Reiches und Volkes kennen
gelernt. Auf dem Todbette sagte er seinem Sohne Carl, der
freilich noch nichts verstand: „Gott wolle, daß du glücklicher
bist als ich" [3]). Sein Testament berief nach dem castilischen

---

[1]) Pötting an Kaiser Leopold, 5. April 1663. St. A.
[2]) 15. Jänner 1664, Mignet a. a. O. I. 309.
[3]) Mignet, I. 376.

Erbfolgegesetz Carl und seine Nachkommen nach der Ordnung der Erstgeburt und mit dem Vorzug des männlichen Geschlechtes zur Thronfolge; bei ihrem Absterben die Kaiserin Marguerite Therese und ihre Nachkommen; Marie Therese und ihre Kinder sollten wegen der Renunciation ausgeschlossen bleiben [1]). Die Regentschaft übernahm die Königin-Mutter. Sie und P. Reid hart suchten die Heirat der jungen Prinzessin zu beschleunigen. Der Kaiser drängte schon seit einem Jahre zur Abreise [2]).

Am Ostersonntag, den 25. April 1666, wurde in Madrid die Verlobung öffentlich gefeiert. Der Herzog von Medina, welcher unter den Räthen am meisten die österreichische Partei hielt, vertrat dabei den Kaiser. Am selben Tage wurde der Heiratscontract unterzeichnet, und die junge Braut reiste wenige Tage nachher ab. Wegen eines Unwohlseins kam sie erst Ende Juli nach Barcelona, schiffte sich ein und betrat am 20. August den italienischen Boden in Finale bei Genua. Ihre Begleiter waren der Cardinal Colonna, der Herzog von Albuquerque als Obersthofmeister und seine Frau als Obersthofmeisterin. In Finale erwartete sie der Generallieutenant Montecuculi. Er begleitete seine Herrin als k. Commissär über Mailand, Brescia bis Roveredo, wo die Uebergabe der Braut an ihren neuen Hofstaat stattfinden sollte. Fürst Ferdinand Dietrichstein, der schon seit September 1665 als ihr Obersthofmeister ernannt war, der Vicestallmeister Graf Waldstein, der alte Cardinal Harrach von Prag, acht Kämmerer und eine Menge Officiere und Bediente bis zum Tafeldecker und Stalljungen herab, warteten bereits in Roveredo. Das Ceremoniell war genau vorgeschrieben. Man hielt sich dabei an die Braut

---

[1]) Der Erzbischof von Embrun an Ludwig XIV., Madrid, 17. September 1665. Mignet I. 377. 382.

[2]) Der Erzbischof von Embrun an Ludwig XIV., Madrid, 15. März 1664. Mignet I. 310.

fahrten Ferdinand's II. 1622 und Ferdinand's III. 1631. Der Cardinal Harrach hatte es für nothwendig gefunden, den Kaiser zu fragen, in welcher Sprache er die Braut anreden solle, worauf Leopold erwiederte: „In jener, welche die Infantin am besten versteht." Weiter, wie lange sie in Roveredo bleiben soll. „Bis sie ausgeruht hat", antwortete der Kaiser. Bei der feierlichen Uebergabe am 18. October saß die kleine fünfzehnjährige Dame auf einem Thronsessel. Sie verabschiedete darnach ihre Landsleute und nahm das deutsche Gefolge an. Albuquerque versäumte nicht, nach altem spanischen Brauch alles Geräthe, Silber und Gold, welches zur Reise gedient, mitzunehmen, verlor jedoch alles wieder bei einem Schiffbruche. Die Prinzessin gönnte sich in Roveredo einige Tage Ruhe und setzte dann die Reise über Trient, Botzen durch das Pusterthal nach Kärnten, Steiermark und über den Semmering nach Wien fort. Der Kaiser hatte nicht erlaubt, daß sie über Innsbruck reise und dort der verwittweten Erzherzogin ihre Huldigung darbringe. Die Reise dauerte 85 Tage; jeden vierten Tag wurde Ruhe gehalten. Die Wege waren nicht überall im guten Stand, obwohl der Befehl zur Ausbesserung schon im Frühjahr gegeben war. Das Volk stand auf allen Straßen. In Botzen kam ihr die Kaufmannschaft zu Pferd entgegen, in Brixen waren Bürger und Bauern in Waffen aufgestellt; an der Grenze von Kärnten und Steiermark begrüßte sie der Landmarschall mit seinen Landboten. Der Kaiser schickte ihr noch bis Mürzzuschlag seinen Hofmarschall, Graf Stahremberg, entgegen. Er selbst hielt es vor Ungeduld nicht mehr aus und reiste ihr am 25. und 26. November mit Lobkowitz und zwölf Edelleuten bis Schottwien entgegen. Die Herren waren alle zu Pferde, Lobkowitz und drei Cavaliere immer zur Seite des Kaisers; voraus ritten Postillone, Postmeister und Couriere. In Schottwien stieg der Kaiser bei der Wohnung seiner Braut ab, ging ihr entgegen, küßte ihr die Hand und blieb eine halbe Stunde mit ihr allein. Sie mußten sich beide Liebes gesagt haben.

Als der Kaiser wieder zu Pferde saß, stand die junge Spanierin schon am Fenster und grüßte mit dem Tuch. Leopold ritt noch am selben Tage bis Pöltschach zurück. Die Heirat war natürlich eine wichtige Angelegenheit für alle Frauen am Wiener Hofe; es wurde viel berathen, wer der künftigen Herrin entgegenfahren, wer ihr vorgestellt werden sollte. Die verwittwete Kaiserin und ihre zwei Töchter, die Erzherzoginnen Eleonore und Maria Anna begrüßten sie am 28. November in Wiener-Neustadt und führten sie nach Ebersdorf, wo sie einige Tage blieb und ausruhte.

Am 5. December hielt sie ihren feierlichen Einzug in Wien. Eine Reihe von jungen Damen, die Liechtenstein, Kinski, Trautson, Traun, Nadásdi, waren unter Führung der Gräfin Portia zum Dienst der Infantin bereit. Sie fuhr zuerst bis St. Marx, wo sie der Kaiser erwartete und ihr in einem Zelte seine Minister und Hofcavaliere vorstellte. Ringsum standen Soldaten, geheime Räthe, Landstände, Bürger und Herolde und 1500 Edelleute zu Pferd. Der ganze Zug, inmitten die Braut im sechsspännigen Galawagen, zur Seite der Kaiser zu Pferd, bewegte sich in einem Strome von Menschen durch das Stubenthor in die Stadt, über den Stephansplatz, Graben, Kohlmarkt zu der Augustinerkirche, wo der Nuntius die Trauung vollzog [1]). Das junge Paar mußte noch am Abend einer großen Tafel beiwohnen, welche vier Stunden dauerte; Kaiser und Kaiserin saßen dabei nach dem alten steifen Ceremoniell an einem besonderen Tische.

Es begann nun eine Reihe von Festen, wie sie jeder fürstlichen Hochzeit folgen, nur nach der Sitte und dem Geschmack der Zeit über alle Maßen prachtvoll, lärmend und ermüdend. Drei Tage nach der Hochzeit wurde an der Bastei bei dem Burgthore ein großes Feuerwerk abgebrannt, in dem

---

[1]) Frankfurter Relationen, 1666.

ein halbes Dutzend griechische Götter im Feuer erschienen und zuletzt Hymen zwei Herzen mit den Buchstaben L und M entzündete. Im Fasching 1667 wurde ein „Roßballet" oder Carroussel auf dem Burgplatz gehalten, in welchem mehr als fünfzig Herren in bunten Aufzügen die vier Elemente darstellten. Das interessanteste war wohl das „hochzeitliche Lustjagen", welches der Oberstjägermeister, Graf Ursenbeck, ein Jäger nach altem Stil, im Prater veranstaltete. Es dauerte zwei Tage und mehr als 500 Stück Wild, Damhirsche, Gemsen, Wildschweine, Füchse und Dachse wurden dabei erlegt. Man ließ sogar vier Bären und einige Wölfe von Hunden hetzen, und der Kaiser selbst gab dem größten Bären mit einem Spieß den Fang. Wer vermöchte alle die kleineren Feste zu beschreiben, die Schlittenfahrten, die „Wirthschaften", die Ballete in der Ritterstube, die Glückshafen und die Komödien bei den Jesuiten. Wohl aber fehlte es an einem Dichter, der so geistvoll wie der junge Racine in der Ode „La nymfe de la Seine" die Hochzeitfeier seines Herrn besungen hätte. Die Stände der deutschen Erbländer ehrten ihre Herrin durch ein Hochzeitgeschenk in Geld: die von Unterösterreich gaben 100 000 fl., die von Oberösterreich 45.000 fl. Aus Ungarn kamen der Erzbischof von Gran, der Palatin, die Grafen Nadásdi, Peter Zrinyi und Eßterhazy nach Wien, um der Kaiserin vorgestellt zu werden. Die Zeitungen verfehlten nicht zu berichten, welche Pracht die Magnaten zeigten, und daß die zwölf Handpferde des Grafen Eßterhazy mit silbernen Hufeisen beschlagen waren [1].

Nach diesen rauschenden Vergnügungen trat wieder das Stillleben am Wiener Hofe ein, das nicht weniger einförmig und nach einer strengen Sitte geregelt war, wie das spanische

---

[1] Alle Feste sind in den Frankfurter Relationen weitläufig beschrieben. Vehse hat in seiner Geschichte des österreichischen Hofes, V. B., daraus geschöpft.

Hofleben im Escurial. Leopold war bei seiner Heirat 26 Jahre alt, seine Frau 15. Es existiren noch Bilder, welche sie in dieser Jugend darstellen. Der Kaiser ist in der Tracht seiner Zeit, im schwarzen Wamms mit Kniehosen und rothen Strümpfen; er trägt noch sein eigenes dichtes schwarzes Haar, das ein Hut mit drei rothen Federn bedeckt; sein Gesicht ist länglich, blaß, aus den Augen blickt ein ernster, fast trauriger Sinn. Die herabhängende Unterlippe kennzeichnet den Habsburger. Die Kaiserin ist im deutschen Kleid und hat noch immer das feine kindhafte Gesicht, das Velasquez zehn Jahre früher in seinem ersten Ausdrucke gemalt hatte. Beide waren nach ihrer Erziehung fromm, unschuldig, zurückgezogen, nur an den kleinsten Kreis und ein stilles Familienleben gewöhnt. Sie lebten in Wien, im Sommer einige Wochen in der Favorite, in Laxenburg oder Ebersdorf. Sie unternahmen keine weiteren Fahrten als nach Wiener Neustadt oder nach Mariazell, wozu sie mit ihrem großen Gefolge zehn Tage brauchten. Die Kaiserin hatte eine zarte Gesundheit, war wie eine Nonne erzogen und lebte wie in einem Kloster [1]). Ihre Zeit brachte sie mit Beten, Sticken und Nähen zu; sie arbeitete gerne für Kirchen und Altäre. Sie vermißte die helle Sonne und die südliche Luft ihrer Heimat, aber sie war glücklich im kühlen Deutschland. Die kaiserliche Burg hatte damals ein schlechtes Aussehen. Die Mauern waren dick und plump wie Stadtmauern, die Treppen finster und ärmlich, ohne alle Verzierung, die Zimmer niedrig und eng, die Dielen von gewöhnlichem weichen Holz. Mancher Edelmann hatte ein stattlicheres Schloß. Die Zimmer der Kaiserin waren wohl mit Tapeten und Teppichen geziert; an den Wänden standen „indianische" und Florentiner Kästen mit eingelegter Arbeit, Truhen mit Schnitzwerk, goldene und silberne Gefäße, Meisterstücke der

---

[1]) Helbig, Bericht Pufendorf's über Kaiser Leopold und seinen Hof. 1862. S. 60.

Kunstindustrie des siebzehnten Jahrhunderts. Dort verwahrte sie den reichen Schmuck, den sie aus Spanien mitgebracht, große Edelsteine, farbige Diamanten, Brust- und Armkleinodien, mit Diamanten und Perlen besetzt, Ohrgehänge, kostbare Uhren u. a.¹) Die Kaiserin war in Wien sehr beliebt, obwohl man sie selten sah. In die Politik hat sie sich nie gemischt. Eben in der Zeit, als Margarethe Therese in Wien lebte, hatten die Spanier viel an Einfluß verloren, erst nach ihrem Tode machte er sich wieder geltend. Sie lebte nicht so lange als ihre Schwester, die Königin von Frankreich, aber glücklicher, denn sie hatte über keine Untreue und Vernachlässigung zu klagen. Der Kaiser liebte seine kleine Frau. Sie nannte ihn ihren Vetter. Er war von mütterlicher Seite ihr Oheim, von väterlicher ihr Vetter. Was sie mitgebracht, das Recht auf die spanische Thronfolge, nahm er für sich und ihr Kind auf und machte es zur Aufgabe seines Lebens, dieses Recht durchzusetzen. Er versuchte es anfangs in friedlichem Vergleich mit seinem Schwager, Ludwig XIV. von Frankreich, und später in dem großen Kriege, der halb Europa in seine Kreise zog, und dessen Ausgang Leopold nicht mehr erlebte. —

¹) Inventar der Kaiserin Margaretha Theresia. R. A.

VIII. Der erste Theilungsvertrag wegen Spanien und die polnische Königswahl.

1667—1670.

Die spanische Erbfolge beschäftigte nicht weniger die französische Politik. Der Samen dafür war längst ausgestreut. Die Heiraten der Eleonore von Oesterreich mit Franz I., der Elisabeth von Frankreich mit Philipp III., der Anna von Spanien mit Ludwig XIII. und zuletzt der Maria Theresia mit Ludwig XIV. standen damit in Verbindung. Es war die Politik Richelieu's und Mazarin's, das Uebergewicht der spanischen Monarchie in Italien und in den Niederlanden zu brechen, besonders das französische Gebiet durch die kleineren spanischen Landschaften im Norden und Osten abzurunden. Ludwig XIV. ging auf dem Wege weiter, den jene angebahnt hatten. Lothringen hatte seinen Druck bereits gefühlt, aber der Kern seiner ehrgeizigen Entwürfe traf Spanien. Die Verzichtleistung seiner Gemahlin hatte Ludwig XIV. niemals im Ernst anerkannt. Schon 1660, unmittelbar nach dem pyrenäischen Frieden begehrte er von seinem Schwiegervater den Widerruf der Entsagung. Seine Minister, seine Gesandten erklärten überall, daß sie dieselbe für nichtig hielten. Nach der Geburt des Infanten Carl änderte der König seine Pläne; die spanische Erbschaft war unsicher, aber die Erwerbung der spanischen Niederlande schien möglich. Seine Minister machten ausfindig, daß Maria Theresia, eine Tochter Philipp's IV. aus erster Ehe, ein Erb-

schaftsrecht auf die Niederlande habe, weil Carl II., als Kind einer späteren Heirat, von dieser Erbfolge ausgeschlossen sei. Allerdings gründete sich dieser Anspruch des Königs auf eine Rechtsgewohnheit der Niederländer, nach welcher, gleichviel ob Mann oder Weib den Kindern der ersten Ehe der Vorzug gegeben wurde; aber es war dies ein Privatrecht und die spanischen Erbfolgegesetze, denen auch Belgien unterworfen war, wußten nichts davon. Der erste Gedanke eines solchen Rechts=
anspruches war in Brüssel selbst entstanden¹). Ausgebeutet und begründet wurde er in Frankreich. Ludwig XIV. legte die Frage einer Commission von Juristen und Theologen vor; ihr Bescheid war: das Recht des Kindes von Frankreich auf den Besitz der spanischen Niederlande sei nach dem sogenannten Devolutionsrechte klar und lauter wie das Licht der Sonne. Noch bei Lebzeiten Philipp's IV. suchte sich Ludwig XIV. sicher zu stellen. Die natürlichen Gegner, die er auf seinem Wege treffen mußte, waren Spanien, Holland und Oester=
reich. Die spanische Macht fürchtete der König nicht. Er hielt sie unter Philipp IV. und noch mehr unter der Regentschaft durch den Krieg mit Portugal in Schach. Die Regierung selbst war unmächtig. „Das spanische Cabinet, schrieb der französische Gesandte aus Madrid, hat kein Geschick mehr, kein Geld, keine Kraft, kein Ansehen"²). Holland hatte Ludwig XIV. durch ein Bündniß verpflichtet. Er trug 1662 dem Groß=
pensionär Johann de Witt eine Theilung der spanischen Nie=
derlande an, aber die holländische Politik hatte gesunde Grund=
sätze und wies das Anerbieten zurück.

Nach dem Tode König Philipp's IV. entschied sich Lud=
wig XIV., seine Ansprüche mit den Waffen in der Hand gel=
tend zu machen. Nur der Krieg zwischen Holland und England zwang ihn, seine Pläne noch hinaus zu schieben, aber er war

¹) Ranke, französische Geschichte III., 301.
²) George d'Aubusson de la Feuillade, Erzbischof von Embrun an Ludwig XIV. Miguel I., 314.

bemüht, den Krieg zu isoliren und sich selbst nach allen Seiten zu sichern. Er wußte Spanien abzuhalten, sich mit Portugal zu vergleichen und schloß selbst ein Bündniß mit Portugal (31. März 1667). Er ging geheime Verträge mit den Rheinbundfürsten ein, versicherte sich der Neutralität Englands und ließ seine Gesandten in Berlin und Stockholm in ähnlicher Weise geschäftig sein. Nachdem die Holländer ihren Frieden mit England gemacht hatten, war er bemüht (im Sommer 1667), sie neuerdings durch Vorschläge zu binden, Belgien zu theilen, ihre Grenzen abzurunden und aus dem Reste einen zweiten Freistaat zu bilden. Zugleich begann er den Versuch, Oesterreich für den Fall des Ablebens Carl's II. zu einem Theilungsvertrag über die ganze spanische Monarchie zu bringen.

In den ersten Tagen des Jahres 1667 erschien in Wien Graf Wilhelm Fürstenberg als Gesandter des Kurfürsten von Köln, insgeheim aber als Bevollmächtigter des Königs von Frankreich. Er wandte sich nicht an den ersten Minister, Fürst Auersperg, weil dieser, wie Fürstenberg schrieb [1]), aus Eifersucht gegen Lobkowitz alle, auch die besten Dinge von der Welt zum Schlechten kehrte, nur um die Geschäfte zu verwirren. Fürstenberg ging zuerst zu Lobkowitz, der bei dem Kaiser und bei allen Fürsten in großem Ansehen stand. Als er Lobkowitz die Vorschläge des Erzbischofes von Köln oder vielmehr des Königs von Frankreich mittheilte, umarmte ihn dieser und sagte in seiner scherzhaften Art, welche über alle Dinge ein leichtes Wort hatte: man könne die Bärenhaut nicht theilen, bevor man sie habe; übrigens sei das ein delicater Stoff und Spanier würden, wenn sie etwas davon erführen, mit dem Kaiser brechen. Der Kaiser schien in der ersten Audienz, welche Fürstenberg hatte, ohne auf die Sache einzugehen, nicht

---

[1]) Fürstenberg an Lionne, 24. Jänner 1667. Mignet II., 326.

abgeneigt. Auch die Minister Lamberg, Schwarzenberg, Sinzendorf wünschten eine Vereinigung mit Frankreich; die Ansprüche Ludwig's schienen ihnen mäßig, das Versprechen, nichts unternehmen zu wollen, wenn Carl II. Kinder haben würde, gerecht. Nur Auersperg war dagegen und hob hervor, daß die Forderungen von Mailand und der Niederlande dem Interesse des Kaisers und dem Vortheil des Reiches entgegen seien. Auersperg rächte sich dafür, daß ihn Fürstenberg übergangen hatte. Er war der erste geheime Rath, berichtete dem Kaiser über alle Geschäfte und wußte ihn auch gegen das französische Project einzunehmen. Fürstenberg bat den Grafen Lamberg, seine zwei Vollmachten vom 4. December 1666 und 16. Jänner 1667 dem Kaiser zu zeigen. Leopold I. bewilligte nicht gleich eine Audienz; als er aber Fürstenberg empfing, gab er zur Antwort: er wünsche nicht, daß das gute Einvernehmen mit Frankreich irgendwie unterbrochen werde, aber ein solches Project würde die Unzufriedenheit der Spanier erregen, der Spott der ganzen Welt würde lebendig, daß man ein Gut theilen wolle, auf welches weder der eine noch der andere eher einen Anspruch machen könne, als nach dem Tode des Königs und dieser habe eine gute Gesundheit [1]).

Fürstenberg blieb drei Monate in Wien, aber ohne etwas durchzusetzen. Lamberg meinte zu dem französischen Gesandten, daß sie gar nicht sicher seien, ob Ludwig XIV. einen Vergleich wolle und ob er diese Vorschläge, welche von Köln ausgingen, billige. Der Wiener Hof hatte überhaupt kein Vertrauen zu Fürstenberg. Er galt als ein Verräther an seinem Vaterlande. Uebrigens hatte er dadurch, daß er Auersperg von den Verhandlungen ausschließen wollte, von Anfang an gefehlt. Die Sendung blieb auch nicht geheim. Die Höflinge und die Zeitungen sprachen davon, so daß der spanische Gesandte eine

---

[1]) Fürstenberg an Lionne, 10. Februar 1667. Mignet II., 329.

Audienz bei dem Kaiser nahm und sich darüber beklagte. Die Sache wurde noch einige Mal im geheimen Rath berathen und Lamberg mußte dann dem französischen Gesandten Gremonville die abschlägige Antwort des Kaisers mittheilen. Als Fürstenberg sich bei dem Kaiser verabschiedete, sagte ihm dieser: er bedaure sehr, daß er jetzt keinen anderen Entschluß fassen könne, aber er wünsche die Fortdauer des guten Einvernehmens mit Frankreich. Die Mission war gescheitert, Fürstenberg reiste am 8. März wieder von Wien ab.

Oesterreich war durch die Versicherungen der spanischen Minister in eine solche Sicherheit eingewiegt, daß es anfangs die Absichten Ludwig's XIV. nicht durchschaute, obwohl die Gesandten von seinen großen Rüstungen berichteten. Man glaubte nicht an den Krieg, die politische Stellung, der Geldmangel des Staates ließen ihn auch nicht wünschen, ja die Eifersucht der Minister, die Leidenschaft der Parteien verwirrte den Standpunkt derart, daß der Wiener Hof ganz von Frankreich umsponnen wurde und in seiner Politik eine ganz neue Bahn betrat.

Ludwig XIV. hatte alle seine Vorbereitungen so getroffen, daß er Oesterreich durch die geschehene Thatsache zu gewinnen hoffte. Er ging am 19. Mai 1667 zur Armee, fiel in die Niederlande ein und brachte in kurzer Zeit die Grenzfestungen in seine Gewalt. Der französische Gesandte in Wien, Jacques Brethel, Chevalier de Gremonville, Malteserritter, und einer der geschicktesten Diplomaten aus der Schule Mazarin's, erhielt den Auftrag, Oesterreich um jeden Preis von Krieg und Bündnissen abzuhalten. Er wußte die Minister bis zum letzten Moment über die Absichten seines Königs zu täuschen. Noch am 20. Mai 1667 meinten Auersperg und Lobkowitz in einer Sitzung des geheimen Rathes, der Krieg sei nicht gewiß, man solle durch diplomatische Thätigkeit wirken. Wenige Tage nachher wurden Kaiser und Minister durch die Nachricht von dem Friedensbruche des Königs enttäuscht. Der gesammte Wiener Hof kam in Aufregung. Als Gremonville am 26. Mai in Laxenburg eine Audienz bei dem Kaiser hatte, fand er die Vorzimmer mit Ministern und Hofleuten gefüllt, die ihn alle fragten, ob er den Krieg bringe. Er überreichte dem Kaiser einen Brief seines Herrn, worin dieser mittheilte, daß die französische Armee in die Niederlande eingerückt sei, nicht um den Frieden zu brechen, sondern nur um das zu nehmen, was ihm gehöre. Der Kaiser erwiederte, wie sehr ihn diese Eröffnung überrasche; er habe geglaubt, daß durch die Heirat Spanien und Frankreich unauflöslich verbunden seien; er wolle das prüfen, was der Gesandte ihm mittheile und wünsche nichts so sehr, als das gute Einvernehmen mit Frankreich zu erhalten[1]). Gremonville glaubte zu bemerken, daß der Kaiser blässer geworden sei, als er hörte, Ludwig XIV. sei an der Spitze der Armee in Flandern eingerückt. Wir nehmen jedoch an, daß der Franzose damit seinem Herrn, der damals nach kriegerischem Ruhme begierig war, eine Schmeichelei sagen wollte. Nach der Audienz besuchte Gremonville die Minister einzeln, berichtete ihnen die Ansprüche seines Herrn und gab zu verstehen, daß in Spanien die Königin-Mutter und die Regierung damit einverstanden seien. Auersperg fuhr heftig heraus: man wolle Oesterreich nur einschläfern. Schwarzenberg erwiederte, die Königin könne als Vormünderin nicht über die Landschaften verfügen. Lobkowitz sagte ihm offen, daß man in Wien keine Ahnung von einem solchen Entschlusse habe, daß er die Nachricht nur für eine Vorspiegelung halte. Lamberg war ganz bestürzt und Gonzaga antwortete kurz, die Sache werde noch überlegt werden. Einige Tage später beschied Lobkowitz den Gesandten zu sich nach Laxenburg. Er versicherte ihm im Namen des Kaisers, daß Oesterreich auf-

---

[1]) Gremonville an Ludwig XIV. Wien, 31. Mai 1667. Mignet, II. 152.

richtig die Fortdauer des Friedens wünsche; es werde sich nicht in den Krieg mischen und die Vorschläge für einen Vergleich befördern. Lobkowitz fügte hinzu: den Spaniern bleibe ohnehin nichts übrig als der Vergleich, der Gesandte möge seine Bemühungen bei dem Kaiser und den Ministern fortsetzen. Als Gremonville ersuchte, daß den Spaniern jede Hilfe an Truppen und Geld verweigert würde, erwiederte Lobkowitz lachend: was das Geld anbelangt, so wisse der Gesandte wohl, daß sie nicht im Stande seien etwas zu thun [1]).

Gremonville hielt sich für überzeugt, daß man am Wiener Hofe keinen Wunsch habe, zu Gunsten Spaniens einzugreifen. Er berichtete seinem Hofe, der Kaiser sei unentschlossen, habe eine Scheu vor dem Kriege mit Frankreich und würde am liebsten die flandrische Angelegenheit friedlich beigelegt sehen. So friedliebend betrachtete aber der Wiener Hof die Eroberungslust von Frankreich nicht. Während man Gremonville freundschaftliche Versicherungen gab, wurde in Berlin, Stockholm, in Mainz und Köln angefragt, ob Oesterreich auf eine Hilfe zur Unterstützung der Niederlande rechnen könne. Für den Augenblick waren die deutschen Fürsten einem Kriege mit Frankreich abgeneigt. Schweden und Brandenburg waren durch alte Freundschaft verbunden, der Rheinbund 1660 und 1663 erneuert, Mainz, Köln und Trier durch geheime Verträge an das französische Interesse geknüpft, und aus Regensburg konnte der französische Gesandte melden, daß der Reichstag nichts sehnlicher wünsche, als einen Vergleich und die Erneuerung des Friedens. Einen Reichskrieg konnte der Kaiser nicht führen. Die Wahlcapitulation beschränkte seine Macht, und Ludwig XIV. hatte im deutschen Reiche einen Einfluß, welcher der Autorität des Kaisers wenigstens in den westlichen Kreisen entweder gleich kam oder sie vielleicht noch überwog [2]). Die Be-

---

[1]) Gremonville an Ludwig XIV., 15. Juni 1697. Mignet, II. 162.
[2]) Ranke, französische Geschichte. III. 281.

richte aus Spanien waren derart, daß Oesterreich auf einen energischen und dauernden Widerstand gegen Frankreich nicht rechnen konnte. Der spanische Adel hatte die Kriegslust verloren. Niemand bot sich an, in Flandern zu dienen. Am Hofe war alles niedergeschlagen. Einige meinten, die Niederlande seien ohnehin für Spanien eine Last und die Ursache seines Verfalles, man solle sie fahren lassen[1]). Dessenungeachtet erkannte man an dem Wiener Hofe die Nothwendigkeit, das spanische Recht in den Niederlanden zu vertheidigen und Frankreich mit seinem Devolutionsrechte zurückzuweisen. Die Einnahme der Grenzstädte vermehrte die Unruhe. Castel Rodrigo, der spanische Statthalter in Flandern begehrte 20.000, wenigstens 12.000 Mann und bot dafür Geld. Die österreichische Regierung verfügte die Rüstung, ließ werben, die Regimenter ergänzen und Pferde kaufen. Als Gremonville deßwegen bei mehreren Ministern anfragte, erhielt er nur unbestimmte Antworten. Auersperg verweigerte ihm den Empfang, Schwarzenberg sprach nur von einigen Regimentern, welche für den Breisgau bestimmt wären. Gonzaga meinte, der König von Frankreich könne sich nicht wundern, wenn Oesterreich rüste; der König habe seine Armee auf 150.000 Mann gebracht und Oesterreich habe sich nicht beschwert. Lobkowitz erwiederte, die sechs Regimenter seien für den Breisgau bestimmt, um die Grenze zu sichern, es sei noch eine Bewaffnung von 16.000 Mann im Zuge, aber nicht gegen Frankreich, sondern um einige deutsche Fürsten zu ihrer Pflicht zurückzuführen.

Gremonville kam es vor, als wenn Lobkowitz mit den kriegerischen Entschlüssen des Cabinetes nicht einverstanden wäre. In der That war Lobkowitz zu einem Vergleiche mit Frankreich geneigt, und wirkte öffentlich und insgeheim gegen den Krieg. Dazu führte ihn nicht so sehr die Bewunderung

---

[1]) Mignet, II. 317.

für Ludwig XIV., den er wie so viele seiner Zeitgenossen als einen weisen gerechten Fürsten, als einen echten König voll Entschlossenheit und Thatkraft betrachtete. Lobkowitz war vielmehr von dem Gedanken geleitet, Oesterreich in eine neue politische Heerstraße einzulenken, seine Politik von der alten verderblichen Verbindung mit Spanien loszureißen und mit Frankreich zu verbinden. Oesterreich und Frankreich sollten nicht allein durch die Familienbande ihrer Fürsten, sondern ebenso durch staatliche Interessen aneinander geknüpft sein. Er erinnerte sich des politischen Grundsatzes, welchen Rudolph II. öfter ausgesprochen hatte: der Kaiser und der König von Frankreich könnten verbündet die Schiedsrichter von ganz Europa sein[1]). Lobkowitz stand mit seinen Ansichten nicht allein am Wiener Hofe. Graf Lamberg, ein stiller, friedliebender Hofmann, schrieb damals: „wenn man endlich dieser spanischen Nation Joch könnte los werden, wäre es vortrefflich, denn bis jetzt sind die Spanier unsere und der Majestät Herren gewesen." Lobkowitz war seit dem Tode Portia's Oberstho meister. Seine Stimme im geheimen Rathe hatte dieselbe Bedeutung wie jene des Fürsten Auersperg, und er wußte seinen Einfluß geltend zu machen. Er machte auch kein Hehl aus seiner Gesinnung. Der spanische Gesandte sagte zum Kaiser: er habe nie gedacht, daß sich der Kaiser eines Franzosen als seines ersten Ministers bedienen werde. Die spanische Partei war am Hofe noch so stark, daß Lobkowitz nur vorsichtig auftrat, und den ersten geheimen Rath, Fürst Auersperg, überall im Vordergrunde ließ. Vorerst versuchte er durch Gremonville selbst einen Druck auf die anderen Minister auszuüben. Als der Gesandte wegen der Rüstungen bei ihm anfragte, gab er ihm die oben erwähnte Antwort und fügte bei: „Ich habe gethan, was ich vermochte; thun Sie, was Sie können: als

---

[1]) Vgl. Mignet, II. 259.

der Minister eines großen Königs sind Sie im Stande, gerade heraus sprechen zu können." Der Gesandte ließ sich das nicht zweimal sagen. Er fing an, von den Bündnissen seines Königs mit den deutschen Fürsten zu sprechen, was auf den Kaiser und die Minister einen großen Eindruck hervorbrachte. Als jedoch in den Niederlanden das spanische Heer geschlagen wurde, und Ludwig XIV. offenbar der Herr des Feldzuges war, bekam die kriegerische Stimmung im Wiener Cabinete wieder die Oberhand. Der Kaiser hielt neuerdings Kriegsrath, alle Minister, besonders Montecuculi sprachen für den Krieg. Lobkowitz sagte zwar nach der Sitzung zu Gremonville: wir werden nicht wie die Spanier so thöricht sein [1]); aber Oesterreich bereitete doch den Krieg ernstlich vor, setzte die Rüstung fort und schaute nach Bundesgenossen aus. Die kaiserlichen Gesandten in Regensburg, wie Cardinal Graf Thurn und Graf Weißenwolf vermochten nichts durchzusetzen. Der Reichstag erkannte den burgundischen Kreis nicht als Reichsland und den Angriff auf denselben nicht als Kriegsfall. Aber es war doch schon ein Gewinn, daß der Rheinbund, der schon im Anfang gegen Oesterreich gerichtet war und am 15. August 1667 zu Ende ging, nicht wieder erneuert wurde. Brandenburg und Braunschweig waren dagegen. Das Mißtrauen gegen Frankreich war zu stark. Der kaiserliche Gesandte in London Lisola schilderte damals in einer Schrift, „Schild des Staates und Rechtes", die ausschreitende französische Politik in allen ihren Consequenzen, er warnte sogar vor Friedensverhandlungen mit Frankreich. Als Gremonville in Wien abermals wegen der Rüstungen anfragte, erwiederte Graf Lamberg: alle Welt waffne, der westphälische Kreis stelle 25.000 Mann, die Schweden erwarten nur Geld aus Holland um zu rüsten, die Türken bedrohen Polen, alles das zwinge den Kaiser sich zu rüsten.

---

[1]) Laissez les dire tout ce qu'ils voudront; nous ne faisons pas les mêmes folies que les Espagnols. Mignet, II. 231.

Auch Lobkowitz wollte ihm etwas ähnliches weiß machen, aber Gremonville meinte, er könne die Moskoviter und Tataren täuschen, nicht aber den König von Frankreich; dieser sei gut unterrichtet von den Schritten der kaiserlichen Regierung, England und Holland zu gewinnen. Lobkowitz erwiederte darauf: der Gesandte könne glauben was er wolle: aber er sei in Wahrheit ein Diener des Königs wie des Kaisers und liebe ihre Interessen wie seine eigenen; der Kaiser denke nicht daran, die Rüstungen gegen Frankreich zu wenden [1]).

Ludwig XIV. war 1667 mit dem Erfolge im Felde zufrieden. Nach der Einnahme von Lille kehrte er nach Frankreich und zu seinen Pariser Vergnügungen zurück. Die letzten Berichte Gremonville's hatten den König überzeugt, daß er Oesterreich vom Kriege nicht werde zurückhalten können. Er ließ daher dem Kaiser unmittelbar Anträge stellen, die spanische Monarchie für den Fall, wenn das kranke Kind sterben sollte, als legitime Erben zu theilen. Ludwig XIV. konnte damit auf friedlichem Wege einen doppelten Zweck erreichen, die Anerkennung seines Rechtes auf die spanische Erbschaft und die Erwerbung der spanischen Niederlande.

Bei einem Hoffeste in Paris nahm Graf Wilhelm Fürstenberg, der bekannte Parteigänger Frankreichs, den österreichischen Gesandten Wicka bei Seite, und fing von einem Vergleiche zwischen Oesterreich und Frankreich wegen der spanischen Erbschaft zu sprechen an. Auch Lionne, der Minister des Aeußeren, kam hinzu und versicherte die guten Absichten seines Königs [2]). Wicka entschuldigte sich, weil er von seinem Hofe keine Instruction habe. Er berichtete sogleich das Ge-

---

[1]) Gremonville an Ludwig XIV., 20. October 1667. Mignet II., 247.
[2]) Gremonville berichtet, Wicka hätte die Initiative ergriffen und dem Fürstenberg sagen lassen, er würde jetzt in Wien mehr Geneigtheit für einen solchen Vertrag finden. Ich folge dem Berichte Wicka's.

spräch nach Wien, gab jedoch den Rath, sich mit Frankreich in keine Verhandlung einzulassen: jeder Theilungsvorschlag sei dem Interesse des Kaisers zuwider und nur darauf berechnet, Oesterreich und Spanien zu entzweien. Der französische Hof ließ das Project nicht fallen. Lionne gab dem Gesandten Gremonville seine Aufträge, und dieser begann die hervorragenden Minister des Wiener Hofes mit einer solchen Gewandtheit und Schlauheit zu bearbeiten, daß er sehr bald die Hoffnung auf einen günstigen Erfolg melden konnte.

Gremonville wandte sich zuerst an den Fürsten Lobkowitz und bat ihn, die Sache in die Hand zu nehmen (October 1667), aber dieser meinte, er könne mehr wirken, wenn er anscheinend die Sache ignorire. Er gab Gremonville den Rath, sich an Auersperg zu wenden; dieser sei ohnehin wie ein verlorner Posten und wünsche nichts sehnlicher, als sich durch einen außerordentlichen Dienst wichtig zu machen [1]). Anfangs glaubte der Gesandte, Lobkowitz wolle ihm nur eine Schlinge legen, aber er folgte dessen Rath und ging zu Auersperg. Gremonville wußte, daß der Minister zu gewinnen sei; er hatte schon im Februar Fürstenberg dazu gerathen. In der That zeigte sich Auersperg gefügiger. Schon in der ersten Zusammenkunft, welche Gremonville mit ihm hatte, und wo dieser geschickt das Gespräch von den österreichischen Rüstungen auf das Project der Theilung zu bringen wußte, wies Auersperg den Antrag nicht mehr zurück (November 1667). Er erkannte die Nothwendigkeit des Friedens zwischen Oesterreich und Frankreich, und bat sich nur einige Tage Bedenkzeit aus. Am nächsten Morgen trug Auersperg in einer Conferenz dem Kaiser die Vorschläge Frankreichs vor und wußte sie so annehmbar darzustellen, daß Lobkowitz, als er nach der Sitzung Gremonville begegnete, diesem zuflüsterte: „Betreiben Sie Ihre

---

[1]) Gremonville an Ludwig XIV., 17. November 1667. Mignet, II., 342.

Sache, sie steht gut, mehr kann ich nicht sagen; Auersperg kann es durchsetzen"¹).

Fürst Auersperg war bei dieser Wandlung seiner politischen Anschauungen von rein persönlichen Motiven geleitet. Seine Eitelkeit war dadurch angeregt. Er fand sich geschmeichelt, durch seinen Einfluß ein so wichtiges Werk vollbringen zu können. Zugleich hoffte er bei dieser Gelegenheit einen besonderen Wunsch befriedigen zu können. Er war damals 53 Jahre alt, ein glücklicher Familienvater, seit dreizehn Jahren mit einer Gräfin Katharina Lohenstein verheirathet, hatte drei Söhne und drei Töchter, war ein Deutscher, in der theologischen Wissenschaft wenig bewandert, und doch war in ihm der seltsame Ehrgeiz wach geworden, Cardinal werden zu wollen. Man wußte davon am Wiener Hofe. Der Kaiser hatte ihm sein Fürwort versprochen und 1667 zu Gunsten Auersperg's nach Rom geschrieben. Auch Gremonville hatte davon gehört²), und war entschlossen die Schwäche des Ministers gehörig auszunützen. Er empfahl die Angelegenheit seinem Könige und fügte hinzu: „Wenn Auersperg durch Geschicklichkeit, Klugheit und guten Rath die Sache zu einem guten Ende führt, so hat er der Christenheit, seinem Herrn und dem Vaterlande einen großen Dienst erwiesen; kein Lob, keine Belohnung sei so groß, daß er sie nicht verdiene, und er hoffe, daß der König seine Bemühungen mit denen Leopold's vereine." Gremonville bemerkte bald, daß Auersperg die politischen Fäden, die er angesponnen hatte, festzuhalten wünsche. Auch der Kaiser war für einen Vergleich mit Frankreich eingenommen. Er machte für den Fall des Gelingens dem heiligen Antonius von Padua ein Gelübde und sagte, als Lionne von einer Krankheit genesen war, zur Verwunderung aller Hofleute: „das ist ein wahres Glück für die Christenheit."

---

¹) Gremonville an Ludwig XIV., 24. November 1667. Mignet, II. 345.

²) Vgl. Mignet, II. 459.

Die Verhandlungen begannen am 25. November 1667. An diesem Tage theilte Auersperg dem französischen Gesandten die Bedingungen mit, unter welchen der Kaiser auf die Unterhandlung eingehen wolle: der allgemeine Friede soll erhalten bleiben, die Vorschläge Frankreichs müssen wahrhaft sein und sogleich ohne Zeitverlust gemacht werden; vor allem aber soll die Verhandlung vor allen Fürsten Europa's geheim gehalten werden. Gremonville erhielt darauf seine Instructionen und eröffnete dem Minister die Vorschläge seines Königs. Oesterreich sollte erhalten: Spanien mit Ausnahme von Navarra, alle westindischen Besitzungen, die canarischen Inseln, alle spanischen Plätze in Afrika, Sicilien, Sardinien und die balearischen Inseln. Frankreich behielt sich vor: die spanischen Niederlande, die Franche-Comté, Mailand, das Königreich Neapel, Navarra mit seinen Dependenzen, die Festung Rosas und die Philippinen-Inseln.

Bei dem ersten Anblick schien der Vergleich für Oesterreich von großem Vortheil. Spanien und Sicilien sollten den österreichischen Habsburgern gehören, das Anerbieten war auf keinen Fall zurückzuweisen. Die betheiligten Personen wurden ganz erwärmt. Ludwig XIV. schrieb über die Angelegenheit an den Kaiser, Auersperg erwartete jeden Courier mit neuer Spannung, und Lobkowitz unterstützte Gremonville mit guten Rathschlägen. Bei dieser Gelegenheit sagte er einmal zu dem Gesandten: „Der Kaiser ist nicht wie Ihr König, der alles selbst sieht und hört; er ist wie eine Statue, die man hinträgt, wohin man will und nach Belieben wieder aufstellt" [1]. Lobkowitz hatte keine Ahnung, daß dieses Wort ihm einst sein Amt und seine Freiheit kosten würde. Zu tief ließ sich Lobkowitz mit Gremonville nicht ein. Er blieb immer selbstständig, wich vorsichtig aus und spielte Comödie mit dem Gesandten,

---

[1] L'empereur n'est pas comme votre roi, qui voit et fait tout de lui même; car il est comme une statue, que l'on porte où l'on veut et que l'on redresse à son plaisir. Mignet, II., 382.

wie dieser mit ihm. Als ihn Gremonville eines Tages um
Rath fragte, entschuldigte er sich damit, daß Auersperg die
Sache in der Hand habe, er könnte ihr Einverständniß merken;
der Kaiser sei ganz für das Project eingenommen, aber er
rathe Gremonville, nicht zu strenge auf seinen Forderungen
zu bestehen. Der Gesandte schmeichelte ihm wieder. Er sagte
Lobkowitz, wie sehr der König von Frankreich seinen Geist be=
wundere und wie edelmüthig er handle, indem er die Ehre
der Unterhandlung einem anderen überlasse. Um ihn zu über=
zeugen, ließ er ihm einige Stellen aus einem Briefe des
Lionne lesen, und Lobkowitz küßte gerührt den Brief und ver=
sicherte mit Thränen in den Augen, wie angenehm es ihm sei,
einem so großen Monarchen dienen zu können[1].

Der Kaiser stellte am 30. December 1667 dem Fürsten
Auersperg eine unbedingte Vollmacht aus, mit Gremonville
über die künftige Theilung der spanischen Monarchie zu unter
handeln. Am anderen Tage ließ Auersperg den Gesandten
zu sich bitten. Dieser kam Abends, ließ den Wagen in einer
Gasse warten und ging in einen Mantel gehüllt durch eine
geheime Thür in das Haus des Fürsten. Beide verständigten
sich. Auersperg las Gremonville die Vollmacht des Kaisers
vor; dieser zeigte den Brief des Lionne, welchen Auersperg
ebenfalls küßte. Am Neujahrstage kam Gremonville zu Hofe,
um dem Kaiser die Glückwünsche darzubringen; Leopold sagte
ihm viel Verbindliches, wies ihn an Auersperg und drückte
nochmals den Wunsch nach einer Einigung aus[2].

Am 2. Jänner wurde die erste Conferenz über die Vor=
schläge Frankreichs gehalten. Nur Auersperg, Lobkowitz und
Gremonville waren anwesend. Man kann nicht sagen, daß die
beiden Minister das Interesse Oesterreichs verkannt haben.
Sie verlangten für Oesterreich: Spanien, Westindien, die

---

[1] Mignet, II. 392.
[2] Gremonville an Ludwig XIV. 8. Jänner 1667. Mignet, II. 395.

canarischen Inseln, Mailand, Finale, die toscanischen Häfen, Neapel, Sicilien, Sardinien und die Freigrafschaft; Frankreich sollte sich mit den spanischen Niederlanden, den Philippinen und den Festungen an der afrikanischen Küste zufrieden stellen. Der Kaiser legte vor allem ein Gewicht auf die italienischen Länder der spanischen Krone, und um diese bewegte sich auch das ganze Getriebe der Verhandlung. Auersperg meinte, der Kaiser müsse, um Spanien zu erhalten, in Italien Mailand und Neapel besitzen; Sicilien sei von diesem untrennlich; der König von Frankreich möge sich erinnern, daß Leopold I. ein zweifaches Recht auf Spanien habe, als Chef des Hauses und als Gemahl der spanischen Prinzessin. Gremonville erwiederte, sein König habe durch die Heirat mit der älteren Prinzessin ein besseres Recht, ihre Entsagung sei ungiltig, nur aus Freundschaft für den Kaiser wolle er eine gleiche Theilung eingehen. Auch Lobkowitz verlangte die italienischen Länder für Oesterreich. Denken wir an einen Vertrag, sagte er, welcher beiden Parteien genehm ist und mit dem wir uns nicht lächerlich machen; die Niederlande können nicht ganz zu Frankreich kommen; Donai und Luxemburg sind zu sehr von Flandrischem Gebiete eingeschlossen und Cambrai werden die Spanier nicht hergeben; was soll uns Indien, was machen wir mit den afrikanischen Festungen; wie können wir nach Spanien ohne Mailand und Finale? Wenn Ihr nicht die Form der Theilung ändert, werden wir noch lange nicht abschließen, denn Ihr wollt das behalten, was uns nothwendig und passend ist und uns das geben, was ohnehin Euch gehört. „Um Gotteswillen," rief er aus, „befreit uns von diesem Indien oder gebt uns die Mittel, davon Besitz zu nehmen." Als Gremonville erwiederte, Ludwig XIV. werde dem Kaiser nach dem Tode des Königs von Spanien die Schiffe als bewegliches Gut überlassen, lachte Lobkowitz aus Herzenslust über diesen naiven Antrag, wurde aber dann wieder ernst und sagte: „Verrichten wir unser Geschäft gut, es gilt unsere Ehre" ¹). Gremonville hatte die geheime Vollmacht, die Philippinen, Rosas und Navarra fahren zu lassen; Mailand und Finale sollte er nur im äußersten Falle und nur gegen den Tausch von Sardinien und Sicilien aufgeben; auf dem Besitze von Neapel und der spanischen Niederlande sollte er fest bestehen. Die beiden Parteien waren daher noch weit auseinander. Auersperg und Lobkowitz riethen dem Kaiser abzuwarten, eine angesagte Conferenz, welche die Verhandlung fördern oder beenden sollte, wurde verschoben.

Gremonville verglich in einem Berichte an seinen Hof die Unterhandlung mit einer bekannten italienischen Comödie ²): der Kaiser macht den Zanni, verwirrt die Gemüther seiner Minister, um in der Intrigue zu reussiren; der Präsident der Finanzen (Sinzendorf) stellt den Pantalon vor, macht viel Lärm mit den Truppenrüstungen, stellt aber unter der Hand alles an, um kein Geld auszugeben; die Fürsten Lobkowitz und Auersperg wollen jeder den Preis und die Ehre des Geschäftes gewinnen und betrügen einer den andern; die Kaiserin Wittwe ist die Colombine, welche zur Intrigue mithilft, ohne den Zweck zu kennen; er selber vergleiche sich mit dem Trappolin normand, welcher alles macht, um seinem Herrn gut zu dienen, und Lionne ist der Doctor, welcher allen eine gute Richtung gibt.

Gremonville ließ nichts unversucht, den Widerstand der Minister zu beugen und durch sie auf den Kaiser zu wirken. Auersperg versprach, die Sache zu einem guten Ende zu führen, wenn Ludwig XIV. seine Fürsprache für das Cardinalat einlegen wolle; er habe solche Beziehungen zu dem Papste, daß er dem Könige von Frankreich gefällig sein könne, wenn sein Wunsch erfüllt werde ³). Gremonville verpflichtete sich dafür; er hatte die Vollmacht dazu in der Tasche. Zugleich schmei-

---

¹) a. a. O. II. 404.
²) Gremonville an Lionne. 8. Jänner 1668. Mignet II. 412.
³) Gremonville an Ludwig XIV. 12. Jänner 1668. Mignet, II. 414.

chelte er Auersperg, indem er sagte, welchen ausgezeichneten Minister der Kaiser verlieren würde, wenn er nach Rom ginge. Nachdem dieses Privatinteresse sicher gestellt war, ging Gremonville wieder auf den Vertrag über und verlangte für seinen König Neapel und Sicilien¹). Noch widerstand Auersperg. Auch Lobkowitz sagte noch am 18. Jänner, als ihn Gremonville besuchte: er habe dem Kaiser gerathen, nicht ohne Italien abzuschließen, weil man sonst von der ganzen Erbschaft keinen Vortheil ziehen könne; Gremonville möge aber den Courier noch nicht abschicken; er wolle nicht die Ursache sein, daß ein so vortreffliches Werk nicht zu Stande komme. Die Gründe, welche Lobkowitz auseinandersetzte, schienen selbst Gremonville gerecht und politisch. Nichts desto weniger beharrte er auf der Forderung von Neapel und Sicilien. Am selben Tage ließ Auersperg den Gesandten zu einem Besuche einladen. Gremonville kam wieder in der Dämmerung in das Palais. Sie gingen alle Artikel durch und geriethen bei dem Punkt von Neapel und Sicilien wieder an einander. Gremonville bestand darauf, weil beide zusammen gehörten, Auersperg wehrte sich und wollte Mailand und Neapel. „Streichen Sie den Artikel," rief Gremonville aus, „wenn Sie die Ehre ernten wollen, der Cardinal des Friedens und der erste Minister aller Höfe Europa's zu sein." Nochmals versprach er ihm die Fürsprache seines Königs in Rom. Auersperg wurde das Herz schwer. Er rief immer: Ach Gott, ach Gott! Endlich sagte er Gremonville zu, daß er noch einen Versuch bei dem Kaiser machen wolle. In tiefer Nacht verließ Gremonville das Palais. Auf dem Wege wurde er von drei Lakaien des spanischen Gesandten angefallen; er zog den Degen und flüchtete in ein Hausthor, bis er unbemerkt zu seinem Wagen kommen und davon fahren konnte. Er hatte eine Copie der Vertragsartikel in der Tasche und fürchtete nicht mit Unrecht,

---

¹) Après que j'aie établi son intérêt particulier, nous traitâmes du général. a. a. O. 415.

daß es darauf abgesehen war, ihm diese abzunehmen. Die Spanier hatten Verdacht geschöpft.

Die österreichischen Minister fügten sich endlich dem Begehren Frankreichs, ja sie geizten um die zweifelhafte Ehre, den Kaiser zum Nachgeben zu bringen. Als am andern Morgen den 19. Jänner Gremonville wegen einer Audienz zu Hofe kam, begrüßte ihn Lobkowitz mit den Worten: ich habe dafür gestimmt, daß Euch Sicilien zugesprochen werde; wenn Ihr nur keine Furcht vor einer sicilischen Vesper habt. Gremonville erwiederte, er müsse auch auf Neapel bestehen. Lobkowitz warf ihm zornig vor, daß Frankreich doch zu strenge auf seinen Vortheil bedacht sei, fügte aber milder hinzu: er wolle noch einmal mit dem Kaiser sprechen, wenn sich der Gesandte anheischig mache, den Vertrag noch am selben Tage zu unterzeichnen. Gremonville schwor bei allen Heiligen. Lobkowitz umarmte ihn und sagte: „Sie sollen den Trost haben, noch heute zu unterzeichnen."

Aber Auersperg war ihm zuvorgekommen. Als Gremonville nach Hause kam, überreichte ihm der Secretär des Fürsten Auersperg ein Billet, welches die Worte enthielt: „Im Namen Gottes, Seine Majestät hat auf Neapel verzichtet, um dem König von Frankreich gefällig zu sein, und mit der Bedingung, daß der Vertrag ohne Zeitverlust unterzeichnet werde" [1]. Nachmittag zwischen drei und sechs Uhr redigirten Auersperg und Gremonville die Artikel, zwei Secretäre schrieben sie in's Reine. Abends um 9 Uhr kam Gremonville wieder durch die geheime Thür in das Palais Auersperg, und um zwei Uhr nach Mitternacht unterzeichneten sie den Vertrag. Auersperg umarmte den Gesandten und sagte: „Es gibt keinen so ruhmvollen und glücklichen Fürsten, als Ihren Herrn und König; er hat sich den Ruf eines tapferen und großen Eroberers erworben; er ist unvergleichlich in der Regierung seines Staates,

---

[1] Gremonville an Ludwig XIV. 22. Jänner 1668. Mignet, II. 436.

wie in den Geschäften des Friedens; mit diesem Vertrage bricht und löst er den allgemeinen Bund, der sich gegen ihn bildet. Der Kaiser war auf dem Punkte, in wenigen Tagen vier Verträge von der größten Wichtigkeit zu schließen; alle Minister werden überrascht sein, einen solchen Wechsel der Politik vollzogen zu sehen" [1]).

Der Vertrag ist vom 19. Jänner 1668 datirt [2]). Nach den Bestimmungen desselben sollte Frankreich von den Niederlanden erhalten: Cambrai, Luxenburg, Franche-Comté, Douai, Aire, St. Omer, Bergues und Furnes. Der Kaiser verpflichtete sich, den König von Spanien zur Anerkennung des Friedens zu bringen, und ihn im Falle der Weigerung weder direct noch indirect zu unterstützen. Sollte der König von Frankreich aus was immer für Ursachen den Krieg außerhalb der Niederlande in andere spanische Provinzen spielen, so kann der Kaiser der Krone Spanien beistehen, ohne daß der Vertrag gebrochen wird; nur darf der Krieg Frankreich und die österreichischen Erblande nicht berühren. Stirbt Carl II. ohne legitime männliche Nachkommenschaft, so erhält das Haus Oesterreich: Spanien, Westindien, Mailand mit dem Recht der Investitur über Siena, Finale, die Häfen Longone, Hercole, Orbitello und alle anderen Häfen bis zur Grenze von Neapel, welche der spanischen Krone gehören; ferner die Insel Sardinien, die balearischen und canarischen Inseln. Frankreich erhält die spanischen Niederlande, Bourgogne genannt Franche-Comté, die Philippinen, das Königreich Navarra, die Festung Rosas, die afrikanischen Plätze, und Neapel und Sicilien mit ihren Dependenzen.

Beide Parteien waren befriedigt. Leopold I. zeigte seinem Schwager Ludwig XIV. in einem Briefe vom 20. Jänner den Schluß der Verhandlung an. Dem französischen Gesandten sagte er viel Verbindliches: „er möge dem Könige

---

[1] A. a. O. 440.
[2] Traité secret. Vienne 19. janv. 1668. Mignet, II. 441—449.

schreiben, wie sehr der Kaiser die Beendigung dieses Friedensgeschäftes wünsche, um alle die Wolken zu zerstreuen, welche mit Sturm drohen" ¹). Der Vertrag wurde am 2. Februar in St. Germain, am 28. Februar in Wien ratificirt. Der Kaiser schrieb die Genehmigungsklausel mit eigener Hand. Man wollte anfangs den Vertrag dem Großherzog von Toscana zur Aufbewahrung übergeben, zog es aber doch vor, die Urkunde selbst zu bewahren. Der Kaiser verschloß sie in einer eigenen Cassette. Der Vertrag blieb in der That geheim bis auf unsere Zeit. In Frankreich wußten darum nur der König, Lionne und Gremonville, in Oesterreich der Kaiser, Auersperg und Lobkowitz. Die Höflinge merkten wohl, daß der Wind aus einer anderen Richtung wehe, zogen sich vom spanischen Gesandten zurück und lobten den König von Frankreich. Aber die Hofleute und die übrigen Minister hatten nicht die geringste Kenntniß von dem Vertrage, umsomehr als die Verhandlungen mit Spanien wegen einer Kriegshilfe fortgesetzt wurden. Noch im März bot der spanische Botschafter 300.000 Kronen sogleich und 20.000 Kronen monatlich, wenn Oesterreich mit Frankreich brechen und 40.000 Mann in's Feld stellen wollte. Die Minister Schwarzenberg, Gonzaga u. a. ereiferten sich in einer Conferenz am 14. März 1668 über die Nothwendigkeit, die beiden Linien des Hauses Habsburg zu vereinigen ²).

Welch' eine eigenthümliche Erscheinung! Zwei Fürsten vertragen sich über die Theilung von Land und Volk, ohne ein anderes Recht zu haben, als das der Verwandtschaft; sie vertragen sich über das Schicksal einer reich begabten Nation wie über eine Hausangelegenheit, ohne die Nation und den Herrscher, der noch am Leben ist, zu fragen. Der Vertrag ist der lautere Ausdruck des königlichen Absolutismus jener Tage, welcher den Staat wie eine Domäne betrachtete, und keine andere Schranke kannte, als das moralische und

---

¹) Mignet, II. 467.
²) Conseilsprotocoll. Schw. A.

religiöse Gefühl des Fürsten. Gewiß wäre der Welt durch ein friedliches Abkommen über die spanische Erbschaft viel Kampf und Blutvergießen erspart worden. Aber wie war das zu hoffen ohne Rücksicht auf die Interessen von ganz Europa. Der Vertrag war von Anfang an auf Täuschung und Trug gebaut. Ludwig XIV. konnte sich als Sieger betrachten. Die Grenze im Norden war ohne viel Aufwand verstärkt, der Erwerb der spanischen Niederlande schien unfehlbar, der Vertrag eröffnete ihm die Aussicht auf eine dauernde Herrschaft in Italien und im Mittelmeere. Oesterreich war übervortheilt. Die Monarchie Carl's V. war unmöglich geworden. Wie konnte der Kaiser Spanien von Wien aus beherrschen? Er hatte damals keine Kinder; sein erster Sohn war kurz vorher, am 13. Jänner 1668, kaum vier Monate alt, gestorben. Die Scheidung der Herrschaft und die Gründung eines neuen Habsburger Geschlechtes in Spanien war nicht vorauszusehen. Für Europa war es ein politisches Gebot, daß Spanien ein freies Reich unter einer selbständigen Dynastie bleibe. Die spanische Nation, wenn sie auch aller Rechte beraubt war, konnte dies verlangen. Der Theilungsvertrag gab Oesterreich und Frankreich ein Uebergewicht, welches die Freiheit der anderen Staaten bedrohte. Noch gab es einen Widerstand. Zur selben Zeit, als die Minister in Wien insgeheim über Länder und Völker der spanischen Monarchie verhandelten, war im Haag zwischen England, Holland und Schweden eine Tripelallianz gegen die wachsende Uebermacht Frankreichs zu Stande gekommen (23. Jänner 1668).

Die drei Mächte drängten das Wiener Cabinet zum Beitritt. Um seine Stellung zu sichern, hatte Oesterreich den raschen Abschluß des Vertrages verlangt, aber diese Stellung machte Oesterreich durch mehrere Jahre zum Träger der französischen Politik in allen Angelegenheiten, welche den Westen betrafen. Der geheime Vertrag hielt Oesterreich von dem großen Bunde zurück, welcher gegen Ludwig XIV. aufgerichtet werden sollte. Er erleichterte den Abschluß des Aachener Friedens (2. Mai 1668), durch welchen Frankreich in den rechtlichen Besitz der eroberten niederländischen Städte und Landschaften gelangte. Die französische Politik suchte Oesterreich auch im Norden und Osten zu überflügeln. Es war dies bereits im Frieden von Oliva geschehen. Ein neuer Versuch wurde gemacht, als 1668 der polnische Thron erledigt war.

Der alte gequälte König von Polen, Johann Casimir, der letzte des Hauses Wasa, dankte am 17. September 1668 ab und zog es vor, wie ein armer Edelmann von einer Pension in Frankreich zu leben. So dornenreich die polnische Krone war, sie wurde doch gesucht und theuer bezahlt. Damals bewarben sich darum drei Candidaten: der Prinz Condé, der alte hochmüthige Rebell ohne Sitte und Religion, den die Franzosen los haben wollten; der junge Herzog Carl von Lothringen, welcher aus Frankreich entflohen war und seit 1664 in Oesterreich lebte; und der katholische Pfalzgraf Wilhelm von Neuburg, ein friedlicher, allgemein geachteter Herr, aber bereits sechzig Jahre alt. Jeder hatte eine Partei in Polen, jeder wurde von den Mächten unterstützt. Für Condé warben die Franzosen. Die Königin von Polen hatte ihm oder seinem Sohne, noch bevor der König abdankte, die Krone verschaffen wollen, war aber 1667 gestorben. Carl von Lothringen galt als der österreichische Candidat. Die verwittwete Kaiserin Eleonore begünstigte ihn aus Rücksichten der Verwandtschaft; seine Großmutter war eine Gonzaga. Brandenburg und Schweden waren für den Pfalzgrafen von Neuburg. Die Polen hatten 1660 dem Kurfürsten von Brandenburg die Krone angetragen, aber er hatte sich geweigert, katholisch zu werden und seinen ältesten Sohn Carl Emil empfohlen. Das Interesse des Pfalzgrafen vertrat der bekannte Boineburg, früher der erste geheime Rath des Kurfürsten von Mainz. Neuburg hatte eine große Partei und wäre ohne Zweifel gewählt worden, wenn seine Beschützer mehr Geld aufgewendet hätten.

Oesterreich hatte schon in dem Bündnisse von 1657 auf die Königswahl in Polen Rücksicht genommen. Vor der Abdankung des Königs 1668 wurde ein vertrauter Mann, der Kammerpräsident in Schlesien, Graf Christoph Leopold Schafgotsche nach Krakau geschickt, um über die Zustände und Personen am polnischen Hoflager zu berichten. Er fand den Hof und die Minister, die meisten Senatoren und Granden französisch gesinnt[1]). Für Oesterreich waren nur der Kanzler Graf Potocki und der Kronstallmeister Fürst Lubomirski, der letztere, weil er vom Könige bei der Besetzung der Woiwodschaft Krakau übergangen war. Nach der Abdankung des Königs nahm Oesterreich anscheinend Partei für den Herzog von Lothringen: der ständige Gesandte Mayern handelte wenigstens darnach[2]). Der Herzog selbst zahlte große Summen; er versprach sogar der Gemahlin des Kronfeldherrn Sobieski die großen Diamanten seines Vaters[3]). Aber es ging mit seiner Bewerbung nicht vorwärts. In dem Gewirre von Meinungen und Thatsachen war schwer ein sicherer Weg zu finden. Ein Gesandter täuschte und betrog den anderen, und der Wahl-Reichstag, der im Juni 1669 eröffnet wurde, schien mehr ein Feldlager als eine friedliche Körperschaft. Ein Radziwil erschien mit 3000 Mann, Fürst Lubomirski mit 6000 Mann.

Oesterreich hatte zum Wahltage wieder den Grafen Schafgotsche als außerordentlichen Gesandten geschickt. Er erhielt seine Befehle vom Obersthofmeister Fürst Lobkowitz, und richtete auch seine Berichte an ihn, obwohl Auersperg noch an der Spitze der Geschäfte stand. Das Wiener Cabinet wünschte die Wahl des Herzogs von Lothringen durchaus nicht. Man fürchtete neue Verlegenheiten mit Frankreich. Die Selbstständigkeit, mit welcher der Herzog seine Bewerbung betrieb, die

---

[1]) Schafgotsche an Lobkowitz. Breslau, 14. October 1668. R. A.
[2]) Augustin Mayern von Mayerberg. Seine Berichte an Lobkowitz, 25. Dec. 1668, 8. Jänner 1669. R. A.
[3]) Haussonville, histoire de Lorraine. III. 306.

Wahl seiner Agenten flößte dem Wiener Hofe kein Vertrauen ein. „Die lothringischen Unterhändler", schrieb Lobkowitz an Schafgotsche, „sind vermessene, leichtsinnige, falliirte Leute, sie werden nichts durchsetzen" [1]). Schafgotsche erhielt den Auftrag, allen Verkehr mit den Parteigängern des Herzogs zu meiden, um den Polen zu zeigen, daß der Kaiser den Herzog nicht beschütze; Schafgotsche soll vielmehr für den Pfalzgrafen von Neuburg wirken; des Kaisers Wille und die Interessen des Erzhauses verlangten es, daß Neuburg gewählt werde. Vor allem soll der Gesandte gegen die Wahl eines Franzosen wirken, weil dieses Ereigniß Oesterreich gefährlich werden könnte [2]). Die österreichische und brandenburgische Partei im Reichstage brachte es wirklich dahin, daß der Prinz Condé von der Wahl ausgeschlossen wurde. Schafgotsche that alles Mögliche für Neuburg, aber er war in einer unangenehmen Lage. Keiner der polnischen Großen kam zu ihm. Man hatte ihn sogar außerhalb Warschau einquartirt. Zudem verklagte ihn der Kurfürst von Brandenburg bei dem Kaiser, weil er dem preußischen Gesandten, obwohl dieser später gekommen, nicht den ersten Besuch gemacht und ihm den Titel Excellenz verweigert hatte [3]).

Bei dem Reichstage schienen die Berathungen kein Ende zu nehmen, die verschiedensten Einflüsse fanden statt, und zuletzt trat ein Ergebniß ein, welches niemand erwartet hatte. Am 19. Juni 1669 wurde der polnische Edelmann Michael Wisnowiezki zum Könige gewählt, ein junger Mann von sieben und zwanzig Jahren, von gutem Ruf, einfachen Sitten, der aus dem Geschlechte der Piasten stammte, aber so arm

---

[1]) Weil sie ohne Fundament und zu keiner Raison oder Convenienz des allgemeinen Wesens tauglich sind. Lobkowitz an Schafgotsche. Laxenburg, 22. Mai 1669. R. A.

[2]) Lobkowitz an Schafgotsche, Laxenburg, 22. Mai 1669. Diarium der Königswahl, 2. Mai — 7. Juni 1669. R. A.

[3]) Friedrich Wilhelm von Brandenburg an den Kaiser. Königsberg, 24. Juni 1669. R. A.

war, daß er am Wahltage kaum hundert Thaler in der Tasche hatte. Wer die polnischen Zustände kannte, weissagte eine kurze und schwache Regierung, aber für den Augenblick schien die Wahl alle Parteien zu befriedigen: Brandenburg und Frankreich, weil der Herzog von Lothringen durchgefallen war, Oesterreich, weil die Wahl keinen Franzosen getroffen hatte. Lobkowitz schrieb an Schafgotsche: man müsse der göttlichen Fügung nicht widerstreben; es könne aus dieser Wahl viel Gutes folgen, man müsse gute Nachbarschaft halten.

Um die gute Nachbarschaft zu erhalten, wurde die Heirat des jungen Königs mit der österreichischen Erzherzogin Eleonore, einer Stiefschwester des Kaisers, eingeleitet. Wie bei den meisten Heiratsangelegenheiten wurde ein Geistlicher P. Sylvanus vorausgeschickt, um mit der Mutter des Königs das Nähere zu verabreden. Der Bote war aber zu voreilig, versprach ein zu großes Heiratsgut, so daß ihm der Kaiser verbot, sich weiter einzumischen, und die Verhandlung dem Schafgotsche übertrug. Die Russen hätten es gerne gesehen, wenn der König eine Tochter ihres Zaren genommen hätte; sie wollten dafür alles eroberte polnische Gebiet außer Smolensk zurückgeben. Wisnowiczki war jedoch für die Verbindung mit Oesterreich eingenommen. Der Kaiser verschaffte ihm den Orden des goldenen Vließes, und setzte ein Heiratsgut von 300.000 Thalern aus, mit dem sich Michael nach einiger Weigerung auch begnügte [1]). Das junge Paar wurde am 26. Februar 1670 in Czenstochau vermählt. Der König liebte seine Gemahlin sehr, aber es waren ihm wenige glückliche Tage bescheert. Schon nach vier Jahren, 1673 den 10. November, starb er, und Eleonore kehrte nach Oesterreich zurück. —

[1]) Schafgotsche an den Kaiser. Krakau, 13. October 1669. R. A.

IX. Sturz des Fürsten Auersperg.

1669.

Auersperg und Lobkowitz hatten in Oesterreich eine neue Politik eingeführt; aber sie täuschten sich in Richtung und Ziel. Für eine Verbindung mit Frankreich waren die Dinge noch lange nicht reif. Sie widersprach den Interessen Oesterreichs und den Traditionen der Dynastie. Das Herz Leopold's war immer für Spanien, er blieb deßwegen in der neuen Richtung unsicher und schwankend. Die Verhandlungen mit dem spanischen Gesandten über eine Kriegshilfe dauerten fort, erst der Friede von Aachen hat denselben ein Ende gemacht. Die Mächte der Triplealliance hofften noch immer, daß der Kaiser ihrem Bündnisse beitreten werde. Die Minister, welche von dem Vertrage mit Frankreich nichts wußten, konnten gar nicht begreifen, warum der Kaiser sich nicht den Mächten anschließe, welche die Rechte seines Hauses vertheidigen wollten. Sie sprachen von der Uebermacht Frankreichs, von der Unzuverlässigkeit Ludwig's XIV., und erhielten den Kaiser in fortwährendem Schwanken. Als Ludwig XIV. eine Convention vorschlagen ließ, um die Besitzergreifung der Länder, welche ihm zufallen würden, zu regeln, wies der Kaiser den Antrag zurück. „Ich fürchte, sagte er zu Gremonville, daß ich gezwungen werde, in eine neue Conföderation einzutreten" [1]). Gewiß war Leopold I.

---

[2]) Gremonville an Ludwig XIV. 27. September 1668. Mignet III. 383.

nur durch die beiden Räthe Auersperg und Lobkowitz zu dem
Vertrag mit Frankreich vermocht worden. Diese schrieben sich
auch allein das Verdienst zu, ahnten aber nicht, daß sie sich
damit eine Grube gegraben hatten, in welche sie früher oder
später stürzen mußten.

Gremonville verfehlte nicht, die beiden Minister in seinem
Fahrwasser zu erhalten. Bei Lobkowitz konnte er freilich mit
Geschenken und Versprechungen nichts ausrichten, aber er hofirte
ihm, und Auersperg's Eifer erhielt er durch die Hoffnung auf
das Cardinalat. Er konnte dem Minister berichten, daß Ludwig XIV. zu seinen Gunsten am 27. Mai 1668 an den
Papst, an dessen Neffen, den Cardinal Rospigliosi, und an
den französischen Gesandten in Rom geschrieben habe. Auersperg war darüber sehr erfreut und erschöpfte sich in Ausdrücken der Dankbarkeit. Er versprach, das Project der Triplealliance zu nichte zu machen. Er wolle den Spaniern niemals mehr
trauen, sagte er eines Tages zu Gremonville, weil sogar Penne-
randa, der immer sein Freund gewesen, ihn wie ein Judas verrathen
habe [1]). Auersperg hatte jedoch so wenig Einfluß und seine
Agenten waren so wenig gehorsam, daß der österreichische Gesandte in Stockholm, Basserode, den Schweden in einem Vertrag 100.000 Thaler Hilfsgelder für den Kriegsfall versprach [2]), und Lisola in London die Hoffnung immer wach erhielt, daß Oesterreich noch in die Triplealliance eintreten werde.
Auersperg gerieth darüber in keine geringe Aufregung. Er
schmähte die Regierung, wo jeder nach seinem Gutdünken handeln könne, und versprach Gremonville, den Vertrag mit
Schweden in kurzer Zeit rückgängig zu machen. Der Kaiser,
versicherte er dem Gesandten, werde der Triplealliance gewiß
nicht beitreten; es seien ohnehin nur protestantische Fürsten
verbündet, und er wolle dem Papste zeigen, daß er die Macht

---

[1]) Mignet, III. 380.
[2]) Helbig, Pufendorf's Bericht. 6.

besitze, dieses Bündniß, welches den römischen Hof beunruhige, aufzulösen [1]). Der Vertrag mit Schweden wurde in der That nicht ratificirt. Auersperg und Lobkowitz fanden in den schwedischen Forderungen Gründe genug, um dem Kaiser zu rathen, den Vertrag nicht zu genehmigen. Auersperg schwebte damals der Gedanke einer katholischen Triplealliance vor, eines Bundes zwischen Oesterreich, Spanien und Frankreich [2]). Dadurch hoffte er den Interessen Oesterreichs wie Spaniens gerecht zu werden, ohne den Theilungsvertrag zu verletzen. Aber Ludwig XIV. weigerte sich entschieden, sich mit beiden Linien des Hauses Habsburg zugleich zu verbinden. Gremonville hatte Mühe, dem österreichischen Minister den Gedanken auszureden.

Oesterreich hatte alle Ursache, gegen Ludwig XIV. mißtrauisch zu sein. Er suchte die österreichische Politik nach allen Seiten hin in Schach zu halten. Man wußte in Wien, wie thätig der König war, den Bund der Nordmächte zu sprengen, wie seine Agenten in Deutschland, in Schweden und Polen die französische Partei ermunterten. Während er im Kleinen nachzugeben schien, verfolgte er seine Interessen mit Klugheit und Ausdauer. Er ließ das Project, die eroberten niederländischen Städte unter der Jurisdiction des Reiches zu lassen, sogleich fallen, als die kaiserliche Regierung sich entschieden dagegen erklärte; aber bald nachher verlangte er, daß ihm Spanien auch die Dörfer und Striche Landes, welche von den eroberten Landschaften abhängig waren, abtrete. Als sich die unzufriedenen Ungarn an den König wandten, verweigerte er ihnen zwar einen offenen Beistand, und sein Minister mußte die Depesche an Gremonville so einrichten, daß dieser sie dem Kaiser vorzeigen könnte. Insgeheim erhielt jedoch Gremonville die Vollmacht, mit den ungarischen Magnaten zu unterhandeln. Der Ban

---

[1]) Mignet, III. 381.
[2]) Mignet, III. 410.

von Croatien, Peter Zrini bekam einen Jahrgehalt ¹), und Gremonville verkehrte mit ihm und Nadásdy.

Kaiser Leopold war immer zwischen zwei Feuern. Während Auersperg und Lobkowitz ihn im Frieden mit Frankreich erhalten wollten, drängte die spanische Partei zum Bruche. Man hörte einige alte Hofleute sagen, die Gleichgiltigkeit des Kaisers gegen die Interessen seines Hauses sei eine wahre Schmach. Der spanische Gesandte Malagon verlangte vom Kaiser eine bestimmte Erklärung, ob er der Triplealliance beitreten wolle oder nicht. Nur schwer ertrug Leopold diesen Tadel. Dieser junge schwache Fürst, sagte Lobkowitz zu Gremonville, ist in Verlegenheit über die Vorwürfe, daß er in Unthätigkeit verharre, während sich alle Monarchen Europa's gegen den König vereinigten; es sei allgemeine Ueberzeugung, daß Ludwig XIV die Welt unterdrücken wolle; er und Auersperg wüßten ihn gar nicht mehr zurückzuhalten und alle Welt beschuldige sie, mehr die Minister des französischen Königes als des Kaisers zu sein. Es geht so weit, setzte Lobkowitz lachend hinzu, daß man von allen Seiten schreibt, Gremonville könne ihn zu allem vermögen, was er wolle ²). Gremonville gab sich alle Mühe, eine neue Wendung der österreichischen Politik zu hintertreiben. Er ging öfter zum Kaiser, um, wie er sich ausdrückte, die Uhr im Gange zu erhalten. Er schmeichelte Freund und Feind. Nicht überall fand er offene Thüren. Lamberg zuckte die Achseln, ohne eine Meinung auszusprechen. Schwarzenberg erwiederte: wenn Heinrich IV. sich nicht gescheut habe, katholisch zu werden, um König von Frankreich zu werden, könne man den Spaniern ein Bündniß mit protestantischen Fürsten nicht verwehren.

Wie mannigfach durchkreuzten sich am Wiener Hofe die Bestrebungen und Interessen. Brandenburg und Mainz ver-

---

¹) Pensionné du roi. Mignet III. 383.
²) Mignet, III. 412.

langten, der Kaiser solle das Schwert ziehen, sie würden folgen. Die kaiserlichen Gesandten im Haag und in London berichteten von den feindseligen Absichten Frankreichs, und in Madrid war der junge König so leidend, daß man jeden Tag seinen Tod erwartete (Februar 1669). Ludwig XIV. trug dem Kaiser an, bis zum Tode des Königs Briefe zu wechseln, und „wenn das Ereigniß eintrete" [1]), den geheimen Vertrag sogleich zu veröffentlichen. Dazu war aber Kaiser Leopold nicht zu bewegen. „Um der Liebe Gottes willen, halten wir den Vertrag geheim," sagte er zu Gremonville [2]). Er war der Meinung, eine voreilige Veröffentlichung des Vertrages würde halb Europa in Krieg entflammen. Auch Auersperg und Lobkowitz erklärten sich heftig gegen die Veröffentlichung: es hieße dies alle Fürsten Europa's gegen Oesterreich und Frankreich bewaffnen; Ludwig XIV. kenne seine Feinde nicht; es wäre nur möglich, den Vertrag zu vollziehen, wenn der junge König sterben würde.

Die Befürchtungen der österreichischen Minister hatten ihren guten Grund. Die Spanier verhehlten nicht, daß sie keinen fremden Prinzen als König anerkennen und ihm den Gehorsam verweigern würden. Maradas, der Obersthofmeister der Kaiserin-Wittwe, sagte im Kreise seiner Herrin, wo Gremonville, Schwarzenberg und andere zugegen waren: Die Spanier seien entschlossen, keinen Deutschen und keinen Franzosen, sondern nur Don Juan als König anzuerkennen. Don Juan, ein natürlicher Sohn Philipp's IV., hatte nämlich während der schweren Krankheit des Königs mit einigen Haufen Reitern und Fußgängern einen Aufstand versucht, und der spanischen Regierung keinen geringen Schrecken eingejagt. Der rasche kleine Erfolg, den er gewann, zeigte die Erbärmlichkeit

---

[1]) Si le grand cas arrivait.
[2]) Per l'amore di Dio, teniamo il trattato celato. Mignet, III. 428.

der Regierung, aber zugleich die Sympathie der Spanier für einen Mann ihrer Nation. Als man in Wien von seinen ersten Erfolgen hörte, sagte die Kaiserin-Wittwe: wie sehr dies gegen die königliche Autorität sei, Don Juan könne nicht bleiben, an der Stelle der Königin-Mutter in Spanien würde sie viel lieber das Anerbieten Frankreichs annehmen. Worauf der spanische Gesandte kurz erwiederte: Man würde sie dann gewiß in ein Kloster sperren[1]). Die Spanier waren eben gewöhnt, am Wiener Hofe alles durchzusetzen. Sie wagten es auch, Leopold I. zu einem Entschlusse zu drängen. Dieser wich anfangs aus: es habe keine Eile, er würde sie befriedigen. Als jedoch der spanische Gesandte geradezu verlangte, der Kaiser möge sich verpflichten, für den Fall eines Krieges mit Frankreich die Niederlande zu vertheidigen, da regte sich in Leopold der Widerstand und der Stolz des Selbstherrschers. Er erwiederte kurz angebunden: er sei gewiß auf die Interessen seines Hauses bedacht, seine Ehre und sein Amt verpflichten ihn dazu, aber er wolle sich nicht, wie es unter Kaufleuten gebräuchlich ist, durch eine besondere Schrift verbinden. Der Kaiser vermochte keinen bestimmten Entschluß zu fassen. Er wollte den Vertrag mit Frankreich aufrecht erhalten und doch den Spaniern Genüge thun. Dem französischen Gesandten sagte er, er wolle ihm alles mittheilen und dann wieder, daß er Rücksicht auf sein Reich nehmen müsse und alle zu befriedigen gedenke[2]). Auch Lobkowitz erklärte, man sei den Spaniern eine Genugthuung schuldig; Oesterreich werde in ganz Europa getadelt; der Kaiser könne nicht den Federstrich verweigern, welcher den allgemeinen Frieden verbürge.

Auersperg war in seinem Eifer für Frankreich erkaltet, seit er seine Wünsche wegen des Cardinalates vereitelt sah. Der Papst Clemens IX. hatte anfangs die Vorschläge Frank-

---

[1]) Mignet, III. 432.
[2]) Mignet, III. 439.

reichs für eine Cardinalpromotion gar nicht beachtet. Erst auf wiederholtes Andringen wurde ein französischer Cardinal ernannt, ein Neffe Turenne's, der Duc d'Albret, welcher zum Katholicismus übergetreten war. Auersperg war ungeachtet der Empfehlung Ludwig's XIV. übergangen. Auch der kaiserliche Candidat war durchgefallen. Der Kaiser hatte den Markgrafen Bernhard Gustav von Baden-Durlach, damals Abt von Fulda, für die Promotion vorgeschlagen. Der Uditore di Rota, der Cardinal von Hessen, wie der österreichische Resident von Plittersdorf hatten sich alle Mühe gegeben, den Papst dafür einzunehmen, aber sie fanden überall Bedenken und Widerstreben. Der Kaiser war davon unangenehm berührt. Nach dem Trienter Concil sollten die Cardinäle aus allen Nationen genommen werden. Spanien und Frankreich waren berücksichtigt, der österreichische Candidat gar nicht genannt. Der Wiener Hof fragte deßwegen in Rom an. Der Cardinal von Hessen berichtete nur im Allgemeinen von Gefahren, unverantwortlichen Vorgängen, die er aber schriftlich nicht mittheilen könne; er werde dem Kaiser alles durch den Residenten mündlich erzählen lassen [1]).

Anfangs November 1669 erschien Plittersdorf plötzlich in Wien und berichtete dem Kaiser mündlich und schriftlich über den Stand der Dinge in Rom [2]). Der Resident hatte, wie es sein Auftrag war, die Ernennung des Markgrafen von Baden ernstlich betrieben, aber nirgends dafür eine Geneigtheit gefunden. Er hielt anfangs den französisch gesinnten Cardinal für das Haupthinderniß, und beschwerte sich bei diesem darüber, daß der römische Hof den Kaiser so vernachlässige und nur für den König von Frankreich bedacht sei.

---

[1]) Der Cardinal an den Kaiser, Rom, 20. October 1669. R. A.
[2]) Bericht des k. Residenten in Rom, Freiherrn von Plittersdorf, 5. November 1669. R. A. Abgedruckt im Archiv für Kunde österreichischer Geschichtsquellen. Akademie der Wissenschaften in Wien. XX. 331. ff.

Azolini nahm verschiedene Ausflüchte und sagte zuletzt, der König von Frankreich habe selbst begehrt, man solle dem Kaiser einen Cardinal ernennen. Bald nachher hatte Plittersdorf eine Audienz bei dem Papste. Dieser äußerte sich: der Vorgang solle dem Hause Baden nicht schaden, weil er wohl wisse, daß alle diese Mißverständnisse nur von einem kaiserlichen Minister herkämen, die Strafe werde diesem aber nicht ausbleiben; durch solche Mittel werde er gewiß nicht zum Ziele kommen, indem er durch seinen Ehrgeiz der Autorität des Kaisers, der Kirche und der Christenheit schade, und den Akatholiken nur Ursache zum Scandale gebe. Der Papst ereiferte sich so, daß er den Faden des Gespräches verlor. Er kam auf die Eroberung Candia's durch die Türken zu sprechen, fing aber wieder von der Intrigue des kaiserlichen Ministers an und fügte mit besonderer Betonung hinzu: Gott werde alles an den Tag bringen und die Untreue dieses Ministers strafen. Plittersdorf wußte nicht, wie ihm geschehen, und fragte nicht weiter. Am anderen Tage berichtete er dem Cardinal von Hessen die seltsamen Reden des Papstes, und bat ihn, entweder die Angelegenheit Oesterreichs, die Ernennung des Markgrafen von Baden weiter zu verfolgen, oder ernstlich auf den Grund der Abneigung gegen den österreichischen Candidaten zu kommen. Der Cardinal, der eben in dieser Sache einige drängende Schreiben des Fürsten Lobkowitz erhalten hatte, erzählte nun Plittersdorf unter der Bedingung, daß er Niemand als dem Kaiser davon sprechen wolle: die Ursache der Verzögerung sei der Fürst Auersperg; es sei ihm leid, daß er den Minister in's Unglück bringe, aber die Treue für den Kaiser und seine eigene Ehre verpflichten ihn, das zu entdecken, was ihm von Azolini ohne Zweifel mit Wissen und Willen des heiligen Vaters im tiefsten Geheimniß anvertraut wurde. Auersperg habe den König von Frankreich vermocht, daß er ihn zum Cardinal vorschlagen möchte, weil der Kaiser einen anderen zu dieser Würde bringen wolle. Der Papst habe bereits dem Könige die Ernennung eines Cardinales abgeschlagen; nur wegen der Gefahr von Candia habe er nachgegeben und erst auf wiederholtes Drängen den Duc d'Albret ernannt. Als der König von Frankreich in Erfahrung brachte, daß der Wiener Hof die Ernennung des Markgrafen von Baden betreibe, habe er an den Papst, und Lionne im Namen des Königs an die Cardinäle Rospigliosi und Azolini geschrieben, damit der Markgraf als ein Mönch und Neophit von der Liste gestrichen werde, dagegen sei der Fürst Auersperg eifrig empfohlen worden. In späteren Briefen hoben der König und Lionne die vortrefflichen Eigenschaften und die große Autorität hervor, welche er bei dem Kaiser habe; er allein ertheile dem Kaiser Rathschläge und sei in solchem Credit, daß sich der Kaiser, auch wenn der Markgraf zurückgesetzt würde, die Promotion seines Ministers gefallen lassen würde. Auersperg habe dem Könige von Frankreich versichert, er sei Sr. Heiligkeit vollständig ergeben und begehre auch nicht das Geringste für seinen Unterhalt; er könne anständig von seinen eigenen Mitteln leben. Der Papst möge erwägen, daß Auersperg den Frieden zwischen Spanien und Frankreich bewirkt habe, weil er den Kaiser von dem Kriege zurückgehalten habe. Würde der Papst dem österreichischen Minister gnädig sein, wolle der König dies so annehmen, als wäre es ihm oder den Seinigen geschehen. — Diese Schreiben aus Frankreich las Azolini dem Cardinal von Hessen vor, und zeigte sie ihm im Original, damit der Kaiser die Geneigtheit des Papstes erkenne und nicht glaube, daß er zu französisch sei; der Kaiser möge erfahren, daß alle seine Beschlüsse an Frankreich mitgetheilt, ja von dort aus geleitet würden. Es sei an einer solchen Correspondenz nicht zu zweifeln. Diese Untreue hat den Papst bewogen, Auersperg auszuschließen und ihn gleichsam unfähig für jede geistliche Würde zu erklären. Der Cardinal von Hessen forderte, nachdem er dies erzählt, den Residenten auf, dem Kaiser alles zu hinterbringen. Plittersdorf erklärte sich dazu bereit, wenn er jene Briefe sehen könne oder wenn Azolini ihm die Wahrheit des Ganzen mit seinem Worte bekräftigen wolle. Der Cardinal schickte sogleich zu Azolini und dieser erwiederte: er versichere die Wahrheit der Mittheilung und werde selbst mit Plittersdorf darüber sprechen. Plittersdorf nahm hierauf eine Abschiedsaudienz bei dem Papste mit der Bemerkung, daß er „aus gewissen erheblichen Ursachen" nach Wien reisen wolle. Der Papst wiederholte alles, was er dem Residenten früher gesagt und betheuerte noch, daß der Minister sein Ziel niemals erreichen werde. Als Plittersdorf meinte, daß hier wohl ein Verrath unterlaufe, erwiederte der Papst lebhaft: „Ja wohl ist es eine große Heimtücke und es ist zu bedauern, daß dieser fromme und gute Kaiser so verrathen wird." Er freue sich aber, daß der Resident die Sache so wohl begreife und dem Kaiser berichten könne; Gott möge seine Reise segnen, daß sie zu des Kaisers Nutzen und Trost gereiche. Plittersdorf machte dann noch seine Abschiedsbesuche bei der Königin Christine von Schweden, welche Oesterreich sehr ergeben war, und bei den Cardinälen Spinola und Rospigliosi. Der letztere, der Neffe des Papstes, versicherte, daß der Papst keinen anderen ernennen werde, als den Markgrafen von Baden; es sei für die ganze katholische Welt zu bedauern, daß der Kaiser durch einen solchen Minister von der Verbindung mit Spanien zurückgehalten werde und die Krone von Frankreich solche Vortheile erlangt habe. Er fügte hinzu, daß er alles nach dem Verlangen des Kaisers thun wolle, um dessen Gunst zu verdienen. Plittersdorf ging dann noch einmal zu Azolini, der ihm auf sein Ehrenwort versicherte, daß alles, was der Papst, Rospigliosi und der Cardinal von Hessen gesagt hatten, wahr sei und noch viel Anderes dazu. Er forderte von Plittersdorf Stillschweigen, damit nicht der König von Frankreich die Kundgebung seiner Briefe erfahre; aber diese Briefe seien vorhanden, auch jene von Lionne, und es sei noch mehr darin zu finden, warum Ludwig XIV. den Fürsten

Auersperg so sehr empfohlen habe. Plittersdorf ließ sich vom Cardinal von Hessen schriftlich die Vollmacht geben, dem Kaiser alles berichten zu können, reiste noch am selben Abend ab und fuhr Tag und Nacht nach Wien.

Wie tief mußte es den Kaiser getroffen haben, als er erfuhr, daß sein erster Minister, der Liebling seines Vaters, der Erzieher seines Bruders, der Mann, den er mit Gütern und Ehren ausgestattet hatte, sich an den König von Frankreich gewendet hatte, um Cardinal zu werden. Allerdings kannte Leopold I. die Absicht Auersperg's auf diese geistliche Würde; er selbst hatte 1667 nach Rom geschrieben, um ihn zu empfehlen; noch im März und September 1668 sprach er in Briefen an Lobkowitz davon und ernannte ihn für diesen Fall zum ersten geheimen Rath. Aber es scheint, daß der Kaiser den Inhalt der Gespräche Gremonville's mit Auersperg und den Preis, welchen dieser für den Theilungsvertrag verlangte, erst aus Rom erfahren hat[1]. Die Wahrheit der Anzeige war nicht zu bezweifeln, obwohl der römische Hof die Briefe Ludwig's XIV. und Lionne's nicht überschickte. Die Courtoisie der Höfe und die besonderen Verhältnisse des Papstes zu dem König von Frankreich gestatteten dies nicht. Clemens IX., ein Mann voll Mäßigung, Friedensliebe und Milde war erzürnt über den Ehrgeiz des Fürsten Auersperg. Die Cardinäle meinten, er wolle der österreichische Mazarin werden. Uebrigens sah man in Rom die Schuld Auersperg's größer an als sie war. Weder der Papst noch die Cardinäle hatten eine Ahnung davon, daß sich der Kaiser mit dem König von Frankreich verbunden und verpflichtet habe, ihn als guten Bundesgenossen nicht anzugreifen. Man hatte in Rom von den Verhandlungen Gremonville's etwas gehört, ohne die Entwicklung und Resultate

---

[1] Ich habe darüber im k. k. Staatsarchiv keinen Brief gefunden. Nur die Einsicht in das Rauduitzer Archiv konnte mir das Getriebe der Politik jener Jahre klar machen.

zu kennen. Von einem Verrathe Auersperg's, von einer Mittheilung der Beschlüsse des kaiserlichen Cabinetes an Frankreich findet sich keine Spur. Auch war Auersperg katholischer als der Papst selbst, indem er das protestantische Bündniß abwies und eine katholische Triplealliance anstrebte.

Auersperg wandelte an einem Abgrunde ohne ihn zu kennen. Er war wie von einem Netze umspannt, dessen Knoten er selbst geknüpft, und das sich von einer unsichtbaren Hand bewegt, zusammenzog. Von dem Berichte Plittersdorf's hat er nichts erfahren. Er blieb noch den ganzen November im Besitze seiner Aemter und Würden. Gegen Gremonville verhielt er sich kühl; er nahm an, man habe mit ihm gespielt. Er fing wieder an, sich den Spaniern zuzuwenden. Die verwittwete Kaiserin sagte zu Gremonville [1]): es seien Anzeichen vorhanden, daß Auersperg wieder mit den Spaniern anknüpfe. Sie hatten seine Bewerbung um das Cardinalat aus Rücksicht für P. Neidhart nicht unterstützt, aber sie versprachen ihm nun 500.000 Thaler und die Fürsprache des Königs von Polen für das Cardinalat, wenn er den Kaiser dahin bringen würde, in die Triplealliance oder in ein anderes Bündniß zu treten, welches Spanien gegen Ludwig XIV. sichern könne. Auch die Höflinge und geheimen Räthe merkten die neue Wendung Auersperg's. Der eine schrieb an Lobkowitz [2]): „Wie ist es mit den Wienerischen Spaniern beschaffen; man spricht von einem einheimischen Cabinetskrieg." Ludwig XIV. schien den Abfall Auersperg's vorausgesehen zu haben; er ließ dem Minister durch Lionne und Gremonville 200.000 Livres als Entschädigung für den Cardinalshut anbieten. Das französische Cabinet war gewohnt, sich in solcher Weise Freunde zu suchen und zu erhalten. Man weiß, daß englische und schwedische

---

[1]) Gremonville an Ludwig XIV. Wien, 10. October 1669. Mignet, III. 444.

[2]) Johann Adolph Graf Schwarzenberg an Lobkowitz. Frauenberg, 23. November 1669. Schw. A.

Minister im Solde Frankreichs waren. Ein Secretär Auersperg's hatte gleich nach dem Abschluß des Theilungsvertrages 4000 Livres erhalten. Zehn Tage nachher, nachdem der Bericht Plittersdorf's in die Hände des Kaisers gelangt war, am 15. November, kam Gremonville zu Auersperg und entledigte sich vorsichtig und schlau seines Auftrages [1]). Er entschuldigte seinen König. Ludwig XIV. habe eine hohe Achtung vor der Geschicklichkeit und dem Einflusse des Fürsten, weil er die Freundschaft zwischen Kaiser und König hergestellt. Man habe in Rom alles aufgeboten, um ihn zum Cardinalat zu bringen; Lionne habe nochmals an Rospigliosi geschrieben, aber alle Versuche seien gescheitert. Ludwig XIV. möchte dem Fürsten gerne in anderer Weise Genugthuung geben, und biete ihm eine solche Summe, die er selbst für nothwendig halte, um zum Cardinalshut zu gelangen. Da regte sich doch in Auersperg der österreichische Edelmann. Er sprang wüthend auf und rief aus, daß man ihn verderben wolle. Gremonville fuhr in süßer verführerischer Weise fort, daß der König ihm nur für seine Arbeit und Tugend einen Ehrenlohn geben wolle, es liege in der Annahme desselben nichts Unehrenhaftes. Zugleich gab er Auersperg die Mittel an, wie er in Rom zu seinem Zweck gelangen könne. Der Fürst schien den Vorschlägen des Franzosen nicht ganz sein Ohr zu verschließen; aber das Geldanerbieten erwähnte er mit keiner Silbe mehr. Er antwortete, wie sehr er überzeugt sei, daß Ludwig XIV. alles angewendet habe, er wolle nicht mit Turenne, dessen Verdienste so besonderer Art seien, in Vergleich kommen, und bitte nur, der König möge ihm seine Gnade und Gunst erhalten. Dessenungeachtet kam es Gremonville vor, als wenn Auersperg entschlossen sei, nicht mehr seine Partei zu halten.

---

[1]) Gremonville an Ludwig XIV, 15. November 1669. Mignet, III. 446.

Der Minister hatte seit dem Sommer seine feste Haltung verloren. Er merkte, daß der Kaiser ihm nicht mehr so wie früher vertraute, und schlug die verschiedensten Wege ein, um dieses Vertrauen wieder zu gewinnen. Er wandte sich sogar an P. Müller, den Beichtvater des Kaisers, und an P. Emerich, den vertrauten Freund des Fürsten Lobkowitz. Dabei mischte er sich in die kleinsten Dinge. So beklagte er sich bei dem Kaiser, daß die zwei jungen Leute Marchese Pio und Grana gegen ihn intriguirten. Als Pio Trabantenhauptmann werden sollte, sprach Auersperg mit besonderem Eifer gegen ihn als einen armen Ausländer, eine Creatur des Gonzaga, ja er begehrte vom Kaiser für diesen Fall die „Jubilirung". Pio und Grana hatten erzählt, Auersperg habe von dem Kaiser verlangt, die verwittwete Kaiserin vom Hofe abzuschaffen, was dieser wieder als eine böswillige Verleumdung erklärte [1]). Als dann der spanische Gesandte den Kaiser im Auftrage seiner Regierung ersuchte, dem Fürsten Auersperg nichts mehr von den Geschäften, welche Spanien betreffen, mitzutheilen, weil er die Interessen beider Häuser verrathe, als ein Brief der Königin-Regentin von Spanien dasselbe Begehren aussprach, war das Maß voll [2]).

Am 10. December 1669 wurde Auersperg von dem Hofkanzler Hocher ein Brief übergeben, in welchem ihn der Kaiser vom Hofe verbannte, ihm Gehorsam und Stillschweigen auftrug und jede Correspondenz untersagte [3]). Der Hofkanzler

---

[1]) R. A.

[2]) Gremonville an Ludwig XIV., 2. Jänner 1670. Mignet III. 455.

[3]) Lieber Fürst von Auersperg! Nachdem aus gewissen erheblichen Ursachen mein Dienst und die Nottursst erfordert, daß Ihr von meinem kaiserlichen Hofstaat Euch retirirt, als ist mein ernstlicher und beständiger Befelch, daß Ihr von heut dato in den nächsten drei Tagen von hier nach Wels Euch erhebt, alldort bis auf fernere Verordnung verbleibt, Euch aller Correspondenz enthaltet und dem gebührend und gehorsam nachkommt, was Euch weiter mein geheimer Rath und Hofkanzler Hocher bedeuten wird. 10. December 1669. Concept von der Hand des Fürsten Lobkowitz. R. A.

hatte ihm noch mehreres mündlich zu berichten. In drei Tagen sollte Auersperg nach Wels in Oberösterreich abreisen. Er war tief getroffen, weinte, wollte erst in acht Tagen abreisen. „Das ist der Lohn für meine dreißigjährigen treuen Dienste", rief er aus [1]). Während der Reise schrieb Auersperg an den Kaiser und bat, daß ihm ein anderer Aufenthaltsort gestattet werden möge; in Wels könne er zu wenig für die Erziehung seiner Kinder thun, die Luft sei ihnen schädlich. In einem Briefe an Hocher bat er, bei dem Kaiser auszuwirken, daß er sich nach Laibach zurückziehen dürfe. Dies wurde ihm bewilligt. Er reiste durch Steiermark und Kärnten zurück und nahm seinen Wohnsitz in Laibach. Er hatte diese Stadt gewählt, weil sein Bruder dort lebte und weil seine Güter in Krain lagen.

Der Kaiser schien dabei ganz selbstständig vorgegangen zu sein. Er ersuchte die Kaiserin-Wittwe Eleonore, sich nicht hineinzumischen. Am 15. December schrieb der Kaiser nach Rom an den Cardinal von Hessen und zeigte ihm die Entfernung des Fürsten Auersperg an. Der Cardinal bedankte sich in seiner Antwort für das Vertrauen des Kaisers [2]). Er freue sich des Glückes, schrieb er, daß er in dieser Sache seinen Eifer habe beweisen können. Er habe auch den Cardinälen Rospigliosi und Azolini für die gute Freundschaft gedankt; diese seien auch ferner dazu geneigt. Nur möge man sie nicht nennen, auch diese Briefe sollen verbrannt und alle Schreiben an ihn in Chiffern geschrieben werden. Die Nachricht vom Sturze Auersperg's sei eben nach Rom gekommen, als alle Cardinäle im Conclave waren. Alle kamen in Aufregung und fragten nach der Ursache. Die es mit dem Kaiser gut meinen, sagten: einen solchen Mann, der die Geheimnisse des ganzen Hofes wisse, müsse man nicht antasten oder man müsse es

---

[1]) Mignet, III. 453.

[2]) Rom, 11. Jänner 1670, aus dem Conclave. Die Briefe des Kaisers und des Cardinals im R A.

ganz mit ihm ausmachen, denn da gebe es kein Mittelding; in seiner jetzigen Lage könne er noch zu den Franzosen übergehen und dem Kaiser viel Verlegenheit bereiten. Er selber stimme dieser Meinung bei. Ein vornehmer Cardinal habe gesagt: der Minister sei schuldig oder nicht; ist er unschuldig, warum greift man ihn an, ist er schuldig, so thue man ihm zu Recht.

Gewiß war Auersperg schuldig, weil er das Vertrauen des Kaisers für sich ausbeutete, das Interesse des Staates an seinen Privatvortheil knüpfte und sich der Gnade und Gunst eines fremden Monarchen anvertraute. Nach dem Standpunkte der Zeit hätte sich ein strafgerichtliches Verfahren gegen ihn einleiten lassen. Aber man war in Oesterreich gewohnt, die eigenen Sünden todtzuschweigen, die inneren Gebrechen vergessen zu machen. Hätte Wallenstein in Pilsen sich dem Kaiser Ferdinand II. unterworfen, und wie ihm jemand gerathen hatte, eine Truhe Geld nach Wien geschickt, er wäre friedlich in seinem Bette gestorben. Die Freunde Auersperg's streuten aus, Kaiser Leopold habe ihm durch den Hofkanzler sagen lassen, daß er in der kaiserlichen Ungnade keinen Verdacht eines Verrathes sehen möge.

Der Fall des berühmten Ministers machte viel Aufsehen. Er kam Allen unerwartet und Niemand vermochte die geheime Ursache zu enträthseln [1]). In Rom wurde erzählt, man habe unter Auersperg's Schriften einiges gefunden, was den Kaiser selbst berührte. Gremonville berichtete seinem Könige: alle Welt schreibe ihm die Ursache von dem Sturze

---

[1]) Die zeitgenössischen Geschichtschreiber waren indeß gut unterrichtet. Wagner I. 219, Rink I. 638 geben als die Ursache des Falles von Auersperg an, daß der König von Frankreich ihn als Cardinal empfohlen und der Papst die königlichen Schreiben nach Wien geschickt habe. E. Pufendorf erwähnt, daß die Verbindung mit Frankreich die Ursache war und daß die Spanier ihn gestürzt hätten. Hormayr, histor. Taschenbuch 1848, S. 88, 89.

Auersperg's zu, indem man glaube, daß sie noch im vollen
Einverständnisse seien; er halte das Ereigniß für einen Sieg
des Fürsten Lobkowitz und wolle sich nun an den guten
Willen des letzteren halten, um von dem Wechsel Nutzen zu
ziehen [1]). In einem späteren Berichte erzählte der Gesandte [2]):
die Kaiserin-Wittwe habe ihm die Ursachen des Falles Auersperg's mitgetheilt; es sei gewiß, daß Lobkowitz die Sache fein
und künstlich angelegt habe; der Brief der Königin von
Spanien habe ihm Gelegenheit geboten, seinen Feind zu
vernichten.

Auersperg selbst legte seinem Falle ähnliche Motive
unter. Den Bericht Plittersdorf's, die Thatsache, daß sein
Sturz von Rom aus, wo er seine besten Freunde, seine mächtigste Stütze glaubte, eingeleitet war, hat er nie erfahren.
Er hielt sein Unglück für eine Folge der Intriguen der Italiener und Spanier, besonders des Marchese Pio, der kurz
vorher, ungeachtet seiner Vorstellungen bei Hofe Trabantenhauptmann geworden war. In einem Briefe an die Kaiserin
Margaretha, den er vor seiner Abreise aus Wien schrieb,
verlangte er Gerechtigkeit. Die Spanier hätten seinen Sturz
gewollt, seine Feinde Lobkowitz und der Pater Rojas hätten
diese Intriguen angezettelt. Einen ähnlichen Brief schrieb er
an den Kaiser: "Allergnädigster Kaiser und Herr! Nach
etlichen dreißigjährigen Dienst, so E. M. Herrn Vater, Herrn
Bruder und Ihro selbst ich allergehorsamst geleistet, falle ich
hiemit vor die Füße und neme allermit Urlaub. Habe ich in
dieser Zeit große und gute Dienste verrichtet, so ist es allein
Gottes Werk gewest; allezeit aber weniger als ich verlangt
habe und schuldig war; hab' ich übel gedient, so ist es mein
Unvermögen gewest, niemals keine Untreu. Dieses schreibe ich

---

[1]) Gremonville an Ludwig XIV., 12. December 1669. Mignet
III. 453.

[2]) 2. Jänner 1670. Mignet, III. 454.

vor dem gerechten Gott und rufe ihn an, diese Wahrheit und Unwahrheit zeitlich oder ewig zu belohnen oder zu strafen. E. M. hat bisher beliebt, daß Gott und E. M. allein und nicht ich die Ursache meines gegenwärtigen Standes wissen sollte, ich aber hoffe, Gott werde einmal belieben, daß E. M. um alle mein Unschuld wissen werden, die jetzt mir und ihm allein bekannt ist. Im übrigen opfere ich diesen meinen Stand dem gütigen Gott auf, für E. M. und dero hoch= löblichen Hauses Wohlfahrt wünsche E. M. von ganzem Herzen allen göttlichen Segen, glückliche und lange Regierung und thue E. M. mich allerunterthänigst empfehlen" [1]).

Auersperg lebte noch einige Jahre zurückgezogen in Lai= bach und brachte seine Tage mit Jagen, Fischen und Studien zu. Ein Abbate [2]) berichtete, daß Auersperg mit Vorliebe theologische und philosophische Studien treibe, und sich jeden Tag zwei politische Sprüche und Aphorismen einpräge. Seine Frau und seine Kinder waren bei ihm. Sein älterer Bruder Wolf Engelbrecht Graf Auersperg war Landeshauptmann in Krain und that manchen Schritt, um ihn wieder zu Amt und Ehren zu bringen. Der Kaiser hatte Auersperg auf sein An= suchen die Privatcorrespondenz für sein Haus und die Erzie= hung seiner Kinder erlaubt, aber ihm nochmals das Verbot eingeschärft, nach Spanien oder an andere Höfe Briefe zu schreiben, welche das kaiserliche Haus oder die Regierung be= träfen. Auersperg scheint sich nicht genau daran gehalten zu haben, indem er die Hoffnung auf eine Zurückberufung, auf ein Bisthum oder das Cardinalat noch nicht aufgegeben hatte. Er schrieb ein Jahr nach seinem Falle an Hocher [3]): er habe 200.000 fl. Schulden gemacht in der Hoffnung, daß er im

---

[1]) Wien, 16. December 1669. Beide Briefe im R. A.

[2]) P. Federici, kaiserl. Agent bei der Republik Venedig. Brief an Loblowitz, Triest, 17. Mai 1670. R. A.

[3]) 10. December 1670. R. A.

Amte bleibe; der Kaiser möge seine Verantwortung hören und
ihn mit den schwersten Strafen belegen, aber er solle ihm die
Anwartschaft auf den Cardinalshut und die Pension belassen.
Lobkowitz und Hocher antworteten ihm jedoch, daß der Kaiser
seine Fürsprache zum Cardinalat wie die Pension zurückziehe,
weil er dem Befehle entgegen sich in einen Briefwechsel ein=
gelassen habe. Noch 1671 sagte der Cardinal Altieri in Rom
zu Plittersdorf, daß Auersperg geschrieben habe, er könne wieder
zu Hofe kommen, wenn er wolle.

Auersperg hat in seinem Unglück wenig Theilnahme erfahren. In Deutschland waren die Kurfürsten von Mainz und
Brandenburg immer gegen ihn. Sie hatten ihm vorgeworfen,
daß er ihnen nicht vertraue und von Reichssachen wenig ver=
stehe. Am Wiener Hofe war der gefallene Minister bald ver=
gessen; kaum sein Name wurde mehr genannt [1]). Der Fürst
erlebte es aber noch, daß sein Gegner Lobkowitz, der nach
ihm an die Spitze der Geschäfte trat, ein ähnliches Schicksal,
die Verbannung vom kaiserlichen Hofe erfahren mußte. Auersperg starb in seinem Schlosse Seissenberg in Krain, am 13.
November 1677, 62 Jahre alt. Sein Leib wurde in der
Franciscanerkirche in Laibach begraben. —

[1]) Baron von Schwerin hat mir gesagt, daß man zu Wien schon
den Fürsten vergessen, als wenn er nie dagewesen; was uns materiam
gegeben, zu betrachten, wie vergänglich und caduc alles sei, was von
fortune, favor, credit und autoritaet bei den Höfen gehalten wird.
Goës an Lobkowitz, Berlin, 10. Februar 1670. R. A.

X. Lobkowitz als erster geheimer Rath.

1669—1674.

Am selben Tage, an welchem Fürst Auersperg seiner Stelle entsetzt wurde, erhielt Lobkowitz seine Ernennung zum ersten geheimen Rath. Bereits 1655 hatte ihm Ferdinand III. und 1668 Leopold I. diese Stelle versprochen [1]). Er war nun an dem Ziele, nach welchem er seit seinem ersten Auftreten am Wiener Hofe so eifrig gestrebt hatte. Ein Handbillet vom 10. December übertrug ihm die erste Stimme im geheimen Rath und in Abwesenheit des Kaisers die Leitung aller Geschäfte „ohne Eintrag und Hinderniß", ja sogar auf Lebenszeit [2]). Der neue Minister war an keine Instruction, an kein Gesetz gebunden, durch nichts beschränkt als durch den Willen des Kaisers, durch seine Ueberzeugung und sein Gewissen. „Ich vertraue dem Fürsten vollständig", schrieb der Kaiser an einen vertrauten Geistlichen, „ich liebe ihn und vertraue ihm alle meine Handlungen" [3]). Durch einige Jahre genoß Lobkowitz das alleinige und unbegrenzte Vertrauen des Kaisers [4]). Am Hofe und im Staate war ihm alles unterthan. Mit einem gewissen Selbstgefühl konnte er einmal schreiben: „wenn ich

---

[1]) Briefe Leopold's, 27. März, 6. September 1668. R. A.

[2]) Brief Leopold's, 10. December 1669. R. A.

[3]) An P. Emerich, 23. November 1669, 6. August 1671. Ego vero amo illum et omnia reliquo et mea facta illi confido. St. A.

[4]) Le prince L. devenu dépositaire unique de la confiance d'un souverain jeune et indécis. Mignet, III. 457.

den ganzen kaiserlichen Hof regiere". Auch die stolzen ungarischen Magnaten, die ihn haßten und fürchteten, beugten sich vor ihm.

Lobkowitz war damals bereits 60 Jahre, aber gesund, kräftig, von heiterem Gemüthe, ein stattlicher Herr, der sich geltend zu machen wußte. Aus dieser Zeit stammt das Bild, das im Anfange dieses Buches geschildert ist. Noch sieht man ihm den Soldaten an, aber dieser ist jetzt versteckt hinter dem Hof- und Staatsmann, der in geschlossenen Räumen lebt, auf Teppichen geht, der die Politik wie ein Schachspiel liebt, für alle Welt ein freundliches Gesicht hat und sie belächelt und verachtet. Die venetianischen Gesandten[1]) rühmen seine Fähigkeiten, seine Kenntnisse, seine Klugheit und Erfahrung, bemerken aber dabei, daß er sich oft übernahm, unangenehme Dinge gerne bei Seite schob, alles lächerlich machte, seinen Witz in die ernstesten Geschäfte mischte und im Grunde vor Niemand Achtung hatte, als vor sich selbst[2]). Gremonville nennt ihn einen schwachen, hitzigen, schlauen und ehrgeizigen Mann, der immer fürchte sich zu compromittiren und lieber der erste Rath seines Herrn als ein Minister der That sein wolle[3]). In den Verhandlungen mit Frankreich zeigte sich Lobkowitz unentschlossen, schwach, aber in allen anderen äußeren und inneren Fragen trat er entschieden und unabhängig auf. Seine politische Anschauung wurzelte in seiner Ueberzeugung und Erfahrung, in den Verhältnissen der Zeit und des Staates, dem er diente. Sein Ziel war, Oesterreich von Spanien unabhängig zu erhalten, auf die natürliche Verbindung mit Deutschland zu stützen und den Frieden mit Frankreich zu erhalten. Er war für die Einheit der Monarchie, nicht wie Zierotin durch Ver-

---

[1]) Molin 1661, Sagredo 1665, Giorgi 1671, Morosini 1674. Msc. St. A.

[2]) e non ha stima, che di se stesso. Sagredo, 1665.

[3]) Mignet, III. 457.

einigung der Volkskräfte, wie sie sich in den Ständen darstellten, sondern wie sein Vater Zdenko Lobkowitz durch die Autorität der Krone. Er huldigte dem Grundsatze, welchen ein Stadion 1623 an den Herzog von Tirol geschrieben hatte: „Die Länder, welche Einen König, Einen Glauben und Ein Gesetz haben, werden am friedlichsten und glücklichsten regiert und erhalten" [1]).

Der Wiener Hof hatte sich seit den Jahren, in welchen ihn das IV. Capitel schildert, mannigfach verändert. Leopold I. war nicht mehr der schwächliche Knabe von 1657. Er war ein starker, gesunder, rüstiger Mann, aber die Scheu und Schüchternheit seiner Jugend war ihm geblieben. Die jesuitischen Beichtväter und Erzieher hatten dafür gesorgt, daß er nicht sobald selbstständig werde. Für alle öffentlichen Dinge war ihm eine vorsichtige Zurückhaltung empfohlen, weil er dadurch sein ruhiges Gewissen am besten bewahren könne. Die Erfahrung zeigte, daß sie dabei ganz andere und weltliche Absichten verfolgten [2]). Leopold hatte Geist, ein kluges rasches Urtheil, viel Neigung und Aufmerksamkeit für die Geschäfte, aber er vermied es eine bestimmte Meinung oder einen bestimmten Willen auszudrücken. Er mißtraute seiner eigenen Kraft, glaubte durch große fürstliche Handlungen sein Seelenheil gefährdet, scheute jede Verantwortung. Im Rathe folgte er immer der Majorität. Er liebte es, in Hof- und Staatssachen das Für und Wider zu hören, und fragte deßhalb mehrere um Rath. Nach dem Tode Portia's glaubte man, er werde selbstständig regieren, aber er wechselte nur die Namen, er folgte Auersperg, Lobkowitz und nach ihnen noch vielen Anderen.

---

[1]) Nam unita manus dissipata fortior. Bidermann, Geschichte der österreichischen Gesammt-Staats-Idee. 1867. I. Abth. 28.

[2]) Mà forse con più occulte e più terrene intentioni, come hà più volte palesato l'esperanza. Morosini 1674. Massime è con sciochezza ò con malitia impresse. Michiele 1678.

Und doch wachte er eifersüchtig darüber, daß ihm in Staatsfragen der Entscheid allein vorbehalten bliebe. Sein Volk wünschte ihn mehr kriegerisch als fromm, aber er ist nie Soldat und Feldherr geworden wie sein Vater in jungen Jahren. Wie Philipp II. von Spanien regierte Leopold sein Reich von seinem Cabinete aus und schrieb deßwegen außerordentlich viel. In seiner politischen Denkart war er ein absoluter Herr, und leitete seine Gewalt wie Ludwig XIV. und alle Fürsten seiner Zeit vom göttlichen Willen und von göttlicher Vollmacht ab. Doch erkannte er neben seinem absoluten Rechte auch Pflichten gegen das Volk, gegen Gott und gegen die Majestät seiner Würde. Die Hoftheologen, Juristen und Staatsmänner wetteiferten, diese absolutistischen Neigungen zu verstärken, ja sie brachten Leopold zu dem Versuche, die ungarische Verfassung zu stürzen und die unumschränkte Gewalt der Krone einzuführen. Das Privatleben Kaiser Leopold's war makellos. Die Venetianer werden nicht müde, seine Sittenreinheit, Frömmigkeit und Wohlthätigkeit zu preisen. Im Hinblicke auf die Sittenverderbniß der Höfe stellen sie Leopold als das Muster eines guten, christlichen Fürsten dar. Seine Jugendneigungen zur Jagd, Musik und Poesie waren ihm geblieben. Die frische Freudigkeit des Lebens hat Leopold weder früher noch später empfunden. Er war immer ernst, düster, verschlossen, liebte ein zurückgezogenes Leben. Seine erste Frau, die spanische Margarethe, stimmte mit ihm überein. Sie hatten damals nur ein Kind, eine Tochter, Marie Antonie, geboren den 18. Jänner 1669. Die spanischen Gesandten betrachteten dieses Kind als ihre künftige Königin und erwiesen ihm königliche Ehren [1]).

Es war an dem Wiener Hofe einsam, still und freudlos

---

[1]) Charakteristik K. Leopold's I. nach den Berichten der Gesandten Molin 1661, Sagredo 1665, Giorgi 1671, Morosini 1674, Michiele 1678, Giustiniani 1682. Mc. St. A. Helbig: Bericht Pufendorf's 1862.

geworden. Das meiste Geräusch machte noch die Kaiserin-Wittwe Eleonore, damals eine Dame von 39 Jahren, welche Vergnügen, Beifall und Ruhm liebte. In dem Kreise, den sie um sich versammelte, zeigte sie sich gewandt, freimüthig und unterrichtet. Der Kaiser schätzte sie hoch und sie nahm viel Einfluß. Die Heirat ihrer Tochter Eleonore mit dem Könige von Polen hatte sie mit Muth und Ausdauer durchgesetzt. — Der Oheim des Kaisers, Erzherzog Leopold Wilhelm war bereits 1662 (20. November) gestorben. In seinem Testamente vermachte er alle Gemälde, Statuen und Münzen, „als den vornehmsten und liebsten Theil seiner Verlassenschaft", dem Kaiser. Als Universalerbe war der junge Erzherzog Carl Joseph eingesetzt; er erhielt auch die Ordenskleinodien. Die anderen Kleinodien, goldene Gefäße, Diamantringe u. a. hatte er seinen Nichten, den Töchtern der Kaiserin-Wittwe und seiner Schwester, der Kurfürstin von Baiern vermacht. Portia und Trautson erhielten jeder 10.000 fl., Schwarzenberg als Schuldenzahlung 250.000 fl., die Jesuiten das Haussilber, die Bibliothek und 50.000 fl. zum Bau eines Collegiums in Neustadt. Diener, Aerzte und Arme waren bedacht. Noch waren 100.000 fl. Schulden, die aber von ausständigen Geldern leicht bezahlt wurden [1]). Der Universalerbe Erzherzog Carl Joseph, ein Stiefbruder des Kaisers, war ein lebhafter geistvoller Knabe, von dem man hohe Erwartungen hegte. Man hatte in Wien daran gedacht, als man 1657 das Bündniß mit Polen schloß, ihn als König wählen zu lassen. 1662 war er zum Gouverneur der Niederlande, nach dem Tode seines Oheims zum Hoch- und Deutschmeister bestimmt. Aber er starb frühzeitig, 15 Jahre alt, am 27. Jänner 1664. Der Tod räumte in der Familie der Habsburger gewaltig auf. Auch die Tiroler Linie starb im Mannsstamme aus und Tirol

---

[1]) Testament vom 9. October 1661, Copie vom 26. Mai 1663. Msc. Schw. A.

wurde wieder mit dem Gesammtstaate vereinigt. Es soll hier einiges darüber erzählt werden.

Seit einem Jahrhundert (1565—1665) war Tirol mit Oesterreich nur in einem föderativen Verbande und hatte in Verfassung und Verwaltung eine fast unabhängige Stellung. Der geheime Rath in Wien, welcher in den wichtigsten Angelegenheiten eine einheitliche Regierung für Deutsch=Oesterreich und in gewisser Beziehung auch für Ungarn darstellte, nahm auf Tirol gar keinen Einfluß. Zur Zeit Ferdinand's III. und Leopold's I. regierte dort der Erzherzog Carl Ferdinand, ein Sohn der Florentinerin Claudia Felicitas. Er war geboren den 17. Mai 1628, trat 1646 die Regierung an und heiratete die Florentinerin Anna, eine Tochter Cosmus II., des Großherzogs von Florenz. Er war achtzehn, sie dreißig Jahre alt. Das Paar lebte lustig in den Tag hinein, verschwendete das kleine Einkommen für Hoffeste und Bauten, und sehnte sich nur nach den dreizehn Millionen Livres, welche Frankreich im westphälischen Frieden für den Elsaß und Sundgau versprochen, aber niemals gezahlt hatte. Carl Ferdinand war dabei ein kleiner Tirann, der 1651 den treuen Diener seiner Mutter, den Kanzler Biener enthaupten ließ. Sein Bruder Sigismund Franz, geboren 1630, war schon mit vierzehn Jahren Bischof von Brixen, mit sechzehn Bischof von Augsburg, mit fünfundzwanzig Jahren Cardinal und einige Jahre später Bischof von Trient und Gurk. Am Hofe zu Innsbruck hatten sich die Italiener festgesetzt, besonders der Graf Bernard Ferrari. Er war ein Unterthan des Herzogs von Savoyen, vermählt mit einer Enkelin des österreichischen Markgrafen von Burgau. Um etwas von der Aussteuer seiner Schwiegermutter herauszuschlagen, war er nach Innsbruck gekommen. Er gefiel dem Erzherzog, wurde der Obersthofmeister der Erzherzogin Anna und beherrschte seinen Herrn bald ganz und gar. Er lenkte den Hof, verfügte über den Schatz und war dabei sehr auf die Vermehrung seines eigenen Vermögens bedacht. Die Regierung leitete der Oberstkanzler Baron Berthold, ein Mann bürgerlicher Herkunft, der sich selbst emporgearbeitet hatte, wegen seiner Gesetzeskenntniß geschätzt, treu und ehrenwerth. Lange Zeit leistete er der Verschwendung des Erzherzogs Carl Ferdinand Widerstand. Nur durch ihn wurden Nellenburg, welches damals der Fürst Auersperg kaufen wollte, Burgau und die Elsäßer Städte dem Hause Oesterreich erhalten. Graf Spaur, Regierungspräsident in Innsbruck, stammte aus dem Rittergeschlechte dieses Namens, war in Wien mit den Pagen des spanischen Gesandten erzogen worden und frühzeitig in den öffentlichen Dienst getreten. Er war ein mittelmäßiges Talent, aber voll guten Willen, gerade und offen. Der Regierung von Tirol gehörte auch der Kanzler Johann Paul Hocher an, der Sohn eines Professors des römischen Rechtes in Freiburg. Hocher fing als Advocat in Botzen an, wurde 1652 Regierungsrath, später Kanzler und wegen seiner Kenntniß des deutschen Rechtes viel zu Gesandtschaften verwendet. 1662 trat er in den Dienst des Kaisers. Sein Nachfolger Troyer war nicht Doctor, aber ein gescheidter Herr, dem Hocher besonders vertraute. Der Oberst Baron Kaiserstein, ein Mann von tadellosem Ruf, leitete unter dem Titel Staatsrath die militärischen Geschäfte von Vorderösterreich [1]). Der Erzherzog Carl Ferdinand starb plötzlich 1662 am 20. December. Sein Bruder Sigismund, damals zweiunddreißig Jahre alt, ein lebenslustiger Herr, zog das geistliche Kleid aus, trat die Regierung an und wollte heiraten, um Tirol seinem Stamme zu erhalten. Er war bereits durch Procuration mit Marie Hedwig, einer Tochter des Pfalzgrafen Christian August von Sulzbach verlobt, starb aber noch vor der Heirat

---

[1]) Innsbrucker Ministri und deren ad singulos gerichtete Beschreibung. Aufzeichnungen des Grafen Adolph Schwarzenberg. Msc. Schw. A. Vgl. A. Berger, Zeitschrift Carniola, Laibach 1840, Nr. 17, 18.

plötzlich, wie man sagte, von seinem italienischen Leibarzte Agricola vergiftet, am 25. Juni 1665.

Die Tiroler Linie des Hauses Oesterreich war im Mannsstamme erloschen. Das Recht der Nachfolge ging auf den Kaiser über, und dieser nahm auch noch im selben Jahre Besitz von dem Lande. Auf die erste Nachricht vom Tode des Erzherzogs schrieb der Kaiser am 29. Juni an die Stände von Tirol, daß er die Regierung antrete und bis auf Weiteres die Räthe des verstorbenen Fürsten in Wirksamkeit lasse. Ein zweites Schreiben [1]) berief den Tiroler Landtag für den 26. October nach Innsbruck, um den Huldigungseid zu leisten und die Landesbedürfnisse zu berathen. Von dem ständischen Ausschusse, welchen der Landeshauptmann Graf Wolkenstein nach Sterzing zu einer Berathung eingeladen hatte [2]), war bereits im Juli eine Deputation nach Wien geschickt, um dem Kaiser das Land zu empfehlen und zu erklären, daß sie ihn als den rechtmäßigen Nachfolger, Herrn und Landesfürsten anerkennen. Anfangs October kam der Kaiser mit den vornehmsten Ministern und einem ungeheuren Gefolge von Hofherren und Dienern nach Innsbruck [3]). Weil der Kaiser wegen der Nachricht vom Tode des Königs von Spanien bald nach Wien zurückreisen wollte, wurde der Landtag am 19. October eröffnet. Nachdem der Hofvicekanzler Paul Hocher im Namen der Regierung zur Erbhuldigung aufgefordert hatte, sprach der Kaiser selbst die Stände an, bezeigte seine Liebe für das Land und bestätigte die alten Rechte und Freiheiten. Hocher hatte eine neue Huldigungsformel entworfen, aber die Landschaft ging nicht darauf

---

[1]) Vom 3. August 1665.
[2]) 12. Juli 1665.
[3]) 2. October. Kurzer Bericht, wie an den Allerdurchl. Herrn Leopoldum erwählten Römischen Kayser... diese fürstliche Graffschaft Tyrol angefallen. Museum Ferdinandeum in Innsbruck, bibliotheca tirolensis B. DLVIII. 1121. N. IV.

ein, und leistete die Huldigung nach dem alten Brauch am
20. October. Die Landtagsverhandlungen dauerten noch bis
23. November, aber der Kaiser war schon den 26. October
nach Wien zurückgekehrt ¹).

Mit der selbstständigen Verwaltung in Tirol war es
vorbei. Der Kaiser nahm 1,200.000 Thaler aus dem Schatz,
mit welcher Summe er später die schlesischen Fürstenthümer
Opeln und Ratibor auslöste. Die verlobte Braut des verstorbenen Erzherzogs erhielt eine Pension von 12.000 fl. Die
Landstände übernahmen geduldig die Schulden ihrer letzten
Fürsten. An die Spitze der Regierung wurde ein Staatsrath gesetzt ²), der wie jener in Innerösterreich von dem geheimen Rath in Wien abhängig war. Der erste Rath war
Graf Königsegg, dann der ehrliche Berthold. Dieser zog sich
1669 mit einer Pension in's Privatleben zurück, bereute es,
begehrte in Wien seine Wiederanstellung, wurde aber nicht
mehr zur Audienz gelassen. Nach ihm übernahm Kaiserstein
den Vorsitz. Spaur blieb Regierungspräsident, Troyer Kanzler
und Ferrari Obersthofmeister der Erzherzogin Anna. Sein
Einfluß war jedoch gebrochen und lebte erst wieder auf, als
der Kaiser 1673 die Tochter der Erzherzogin Anna, Claudia
Felicitas heiratete.

Das Ministerium in Wien oder die Conferenz bestand
1669 aus den geheimen Räthen Fürst Lobkowitz, Graf Lamberg, Fürst Schwarzenberg, Graf Sinzendorf, Montecuculi
und Hocher. Der geheime Rathstitel gewährte nicht mehr das
Amt eines Ministers. Er wurde immer häufiger vergeben.
Im Anfang der Regierung Leopold's I. waren 20, 1677 21,
1687 54 geheime Räthe. Der Kaiser wehrte sich gegen die
Gesuche. Als 1672 drei Bewerber zugleich auftraten, schrieb

---

¹) Museum Ferdinandeum. Huldigungs-Landtag 1665, I. c. 42.
MCCCXLVIII. N. 3.

²) Seel, Geschichte von Tirol 1817, III. 310.

er an P. Emerich¹): „wollte nit gern duzet und bandelweis geheime Räthe machen." Einheit war in dem Ministerium nur, insofern Wenzel Lobkowitz gebietender Herr war, und die übrigen Minister selten einen Widerstand wagten. Sie fragten Lobkowitz um Rath, ehe sie dem Kaiser berichteten, erzählten die Antwort, hielten Sitzungen in seinem Hause. Montecuculi und Schwarzenberg fügten sich ihm. Jener wurde als Politiker und als tüchtiger Feldherr, der die Armee zum Siege führen könne, geschätzt. Schwarzenberg war seit dem Tode des Erzherzogs Leopold Wilhelm, dem er durch so lange Jahre gedient hatte, Präsident des Reichshofrathes. Seine Kenntnisse, seine Verbindungen und sein Besitz im Reiche befähigten ihn dazu. Für die innere österreichische Politik hatte er nur mitzureden, wenn er gefragt wurde, und der Kaiser fragte ihn gerne um Rath. Seine Stimme war im geheimen Rath von Gewicht. Schwarzenberg hatte sich ganz in die Interessen des Hauses Oesterreich eingelebt. Man sagte, er strebte darnach erster Minister zu werden. So gut er mit Lobkowitz stand, er verließ diesen, als ihn die Ungnade des Kaisers traf. Seine Einkünfte wurden auf 150.000 fl. geschätzt²).

Eine fremdartige Gestalt und eigenthümlicher Charakter war der Hofkanzler Johann Paul Hocher, damals bereits Freiherr von Hohengran. Wie erzählt wurde, trat Hocher aus der Regierung von Tirol in kaiserliche Dienste, wurde 1663 Reichshofrath, 1665 bei der Uebernahme von Tirol österreichischer Hofvicekanzler und 1666 Hofkanzler, ungefähr das, was wir heutzutage den Minister des Innern nennen. Man trug ihm 1666 die Leitung der Regierung von Tirol an, aber er schlug die Stelle aus: „er wolle sich lieber mit der Stelle eines österreichischen Hofkanzlers begnügen", schrieb er an Lobkowitz. Dieser hatte Hocher gehoben, vertraute auf ihn

---

¹) 16. Februar 1672. St. A.
²) Giustiniani 1682.

und blieb ihm immer zugethan. Seiner Frau schickte er Geschenke an Geschmeide und kostbaren Seidenstoffen. Hocher schrieb an Lobkowitz ergeben, aber niemals kriecherisch. Nach allen Seiten hin verhielt er sich klug, zurückhaltend und selbstständig. Er hatte eine große Geschäftskenntniß, einen außerordentlichen Fleiß und viel Geduld, arbeitete jedoch langsam und sprach ermüdend. Seine Treue und Verschwiegenheit war zweifellos, sein Leben untadelhaft. Er war unbestechlich, für Schmeicheleien und Auszeichnungen unzugänglich. Als einmal der Secretär Abele erzählte, von Hocher sei keine Ausfertigung ohne Geld zu erhalten, verlangte dieser sogleich den Widerruf und eine schriftliche Ehrenerklärung [1]). Hocher genoß das volle Vertrauen des Kaisers. Sein Ansehen und sein Einfluß wuchs mit den Jahren. Die größten Herren scheuten sich nicht, um sein Fürwort zu bitten. Als er 1671 in Regensburg war, drängten sich Bürgerliche und Adelige, Beamte und Soldaten an ihn und bettelten um Geld und Stellen. Hocher war dabei viel gehaßt und verfolgt, am meisten von den Ungarn und allen jenen, welche noch an der ständischen Freiheit hingen. Hocher war einer der royalistisch gesinnten Juristen, welche die Gewalt der Souveraine auf die Autorität der römischen Gesetze stützten. Wie Hobbes vertheidigte er den harten selbstsüchtigen rationellen Absolutismus seiner Zeit. Er war aus dem dreißigjährigen Kriege erwachsen. Die wüsten Zustände und zerfallenen Gewalten, die er gesehen, gaben ihm die Ueberzeugung von der Nothwendigkeit der absoluten Monarchie. Der Souverainetät des Kaisers gegenüber erkannte er in Oesterreich keine ständischen und keine Volksrechte. Wer dagegen handelte, war verloren. Das Gesetz wurde streng bewacht und streng vollzogen. Hocher wirkte am meisten dafür, den Ungarn ihre alte Freiheit zu nehmen und eine neue Ordnung im Lande

---

[1]) Hocher an P. Emerich, 21. Februar 1679. St. A.

einzuführen. Die wichtigsten Angelegenheiten gingen durch seine Hand [1]), und er behauptete sich in der Gunst des Kaisers bis zu seinem Tode (1683). Die Grundsätze Hocher's theilte Christoph Abele, aus dem Breisgau gebürtig, Secretär der Hofkanzlei und 1669 Secretär der geheimen Conferenz, übrigens eine unterthänige Schreibernatur ohne Geist und Talent. Hocher und Abele waren Freunde und Gönner der Jesuiten.

Die merkwürdigste Persönlichkeit an dem Wiener Hofe war der Capuciner P. Emerich, ein geborner Ungar, mit seinem Familiennamen Sinelli genannt. Er war Prediger an verschiedenen Orten, dann Capucinerguardian in Wien, Prediger bei den Schotten, Beichtvater des Fürsten Lobkowitz und später auch des Kaisers, ein stiller, bescheidener, verschwiegener Mann, der nichts für sich und nichts für andere verlangte, und trotz seines Einflusses sich immer nur unterschrieb: der unterthänige Capellan P. Emerich [2]). Der Kaiser wandte sich von 1658 an in allen wichtigen Angelegenheiten an ihn. Jeden Tag schrieb er ihm. P. Emerich erhielt Einsicht in die geheimen Instructionen der Gesandten, in die Begleitschreiben derselben, in die geheimen Rathsbeschlüsse, in allen Wechsel der Politik und in die Intriguen des Hofes. Der Kaiser theilte ihm alle Anklagen gegen Lobkowitz mit, damit dieser seine Feinde kenne und auszuweichen vermöge. Damit P. Emerich frei reisen könne, verschaffte ihm Lobkowitz das Missionariat [3]) für das deutsche Reich und die österreichischen Erbländer. Nur ungern war der römische Hof darauf eingegangen. Man kannte den Einfluß des einfachen Capuciners noch nicht. Nach dem Sturze

---

[1]) L'importissima materia dell' Ungheria passò per le sue mani precisamente. Giorgi, 1671. Die Charakteristik Hocher's ist nach den Berichten Giorgi's, Morosini's, Michiele's, Giustiniani's und Pufendorf's.

[2]) Infimus et submissimus capellanus P. Emericus, Capucinus. Das k. k. Staatsarchiv bewahrt die Briefe des Kaisers an P. Emerich 1658—1680.

[3]) Deputirter der Congregation de propaganda fide und Missionär.

Lobkowitz's war P. Emerich factisch der erste Minister. 1680
wurde er Bischof von Wien und Conferenzminister. Er war
immer ein Gegner der Jesuiten und hatte die gewaltsame
Bekehrung in Ungarn widerrathen. Er starb in Wien 1685
(23. Februar).

Wer vermöchte noch all' die Statthalter, Präsidenten,
Landeshauptleute, die geheimen Räthe in den Provinzen zu
schildern? Alle waren Lobkowitz gefügig, unterthänig. An jedem
Neujahrstage, am Ostertage schrieben sie der Sitte der Zeit gemäß
ihre Glückwünsche und brachten sich dabei in Erinnerung. Auch
die Ungarn, Palatin Palfy, Palatin Wesseleny, Ban Zrini,
Graf Nadásdi u. a. wandten sich an Lobkowitz. Er hatte manche
Klage zu hören, manchen Streit zu schlichten. Die Gesandten
an den fremden Höfen richteten ihre Briefe und Berichte
an Lobkowitz, fragten um Rath, baten um Befehle[1]). Viele
waren Ausländer, meist Bürgerliche oder niedere Edelleute.
Einige mögen hier genannt werden: Johann Freiherr von
Goës, aus einer niederländischen Familie, geboren 1611, wurde
unter Ferdinand III. Reichshofrath und unter Leopold I. Gesandter. Er versah mehrere Missionen in der Türkei, schloß
mit Reninger den Vasvárer Frieden und kam dann als Gesandter nach Berlin. Damals empfahl er für den österreichischen
Dienst den bekannten Strattmann, der Neuburgischer Resident
in Cleve war und später in Oesterreich zu hohen Ehren kam.
Goës trat nach dem Falle des Fürsten Lobkowitz aus und
wurde Geistlicher. Der Kaiser gab ihm das Bisthum Gurk.
Noch einmal verhandelte er für Oesterreich in dem Frieden
von Nimwegen, wurde 1686 Cardinal und starb in Rom
1696. — Daniel Johann Krampich von Cronenfeldt, ein
Deutscher, war durch seine Gelehrsamkeit bekannt geworden.

---

[1]) Ihre Berichte im R. A. Sie zeigen wie lebendig die österreichische Politik ausgriff, weit mehr als man in Paris, London und Haag
glaubte.

Er sollte 1665 die Erziehung der Prinzen von Baden übernehmen, auch Lobkowitz wünschte ihn als Erzieher seines Sohnes, aber Kramprich verlangte eine Hofkammerrathsstelle. Er wurde Resident in Warschau, Gesandter im Haag, bekam aber seine Besoldung selten ausbezahlt. Einmal, als er kein Geld erhalten konnte, bat er ihn ein geistliches Beneficium dafür zuzuweisen. Als Ritter des h. Mauritius- und Lazarusordens könne er nach einer Bulle des Papstes Pius V. auf ein Einkommen bis zu 500 Ducaten rechnen [1]). Der bekannteste Diplomat jener Zeit ist Franz de Lisola, aus Besançon gebürtig und seit 1639 in kaiserlichen Diensten [2]). Er war Resident in Polen, Gesandter in Holland und England. Dort trat er in Verbindung mit William Temple und anderen Staatsmännern gleichen Sinnes. Lisola war ein großer Franzosenfeind. 1667 schrieb er gegen Ludwig XIV. die berühmte Abhandlung: „Schild des Staates und des Rechtes" [3]). Er führte eine geschickte Feder, aber man nahm an, daß er viel besser die Kriegsflamme zu schüren als zu löschen verstände. Lisola hat 1674 die Gefangennahme des Landgrafen Wilhelm von Fürstenberg in Köln eingeleitet. — Zur Zeit des ersten Theilungsvertrages mit Frankreich von 1666—1670 war in Paris Gesandter Johann Franz von Wicka. Er stammte aus einer alten Patricierfamilie in Basel und war durch seinen Besitz im Breisgau Landstand von Vorderösterreich. Seine Depeschen gingen immer über Freiburg, weil sie auf dem geraden Wege nicht sicher waren. Er klagte, daß die Geheimnisse in Paris nur schwer zu erfahren seien. Die Kanzellisten des auswärtigen Amtes würden alle eingesperrt. Seit unter Lionne einer hingerichtet worden, könne man nichts mehr erfahren.

---

[1]) Krampich an Lobkowitz, 9. Mai 1669. R. A.
[2]) Bayle dict. hist. III. 131. Zedler, Lexicon XIII. 1393.
[3]) Bouclier d'état et de justice contre le dessein manifestement découvert de la monarchie universelle. Mignet, II. 219.

Wicka hatte aber doch seine Quellen, wußte alle Neuigkeiten und theilte manches über Gremonville mit, wie dieser sich in seinen Berichten der Herrschaft über die österreichischen Minister rühme. Wicka wurde später Kammerrath in Oberösterreich, 1688 Graf von Wickburg und Reinegg. — In Paris folgte ihm als Gesandter Gottlieb Graf Windischgrätz. Er hatte vornehmlich in dem Streite wegen Lothringen zu verhandeln. Ludwig XIV. wollte ihm ein Geschenk machen, aber Windischgrätz lehnte es ab. Er klagte, daß sein Courier kaum zwei Häuser von ihm entfernt angefallen, seiner Papiere und des Geldes beraubt wurde. Durch seine zweite Frau, eine Prinzessin von Oettingen, kam Windischgrätz in die Verwandtschaft des Fürsten Lobkowitz. — In Madrid war seit 1663 Graf Franz von Pötting, ein Jugendgespiele des Kaisers und von diesem sehr geschätzt. Seine Berichte sind alle unklar, verworren. Lobkowitz war er vollkommen unterthänig. Er nennt ihn einen erleuchteten Minister, ein wahres Muster. Pötting bewarb sich lange um ein Hofamt. 1671 erhielt er die Stelle eines Hofmarschalls, mußte aber gegen seinen Willen noch bis 1673 in Madrid bleiben. Sein Nachfolger in Spanien war Graf Ferdinand Harrach, der bereits als außerordentlicher Gesandter Geschäfte an fremden Höfen verrichtet hatte. — In Rom war der genannte Freiherr Johann von Plittersdorf. Uditore di Rota war der Cardinal von Hessen, auf den jedoch Lobkowitz nicht gut zu sprechen war. „Der Cardinal taugt nicht zu großen Geschäften, sagte Lobkowitz, nur zu Formalitäten und das noch schlecht genug". Als sich der Cardinal in die polnischen Angelegenheiten mischen wollte, verhöhnte ihn Lobkowitz: er habe nicht einmal vermocht den Cardinalshut für den österreichischen Candidaten zu erlangen und wolle sich nun so wichtiger Dinge annehmen; „es gehöre mehr zum Tanz als ein paar Schuhe". Uebrigens vergaß Lobkowitz die Rücksichtslosigkeit nicht, mit welcher der römische Hof alle Begehren des Kaisers aufnahm.

„Er wolle, schrieb er an Plittersdorf¹), zu Rom wohl agitiren, daß sie keine weiteren Schelmstücke gegen Se. Majestät practiciren". Unter dem neuen Papst Innocens XI. hatte Plittersdorf noch mehr zu klagen, daß der römische Hof je länger je mehr allen Respect vor dem Kaiser hintansetze, und für jedes Begehren desselben nur leere Versprechungen habe. Er setzte es durch, daß der Markgraf von Baden im Consistorium 1672 zum Cardinal ernannt wurde, aber er fühlte sich nicht mehr behaglich in Rom und begehrte seine Abberufung. Plittersdorf wurde dann Reichshofrath.

In der inneren Politik trat Lobkowitz überall entschieden und unabhängig auf. Er führte keine durchgreifenden Aenderungen ein, aber er war bemüht in die bestehende Verwaltung Sicherheit und Ordnung zu bringen. Noch bevor er zum ersten Minister ernannt war, hatte er Gelegenheit, in die Geschäftsführung und Besetzung der obersten Behörden einzugreifen. Dahin gehörte namentlich die österreichische Hofkanzlei, ein Amt, das in seinen Veränderungen die Geschichte der inneren österreichischen Politik abspiegelt. In alter Zeit war die österreichische Hofkanzlei mit der Reichshofkanzlei verbunden. Bis zum Tode des Kaiser Mathias war es Uebung, daß die Kanzlei, wenn der österreichische Fürst zugleich Kaiser war, von dem Reichsvicekanzler, und wenn die Kaiserwürde nicht bei dem regierenden Erzherzog war, von einem Hofvicekanzler versehen wurde. Ferdinand II. trennte die Hofkanzlei von der Reichshofrathskanzlei und damit die inneren österreichischen Angelegenheiten von jenen des deutschen Reiches ²). Die Einrichtung und der Geschäftskreis blieben dieselben. An der Spitze stand wie früher ein Vicekanzler, weil die Souveraine sich immer selbst als die Kanzler betrachteten.

---

¹) 4. Jänner 1670. R. A.
²) Vorschlag zu einem collegium formatum bei der österreichischen geheimen Hofkanzlei. Mic. R. A. Vgl. Bidermann, Geschichte der österreichischen Gesammtstaats-Idee, I. Abth. 35.

Außer dem Vicekanzler bestand die Hofkanzlei aus zwei Secretären, einer für Oesterreich, einer für Steiermark, aus zwei Registratoren, acht Kanzellisten und zwei Kanzleidienern. Nur das Schreiberpersonale war vermehrt. Die Hofkanzlei war die Kanzlei des kaiserlichen Hauses und des geheimen Rathes. Sie bereitete die Entschließungen des Souverains vor und hatte Gesetze allgemeiner Natur für ganz Oesterreich auszufertigen. Sie war unter Ferdinand II. und III. keine Centralstelle mehr, sondern befaßte sich nur mit Angelegenheiten der deutschen Erbländer, während sie im 16. Jahrhundert bis 1565 ungarische, böhmische Geschäfte und die ganze diplomatische Correspondenz besorgte. Der Vicekanzler war ein geheimer Rath, die Secretäre der Hofkanzlei waren fast unabhängig. Sie berathschlagten nicht früher mit dem Vicekanzler, sondern referirten allein und auszugsweise im geheimen Rath. Der Vicekanzler gab nur mündlich seine Stimme, hatte also nicht jene Macht, die man ihm gewöhnlich zutraute. Vicekanzler waren seit 1628: Leonhard Götz, als dieser Bischof von Lavant und Statthalter von Inneröfterreich wurde, Werda, später Graf von Werdenberg und als dieser nach dem Tode Ferdinand's II. 1637 entlassen wurde, Dr. Mathias Prickhelmayr, der Sohn eines Bauers, früher Advocat, niederösterreichischer Kammerprocurator und Reichshofrath [1]). 1640 erhielt Prickhelmayr den Titel eines Hofkanzlers, wurde 1648 geadelt und nannte sich Freiherr von Goldegg, nach einem Gute, das er gekauft hatte. Auf seinen Antrieb richtete Ferdinand III. 1654 die Hofkanzlei als eine selbstständige Behörde ein, mit collegialischer Einrichtung, unabhängig von dem geheimen Rathe und nur dem Souverain untergeben. Es war das wieder ein Schritt aus dem alten feudalen Staat in den neuen bureaukratischen Staat. Die freisinnigen österreichischen Herren erkannten dies sehr wohl. Sie sagten, zwischen dem geheimen

---

[1]) Bidermann a. a. O. 103, Note 80.

Rath als Vertreter des Landesfürsten und der Regierung, welche die Landschaft vertrete, solle kein anderes Dikasterium aufkommen. Am meisten war Trautson, Statthalter der niederösterreichischen Regierung, dagegen. Aber die „geheime österreichische Hofkanzlei" wie sie jetzt hieß, blieb und wurde die wichtigste Stütze des Absolutismus. Sie kam allmälig über die Regierung, wie der absolute Staat über die alte ständische Form. An der Spitze stand Prickhelmayr. Als „Assistenzräthe" waren ernannt: Graf Sinzendorf, Würzburger, Schidenitsch und die früheren Secretäre Kirchmayr und Kager. An den Berathschlagungen sollten neben dem Kanzler Sinzendorf, Würzburger und der referirende Rath oder Secretär theilnehmen. Prickhelmayr trat 1656 aus und starb noch in demselben Jahre. Sinzendorf wurde Hofkanzler, Würzburger Kanzler der Regierung von Innerösterreich. Ihre Stellen wurden nicht mehr besetzt. Die Leitung war Sinzendorf überlassen, welcher die Geschäfte mit dem referirenden Secretär berieth, vortrug und expedirte.

Als Sinzendorf 1665 gestorben war und es sich um die Wiederbesetzung der Stelle eines Hofkanzlers handelte, fragte der Kaiser seiner Gewohnheit nach mehrere um Rath. Der Eine meinte, das Amt sei nur einem Adeligen zu geben. Es würde dem Adel zu Spott und Schande gereichen, wenn wieder ein „Gelehrter" zu der Stelle komme. Die Adeligen hätten bei den Fremden mehr Credit, seien generoser, nähmen keine „Verehrung" an und suchten keinen anderen Stand, während die Gelehrten gleich Herren, Ritter oder Grafen sein wollten. Wenn ein Adeliger das Kanzleramt nicht so gut versehen könne als ein Gelehrter, so könne man ihm einen Vicekanzler aus dem Gelehrtenstande beigeben. Wenzel Lobkowitz, der von dem Kaiser ebenfalls um seine Meinung gefragt wurde, ging jedoch von anderen Grundsätzen aus. In seinem Gutachten schlug er vor [1]: Graf Herberstein,

---

[1] Wie. R. A.

den Vicekanzler in Innerösterreich, den Statthalter Graf Trautson, den Regierungsrath Graf Sprinzenstein, und den Vicekanzler der österreichischen Hofkanzlei Paul Hocher. Lobkowitz fügte hinzu: sie sind alle fähige Männer, die ersten drei adelig. Hocher habe keine hohe Geburt, sei aber kenntnißreich, erfahren und arbeitsam. Bei diesen Zeiten seien solche Eigenschaften dem adeligen Range vorzuziehen. Es gebe wenige im Reiche, die sich mit Hocher vergleichen könnten. Er habe auch nichts verschuldet, um übergangen zu werden. Er sei österreichischer Hofvicekanzler und hätte längst Hofkanzler in Innsbruck sein können, was er in seiner Bescheidenheit immer abgelehnt habe. Bei hohen Aemtern seien zwar im allgemeinen adelige Personen vorzuziehen, nicht aber bei der Hofkanzlei. Bei wohl verfaßten Regierungen nehme man zu diesem Amt immer geistliche und gelehrte Personen. Wo man den Landesfürsten nicht für absolut halten wollte, war man immer bemüht, eine hohe Standesperson zum Kanzleramt zu bringen, um dadurch die landesfürstliche Autorität zu beschränken und die Landesprivilegien nach und nach zu erweitern. Ferdinand II. und Ferdinand III. haben sich meist der Gelehrten bedient, so des Götz, Werda und Prickhelmayr. Wie der verstorbene Kanzler Sinzendorf dazu gekommen, darüber wäre viel zu sagen. Ferdinand II. und III. haben darin nur nach dem Beispiele ihrer Vorfahren, der Kaiser Carl V., Ferdinand I., Rudolph II. und Mathias gehandelt, welche in ihre Kanzleien immer niedere Standespersonen genommen. Er rathe zu Hocher und hoffe, daß dadurch die Justiz und Wohlfahrt der Länder und die Autorität des Kaisers erhalten werde. Wie bekannt folgte der Kaiser dem Rathe des Fürsten Lobkowitz. Hocher wurde Hofkanzler und blieb es bis zu seinem Tode durch volle zwanzig Jahre.

Einer der Räthe des Kaisers hatte damals zugleich eine völlige Umgestaltung der Hofkanzlei vorgeschlagen. Sie sollte wieder collegialisch eingerichtet werden, aus eilf Räthen bestehen, die man aus den Provinzen, aus Inner-, Ober- und

Unterösterreich nehmen müsse. Wenzel Lobkowitz war jedoch dagegen ¹). Es sei unbestimmt, welche Stellung dann die Hofkanzlei zum Reichshofrath haben, ob sie vielleicht ein österreichischer Hofrath werden soll. Eilf Räthe seien zu viel, das Geheimniß könne nicht bewahrt werden. Es sei nicht nothwendig sie aus den Provinzen zu nehmen. Die Processe würden ohnehin dort erledigt, und wenn sie zu Hofe kommen, so sind sie mit so klaren Gutachten begleitet, daß sie leicht zu erledigen sind. Aehnlich verhalte es sich mit Militär-, Cameral-, Grenz- und anderen Angelegenheiten. Die Landschaften würden die Vergünstigung, daß einer aus ihrer Mitte in die Hofkanzlei eintrete, nach und nach als ein Recht ansehen. Man könne keinem Rathe unter 1200 fl. geben, und müßte dazu die Stände auffordern. Diese würden wohl darauf eingehen, aber man dürfe es nicht annehmen. Es sei gegen die Grundsätze des Staates, daß die Landschaften die Räthe des Landesfürsten besolden. Sie würden die Stellen aus ihrer Mitte besetzen wollen, sie würden verlangen, daß diese Räthe mit der Landschaft correspondirten. Die Parteien in der Landschaft würden Einfluß nehmen wollen; sie könnten bei einer Gelegenheit den Gehalt sperren. Die jetzigen Secretäre der Hofkanzlei seien ganz fähige Leute ²). Man müsse ihnen die Hoffnung lassen, Rath zu werden. Aus den Secretären werden tüchtige Räthe. Der Kaiser könne sie auch zu Regiments- und Kammerräthen benützen. Der Kaiser möge jetzt nur einen Kanzler und Vicekanzler aufnehmen; diese könnten mit den fünf Räthen die Expedition fortsetzen. Es sei am besten, bei dem Alten zu

¹) Msc. R. A.
²) Sind qualificirte Leute, etliche aus dem Herrn- und Ritterstand, auch sonst Räthe: Koch ist Passauischer Hof- und Kammerrath, Grustner war oberösterreichischer Kammerrath, sei in tirolischen Sachen erfahren, Hocher in Reichs- und Tirolersachen. Der Schidenitsch ist ein schönes, altes, wohlfundirtes Protokoll. Der Abele hat auch einige Erfahrenheit in Reichs- und österreichischen Sachen, eben so Koch und Leopold in österreichischen. Msc. R. A.

bleiben, und nicht räthlich in einem Staate viel auf einmal zu verändern.

1669 erhielt die Hofkanzlei doch eine neue Einrichtung nach dem Vorschlage von 1665 [1]). Sie zerfiel in drei Abtheilungen für die drei Gruppen der deutsch-österreichischen Erbländer: Innerösterreich, Niederösterreich und Oberösterreich, d. h. Tirol und die Vorlande. Es kam vor, daß jede Abtheilung für sich „Hofkanzlei" genannt wurde. Auch die „geheime tirolische Kanzlei" war seit 1665 damit vereinigt. Chef war der Hofkanzler, er bezog von jeder Ländergruppe einen besonderen Gehalt. Seine Hauptaufgabe war der Verkehr mit den fremden Mächten, die Behandlung innerer Verfassungsfragen, die oberste Justiz und Polizei. Die Räthe der Hofkanzlei wurden jedoch nicht aus den Landschaften, sondern aus dem Amte selbst genommen und vom Kaiser ernannt.

Wenzel Lobkowitz war vor allem bemüht, den Staatshaushalt in Ordnung zu bringen, aber das war eine wahre Sisyphusarbeit. Bei aller Entschlossenheit, mit welcher Lobkowitz die Sache angriff, kam er doch zu keinem Resultate. Seit Maximilian II. waren die österreichischen Finanzen in einem heillosen Zustande, und die Mißwirthschaft war unter Ferdinand II. und III. noch vermehrt. Regalien, Zölle, Staatsgüter waren verpfändet, Aemter und Ehren im Vorhinein verkauft, die Ausgaben vergrößert, die Einnahmen vermindert. Der Staat borgte häufig bei Privaten, welche Zinsen zu Zinsen rechneten, so daß in der zweiten Generation das Capital drei- und vierfach an Geld und Gütern gezahlt werden mußte. Man mußte immer eine Lücke zu und die andere aufmachen. Es gab keine Revision, keine Controle, keine Vorschriften, in welcher Zeit die Rechnungen abgelegt werden sollten. Die Instruction der Hofkammer stammte aus der Zeit Maximi-

---

[1]) Msc. R. A.
[2]) 1669, 10. December. Bidermann a. a. O. I. 43.

lian's II. und war längst veraltet. Kaiser Leopold hatte die schlechte Wirthschaft mit all' den Unterschleifen und Mißbräuchen übernommen. Schon 1657 mußte man 332.368 fl. Schulden zahlen. Noch 1670 betrug die Schuldenlast 781.870 fl. ¹) Das öffentliche Einkommen war nicht so schlecht. Die Contribution der Länder betrug 1670 allein 890.000 fl., das Einkommen aus Gefällen, Regalien und Zöllen 1.380.000 fl., das Ganze mehr als dritthalb Millionen, die Ausgaben kamen auf zwei Millionen. Die Besoldungen waren gering, der Hofhalt kostete 1666 nur 241.046 fl. und 1667 262.470 fl. Aber der Ueberschuß zerfloß wie Schnee in der Sonne. Bei jeder Gelegenheit fehlte es an Geld. Die Gesandten in Paris und Madrid mußten oft ein Jahr auf ihren Gehalt warten und wurden nur mit einer Abschlagssumme abgefertigt.

Die Verwaltung war noch dieselbe wie unter Ferdinand II. Die Hofkammer, deren Wirksamkeit nach der Theilung der österreichischen Erbländer 1565 auf das Erzherzogthum Oesterreich beschränkt war, hatte unter Ferdinand II. wieder größere Befugnisse erhalten, und war den Länderkammern übergeordnet. Sie zerfiel in drei Abtheilungen, eine für das deutsche Reich und Niederösterreich, d. h. Oesterreich ob und unter der Enns, eine für Böhmen, eine für Ungarn. Die Hofkammer war die oberste Finanzbehörde, ein österreichisches und deutsches Reichsorgan. Sie nahm die Römermonate ein wie die vom Landtage bewilligten Steuern, verrechnete die Ausgaben für den Reichshofrath wie für den Hof und die Armee. Unter ihr standen die böhmische Kammer, das mährisch-schlesische Rentamt, die Kammer der Bergstädte, der Zips, seit 1665 auch die Kammer in Innsbruck. Selbstständiger waren nur die ungarische und inneröstereichische Kammer. Die Geschäfte versahen fünfzehn bis sechzehn Räthe mit den Secre-

---

¹) Hofkammerwesen von 1671. Msc. Melt.

tären, Concipisten u. a.¹) Der Vorstand der Hofkammer hieß im 16. Jahrhundert „Schatzmeister", von 1658 an „Präsident". Seit Ferdinand II. waren in diesem Amt: 1615 Gundacker von Polheimb, 1623 Johann Abt von Kremsmünster, 1630 Max Freiherr von Brenner, 1634 Ignaz Abt zu Lilienfeld, 1637 Ulrich Franz von Colowrat, 1648 David Ungnad von Weißenwolf, 1656 Ludwig Graf von Sinzendorf. Der letztere hat sein Amt durch vierundzwanzig Jahre bis 1680 und in wahrhaft erschütternder Weise geübt.

Sinzendorf war ein gewandter Höfling, aber ein Finanzmann ohne Talent und Ehrlichkeit. Seine Unterschleife waren offenkundig. Der Kaiser hatte ein Pferd, das nicht fett werden wollte. Ein Witzbold sagte zu ihm: „Wenn Eure Majestät das Pferd fett haben wollen, machen Sie es zum Kammerpräsidenten"²). Die venetianischen Gesandten berichteten ihrer Regierung, daß Sinzendorf aus seiner Stellung Nutzen zog, und sich in kurzer Zeit mehr bereicherte als der Kaiser und der Staat. „Wenn der Kaiser mit ihm spielt und gewinnt, sagte der eine, so gewinnt er nur sein eigenes Geld."
„Sinzendorf, schrieb ein Anderer³), hat in wenigen Jahren das Glück seiner Familie gegründet, er wird nach der alten Gewohnheit der Oesterreicher von den Privaten bekrittelt und geschmäht, aber von dem Fürsten nicht bestraft". Sinzendorf entfernte allmälig alle alten Räthe aus dem Amte, besetzte die Stellen mit seinen Vertrauten und leitete die finanzielle Verwaltung nach seinem Gutdünken. Er verkaufte Aemter und Gnaden, erwarb alte Staats- und Hofschulden um einen niedri-

---

¹) Die Hofkammer unter Leopold I. Sitzungsberichte der k. Akademie der Wissenschaften in Wien. 1853. XI. B. 440. ff.
²) Sagredo 1665.
³) Soggetta però solo nell invetorato costume degl'Austriaci, all'esame, et alle dettrationi de privati non alla punitione del principe. Morosini 1674.

gen Preis und ließ sich dann die ganze Summe auszahlen. Durch ihn wurde der Geschäftsgang verdorben, der Credit geschmälert, die Verwaltung verhaßt¹). Sinzendorf war der zweite Sohn seiner Familie, die ohnehin nicht reich war. Von seiner ersten Frau, einer gebornen Jörger, hatte er nur zwei kleine Güter. Seine zweite Frau, Dorothea Elisabeth, Herzogin von Holstein, verschwendete viel. Sinzendorf hatte schon 1653 die Herrschaft Thannhausen im Reich gekauft, Neuburg am Inn und Ernstbrunn stammte von seiner Familie, aber er besaß noch die Güter Friedau, Rennersdorf, Sitzendorf, Hasenbach, Maniburg, Einöd, Traismauer, Walpersdorf und Gföl. Er war ein reicher Mann und hatte sich viele verbunden. So oft ihm eine Revision der Rechnungen drohte, wußte er sie durch Geld abzuwenden ²).

Es ist nicht zu läugnen, daß Sinzendorf etwas von dem Geiste Colbert's angeweht war, und in Oesterreich Handel und Industrie beleben wollte. Aber er machte nur Versuche, verschwendete viel Geld, ließ der natürlichen Entwicklung keinen Raum, wollte die Früchte bald sehen, und hatte immer sein Privatinteresse im Auge. Auf Sinzendorf's Antrieb wurde 1666 ein „Commerzcollegium" eingesetzt, um dem österreichischen Handel neue Wege zu eröffnen und neue Industriezweige einzuführen. Sinzendorf war Präsident, hatte aber nur Beamte, keine Handelsleute berufen. Der fähigste der Commission war der gelehrte Dr. Johann Joachim Becher, gebürtig aus Speier, der in der Chemie, Physik und Medicin ausgezeichnete Kenntnisse besaß. 1668 schrieb er sein Buch: „Politischer Discurs von den Ursachen des Auf- und Abnehmens der Städte". Er widmete es Sinzendorf, der ihn als

---

¹) Jörger's „Unterschiedliche Motive 1690". Msc. k. Hofbibliothek in Wien.

²) Se li minacciano revisioni di conti, et scansand' il colpo mortale alla sua opulenza, rimane felice. Giorgi 1671.

Hofrath berufen hatte. Becher fand aber keinen Boden in Oesterreich. Die Kaufleute verspotteten ihn und das ganze Collegium, die Mönche schrieben gegen ihn. Auf einer Reise nach München hörte er, daß man ihn verfolge und verhaften wolle. Er entfloh und kehrte nicht mehr nach Oesterreich zurück. Bald nachher, 1669, gab er seine „Unterirdische Physik" heraus, in welcher zuerst die Chemie in eine wissenschaftliche Form gebracht ist [1]). In seinem Buche schrieb er: „Es fehlt nicht an den Mitteln in den kaiserlichen Erbländern, sondern an dem Willen solche anzunehmen. — Um reich zu sein, genügt es nicht, daß man Reichthum habe; man muß auch wissen, daß man ihn hat, und ihn gebrauchen wollen. — Das Cameralwesen besteht nicht allein in Einnahmen und Ausgaben und ihrer richtigen Verrechnung, sondern beruht vielmehr darauf, daß man das Interesse des ganzen Landes befördere und dem gemeinen Mann zu Mitteln verhelfe." Ueber die österreichische Ungnade war Becher bald getröstet. „Meine Bücher, schrieb er, werden von gelehrten Leuten mehr geschätzt werden, als wenn ich mich in Wien zehn Jahre vergebens mit den Kaufleuten herumgezankt hätte." Später griff er in einer Schrift: „Närrische Weisheit und weise Narrheit" Sinzendorf und seine ganze Verwaltung an. Becher hatte in Wien die Anregung zu einer orientalischen Handelscompagnie gegeben. Es kam viel Geld zusammen, aber das Unternehmen war auf Sand gebaut, und schon in zwei Jahren dem Bankerott nahe. Die Gesellschaft rettete noch einen Theil des Capitals und trieb damit den ungarischen Ochsenhandel, den sie als Monopol an sich zog.

Sinzendorf verschmähte es nicht, auch zu dem veralteten Mittel der Goldmacherkunst zu greifen. Als im April 1670 der Alchymist und Wunderdoctor Giuseppe Francesco Borri

---

[1]) Whewell, Geschichte der inductiven Wissenschaften, deutsch von Littrow, III. 141.

in Schlesien verhaftet und nach Wien gebracht wurde, setzte sich Sinzendorf mit ihm in Verbindung. Dieser Borri war aus Mailand gebürtig, wurde in seinen jungen Jahren von den Jesuiten sehr ausgezeichnet, war als Schwärmer und Reformator aufgetreten und als die Inquisition ihn verurtheilte, entflohen. Er kam dann als Alchymist und Wunderdoctor an den Hof des Erzherzogs Carl Ferdinand in Tirol, lebte in Straßburg, Amsterdam und dann einige Jahre in Kopenhagen am Hofe König Friedrich's III. Nach dem Tode desselben entfloh er, wollte in die Türkei, wurde in Schlesien von den österreichischen Häschern mit einem ungarischen Verschwornen verwechselt und verhaftet. Es wird erzählt, Borri habe damals den Kaiser von einer Vergiftung durch brennende Kerzen geheilt. In Berlin war das Gerücht verbreitet, der Kaiser sei durch Trinkwasser vergiftet worden. Das ist nur eine Fabel, denn der Kaiser befand sich damals ganz gesund[1]). Borri war aber in der That vom 28. April bis Mitte Juli 1670 in Wien. Er hatte sich zum Goldmachen angeboten. Man gab ihm eine Wohnung auf der Bastei und 800 Thaler, von denen er 400 für seine Arbeiten verwenden und bis zu 4500 Thalern vervielfältigen wollte. Sinzendorf und Lobkowitz wußten darum. Allein die Arbeiten des Alchymisten wurden bald unterbrochen. Der römische Hof hatte Borri's Verhaftung erfahren und begehrte seine Auslieferung. Plittersdorf schrieb aus Rom, es würde besonders gut aufgenommen werden[2]). Lobkowitz verwendete sich für Borri. Sein Leibarzt hielt ihn für einen ehrlichen Mann und sprach mit großer Achtung von seinem Wissen. Auch der Kaiser legte sein Fürwort ein. Erst

---

[1]) Vgl. die Auszüge aus seinen Briefen an Pötting, Mailáth. Geschichte des österr. Kaiserstaates, IV. 122.

[2]) 12. Juli 1670. Vgl.: Borri in Wien. Notizenblatt, herausgegeben von der historischen Commission der k. Akademie der Wissenschaften in Wien. Nr. 19, 1859.

als der römische Hof versprochen hatte, das Leben Borri's zu schonen, wurde er dem Nuntius übergeben und gefangen nach Rom geführt, wo er erst 1695 in der Engelsburg gestorben ist.

Sinzendorf verfolgte noch andere abenteuerliche Pläne, aber es konnte alles nicht helfen. Die Wirthschaft war zu schlecht, die Klage allgemein. Aus dem Schoße der Hofkammer selber ging die Opposition gegen Sinzendorf hervor. Johann Quintin Graf Jörger, Hofkammerrath und Vicepräsident, ein allgemein geachteter, ehrlicher Mann, richtete bereits 1666 eine Klageschrift an den Kaiser: Sinzendorf sei über seine Instruction hinausgegangen, handle nach seiner Willkür, beachte keine Meinung; das ganze Rechnungswesen sei in Unordnung, die Visitationen würden ganz unterlassen, die getreuen tauglichen Diener entfernt und fremde angestellt, der Präsident gebe den jährlichen Voranschlag nie zur Zeit, sondern nur wenn die höchste Noth es erforderte. 1667 überreichte Jörger eine zweite Denkschrift, deckte die Schäden der Verwaltung auf, und klagte Sinzendorf an, daß er sich, wenn nicht um eine Million, so gewiß um einige hunderttausend Gulden bereichert habe, daß er gesagt, er habe keine Rechnung zu legen [1]).

Wenzel Lobkowitz trat, sobald er erster Minister wurde ebenfalls gegen Sinzendorf auf. Er sagte dem Kaiser, die Finanzen seien in einem solchen Zustande, daß, wenn nicht bei Zeiten vorgesehen und geholfen würde, der ganze Staat in das Verderben kommen müsse [2]).

Sinzendorf wurde im April 1670 aufgefordert, sich zu rechtfertigen. In einer Denkschrift an Lobkowitz setzte er auseinander, daß es unmöglich sei, die Ausgaben zu bestreiten. Schon 1664 habe er dies vorgestellt. Die 26 Regimenter der

---

[1]) Beide Denkschriften, Msc. R. A.
[2]) Msc. R. A.

Armee, der Unterhalt der ungarischen Grenze, die Verpflegung des Kriegsvolkes in Ungarn erforderten allein 150.000 fl. Die Ausgaben für die Kammermusik und die Hofjagden seien gewachsen. Die geheimen Räthe hätten früher Ehren halber gedient, jetzt wolle jeder bezahlt sein. Die Vermehrung des Beamtenstandes erfordere größere Summen. Die Besoldungen der Botschafter in Spanien und Venedig seien früher von der niederösterreichischen Kammer bestritten worden und würden nun der Hofkammer aufgebürdet. Die 140.000 fl., welche die Stände von Innerösterreich 1669 bewilligten, seien nicht gezahlt, nicht einmal die jährliche Quote von 12.000 fl. Die Contribution der Stände im Lande ob der Enns habe kaum für die Regimenter im Lande hingereicht. In Schlesien ständen 400.000 fl. aus. Von all' den bewilligten Geldern gingen jährlich nur 100.000 fl. ein. Die böhmischen Zoll- und Ungeldgefälle reichen kaum für die Beamten hin. Die Krongüter tragen nichts. In Mähren gehe die Hälfte der bewilligten Summe, 70.000 fl. für die Besoldungen auf. Das Erträgniß von Glatz gehöre der verwittweten Kaiserin. Die Pensionen in Spanien lasten auf dem Staatsschatz. Castel-Rodrigo beziehe allein 100.000 fl., der Marquis de la Fuente 60.000 fl. Es sei leicht erklärlich, daß schon 1664 zwei Millionen mehr aufgegangen und die Schulden immer gewachsen seien.

Der Kaiser befahl sogleich seinem ersten Minister, sich mit Sinzendorf in's Einvernehmen zu setzen, wie man den Finanzen aufhelfen könne. Er setzte seine eigenen Ausgaben herab, die Chefs der Hofämter erhielten den Auftrag, sich zu beschränken. Aber Fürst Dietrichstein, Obersthofmeister der Kaiserin, der Hofmarschall Graf Stahremberg u. a. erklärten, es sei nicht möglich, in den Ausgaben noch mehr herabzugehen. Sie seien schlecht besoldet und alles auf das Geringste eingerichtet. Auf den Antrieb des Fürsten Lobkowitz wurde zur Prüfung der Verwaltung eine Commission zusammengesetzt.

Ihre Glieder waren ¹): Lobkowitz, Sinzendorf, der Hofkriegsrathspräsident Montecuculi, der Hofkanzler Hocher und der
Oberstburggraf von Böhmen Graf Martinitz, ein kenntniß-
reicher, aber unruhiger Kopf, der alljährlich nach Wien kam
und in der Hoffnung, Kammerpräsident zu werden, neue Projecte vorlegte ²). Die Instruction für die Commission, als
deren Verfasser man allgemein Martinitz ansah, bestimmte ³):
die Buchhaltung soll der Commission zu Diensten sein, der
Hofkammerpräsident ist zur Rettung seines Namens verpflichtet,
die vollständigsten Angaben zu machen, von den Landkammern
sollen Berichte gefordert, die Rechnungsausweise wieder durch-
gesehen, die geheimen Kammerausgaben und jene des Hofstaates nicht vermengt werden, bei Berathung über Regalien
und Gefälle soll man die Amtsvorstände beiziehen, die untaug-
lichen Beamten sollen entfernt und alle Mittel zur Vermehrung der Gefälle, zur Hebung der Industrie und des Handels
angegeben werden. — Die Hofkammer beschwerte sich bei dem
Kaiser über diese Instruction. Sie hob hervor, daß die Commission sich mehr auf Persönlichkeiten einlasse als auf eine
Reform des Amtes, sie richte ihren Angriff nur gegen redliche
Beamte. Graf Sinzendorf erbot sich sein Vermögen auszu-
weisen; er fürchte die Untersuchung nicht, wenn sie nur von
gerechten Richtern geübt und nicht lange hinausgeschoben werde.
In Folge dessen wurde die Instruction kürzer abgefaßt und
dem Kaiser eine Denkschrift überreicht, wie die Untersuchung
geführt, wie die rückständigen Steuern eingebracht, die bela-
steten Aemter befreit und der Geschäftsgang vereinfacht werden
könne. Bis zum 1. März 1671 soll das ordentliche Einkommen zusammengestellt und angegeben werden, wie man die

---

¹) Specification der Acten, was mit Eingang des Jahres 1671
wegen Untersuchung des Hofkammerwesens vorgegangen. Msc. in Melk.
²) Giorgi 1671.
³) Vom 27. Juni 1670. Msc. Melk.

Schulden einlösen könne. Die Kosten der Verwaltung seien viel zu hoch, u. a.

Lobkowitz hielt im Auftrage des Kaisers noch besondere Conferenzen über das Finanz- und Münzwesen, aber der Präsident nahm alles sehr schlecht auf. „Es scheint, schrieb er an Lobkowitz¹), daß es auf eine Inquisition abgesehen sei, vielleicht darauf, daß man das ganze Kammerwesen umkehren und in ein Kanzleidominium bringen will." Als Lobkowitz bei einer Conferenz in seiner Art frei herauszureden, vom „Feistwerden" des Präsidenten sprach, erwiederte Sinzendorf, „es sei in Oesterreich noch kein Exempel, daß man einem sein Gut geschätzt und vorgeworfen habe." Aber der erste Minister las ihm in seiner Antwort tüchtig den Text: das Feistwerden habe er auf die Kammerbeamten und Geldeinnehmer verstanden, welche allerdings aus den Mitteln des Kaisers und von dem Schweiße der Armen feist geworden seien. Er erinnere daran, daß nichts, weder groß noch klein, vertuscht werden solle. Man habe es nicht auf eine Unterwerfung der Hofkammer abgesehen, sondern auf die Wahrung der Interessen des Kaisers und die Beförderung des allgemeinen Nutzens. Es müsse dem Kaiser kund werden, warum ein so großes Einkommen nicht zureiche. Der Kaiser werde untersuchen, wie die Leute reich werden. Es müsse eine ordentliche Bescheinigung eingeführt werden, damit die Kammer in Ordnung komme und vor allem Diebstahl gesichert bleibe. Der Herr Graf möge sich nicht erhitzen, er werde den Respect nicht vergessen²). Die beiden Herren geriethen noch öfter an einander. Sinzendorf wußte jedoch die Thätigkeit der Commission zu hemmen. Erst am 2. Jänner 1672 berichtete er in der Commission das Gutachten der Hofkammer über die Besse-

---

¹) Wien. 22. Mai 1671. R. A.
²) Lobkowitz an Sinzendorf, Laxenburg, 25. Mai 1670. R. A.

rung der Finanzen. Die Steuern müßten erhöht, die rückständigen eingebracht, die Landkammern sollten nach der Instruction von 1665 visitirt werden. Der Kaiser möge keine Opposition hören, er habe allein über die Anticipation zu entscheiden, und vor allem sollen die Hofkriegs- und die Hofkanzlei sich nicht in die Verwaltung der Hofkammer mischen.

In der That gelang es Sinzendorf durch seine Umtriebe, die Opposition zum Schweigen zu bringen, und die Anklagen gegen ihn als Verleumdung hinzustellen. Der Kaiser versicherte ihn in einem Handbillete seiner vollen Gnade [1]): er habe erkannt, daß Sinzendorf und seine Räthe ihre Pflicht erfüllt und die ausgesprengten verleumderischen Anklagen nicht verschuldet haben; die Commission solle geschlossen und aufgehoben werden. Die Untersuchung der Verwaltung wurde Sinzendorf allein in die Hand gegeben, und nur im Allgemeinen die Aufsicht über die Landkammern, die Abstellung der Mißbräuche, die Vermehrung der Einkünfte und die Verminderung der Ausgaben empfohlen. Die Commission löste sich in Folge dessen auf und mit der Reform des Finanzwesens war es vorbei. Statt einer durchgreifenden Veränderung wurden neue Instructionen für untergeordnete Aemter und Cassen ausgegeben, Visitationen der Landkammern angeordnet, die Mittel zur Einbringung der rückständigen Steuern bezeichnet. Damit war die ganze „Untersuchung des Hofkammerwesens" abgethan. Die Verwaltung blieb wie sie war, Sinzendorf lebte wie zuvor auf großem Fuße und erhielt sich trotz aller Unterschleife noch bis 1680 im Amt. Er vergaß Lobkowitz die feindseligen Angriffe nicht und suchte ihm bei jeder Gelegenheit zu schaden. —

---

[1]) Vom 17. Juni 1672. Die Hofkammer unter Leopold I., a. a. O. 41.

In jene Jahre, in welchen Lobkowitz erster Minister war, fiel auch die ungarische Verschwörung, welche mit dem Untergang ihrer Führer endete und Lobkowitz Gelegenheit gab, die ungarische Verfassung als verwirkt anzusehen, das absolute Recht der Krone in Ungarn einzuführen, oder wie man sagte, „Ungarn auf den Fuß der übrigen Erbländer einzurichten." —

XI. Die ungarische Verschwörung.[1]
1666—1670.

Die Unzufriedenheit der Ungarn und ihre Ursachen wurden in einem früheren Capitel erzählt. Seit dem ehrgeizigen Auftreten Rákóczy's war die Ruhe nicht wieder hergestellt. Die österreichische Regierung mißtraute den Ungarn, hielt die Gewalt fest und verletzte dabei manches alte Recht des Landes. Die Ungarn fürchteten in eine ärgere Knechtschaft zu verfallen, und waren bereit, je eher je lieber zu den Waffen zu greifen. Noch vor der Eroberung von Neuhäusel und vor dem letzten Landtage 1663 hatten die adeligen Gespannschaften Abgeordnete an den Palatin geschickt, welche klagten, daß man sie nicht bei ihren Rechten und Freiheiten lasse. Während des Krieges hatten sie nur schlecht ihre Pflicht gethan. Nach dem Kriege mehrten sich ihre Klagen: der Friede verletze die Freiheit Ungarns, die letzte Schutzwehr des Landes sei gefallen, die Nation müßte zu Grunde gehen; sie wollten an Vertheidigungsmittel denken, dem Türken huldigen oder bei einem

---

[1] Ich erzähle das XI. und XII. Capitel zumeist nach den Proceßacten im k. k. Staatsarchiv. Graf Mailáth hat dieselben nur unvollständig benützt für seine „Geschichte des österreichischen Kaiserstaates" 1848. IV. B., 58—98. Es fehlen bei ihm die Conferenzprotokolle von 1668, 1671, 1672, die Aussagen der Wittwe des Palatins, des Fekete u. a. Horváth hat in seiner „Geschichte der Ungarn", II. B., die Briefe Bethlen's und einige Manuscripte benützt; sie stehen jedoch mit dem Ganzen wenig im Zusammenhang. Meine Quellen vervollständigen die Angaben und geben ein abgeschlossenes Bild. —

anderen christlichen Fürsten Zuflucht suchen [1]). Die Magnaten wie die Barone des Reiches theilten diese Klagen. Sie sprachen alle von der Bedrängniß des Vaterlandes und der Nothwendigkeit ihm zu helfen. Diese Führer der Nation waren: der Erzbischof Lippai von Gran, der Palatin Graf Franz Wesseleny [2]), der oberste Land- und Hofrichter Graf Nádasdy und der Ban von Croatien. Wesseleny war unter Ferdinand III. Commandant von Oberungarn, wurde Graf und 1652 Palatin. Wie alle Wesseleny, war er voll Liebe zur Freiheit und zu seinem Vaterlande, ruhig, vorsichtig, am liebsten geneigt, den gesetzlichen Weg einzuhalten, aber von seinen Anhängern vorwärts und zu heimlichen Händeln gedrängt. Er war vermählt mit der Gräfin Anna Maria Szécsy, die ihm das Schloß Murany mit vielen reichen Gütern zubrachte. Sie war wegen ihrer Schönheit und ihres Patriotismus sehr gefeiert. Franz Nádasdy, Judex Curiä und der zweite Baron des Reiches, war ein reichbegüterter Edelmann, in Ungarn und Oesterreich ansässig, hochgebildet, beredt, voll Liebe zu seinem Vaterlande [3]), dabei eitel, unentschlossen, schwach, jedem Eindrucke preisgegeben, voll Hochmuth und Ehrgeiz. Er wollte schon 1658 Palatin werden, hatte aber wenig Aussicht dazu, weder bei Hofe, wo man den Nádasdy's nicht recht traute, noch bei den Ständen, welche ihn als zu herrisch fürchteten. Nádasdy war geheimer Rath und in Wien gab man sich lange der Hoffnung hin, durch ihn die Zerwürfnisse in Ungarn beigelegt zu sehen. Er war verheiratet mit der Gräfin Juliane Eßterhazy und hatte acht Kinder. Die zwei älteren Töchter waren bereits an die Grafen Pálffy und Drascovich verheiratet. Der dritte Reichsbaron war der Ban von Croa-

---

[1]) Verdeutschte Aussage der Wittwe des Palatins, Gräfin Szécsy. St. A.

[2]) Magyarisch: Veselényi.

[3]) 1661 schrieb er ein Werk: Mausoleum Regum Hungariae.

tien, Graf Niclas Zrini ¹), aus dem alten croatischen Geschlecht der Subič von Zrin, durch seine Mutter, eine Szécsy, mit den Wesseleny's verwandt, wegen seines ritterlichen, fröhlichen, kühnen Wesens bei der Nation sehr beliebt. Nach dem Frieden von Vásvár trat er in Unterhandlungen mit der Republik Venedig und zwar durch den venetianischen Gesandten in Wien, der ihn zur Nachtzeit besuchte ²). Zrini fand, wie erzählt wurde, seinen Tod auf der Jagd am 18. November 1664. Er hinterließ eine Wittwe, eine geborene Freiin von Leblin und einen Sohn, Adam Zrini, geboren 1662. Die Stelle eines Bans erhielt 1665 sein Bruder, Graf Peter Zrini, geboren 1611, ein tapferer Soldat, ehrgeizig, falsch, verschlossen, zur Gewaltthat geneigt und unbedenklich in der Wahl der Mittel. Sein Amt gab ihm Macht und Einfluß. Er war Ban von Croatien, Slavonien und Dalmatien, Hauptmann der Festung Legrad und der sogenannten Murinsel, befehligte die croatischen Grenzer und die 8—10.000 Walachen, welche an der Grenze von Croatien und Slavonien auf den Gütern der Herren wohnten. Peter Zrini war vermählt mit der Gräfin Anna Katharina Frangepani, und hatte von ihr einen Sohn und drei Töchter. Seine Frau war ebenso ehrgeizig, haßte Oesterreich und die Deutschen, und nahm Antheil an all' den geheimen Umtrieben ihres Mannes.

Mit diesen hervorragenden Männern standen in Verbindung Zrini's Schwager, der Markgraf Franz von Frangepani ³), ein junger reicher Edelmann, der in Italien reiste und 1667 aus Venedig eine Frau, die Gräfin Julie de Naro heimführte; ferner Stephan Tököli, Michael Teleki, Niclas Bethlen in Siebenbürgen, welche in Frankreich waren und

---

¹) Sie schrieben sich Zrini, Serin, Serini, die Ungarn schreiben Zrinyi.
²) Bericht des Sagredo 1665.
³) Er unterschrieb sich Frangepani, nicht Frangipani.

ihre Verbindungen unterhielten, und eine Reihe von Edelleuten, vornemlich in Oberungarn. Es gab im Lande Männer genug, welche Glück und Leben für die alte Freiheit opfern wollten, aber ebenso Männer genug, welche in einem Bürgerkriege Geld und Gut zu gewinnen hofften und stets bereit waren, ihre Rollen zu wechseln. Ein solcher war Michael Bori, Hofmeister bei dem Palatin. Er hatte schon 1663 an den französischen Minister des Aeußeren geschrieben. Durch ihn und durch den Kurfürsten von Mainz hatte man in Frankreich von der Unzufriedenheit der Ungarn gehört. An Bori wendeten sich die adeligen Gespannschaften, nachdem sie zuerst der Palatin abgewiesen hatte. Er brachte den Palatin dahin, daß er sich der Unzufriedenen annahm. Derart waren Franz Nagy von Lescenye, der schlaue gewandte Secretär der Frau des Palatins, und Stephan Witnédy, der Sohn eines Unterthans von den Gütern des Grafen Nádasdy, der aber Edelmann wurde und in Oedenburg wohnte, ein Mann, der vor keiner Gewaltthat, auch vor keinem Verbrechen zurückschreckte [1]). Auch die Führer hatten selbstsüchtige Wünsche. Der Erzbischof Lippai wollte den Cardinalshut, Wesseleny das goldene Vließ, das er auch 1662 erhielt, Zrini die geheime Rathswürde [2]). Alle feindeten sich unter einander an, fühlten aber alle die Bedrängniß ihres Vaterlandes und waren entschlossen, in Waffen zu treten und selbst auswärtige Hilfe anzurufen.

Die erste Verabredung wurde getroffen 1665 im Bade Stuben bei Trencsin, bei Gelegenheit der Verlobung der Helene Zrini, Tochter des Ban's mit dem jungen Rákóczy. Als ein Jahr nachher, 1666, Zrini von der Hochzeit seiner Tochter in Saros-Patak heimkehrte, kam er wieder mit dem Palatin zusammen. Sie wechselten (5. April 1666) einen Bundesbrief aus, in welchem

---

[1]) Mailáth und Horváth halten Witnedy für einen evangelischen Prediger. Er ist aber in den Papieren des St. A. nirgends so genannt.
[2]) Bericht des venetianischen Gesandten Molin 1661.

sie gelobten, bei dem betrübten Stande ihres Vaterlandes sich nicht zu verlassen und sich gegenseitig zu helfen. Im Mai 1666 berief der Palatin eine Zusammenkunft der unzufriedenen Edelleute in das Schloß seiner Frau Murany. Aus Siebenbürgen erschienen Töföli, Teleki und Bethlen, aus Ungarn Mathias Szuhai, Paul Szepesi, Gabriel Kende, Valentin Szente, Ispan, Szekeli, Madai, Ketzer, Keresztur, Laslo Fekete, Andreas und Franz Nagy, Bori und Stephan Witnédy. Sie gelobten alles geheim zu halten, in Sachen des Vaterlandes eines Sinnes zu sein, und sich in türkischen und französischen Schutz zu begeben. Den Türken sollte ein Tribut von 80.000 Thalern geboten werden, Apaffi sollte einen getreuen Mann nach Constantinopel senden, Zrini mit den Franzosen in Verbindung treten und Geld zur Bewaffnung auftreiben [1]).

Auf Veranlassung des Palatins gingen dann Zrini und ein vertrauter Edelmann, der frühere Vicehauptmann von Fulnek, Laslo Fekete, nach Wien, um mit Gremonville zu verhandeln. Auch Witnédy wurde dazu berufen, während Fekete, der nicht französisch sprach, nur stillschweigend Theil nahm. Sie einigten sich dahin, daß der König von Frankreich das Königreich Ungarn in seinen Schutz nehmen, mit dem Kaiser Krieg anfangen und für die Werbung Geld schicken solle; einige tausend Mann sollten in Ungarn unterhalten, einige tausend Mann außer Landes gebraucht werden. Als jedoch Fekete heimkehrte und dem Palatin berichtete, verweigerte dieser die Anerkennung des Vertrages. Er traute Witnédy nicht. Dieser hatte auch einen Brief aufgesetzt, in welchem die Ungarn Ludwig XIV. als König anerkennen sollten. Wesseleny wies dies entschieden zurück und schickte sogar einen Brief des französischen Gesandten Gremonville an den Kaiser. Der

---

[1]) Aussage der Wittwe des Palatin, des Laslo Fekete. St. A. Vgl. Horváth Geschichte der Ungarn, II. 264.

Palatin hatte Witnédy schon zu mehreren Missionen verwendet, aber dieser scheint auf eigene Faust gehandelt zu haben. Er hatte von Gremonville schon 2000 fl. erhalten, um den polnischen Unterfeldherrn Fürst Lubomirski, welcher die österreichische Partei hielt und schon 1658 die Umtriebe der Ungarn an den Wiener Hof berichtet hatte, umzubringen. Als Lubomirski später starb, gab Witnédy vor, er habe ihn vergiftet und ließ sich das Geld auszahlen. Witnédy und der Edelmann Petrozzi hatten den Plan gefaßt, den Kaiser, wenn nicht zu tödten, so doch gefangen zu nehmen, ihn in's Innere des Landes zu führen und mit ihm wegen der Freiheit des Landes zu verhandeln. Als sie dem Palatin davon sagten, antwortete dieser: „Gott behüte uns, daß wir auf des Königs Person greifen, denn der König ist gut, aber seine Minister sind schlecht." Es war bekannt, daß der Kaiser von Laxenburg aus während der Reiherbeize oft über das offene Land streife. Nádasdy sagte einmal in seinem Schlosse Pottendorf zu Zrini: es könne leicht geschehen, daß der Kaiser von einem entschlossenen Kerl, der auf einem guten türkischen Pferde sitze, über den Haufen geschossen werde, weil er nur einige Cavaliere hinter sich habe. Witnédy hatte auch den Plan nicht aufgegeben. Er schickte im November 1666 einen Diener zu Zrini nach Csakathurn, und ließ 40 bis 50 Husaren begehren, um den Kaiser abzufangen. Zrini schaffte den Mann sogleich fort. Dieser ging hierauf nach Legrad und verlangte vom Stallmeister Zrini's im Auftrage seines Herrn 40 bis 50 Husaren. Auch dieser wies ihn ab und meldete es seinem Herrn. Zrini befahl den Mann zu packen und in das Wasser zu werfen, aber er hatte sich fortgemacht. Später fragte Witnédy den Zrini, warum er ihm die Husaren nicht anvertraut habe. „Ja, erwiederte dieser, weil ich kein solcher Narr bin wie Ihr." Gewiß ist, daß Witnédy, wenn er seine Leute zur rechten Zeit gehabt hätte, den Kaiser am 25. oder 26. November, als er seiner Braut von Wien nach Schottwien entgegenritt, abfangen wollte. Die Ausführung war unterblieben. Wesseleny und Nádasdy waren überzeugt, daß Witnédy den Kaiser habe ermorden wollen. Zrini sagte, daß er die Absichten desselben nicht gekannt habe. Witnédy überwarf sich mit Wesseleny und Nádasdy. Er wurde dem Palatin unbequem und dieser bat Zrini, den Mann aus der Welt zu schaffen. Zrini wies es nicht ganz ab; als jedoch der Palatin Witnédy mit einem Uriasbrief nach Csakathurn schickte, reiste Zrini ab, um ihn nicht zu sehen. Witnédy wurde noch öfter hin und her geschickt, überlebte jedoch den Palatin, und starb 1669 plötzlich auf einer Heimreise von Preßburg nach Oedenburg am Neusiedlersee [1]).

Im November 1666 kamen der Palatin mit seiner Frau, der Erzbischof von Gran, der Bischof von Vesprim, die Grafen Nádasdy, Zrini, Forgács und Eßterházy nach Wien, um der Hochzeit des Kaisers mit der Infantin Margarethe beizuwohnen. Mitten im Hochzeitsjubel wurden die Fäden der Lüge, der Bestechung, des Verrathes gesponnen. Gremonville schickte sogleich zu Wesseleny und ließ fragen, warum er seinen Brief dem Kaiser überschickt habe. Er kam dann selbst in der Nacht zu ihm, und fragte, ob er mit dem Briefe des Witnédy einverstanden sei. Als Wesseleny nicht einwilligte, zog sich Gremonville von ihm zurück, und verhandelte in der Zeit nur mit Nádasdy und Zrini. Erst als er von der Zusammenkunft in Murany erfuhr, näherte er sich wieder dem Palatin. Noch in Wien, in denselben Tagen, wo Fürst und Volk der jungen Kaiserin fröhliche Feste gaben, am 19. December 1666 schlossen Wesseleny, Nádasdy und Zrini ein Bündniß zu wechselseitiger That und Hilfe: „Weil die so berühmte adelige Nation der Ungarn in ihr Unglück stürzen würde, wenn sie als die vornehmsten Säulen des Reiches nicht den Anfang machten, so

---

[1]) Aussagen des Fekete 1668, des Nádasdy 18. September 1671, des Zrini 28. April 1670.

vereinigen sie sich in einem geheimen Bund, daß sie alles Er=
sprießliche bedenken und keiner ohne des andern Vorwissen
etwas unternehmen wolle" ¹). Sie beschlossen im März des
nächsten Jahres in Neusohl wieder zusammen zu kommen, den
Gesandten des Apaffi von der Pforte zu erwarten und zu
verabreden, wie und wann sie die Truppen zusammenbringen
sollten ²). Neusohl war gewählt, weil der Kaiser für das
Frühjahr 1667 dahin eine Palatinalversammlung einberufen
hatte, und unter dem Scheine der gesetzlichen Versammlung die
Verschworenen sich leichter vereinigen konnten.

Die Wiener Regierung hatte keine Ahnung, daß die
Dinge bereits so weit zur Reife gekommen waren. Rottal
schrieb am 7. Juni 1666 an Lobkowitz ³), daß Nádasdy,
Wesseleny und der Erzbischof zusammen kommen wollen,
um nothwendige Angelegenheiten zu berathen; er widerrathe
diese Zusammenkünfte der Vornehmen ohne Bewilligung des
Kaisers; sie seien immer verdächtig. „Nádasdy, fügt er bei,
thut gar Unrecht bei den Gnaden, die er empfangen, sich so
undankbar zu bezeigen. Er hat sich so weit ausgelassen, daß
er die akatholischen Kirchen zurückgeben wolle; Se. Majestät
haben aber die Mittel, ihm so auf die Finger zu klopfen,
daß er und seine Posterität darüber Ach und Weh schreien
können."

In der That erschienen Anfangs März 1667 in Neu=
sohl die Abgeordneten der dreizehn Comitate von Oberungarn,
die k. Commissäre Graf Rottal und Ban Zrini, der Palatin,
der Judex=Curiä Graf Nádasdy, die Magnaten Paul Eszter=
házy, Rákóczy, Stephan Bocskai, Emerich Tököly, Szathmary
u. a. Der Erzbischof Lippai war 1666 gestorben, sein Nach=

---

¹) Copie des Verbündnisses vom 19. December 1666. Am 18.
September 1671 Nádasdy vorgezeigt und anerkannt. St. A.
²) Aussage des Fekete 1668.
³) R. A.

folger Erzbischof Szelepcheny wußte nichts von den geheimen Bündnissen und hatte eine andere politische Gesinnung. Zrini hetzte die Abgeordneten auf, sich mit dem König nicht zu vergleichen: es sei jetzt die beste Zeit, in religiösen und politischen Dingen alles zu erhalten. Die Abgeordneten nahmen Rottal als Commissär nicht an, weil er kein Ungar sei, erschienen auch nicht in der von Rottal angesagten Versammlung, sondern versammelten sich bei dem Palatin. Da wurden denn viel hitzige Reden gehalten und eine heftige Adresse aufgesetzt, welche der Palatin dem Könige übergeben sollte. Nádasdy und Szelepcheny änderten jedoch die Adresse, und baten darin blos um die Einberufung des Landtages und Abstellung der Beschwerden. Die Abgeordneten der Comitate und der k. Commissär reisten dann ab, aber die Verschworenen, ungefähr dreizehn Personen[1]), blieben noch mit dem Palatin beisammen, fertigten am 9. März noch einen Bundesbrief aus und beriethen über die Ausführung. Gestützt auf das Gesetz Andreas II. solle ein Heer gesammelt und Siebenbürgen und die Pforte um Hilfe gebeten werden. Mit den Waffen in der Hand werde man dem Könige die Bedingungen vorschreiben, unter welchen er die Krone behalten könne; im Falle der Verweigerung werde er bekriegt[2]). Der Palatin Wesseleny hatte an den letzten Berathungen nicht mehr Theil genommen; er wurde krank und starb am 23. März 1667. Nach seinem Tode verpflichteten sich die Verbündeten dem Nádasdy, in Sachen des Vaterlandes eines Sinnes zu sein und übergaben den Bundesbrief der Wittwe des Palatins. Niclas Bethlen, der Sohn des Geschichtschreibers Johannes Bethlen, ein junger eifriger Magnat, der in Deutschland und Holland seine Studien gemacht hatte, übernahm die Sendung an die Pforte.

---

[1]) Nicht, wie Mailáth sagt, der gesammte Adel der 13 Comitate, sondern nach Aussage der Wittwe des Palatins, nur 13 Personen.
[2]) Vgl. Horváth a. a. O. II. 265, 266.

Die Türken sollten Siebenbürgen frei geben, die Ungarn würden ihnen dann gleich zufallen. Die Hoffnungen der Verbündeten wurden aber sehr gedämpft, als im Juli 1667 der Gesandte des Apaffi, Laslo Balon aus der Türkei zurückkehrte. Er hatte den Großvezier in Candia gesprochen, dieser hatte aber geantwortet: „als er vor Neuhäusel gestanden, sei eine Zeit für den Aufstand gewesen, jetzt nicht, sie sollten zwei Jahre warten, bis er mit Candia fertig wäre."

Nach Wesseleny's Tode wurden von den Verschwornen Nádasdy und Zrini als Führer und Leiter angesehen. Beide handelten darnach, schürten die Bewegung, und waren entschlossen zu den Waffen zu greifen. Beide hatten geheime Verbindungen, eigene Mittel und Ziele. Nádasdy wollte Palatin werden. Um die protestantischen Stände zu gewinnen, setzte er sich mit Lutheranern und Calvinern in Verbindung. Die letzteren hielten jedoch mehr zu Zrini und Rákóczy. Nádasdy dachte in Wahrheit an die Nation, an die Rechte des Landes. Er hoffte die Verfassung und die Ruhe im Lande herzustellen. Unter den Protestanten war 1668 das Gerücht verbreitet, daß er die Bewegung nähre, um sie dann zu dämpfen, und sich der Regierung als Hersteller des Friedens nothwendig zu machen. Er selbst sagte später aus, er sei in die Verschwörung nur eingetreten, um die Stände zu gewinnen. Als Palatin und mit einem Aufwand von 40.000 Thalern wollte er alles wieder in Ordnung bringen. Zrini arbeitete nur für sich. Er gedachte sich zum Haupt von Croatien aufzuwerfen, durch die Hilfe der Türken ein souverainer Fürst wie jener in der Walachei oder Siebenbürgen zu werden. Zrini hoffte auf den Beistand seines Schwiegersohnes, des jungen Rákóczy, der zu den Aufständischen neigte, obwohl seine Mutter, die Wittwe Georg Rákóczy's II. mit den Traditionen des Hauses gebrochen hatte. Zrini hoffte weiter noch auf einen Aufstand in Steiermark, Kärnten und Krain. Er hatte sich mit dem Grafen Hanns Erasmus von Tattenbach, einem der reichsten, angesehensten Herren von Steiermark in Verbindung gesetzt. Beide waren alte Freunde und Tattenbach kam öfter nach Csakathurn. Im Spätherbst 1665 waren sie in Lusina auf dem Gute des Freiherrn von Locatelli zusammen gekommen. Zrini erzählte damals, der König von Spanien sei gestorben, der Kaiser wolle nach Spanien, die Kaiserin-Wittwe und Fürst Auersperg sollten die Regierung übernehmen; er (Zrini) wolle aber nicht von einem Weibe regiert werden. Zwei Jahre später kam Tattenbach auf die Einladung Zrini's nach Csakathurn. Zrini klagte, daß die Ungarn und Croaten nichts bei dem Wiener Hofe gelten, zu keinem höheren Dienst berufen würden; der König von Frankreich sei sein Freund, die Ungarn hielten zusammen. Er lud Tattenbach ein, sich mit ihm zu verbinden, und zeigte ihm den Bundesbrief des Palatins, Nádasdy's und Zrini's. Tattenbach ließ sich verleiten und unterzeichnete am 9. September 1667 das Bündniß mit Zrini. Sie verpflichteten sich darin ihr Geschick und Vorhaben mit Rath und That zu fördern.

Nach dem Tode Wesseleny's war es eine Zeit stille. Die Wittwe des Palatins ließ sich aber bald wieder mit Zrini ein, weil sie Geld von ihm brauchte. Sie berief Zrini und die zwei Verbündeten Szuhai und Szepesi zu sich nach Murany. Diese fingen sogleich wieder an, den Aufstand zu betreiben. Sie reisten nach Patak und brachten Franz Rákóczy dahin, daß er der Verbindung beitrat. Nach seiner Rückkehr zeigte sich Zrini geneigt, der Wittwe 100.000 fl. zu borgen; er zahlte ihr einen Theil der Summe aus. In Lipche trafen sie den jungen Ladislaus Wesseleny, der eben aus Polen zurückkam. Er erzählte, daß ihn der französische Gesandte in Warschau um den Stand der ungarischen Angelegenheiten gefragt habe. Der Gesandte habe auch von Boesskai, Szepesi und Szuhai gesprochen, er habe aber nichts darauf antworten können, weil er nichts gewußt habe. Um zu erfahren, warum der französische Gesandte sich um Ungarn bekümmere, schickten

Zrini und Bori sogleich einen vertrauten Mann, Wolfgang
Fabian nach Warschau mit dem Auftrage, wenn es nöthig
sei, auch nach Paris zu gehen. Er kehrte jedoch bald unver=
richteter Dinge zurück. Auf den Vorschlag der Wittwe Wesse=
leny berief dann Zrini einen Krakauer Domherrn, Stanislaus
Wohenski nach Lipche, um durch ihn einen Briefwechsel mit
einigen Polen einzuleiten. Den Verschwornen lag daran, wenn
der König Johann Casimir sterben oder abdanken sollte, keinen
österreichischen Candidaten in Polen aufkommen zu lassen.
Wohenski sollte in diesem Sinne thätig sein. Er wollte sich
anfangs nicht darauf einlassen, übernahm es aber doch einige
Briefe zu schreiben. Weil Nádasdy bei dieser Berathung nicht
zugegen war, wurde eine neue Zusammenkunft in den Bädern
von Stuben angesagt. Nádasdy, Zrini, die Wittwe Wesseleny,
der Bischof von Vesprim, Valentin Szente, Franz Nagy, Ste=
phan Barkoczi fanden sich ein. Es kam auch hier zu keinem festen
Entschlusse. Da die Magnaten zögerten, rief Nagy aus: wenn
ihr nichts thun könnt, so fangen die armen Bursche [1]) von
selber an. Bori rieth, die Gelder aus den Bergstädten, welche
nach Wien geführt werden sollten, aufzugreifen, und damit die
Reiterei zu bezahlen.

Nach dieser Zusammenkunft sagte die Wittwe Wesseleny
eine Versammlung in Szendrö bei Kaschau an [2]), zu welcher
alle Verschworenen geladen wurden. Sie war die größte und
wichtigste Versammlung in jenen Jahren. Die meisten Ver=
schworenen erschienen, nur wenige ließen sich entschuldigen.
Nádasdy scheint damals seinen Aufruf an die vier Stände

---

[1]) Szegény legény, die armen Edelleute in den Comitaten, Be=
tyarenadel.

[2]) St. Andrä, südlich von Kaschau. Ich kann nicht genau bestim=
men, ob der Convent 1667 oder 1668 stattfand, nehme aber aus Wahr=
scheinlichkeitsgründen 1667 an. Weder die Szecsy noch Fekete haben ein
genaues Datum angegeben.

von Ungarn verbreitet zu haben. Er schildert darin, wie gedrückt das „liebe Vaterland" sei. Die Ungarn seien ein armes todtes Volk geworden, das Landeseinkommen werde in Deutschland verzehrt, bei Hoffesten verthan, die Freiheit der Nation sei seit den Tagen Ferdinand's I. vergessen. Bei St. Gotthard haben die Franzosen allein den Ausschlag gegeben. Die Oesterreicher hätten in vierzehn Tagen Frieden gemacht und das Land wieder an die Türken übergeben. Der König dankte die Soldaten ab und opferte das Land wieder den Heiden. Bocskai, Bethlen, Rákóczy seien Fürsten geworden, weil sie einen Bund aufgerichtet und sich des Landes angenommen haben. Die Stände sollten deßgleichen thun und mit Muth angreifen¹). Der Convent in Szendrö beschloß, Nádasdy als den Führer anzuerkennen. Zrini und Nádasdy waren der Meinung, man solle nicht länger säumen, das bewaffnete Volk aufbieten und in Mähren einfallen. Die anderen, und zumeist die Protestanten waren dagegen. Sie seien ohne Hilfe der Siebenbürger und Türken nicht mächtig genug. Man solle die Antwort des Fürsten Apaffi abwarten. Die 1000 Mann deutschen Kriegsvolkes, welche im Anmarsch seien, sollen bei Branitzka im Saroser Comitat angegriffen und zusammengehauen werden. Das wird das Zeichen des Bruches mit Oesterreich sein. Am 19. August kamen die Verschworenen Gyulaffi und Kende nach Szendrö und meldeten von Apaffi, wie verwundert er sei, daß alles so langsam gehe. Sogleich schickte der Convent einen aus seiner Mitte zu Apaffi, um ihn aufzufordern, er möge wieder mit den Türken unterhandeln; die dreizehn Comitate Oberungarns würden zu ihm stehen. Nádasdy hoffte alles Volk dies- und jenseits der Donau unter die Waffen zu

---

¹) Das Original wurde 1670 in den Schriften des Nádasdy gefunden. Diese Oratio erscheint mir als eine politische Betrachtung; er hatte zuletzt beigefügt: „Erzeuge das auch, berede die Vornehmsten des Landes." Aber der Aufruf war verbreitet. Die Regierung kannte ihn schon Anfangs 1669.

bringen. Zrini wollte allein 40.000 Mann stellen. Er erklärte, Steiermark, Kärnten und Krain würden mit den Ungarn halten, er habe dort seine Leute; auch Schlesien soll aufgeregt werden, er habe in den Bergstädten Anhänger und Wohenski sei sein Agent in Polen. In der Welt halte man die Ungarn für ein armes, ohnmächtiges, verlogenes Volk. Die Nation müsse etwas unternehmen, um unter einen eigenen König zu kommen. Um Geld zu verschaffen, wollten Bori und Nagy den Erzbischof von Gran auf einer Fahrt überfallen und erwürgen. Der Plan, die Geldtransporte der Bergstädte aufzuheben, wurde angenommen und mit der Plünderung einer der Verschworenen, Stephan Szobonia beauftragt, der auch sogleich abreiste. Der Anschlag gelang nicht. Die Beamten der Bergstädte hatten Wind bekommen und führten das Geld auf einem anderen Wege nach Oesterreich. Als Generale der ungarischen Armee wurden bestimmt: Stephan Bocskai, Stephan Barkoczi und Mathias Szuhai, zur Zeit Rákóczy's siebenbürgischer General. In der Verschwörung waren die Magnaten Nádasdy, Zrini, die Wittwe Wesseleny, Tököly, Georg Perini, Stephan Petrozzi, Stephan Bocskai, Stephan Barkoczy, ferner die Edelleute Stephan Witnédy, Franz und Andreas Nagy, Hidvégy, Niclas Gestény, Bori, Szuhai, Szepesi, die drei Brüder Ketzer, Ispan, Gyulaffi, Kende, Ebezky, Farkas. Jenseits der Donau wußten alle Edelleute um das Bündniß, diesseits nur wenige. Obwohl die Versammlung in Szendrö nicht ganz einig war, wollte doch Bori mit einem Haufen „armer Bursche" den Aufstand beginnen. Wolf Fabian sollte die Reiterei befehligen. Wenn eine genügende Masse Volkes zugelaufen sei, wollten sie die Bergstädte nehmen und in Mähren einfallen, in der Hoffnung, den Kaiser zur Herstellung der alten Freiheit zu zwingen [1]). Inzwischen auch Bori

---

[1]) Wörtlich nach den Aussagen der Wittwe Wesseleny und des Fetete. St. A.

ließ den Plan fallen, und der Aufstand unterblieb trotz aller Verabredungen. Die Führer trauten der eigenen Kraft des Volkes nicht, und wollten ohne auswärtige Hilfe nicht losschlagen. Apaffi schickte zu Ende 1667 wieder seinen Agenten, den Secretär Pietro mit einem Dolmetsch nach Constantinopel: die Ungarn wären der Meinung, es sei am besten gleich loszuschlagen: es sei ohnehin ein Krieg mit Frankreich bevorstehend. Der Großvezier verweigerte jedoch jede Hilfe. Nádasdy und Zrini schürten und nährten die Bewegung, theilten sich manches mit, waren aber immer voll Eifersucht auf einander. „Zrini wird niemals mein Herr werden, ich habe kein Vertrauen zu ihm," sagte Nádasdy zu einem der Verschworenen¹). Dabei blieb Nádasdy immer in Verbindung mit Wien und suchte seine Handlungen zu verstecken. „Graf Rottal habe von einigen Streifungen gehört, schrieb er an Lobkowitz, aber der Fürst möge nicht alles glauben, Rottal mache aus der Mücke einen Elephanten, wenn er gegen ihn oder die Seinigen etwas aufklauben kann" ²).

Der Winter von 1667 auf 1668 war vergangen ohne ein Zeichen der Bewegung. Da von den Türken nichts zu erwarten war, traten Nádasdy und Zrini wieder mit Gremonville in Verbindung. Sie kamen dreimal mit ihm zusammen, zweimal bei Achau auf der Straße von Oedenburg nach Wien, unweit von Laxenburg, und einmal auf dem Felde zwischen Achau und Minkendorf. Sie kamen von Pottendorf, dem Schlosse Nádasdy's geritten. Der Tochtermann Nádasdy's, Graf Draskovich hielt gewöhnlich einige Büchsenschüsse entfernt mit den Pferden und nahm an den Gesprächen keinen Antheil. In der ersten Unterredung fragte Gremonville um Mittel und Wege, wie der polnische Fürst Lubomirski aus dem Wege geräumt werden könne, was Nádasdy und Zrini zurückwiesen.

---

¹) Zu Franz Nagy. Aussage desselben, 10. October 1670. St. A.
²) 26. Mai 1668. R. A.

Ein andermal versicherte der Gesandte, der König von Frankreich werde mit den Ungarn verhandeln, wenn sich der Kaiser in den flandrischen Krieg mischen wolle. Nádasdy antwortete, er könne sich mit dem Könige nicht verbinden, er habe Weib und Kinder, er begehrte auch kein Geld und nahm keines an, während Zrini von Gremonville Geld verlangte und auch 6000 fl. erhielt. Nach dieser Zusammenkunft stand Nádasdy in keinem weiteren Verkehr mit Gremonville, wohl aber blieb Zrini von 1668 an mit ihm in Verbindung, erhielt Geld und bat um Unterstützung [1]). Die beiden Grafen hatten keine Ahnung, daß Ludwig XIV. sich kurz vorher in einem geheimen Vertrage mit dem Kaiser geeinigt hatte und daß er mit den Ungarn nur ein frevelhaftes Spiel treibe, um die österreichische Macht in Schach zu halten. Nádasdy und Zrini waren schlechte Politiker, wenn sie in jenen Jahren mit oder ohne auswärtige Hilfe einen Aufstand erregen und Krieg gegen Oesterreich führen wollten. Die Verschwörung war ohne sichere Grundlage, ohne Halt und Kraft und brachte ihren Führern den Untergang. Während Nádasdy und Zrini am 1. September 1668 zu Keresztur einen neuen Bundesbrief „zur Erhaltung und zum Nutzen des Vaterlandes" unterschrieben, erhielt die österreichische Regierung von dem geheimen Treiben Kenntniß und entwickelte sich aus dem Schooße der Verbündeten selbst der Verrath.

Ein Dolmetsch der Pforte, der Grieche Panajotti, die Wittwe Wesseleny, die Gräfin Széchy, die so gefeierte ungarische Patriotin, und Laslo Fekete, einer der Verschworenen, waren die Ersten, welcher der österreichischen Regierung von der Verschwörung Nachricht gaben. Panajotti, welcher den Unterredungen der ungarischen Agenten mit dem Großvezier beiwohnte, machte die Regierung in mehreren Berichten auf

---

[1]) Nádasdy's Aussagen im ersten Verhör, 18. September 1671., St. A. Mignet, III. 383.

die Gefahr einer Rebellion in Ungarn und Siebenbürgen aufmerksam[1]). Apaffi habe 1667 den Laslo Balon und Anfangs 1668 seinen Secretär geschickt, welche den Großvezier mündlich von der Verschwörung unterrichteten; die Ungarn und Croaten haben aber außerdem einen Abgeordneten an den Sultan selbst gesendet, welcher erklärte, daß die Ungarn sich von dem Kaiser trennen, einen eigenen Fürsten wählen und dem Sultan Tribut geben wollten; der Sultan habe nach Candia an den Großvezier geschrieben, er möge mit den Venetianern Friede machen und die Vorschläge der Ungarn annehmen. Casanova, der kaiserliche Resident, welcher an den Großvezier und andere Würdenträger viel Geld spendete, erhielt sogar die Instruction der Agenten des Apaffi und schickte sie nach Wien. Die Wittwe Wesseleny hielt es für besser, als die Verschwörung 1668 keinen Fortgang nahm, ihren Frieden mit der Regierung zu machen und dem Kaiser noch bei Zeiten alles zu offenbaren. In ihrem Auftrage ging Bori, der in ihren Diensten stand, nach Preßburg, zeigte dem Grafen Rottal die Verschwörung an, und übergab einige darauf bezügliche Briefe. Die Gräfin selbst wollte nach Wien, wurde jedoch in Preßburg krank und erfuhr wenig mehr von den öffentlichen Dingen. Erst später 1671 hat sie in Murany dem kaiserlichen Commissär den ganzen Verlauf der Verschwörung in die Feder dictirt.

Ein dritter, welcher die Pläne der Verschworenen der Regierung anzeigte, war Laslo Fekete, früher Soldat, ein alter verschlagener Mann, der an der Verschwörung nur Theil genommen hatte, um sie zu verrathen. Er kam im September 1668 zu dem Erzbischof Szelepcheny und unterrichtete ihn von dem Gange der Dinge. Beide reisten nach Wien, wo Graf Rottal die Aussage des Fekete in Gegenwart des Erzbischofes nieder-

---

[1]) Vom 24. Juni, 7. September, 24. December 1667, vom 28. Februar 1668. St. A.

schrieb. In einer Conferenz, welcher der Obersthofmeister, Fürst Lobkowitz, der Hofkriegsrathspräsident und Graf Rottal beiwohnten, wurde ihnen die Aussage noch einmal vorgelesen. Der Erzbischof meinte, man müsse die beiden Dienstmänner des verstorbenen Palatin, Bori und Nagy verhaften; Bori habe ohnehin an Rottal geschrieben, daß er sich mit ihm vergleichen wolle; wenn man nicht die Vornehmsten zur Haft bringe, sei kein Ende zu erwarten; sie seien zwar Magnaten und könnten nur gestraft werden, wenn sie nach ungarischem Recht citirt und abgeurtheilt seien; hier sei das aber ein anderer Fall; zur Zeit Ferdinand's I. seien viele ungarische Grafen und Herren gefangen und verurtheilt worden. Fekete fügte weiter hinzu: man solle zu den Türken schicken, daß sie den Apaffi stranguliren lassen; nicht die Stände von Siebenbürgen seien in der Verschwörung, sondern Apaffi allein. Der König möge die Truppen in den Grenzhäusern versammeln und die Verschworenen verhaften lassen. Es würde im Lande ein großes Geschrei geben, aber der König soll in einem Manifeste die Ursachen kundgeben und dann einen Landtag ausschreiben, wo hoffentlich alles wieder in guten Stand gebracht würde. Den Barkoczy könne der Erzbischof leicht fangen; er dürfe ihm nur schreiben: lieber Sohn, komm hierher, es steht dir ein großes Glück bevor. Barkoczy verlange das Generalat in Oberungarn, dann könne man mit ihm thun, was man wolle. Die Anderen möge man unter dem Vorwand berufen, um wegen des Landtages zu sprechen, und dann festnehmen. Nádasdy habe ohnehin Wind bekommen und wolle nicht länger in Pottendorf bleiben.

Die geheimen Räthe in Wien erinnerten sich, was Leslie 1666 und Panajotti vor Kurzem aus Constantinopel berichtet hatten. Sie waren von der Verschwörung überzeugt, riethen aber dem Kaiser, für den Augenblick keinen entscheidenden Schritt zu thun. In der Sitzung des geheimen Rathes zu Ebersdorf am 30. September 1668, welcher der Kaiser, Auersperg, Lobfowitz, Schwarzenberg, Oettingen, Lamberg, Rottal und Montecuculi beiwohnten, wurde die Aussage Fekete's noch einmal vorgelesen und beschlossen [1]): Casanova in Constantinopel anzuweisen, ein wachsames Auge zu haben, die Grenztruppen zu bezahlen, dem General in Kaschau genaue Berichte anzuempfehlen. Bori und Fekete sollen fortfahren, sich als gute Freunde der Verschworenen zu zeigen. Beide sollen belohnt werden. Nádasdy soll unter dem Vorwand nach Wien berufen werden, daß der Kaiser mit ihm, dem Erzbischof und dem Kanzler wegen des Landtages sprechen wolle. Auf keinen Fall dürfe Nádasdy zum Palatin vorgeschlagen werden. Es müßte gehandelt werden, als wisse man von der Verschwörung nichts, als habe man nur gehört, daß Apaffi in Oberungarn eine große Correspondenz führe. Man müsse Nádasdy befragen, wie man den Unruhen Einhalt thun könne. Es sollen keine neuen Truppen nach Oberungarn geschickt, sondern nur die vorhandenen vereinigt werden. Alle Reformen seien für einige Wochen zu suspendiren. Der österreichische Gesandte in Warschau soll von den Umtrieben mehr zu erfahren suchen. Verhaftet wird Niemand, aber es ist dafür zu sorgen, daß dem Petrozzi [2]) immer ein getreuer Ungar zur Seite bleibe und dessen Schritte bewache. Man solle nichts überstürzen.

Der geheime Rath wollte auch Bori und Nagy nach Wien kommen lassen, um zu erfahren, was die Wesseleny offenbaren wollte. Bori starb jedoch schon den 15. November 1668 in Preßburg, und Nagy kehrte mit seiner Herrin nach Murany zurück. Dagegen wurde Graf Nádasdy noch im December 1668 nach Wien berufen, um in einer Conferenz mit dem Präsidenten des Hofkriegsrathes und Rottal seine Meinung über die Einberufung des Landtages zu hören [3]).

---

[1]) St. A.

[2]) der mit Witnódy den Kaiser aufheben wollte.

[3]) Conferenz am 17. December 1668, dem Kaiser referirt am 18. December. St. A.

Nádasdy sprach sich dagegen aus: er habe sich noch vor keinem Landtage so gefürchtet als vor diesem, er werde kein gutes Ende nehmen. Als Rottal sagte, eben der Landtag könne alles zum Guten bringen, man müsse nur die Gemüther geneigt machen, erwiederte Nádasdy, es werde in Ungarn alles übereinander gehen. Er verglich Oesterreich mit einem Palaste und Ungarn mit einem Saale darin. Die Mauer desselben habe einen Riß, man habe sie mit Kalk übertüncht und so oft, als man den Riß gesehen, aber der Palast sei endlich doch eingestürzt. — Nádasdy wurde jedoch nicht verhaftet, wie Fekete gerathen hatte. Er reiste nach Pottendorf zurück und blieb dort den ganzen Winter von 1668 auf 1669, unbesorgt, unangefochten, obwohl der geheime Rath bereits seit Jänner 1669 im Besitze von Papieren war, welche Nádasdy schwer compromittirten [1]).

Die Regierung wünschte die Verschwörung in ihrem Keime zu ersticken und war gewillt, die Führer zu verschonen, wenn sie ihre Hand abzögen. Zrini wurde noch im Frühjahr 1669 mit Rottal und Sigmund Pethö, dem Commandanten von Onod, zum k. Commissär ernannt, um in Eperies die Versammlung der Abgeordneten der Comitate von Oberungarn zu leiten. Die Versammlung ging jedoch unverrichteter Dinge auseinander. Im Juni 1669 wurde Zrini nach Wien berufen, um über die Zustände in Ungarn zu berichten und sich selbst vor verleumderischen Anklagen zu rechtfertigen. Zrini sagte in der Conferenz vom 21. Juni, welcher Lobkowitz, Rottal und der Hofkriegsrathspräsident beiwohnten, aus [2]): Graf Nádasdy sei der Urheber des Uebels, er habe die Magnaten auf alle mögliche Weise zu gewinnen gesucht, sie

---

[1]) Conferenz 28. Jänner 1669, referirt Sr. Majestät 28. Jänner. St. A.

[2]) Conferenz 21. Juni 1669, Nachmittags 4 Uhr, auf Befehl des Kaisers in der Wohnung des Fürsten Lobkowitz. St. A.

hätten sich aber abgewendet, als sie inne wurden, daß die Absicht gegen den König gerichtet sei. Nádasdy agitire schon seit 1662; schon 1659 habe er mit Georg Rákóczy unterhandelt, ihm seine Tochter und die Krone von Ungarn versprochen. Er (Zrini) habe es damals dem Portia hinterbracht, aber die Antwort erhalten: es könne nicht sein, daß Nádasdy einen solchen Verrath beginne. Die Briefe Nádasdy's an Rákóczy müßten noch bei den Erben des Mednyanski sein, der sie damals gegen 30- oder 40.000 fl. hergeben wollte. Seit 1662 wandte sich Nádasdy an Frankreich und suchte auch Wesseleny dazu zu bewegen. Als sie bemerkten, daß Lubomirski ihnen hinderlich sein würde, hat Witnédy 6000 fl. erhalten, um ihn umzubringen. Der Mann war schon bestellt, aber es reute Wesseleny wieder. Nádasdy sei mit französischen und schwedischen Agenten zusammen gekommen, später habe er sich an die Türken gewendet. Sie gingen nicht darauf ein und meinten, die Ungarn sollen selbst anfangen. Diese hatten aber die Lust verloren, weil sie merkten, daß Nádasdy nur seinen eigenen Nutzen suche und sich groß machen wolle. Als der Generalbevollmächtigte Graf Rottal nach Eperies gekommen sei, habe Nádasdy befohlen, sich zu bewaffnen; er habe über seine Güter an der mährischen Grenze Grenzhauptleute gesetzt. Am 13. Juni seien Nádasdy, Tököli, Illesházy, Witnédy, Hidvégy und der Vicegeneral Berscény in Trencsin zusammen gekommen. Der Pascha in Erlau habe sagen lassen: sie sollen sich durch die Belagerung von Candia nicht irre machen lassen; die Fürsten der Tataren, der Moldau und Walachei, die Pascha's von Großwardein, Temesvar und er seien stark genug, um ihnen zu helfen. Nádasdy habe versucht die Commission in Eperies zu stören; er ließ ausstreuen, Rottal und Zrini hätten viel Geld, es seien die Deutschen im Anzug. Nádasdy wolle mit Hilfe der Jesuiten alles bemänteln und bei dem Könige zurecht machen. Der General in Oberungarn, Graf Franz Csáky habe einmal zu Zrini einen Ausspruch des

Nádasdy erwähnt: er wolle so lange nicht ruhen, bis er dem Könige die Krone vom Haupt gerissen. Michel Baronay, der früher bei Nádasdy war und nun verheiratet in Raab lebe, sollte Sc. Majestät umbringen. Baronay könnte noch bekennen. Witnédy habe von ihm (Zrini) Pferde begehrt, um den Kaiser gefangen zu nehmen, wenn er der Kaiserin entgegenreite, und ihn dann nach Schloß Cassabar oder Trencsin zu bringen. Nádasdy habe drei Gespannschaften diesseits der Donau berufen, wovon weder die ungarische Kanzlei noch der Erzbischof etwas wußten. Nádasdy sei nach Czenstochau in Polen gefahren, habe dort in einem Kloster gewohnt, und den Mönchen große Geschenke gegeben [1]).

Trotz dieser so schwer belastenden Aussage wurde Nádasdy nicht festgenommen. Er hatte mächtige Freunde in Wien. Der Kaiser und Lobkowitz wollten Nádasdy nicht fallen lassen. Namentlich Lobkowitz strengte alles an, ihn zu retten. Sein Caplan und Beichtvater, P. Donellan, einer jener Geistlichen, welche ihre Hände überall hatten, war mit Nádasdy seit Jahren, seit 1658 in Verbindung. Dieser P. Donellan schrieb an Nádasdy am 23. August 1669, daß ihm der Auditor des Nuntius gesagt habe, der Hof mißtraue dem Nádasdy. Er kam dann selbst nach Pottendorf und erzählte Nádasdy so viel, daß dieser die Gefahr erkannte, in welcher er schwebte. Nádasdy vertraute dem Pater alles, übergab ihm eine Bittschrift an den Kaiser und zugleich mehrere Papiere, welche auf die Verschwörung Bezug hatten, so die Instruction des Palatins für den Gesandten nach Constantinopel, den Bericht des Kende darüber, seinen Bundesbrief mit Wesseleny und Zrini und eine Abschrift der Vollmacht des Königs von Frankreich an Gremonville zur Verhandlung mit den ungarischen

---

[1]) Zrini wurde noch in einer Conferenz am 26. Juni vernommen. St. A.

Magnaten ¹). Als Nádasdy wochenlang keinen Bescheid erhielt, ging er im October 1669 selbst nach Wien, nahm eine Audienz bei dem Kaiser, fiel ihm zu Füßen, bekannte und beichtete alles: daß er mit Wesseleny und Zrini ein Bündniß abgeschlossen, daß er im Auftrage des Wesseleny die Instruction für den Gesandten in der Türkei verfaßt habe, den Anschlag des Witnédy, die Conföderation in Neusohl, daß die Verschwörung bestehe, aber die Rebellion aufgeschoben sei bis zur Rückkehr des Großveziers von Candia. Der Kaiser wies ihn an den Obersthofmeister Lobkowitz. Dieser empfing ihn gütig, tröstete ihn, daß der Kaiser alles verzeihe, wenn er künftig nichts mehr unternehmen wolle. Er möge eine Denkschrift an den Kaiser richten und darin alles bekennen, was er gethan. Lobkowitz hatte die Denkschrift bereits verfaßt und Nádasdy brauchte sie blos durchzulesen und abzuschreiben ²). Er berichtete darin dem Kaiser, es sei das Gerücht verbreitet, er wäre von seinen Feinden bei Sr. Majestät verklagt, als ob er sich nicht als ein getreuer Unterthan verhalten habe. Obwohl er diese Feinde und ihre Anklagepunkte nicht kenne, schicke er hier mehrere lateinische Copien, deren Original er bei sich habe: die Instruction des Palatins an den Agenten für die Pforte, die Liga zwischen Nádasdy und Zrini über die Verbindung in Neusohl vom 9. März 1667, die Abschrift der Vollmacht des Gremonville und die Liga zwischen dem Palatin und Nádasdy. Er sei bereit auf alles zu antworten und wolle lieber sterben, als einen solchen Schandfleck auf seiner Ehre lassen. Er habe erst in Neusohl erfahren, daß 1666 ein Agent in die Türkei geschickt wurde, er selber habe gegen die

---

¹) Die Regierung kannte diese Papiere und den Aufruf Nádasdy's an die Stände schon seit Jänner 1669. Die Conferenz am 28. Jänner hat darüber berathen.

²) Erstes Verhör. Nádasdy's Aussage vom 18. September 1670. St. A.

Türken gedient. Die Verbindung mit Frankreich habe die Gräfin Zrini 1665 in Venedig durch den französischen Gesandten eingeleitet. Der Hof wisse wohl, daß er — Nádasdy — durch P. Donellan schon zur Zeit des Portia die Verbindung Zrini's mit Frankreich angedeutet habe. Als 1664 der Erzbischof Lippai, Wesseleny und Niclas Zrini gegen den Frieden protestiren wollten, habe er es verhindert. Das Bündniß mit Wesseleny könne man ihm nicht vorwerfen, das sei ein alter Brauch in Ungarn. Er habe dem Hofe manches angedeutet. Alles konnte er nicht offenbaren, weil er seines Lebens nicht sicher gewesen wäre. Er habe zu Laxenburg und Wien gemeldet, daß dreizehn Gespannschaften in Oberungarn mit den Türken verhandeln; er habe sich durch P. Müller, den Beichtvater des Kaisers, noch zu mehrerem angeboten.

Die Denkschrift Nádasdy's wurde in der Conferenz am 27. November 1669, welcher Lobkowitz, Auersperg, Schwarzenberg, Oettingen, Lamberg, Rottal, Montecuculi und Hocher beiwohnten, verlesen und berathen [1]). Die geheimen Räthe waren der Meinung, daß Nádasdy das Verbrechen des Hochverraths begangen habe. Schon die Ausdrücke der Liga sprächen dafür und widerlegten Punkt für Punkt die Einwendungen Nádasdy's. Von der Botschaft in die Türkei habe er gewußt, weil Laslo Balon erst den 14. Juni 1667, nicht wie Nádasdy sagt 1666 abgegangen sei. Nádasdy's eigene Schriften, die er eingesendet, beweisen gegen ihn. Es dürfte aber das Beste sein, daß Se. Majestät, wenn er bessere Beweise seiner Treue bringe, ihn pardonnire. Ungarn soll in guten Stand gebracht werden, man dürfe dabei nicht zu viel und nicht zu wenig thun. Vor allem sei ein guter General in Oberungarn nöthig, damit noch vor dem Landtage die Ruhe hergestellt werde. Die ungarische Kanzlei sei wieder einzurichten. Der Kanzler Palffy sei treu und verläßlich).

---

[1]) St. A.

Die Rechtfertigung Nádasdy's und das Urtheil des geheimen Rathes mußte den Kaiser eigenthümlich berühren. In denselben Tagen, Ende November, hatte er auch die Schwäche und Untreue seines ersten Ministers, des Fürsten Auersperg erfahren. Nádasdy erhielt jedoch vollständig Verzeihung. Leopold I. schrieb am 1. December 1669 an Lobkowitz: Nádasdy habe in einer Denkschrift seine Unterwerfung und Treue gelobt, er wolle sich darauf verlassen; Lobkowitz möge ihm anzeigen, daß der Kaiser seine Dienste gern annehme [1]). Diesmal war Nádasdy durch seine deutschen Freunde dem Verderben entronnen, aber die Schuld sollte sich noch an ihm rächen.

Auch des Zrini glaubte die Regierung, nachdem er im Juni 1669 dem Kaiser wegen Felonie Abbitte geleistet und neuerdings Treue gelobt hatte, versichert zu sein, aber sie kannte den feurigen, eitlen und falschen Mann zu wenig. Die Versammlung in Eperies, welche er als k. Commissär leiten sollte und von welcher er nach Wien eilte, um gegen Nádasdy auszusagen, hatte er, wie jene in Neusohl, aufgereizt, sich mit dem Könige nicht zu vergleichen. Die vornehmsten Verschworenen waren für ihn gewonnen. Er trat als selbstständiger Führer auf, schickte Agenten und rüstete, als wäre er stark genug, gegen das Haus Oesterreich Krieg zu führen. Wenige Tage nachher, als Zrini am 21. Juni 1669 in der Conferenz in Wien erschienen war, schickte er insgeheim einen P. Bariglius nach Warschau, um dem neugewählten Könige von Polen, Michael Wisnowiezki Glück zu wünschen, und gegen die Heirat desselben mit einer österreichischen Erzherzogin zu wirken. Er gab ihm eine Instruction mit voll Schmähungen gegen Oesterreich und seine Dynastie: „Der Kaiser sei schwachen Geistes, denke nur an Bälle und Comödien, nicht an

---

[1]) Wien, 1. December 1669. Original im R. A. Abschrift im St. A. Abgedruckt in Mailáth's österr. Gesch. IV. 75.

fürstliche Thaten und wichtige Geschäfte, er hänge ganz von seinen
Ministern ab, habe keinen eigenen Willen, seine Finanzen seien er=
schöpft, der Credit vernichtet, er sei von der Welt verachtet, von
seinen Unterthanen gehaßt. Kein Staat sei so ruinirt wie Oester=
reich; er gehe seinem Untergange entgegen, alle Provinzen rufen
um Rache, besonders Ungarn. Was könnte Polen von einem
solchen Staate erwarten. Der König möge die Verbindung nicht
eingehen, der kaiserliche Hof wolle ihn nur in das Verderben
ziehen." Bariglius kam unter dem falschen Namen Palmerini
nach Warschau, gelangte wirklich zu einer geheimen Audienz
bei dem Könige, richtete jedoch nichts aus, obwohl er an
Zrini einen prahlerischen Bericht schickte, daß er den König
für die Verbindung mit einer dänischen Prinzessin gewonnen
habe [1]). Die Antwort des Königs auf Zrini's Schreiben ent=
hielt nur die allgemeinen Ausdrücke des Dankes und daß er
die Wünsche Zrini's gerne befördern wolle. P. Bariglius ver=
schwand nach seiner Mission wieder in sein Kloster, man hat
nicht weiter von ihm gehört. Im Herbst 1669 reiste die Ge=
mahlin des Grafen Zrini zu ihrer Tochter, der Fürstin Rá=
kóczy und kehrte dabei in Schloß Murany bei der Wittwe
Wesseleny ein. Sie sprach offen davon, daß sie rasch nach
Polen müsse, um noch vor der Krönung anzukommen, und die
Heirat mit der österreichischen Prinzessin zu hintertreiben. Bei
ihrer Rückkehr war sie jedoch ganz still, sprach nur von Guts=
kauf und ging mit Unwillen fort [2]). Wie erzählt wurde, hei=
ratete der König von Polen im Februar 1670 die Erzherzogin
Eleonore und mit den Hoffnungen der Verschworenen, von
Polen unterstützt zu werden, war es vorbei. Auch die Unter=
stützung Frankreichs war unsicher. Zrini schickte 1669 von
Eperies aus einen Agenten mit Briefen an Ludwig XIV. nach
Frankreich, er begehrte von dem französischen Gesandten in

---

[1]) Die Instruction und der Bericht, Juli 1669, im St. A.
[2]) Aussage der Wittwe Wesseleny. St. A.

Venedig Geld, aber es erfolgte keine Antwort. Deßungeachtet betrieb Zrini im Herbst 1669, im Winter und bis in das Frühjahr 1670 eifrig den Ausbruch der Verschwörung, indem er seine Hoffnung auf die Türkei und die Erhebung des Volkes setzte. Er handelte dabei ganz selbstständig, ohne auf Nádasdy oder Apaffi Rücksicht zu nehmen.

In Zrini's Auftrag ging der vertraute Capitän Bukovatzky mit noch zwei anderen Hauptleuten Mitte November 1669 nach Constantinopel und von dort nach Candia. Zrini hatte ihm zur Beglaubigung eine Vollmacht und sein Siegel mitgegeben. Er ließ durch Bukovatzky den Türken einen Tribut von 12.000 Thalern anbieten, wenn sie ihn als erblichen Fürsten von Croatien anerkennen würden; seiner Familie sollte das Erbrecht und nach ihrem Aussterben den Croaten das Wahlrecht gehören [1]). Zur selben Zeit war der Abgesandte des Fürsten von Siebenbürgen [2]), welchen dieser in Folge der Aufforderung der Verschworenen in Eperies geschickt hatte, in Candia. Der Großvezier theilte ihm mit, daß Zrini nach der Herrschaft in Ungarn strebe. Dieser reiste sogleich ab und Apaffi, der sich mit den ungarischen Verschworenen verbündet hatte, um zur Herrschaft in Oberungarn zu kommen, zog sich zurück und machte seinen Frieden mit dem Kaiser.

Bukovatzky war von seiner Sendung noch nicht zurück, aber Zrini handelte, als wäre er der Türkenhilfe sicher. Er schrieb an die Pascha's von Ofen, von Kanissa, von Bosnien, er bot ihnen seinen eigenen Sohn als Geißel an, wenn sie ihm helfen wollten. Er ließ den Bischof der Walachen durch einen Franciskanermönch und durch Graf Frangepani auffordern, sich seiner Sache anzuschließen. Seine Schwägerin, die Wittwe des Niclas Zrini, welche gut österreichisch dachte, mußte mit ihrem Sohne Csakathurn verlassen. Die croatischen Edelleute Beris-

---

[1]) Frangepani's Verhör.
[2]) David Roßnyai.

lovics, Cholnics, Chernkoczy, Gottal, Geneži, Malinics, Prybelics u. a. waren mit Zrini im Einverständnisse¹). In seinem Lager waren im Februar 1670 mehrere tausend Walachen und Morlaken beisammen. Er wollte die Festung Köprcinitz in seine Gewalt bringen und forderte den Commandanten offen zum Abfall und zur Uebergabe seines Postens auf. Er gab seinem Schwager, Graf Frangepani eine unbeschränkte Vollmacht zum Aufstand und ernannte ihn zum Director. Frangepani schrieb am 9. März 1670 an den Hauptmann Zolunics: „Trachtet, daß bald angefangen wird; ich bin fertig mit den Meinigen und erwarte kaum, daß wir unsere Kappen mit dem Turban vertauschen, aber bei Gott, die deutschen Hüte sollen dabei in die Luft springen." Und weiter: daß er 300 Leute habe, zum Pascha von Bosnien schicken wolle, er sei dem türkischen Kaiser in Treue und Dienst zugethan ²). Frangepani kam zu Ostern selbst nach Csakathurn, um mit Zrini das Nähere zu verabreden. Sein Vetter Orfeo Frangepani sollte das Commando an der Küste führen. In Oberungarn war seit dem Tag von Eperies alles für den Aufstand vorbereitet. Die protestantischen Geistlichen erwähnten in ihren Predigten der kommenden großen Ereignisse und mahnten das Volk zur Vertheidigung seiner Freiheit ³). Franz Rákóczy hatte sich, ungeachtet ihm seine Mutter abgerathen, für seinen Schwiegervater erklärt. Ende Februar 1670 versammelten sich in Folge seiner Aufforderung alle Parteigenossen in Kaschau. Als Rottal kam und sie als eine ungesetzliche Versammlung auseinander gehen hieß, wurde er geschmäht und beschimpft. Rákóczy konnte jeden Augenblick mit mehreren tausend Mann zu Felde ziehen. Noch am 10. und 20. März 1670 mahnte ihn Zrini dazu, bat um Geld und versicherte, daß ihm die Türken sicher helfen würden. Ein

---

¹) Frangepani's Aussage.
²) Anklageact des Zrini und Frangepani.
³) Horváth, a. a. O. II. 269.

Bundesgenosse Zrini's war auch seine stolze, herrschsüchtige, leidenschaftliche Frau. Sie wurde auf ihren Gütern als eine grausame, harte Herrin gefürchtet. 1658 hatte sie einen Pfarrer durch zwei Jahre in Band und Eisen halten lassen. Der Mann starb daran, forderte aber die Gräfin vor das Gericht Gottes¹). 1665 hatte sie ohne Vorwissen ihres Mannes Unterhandlungen mit dem französischen Gesandten in Venedig angeknüpft. Sie galt als die Haupturheberin und Theilnehmerin in dieser unglückseligen Verschwörung. Die Gräfin Zrini erhob selbst in Wien bei einem Kaufmanne das Geld, welches der französische Gesandte Gremonville für ihren Mann angewiesen hatte. Als sie 1669 ihre Tochter in Saros-Patak besuchte, hat sie dem Einflusse der Mutter Rákóczy's entgegengewirkt und diesen in der Verschwörung festgehalten. Rákóczy's Reiter begleiteten sie nach Csakathurn zurück und warteten auf ihr Geheiß, bis eine Nachricht von Bukovatzky käme. Die Gräfin wußte von allem; in ihrer Gegenwart wurden die Briefe gelesen und geschrieben, die Boten beauftragt und abgeschickt²).

Während Zrini und Frangepani den Aufstand in Croatien, Rákóczy in Oberungarn leiten wollten, sollte Tattenbach im südlichen Steiermark seine Bauern aufbieten, und sich über Pettau mit Zrini in Verbindung setzen. Graf Hanns Erasmus Tattenbach besaß die Güter Gonobitz, Kranichsfeld, Tattenberg, Windisch-Landsberg, Triebenegg, Galhofen, Hebenstreit, Nieder-Pamstorf in Steiermark, mehrere Güter in Schlesien und die Grafschaft Reinstein im Reiche. In wenig Tagen konnte er 5000 Bauern aufbieten. Tattenbach war zugleich k. Kämmerer, Rath bei der Regierung von Innerösterreich³),

---

¹) Ambros Broscovich, Pfarrer zu Bribier. Aussage des Nagy, Wien, 10. October 1670. St. A.

²) Aussage Rudolph's von Lahn.

³) In vielen Schriften wird Tattenbach „Statthalter" genannt, aber er war Regimentsrath in Graz.

Präsident der Verordnetenstelle der steirischen Landschaft, und durch seine Beziehungen mit vielen Herren vertraut, aber wenig geachtet. Man sagte ihm nach, daß er wegen einer Erbschaft einen falschen Eid geschworen habe, daß er seine Bauern sehr drücke, daß er mehr auf Urlaub als im Amte sei, daß er die Frauen und lustige Gelage liebe u. a. Das „Faschingsbüchel", das Tattenbach hatte drucken lassen, gab den Frommen viel Aergerniß. Er war ein eitler, wankelmüthiger, abergläubischer, geschwätziger und dabei ein feiger Mann, der am wenigsten zu einer Verschwörung oder zu einem offenen Aufstande taugte. Tattenbach war damals (1670) 39 Jahre, ein zweites Mal verheiratet[1]), hatte Kinder und doch ließ er sich in die Verbindung mit Zrini ein, ja er sagte seine Unterstützung in einer Zeit zu, wo die Regierung bereits gerüstet war und all' die Verschworenen mit einem Schlage zu vernichten drohte.

Tattenbach und Zrini kamen seit dem September 1667, wo sie die Verbrüderung abgeschlossen hatten, öfter in Csakathurn zusammen und wechselten auch Briefe[2]). Zu Weihnachten 1669 lud Tattenbach den Ban auf sein Schloß Kranichsfeld in Untersteiermark. Es wurde damals eine Comödie aufgeführt, welche der Hofmeister des jungen Grafen und Tattenbach aufgesetzt hatten. Bei der Tafel mußten alle Diener rufen: „Vivat Serinus." Die anwesenden Herren und Frauen waren überrascht, daß die Gesundheit des Kaisers nur still und nebenbei ausgebracht wurde[2]). Tattenbach fragte Zrini insgeheim um die Rüstungen in Oberungarn und um die Geheimnisse, die er ihm habe offenbaren wollen. Zrini beschied

---

[1]) Tattenbach war geboren 3. Februar 1631. Seine erste Frau, eine Gräfin Justine Forgács, starb 1662; die zweite, vermählt 1667, Anna Therese Schenau, war die Tochter eines Hoftammerrathes.

[2]) Die Briefe wurden in einem Weingarten bei Pettau abgeholt.

[3]) Aussage des Tattenbach'schen Kammerdieners Riebbel. 1670. St. A.

ihn zu sich, bis seine Frau käme ¹). Der vertraute Bote zwischen ihnen war der Stallmeister des Zrini, Rudolph von Lahn, ein junger deutscher Edelmann aus Köln ²). Zrini schickte ihn Anfangs März 1670 mit einem Briefe und einer mündlichen Botschaft nach Kranichsfeld: er habe den Türken einen Tribut von 12.000 Thalern angeboten und erwarte in kurzer Zeit einen türkischen Gesandten und Hilfstruppen; an drei Stellen solle Oesterreich angegriffen werden, bei Wien von den Türken, in Mähren von den Ungarn und in Steiermark und Krain von Zrini. Tattenbach ließ ihm zurücksagen: er werde den Grafen nicht verlassen; wenn die kaiserlichen Truppen kämen, wolle er das Landvolk aufbieten; er werde 1000 Bauern stellen; Zrini solle Pettau und Graz überfallen. Die Hauptstadt sei leicht zu nehmen ³). Tattenbach äußerte einmal, er hoffe Herr über das Viertel Cilli zu werden. Wo er einen Unterthan auf dem Wege traf, sprach er heimlich mit ihm. In Marburg sagte er, die Stadt werde in vierzehn Tagen viel Uebles erfahren. Auch in Graz vernahm man von ihm geheimnißvolle Andeutungen. Durch Tattenbach wurde der Landeshauptmann von Görz, Graf Carl Thurn in die Verschwörung gezogen. Sie standen im Briefwechsel, kamen oft zusammen und hatten schon am 18. Juli 1668 nach „einem lustigen Trunk" ein Bündniß abgeschlossen. Thurn versprach ihm, seine Banditen gegen die Feinde zu schicken. Tattenbach hatte auch Verabredungen mit dem Freiherrn Locatelli, aber es ist nicht sicher zu stellen, ob und wie weit sich dieser eingelassen hatte. Die Freunde Tattenbach's, die beiden Waid-

¹) Aussage Tattenbach's. 3. Juli 1670.
²) Mailáth u. a. nennen ihn Rudolfi, aber er hieß R. von Laan oder Lahn. Zrini hatte ihn 1664 auf dem Reichstage in Regensburg als Pagen in seine Dienste genommen; seit drei Monaten war er Stallmeister, bekam aber keine Besoldung, nur den Lebensunterhalt.
³) Aussage des Rudolph von Lahn, 23. April, 21. August 1670 bei dem Hofkanzler Hocher. St. A.

mannstorf, Zehetner und Dr. Pfeiffer, die in Graz lebten, wußten nichts von der Verschwörung. Durch einen seiner Freunde in Wien oder Graz hatte Tattenbach von den Rüstungen der Regierung erfahren. Er schrieb am 16. März 1670 nach Csakathurn, Zrini möge ihm einen verläßlichen Boten schicken, er habe wichtiges mit ihm zu verhandeln, getraue sich aber nicht persönlich zu erscheinen. Er warnte Zrini vor seiner Umgebung, legte ihm die Aufbewahrung der Actenstücke an das Herz und bat um die Rückstellung seiner Briefe. Als Zrini seinen Stallmeister Lahn nach Kranichsfeld schickte[1], sagte ihm Tattenbach, daß 5000 kaiserliche Soldaten in die unteren Lande und zwar zwei Regimenter gegen Carlstadt, zwei gegen Köpreinitz und eines gegen Pettau marschiren würden; alles müsse in vierzehn Tagen geschehen. Zrini schrieb ihm hierauf, daß er in kurzer Zeit 4 bis 5000 Mann erwarte[2].

Bei aller Rührigkeit und bei allen sanguinischen Hoffnungen war Zrini doch schwankend und suchte sich beide Seiten offen zu halten. Er traute dem österreichischen Hofe und den Türken nicht. Einmal rief er aus: „Hol' der Teufel die Türken, wenn der Kaiser gnädig sein wollte, würde er alles fahren lassen"[3]. Anfangs Februar schrieb er an den Kaiser[4], daß er mit den Türken nicht verbündet sei, Bukovatzky sei in die Türkei geschickt, um die Pläne der anderen auszuforschen; er (Zrini) habe zuerst in Wien die Rebellion angezeigt. Er suchte durch den Kammerpräsidenten Zichy und den Bischof Kollonics die Erlaubniß zur Reise nach Wien an, um sich von dem Verdachte zu reinigen[5]. Und doch wollte er sich wieder nicht

---

[1] Am 19. März 1670. Aussage Tattenbach's vom 3. Juli 1670. St. A.

[2] 21. März 1670. St. A.

[3] Aussage des Rudolph von Lahn. 23. April 1679.

[4] 5. Februar 1670. St. A.

[5] Conferenzprotokoll vom 20. März 1670. St. A.

unbedingt unterwerfen. Dem Bischof von Agram, der in seinem Auftrage nach Wien ging um für ihn zu wirken, verbot er zu sagen, daß ihn Zrini gesendet habe. Kurze Zeit nachher, ohne die Rückkehr des Bischofs abzuwarten, schickte er den P. Forstall, einen Augustinermönch, der in seinen Diensten stand, mit dem mündlichen und schriftlichen Anerbieten nach Wien, daß er sich auf Bedingungen ergeben wolle[1]. Diese waren nicht gering. Zrini forderte die Grafschaften Gotschee und Tersatz, das Generalat in Warasdin und die Bezahlung seiner Schulden im Betrag von 40.000 fl. Die Regierung ließ ihm sagen, daß er Gnade erwarten könne, wenn er sich unterwerfe und bereue. Der Bischof von Agram brachte ihm einen Brief des Kaisers vom 21. März 1670, der ihm und seiner Familie die Gnade zusicherte, wenn er den Mahnungen gehorchen wolle. Wenzel Lobkowitz ließ ihm durch Forstall sagen, daß er ihn nicht als einen Rebellen erkenne, weil er seine Treue schriftlich versichert habe[2]. Diese Versicherungen waren freilich nicht ernstlich gemeint. Die Regierung gebrauchte List gegen List, um Zrini sicher zu machen, aber dieser kannte den Zusammenhang nicht und war noch, während seine Boten in Wien vermitteln wollten, für den Aufstand thätig. Am 20. März mahnte er Rákóczy zum Aufstand, am 21. benachrichtigte er Frangepani von dem Anrücken der vier kaiserlichen Regimenter. Frangepani möge sorgen, daß die Walachen sich an der Grenze vereinigen; er erwarte von Kanissa 4- bis 5000 Mann, welche Graz überrumpeln sollten; in vierzehn Tagen müsse alles geschehen sein[3]. Am selben Tage schrieb er an Tattenbach, daß er die türkischen Truppen erwarte. Er

---

[1] Der Bischof von Agram kam Mitte März nach Wien, reiste den 22. März zurück. Forstall kam am 23. März nach Wien, reiste am 3. April ab und kam am 6., am Charsamstag nach Csakathurn. St. A.

[2] Zrini an Lobkowitz, 11. December 1670. St. A.

[3] 21. März 1670. St. A.

schrieb an den Kurfürsten von Mainz um Geld. Frangepani erhielt von ihm eine Vollmacht für die croatischen Stände. Als der Bischof von Agram am 26. März aus Wien zurückkehrte, fand er Zrini nur zu einer bedingungsweisen Unterwerfung geneigt, und Tags darauf schickte dieser abermals seine Boten an die Pascha's von Bosnien und Kanissa [1]). Noch immer hoffte Zrini auf die Türkenhilfe, obwohl ihm der Pascha von Kanissa hatte antworten lassen, daß er ohne besonderen Befehl des Sultans nichts versprechen könne. Noch vor Kurzem hatte ein türkischer Officier einen Brief nach Csakathurn gebracht, in welchem ihm der Pascha schrieb, daß er aus Constantinopel keinen Befehl habe [2]). In der That standen aber einige tausend Mann bei Kanissa marschbereit und von Belgrad waren 25.000 Mann im Anmarsch, um Zrini auf sein Begehren zu helfen. Bukovatzky war zurückgekommen und hatte das Versprechen der Türkenhilfe mitgebracht [3]).

Erst anfangs April, als Zrini die Verhaftung Tattenbach's und von dem Marsche der kaiserlichen Regimenter hörte, scheint er den Abgrund erkannt zu haben, an welchem er wandelte. P. Forstall kehrte am 6. April nach Csakathurn zurück und versicherte in einem Briefe an Lobkowitz vom selben Tage die Treue seines Herrn. Zugleich schrieb Forstall im Auftrage seines Herrn an den Hofkriegsrath Graf Herberstein in Graz [4]), und verlangte die Sistirung der militärischen Maßregeln; die bei Kanissa stehenden türkischen Truppen würden nach Hause gehen. Zrini schrieb am Ostersonntag, den 7. April, an den Kaiser selbst, begehrte Gnade, erklärte dem Schutz der Türken entsagen und sich unbedingt unterwerfen

---

[1]) Einwendung des judicium delegatum in Wien. Februar bis April 1671. St. A.

[2]) Aussage Frangepani's am 26. Juni 1670. St. A.

[3]) P. Donellan an Lobkowitz, 22. März 1670. St. A.

[4]) Anklageact gegen Zrini. St. A.

zu wollen; als einen Beweis seiner Treue wolle er seinen Sohn nach Wien schicken. Er gab den Brief an Forstall und dieser reiste mit dem jungen Zrini, der zu Weihnachten 1669 von seinen Studien aus Deutschland zurückgekehrt war, nach Wien. Auch Frangepani, der zu Ostern nach Csakathurn gekommen war, schrieb seine Unterwerfung: er sei bereit Gut und Blut für Se. Majestät zu opfern und wolle lieber tausendmal sterben, als Se. Majestät nur im Geringsten beleidigen. Tattenbach suchte sich gleichfalls zu decken. Am 19. März, an demselben Tage, an welchem er mit Zrini's Stallmeister die Besprechung in Kranichsfeld hatte, entdeckte er dem Präsidenten der innerösterreichischen Kammer in Graz, Graf Gottlieb Brenner die Anschläge Zrini's; das gemeine Volk habe aber keine Lust, dem Ban zu folgen und seine Bauern würden lieber sterben als Zrini huldigen[1]). Am Tage nachher meldete er aus Kranichsfeld, der Stallmeister des Zrini sei bei ihm gewesen und habe berichtet, Zrini sei zur Verzweiflung gebracht, er glaube, Zrini werde sich selber stellen. So ehrlich war die Unterwerfung nicht, denn Zrini schickte noch in der Zeit, als P. Forstall bereits abgereist war, einen Franciscaner mit Briefen an den Pascha von Ofen[2]). Die Unterwerfung kam auch zu spät. Das Netz war bereits ausgespannt und die Hand schon angelegt, welche es zusammenziehen sollte.

Die Wiener Regierung hatte bis in den Jänner und Februar 1670 noch keine Kenntniß von dem vollen Umfange des Verrathes. Die erste Kunde von den Umtrieben Zrini's und seiner Verbindung mit Tattenbach kam aus Steiermark. Der Kammerdiener und Barbier des Grafen Tattenbach, der vierzehn Jahre bei ihm in Dienst stand, zeigte schon im November 1669 dem Landprofoßen in Graz, Georg Franz von

---

[1]) Die Briefe sind im k. St. A.
[2]) Einwendung des judicium delegatum. 1671. St. A.

der Will an, daß Zrini mit den Türken verkehre, und lieferte zugleich den Original Bundesbrief des Zrini und Tattenbach aus. Der Landprofoß berichtete darüber dem Hofvicekanzler Würzburger in Graz. Der Kammerdiener Balthasar Riebbel erhielt den Befehl, Tattenbach zu beobachten und neue Beweise zu bringen. Im Jänner 1670 kam der Diener abermals, erzählte von der Zusammenkunft Zrini's und Tattenbach's in Csakathurn und von dem Weihnachtsfeste in Kranichsfeld. Gegen eine Belohnung von 100 Ducaten lieferte er mehrere Schriften aus, die er seinem Herrn aus der Reithose gestohlen hatte [1]). Würzburger schrieb am 22. Jänner an den Hofkanzler Hocher, daß zwei vornehme Standespersonen, von denen der eine Land und Leute regiert, eine Verbindung und Verschwörung gegen den Kaiser eingegangen seien. Der eine könne durch seine eigene Handschrift überwiesen werden. Beide wollten unter dem Vorwand einer Wallfahrt abreisen und es sei daher Gefahr im Verzuge. Hocher antwortete nur im Allgemeinen, daß er dem Kaiser darüber berichtet habe und daß der Denunciant weiter auszuforschen sei. Bald kamen aus Steiermark andere Anzeigen. Der Kammerpräsident Brenner schrieb, man möge die Abreise Tattenbach's nach Padua oder Loretto verhindern. Der Hofkriegsrath für Innerösterreich berichtete im Jänner, Februar und März [2]) von der Bewaffnung des Zrini, von seiner Aufforderung an den Commandanten von Köprcinitz und seinem Verkehr mit den Türken. Die Herren in Graz hatten seit längerer Zeit ein wachsames Auge auf Zrini, fingen seine Briefe auf und ließen sich von der Grenze berichten. Als sie am 17. März von dem Commandanten in Warasdin die Nachricht erhielten [3]), daß Zrini den Türken einen Tribut von

---

[1]) Aussage Riebbel's, April und Juni 1670. St. A.
[2]) 27. Jänner, 22., 24. Februar, 13. und 17. März. St. A.
[3]) Bericht Wassermann's vom 15. März 1670 aus Warasdin. Die Hofkriegsräthe für Innerösterreich waren: Graf Johann Max von Herber-

12.000 Thalern angeboten habe, daß 25.000 Mann in Belgrad bereit wären, auf Zrini's Ruf zu marschiren, daß am 14. März sechzehn vornehme Türken bei Zrini in Csakathurn waren, hielten sie es doch für gerathen, die Besatzungen in Köpreiniz und Carlstadt je mit 500 Mann zu verstärken. Der Bericht der Hofkriegsräthe vom 17. März, worin sie die Anzeige Wassermann's, des Commandanten von Warasdin mittheilten, und die Depeschen des Residenten Casanova aus Constantinopel belehrten die Regierung von dem neuerlichen Treubruche Zrini's, und daß Gefahr im Verzuge sei.

Zugleich kam Mitte März der Bischof von Agram nach Wien und berichtete dem Hofkanzler Hocher: Zrini sei gegen den Hof so disgustirt, weil er niemals ausgezeichnet oder befördert wurde. Die Regierung habe oft gegen die Verfassung des Reiches gehandelt. Herberstein, der Oberst zu Karlstadt, habe nur grobe Excesse begangen und sei gar zu absolut, was er und alle Grundbesitzer nicht länger dulden könnten. Er (der Bischof) halte Zrini für schuldig, denn es seien Türken zu ihm nach Csakathurn gekommen und der Pascha von Kanissa habe Befehl, ihm beizustehen. Auch der walachische Bischof Miaskitsch sei im Einverständniß, aber es sei nicht räthlich, ihn sogleich zu arretiren, weil alle Walachen zu Zrini halten würden. Er glaube, Zrini noch zurückbringen zu können, wenn ihm die Regierung Gnade geben wolle. Er bleibe treu und habe nur die Ehre Gottes und die Wohlfahrt Sr. Majestät vor Augen [1]).

In Folge dieser Anzeigen wurde am 20. März 1670 eine Conferenz gehalten, welcher Lobkowitz, Schwarzenberg, Lamberg, Montecuculi, Nostitz, Hocher und die Secretäre

stein, Generaloberster zu Karlstadt, Graf Brenner, Commandant der innerösterreichischen petrinischen Grenze, Graf Rindsmaul, Graf Wagensperg, Eibiofeld, Zehetner, Petschach, Woschwander.

[1]) St. A.

Dorsch und Abele beiwohnten [1]). Hocher berichtete über die Nachrichten der innerösterreichischen Räthe, über die Anzeige des Landprofoßen von Steiermark und die Aussage des Bischofs von Agram. Die geheimen Räthe beschlossen: den walachischen Bischof Miakitsch könne man nicht festnehmen, er soll vielmehr mit dem Versprechen der Pension, die er begehrt habe, gewonnen werden, daß er die Walachen zur Treue ermahne. Wegen Zrini: es sei zwar politisch, nicht jedem Gerücht zu glauben oder bei dem ersten Schritt zu den Waffen zu greifen, aber hier seien alle Anzeichen eines Verrathes: die Correspondenz mit dem Feinde, die eigene Bewaffnung wider den Befehl des Kaisers. Es dürfe nichts versäumt werden, sonst habe man nicht mit Zrini allein, sondern auch mit den Oberungarn zu thun. Zrini und Nádasdy sind zwar Feinde gegen einander, aber doch einig gegen den Kaiser. Zrini sei daher zu unterdrücken. Zwei Wege führten dahin: die Milde und die Strenge. Die Milde sei nicht auszulassen. Deßwegen sei dem Bischof von Agram ein Creditiv und eine kurze Instruction zu geben, ganz allgemein gehalten, daß, wenn Zrini sich unterwerfe, ihm die Gnadenpforte nicht ganz versperrt sei. Man soll aber darin nichts von Pardon oder Genugthuung aufnehmen, denn solches wäre der Sicherheit und Würde Sr. Majestät zuwider. Zrini sei nicht zu trauen. Obwohl er im vorigen Jahre den Nádasdy verrathen und alle Treue versprochen, habe er sein Wort doch nicht gehalten. Noch vor seiner Abreise habe er in der Anticamera des Kaisers geäußert: „er wolle sich schon fürchten machen." Das allein habe schon sein Leben verwirkt. Se. Majestät könne mit ihm nicht verhandeln. Er ist nicht gleichen Ranges [2]). Man weiß,

---

[1]) Die Conferenz war in der Wohnung des Fürsten Lobkowitz auf dem Minoritenplatz. Originalprotocoll, Wien, 20. März 1670. Aufgesetzt Wien, 21. März früh von 4—8 Uhr. Von Abele geschrieben und unterschrieben.

[2]) Non est par.

daß er für sich Croatien und für seinen Schwiegersohn Rákóczy Siebenbürgen wolle. Sein Verbrechen sei deßwegen größer als das des Nádasdy. Dieser habe auch nicht zu den Türken geschickt. Man rathe deßwegen nicht zu einem Pardon oder einer Gnade, sondern ein Exempel zu statuiren. Man wisse zwar sicher, daß er nicht hierher komme, aber es sei doch zu versuchen, wie man ihn durch diesen „guten Mann", den Bischof von Agram täuschen könne. Heinrich IV. habe es durch seinen eigenen Bruder mit dem Duc de Vendome so gethan und ihn auf diese Art zu Hof gebracht. Die beste Regel ist die, welche zur Wohlfahrt führt. Das gelte im privaten, wie vielmehr im öffentlichen Leben. Se. Majestät könnten im guten Glauben gar wohl jemand täuschen, der sie in Untreue so oft hintergangen hat[1]). Der milde Weg sei auch deßwegen vorzuziehen, weil man dadurch seine weiteren Absichten erfahren, und der Kaiser sich in dieser Zeit in besseren Stand setzen könne. Wenn Zrini sich in der That unterwirft, was gar nicht glaublich, weil es vielleicht nicht mehr in seiner Macht steht, so hat es dabei sein Verbleiben, und es wäre dann weiter zu berathen. Wenn er sich aber, wie wahrscheinlich, nicht fügen wollte, so soll in aller Schärfe gegen ihn vorgegangen werden, um ihn lebendig oder todt zu bekommen. Der Bischof von Agram soll deßwegen nach seiner Rückkehr sogleich Bericht erstatten. — Inzwischen soll aber, um die Rebellion des Zrini und die Verschwörung zu unterdrücken, folgendes geschehen: die innerösterreichischen Truppen marschiren an die Grenze, Kaiserstein führt das Commando, die steirische Landschaft wird ermahnt, Munition und Pulver herbeizuschaffen, die Grenzcapitäne sollen die Walachen freundlich behandeln, den Walachen werden Zrini'sche Güter versprochen, wenn er etwas gegen den Kaiser unternimmt. Die Werbungen werden fortgesetzt, die Regimenter

---

[1]) Bona fide — mala fide decipere.

müssen sogleich aufbrechen, die Reiterei in Schlesien zum Jablunkapaß, die von Böhmen und Mähren an die Waag gegen Leopoldstadt. Die Werbungen der Privaten in Ungarn sind nochmals einzustellen, nur für den kaiserlichen Dienst dürfe durch getreue Officiere geworben werden. Der österreichische Gesandte in Warschau soll von dem König von Polen begehren, daß er gegen Bezahlung einige tausend Polen anwerbe und nach Oberungarn schicke. So hat es Ferdinand II. durch den Homonay gethan und durch denselben Bethlen Gabor gezwungen, aus Oesterreich nach Oberungarn zu ziehen. Zrini und Nádasdy sind aneinander zu hetzen. Von Kurmainz, Sachsen und Brandenburg seien Subsidien zu begehren, Mainz soll 1000 Mann auf der Donau nach Oesterreich schicken, die anderen nach ihren Bündnissen. Man soll in Tirol werben. Zrini ist vom Amt zu suspendiren. Bei der Expedition soll man die Soldaten ermahnen. Die Türken werden Zrini nicht helfen, wenn sie den Anzug der Truppen von allen Seiten hören werden. Wenn man Kraft zeigt, wird alles gut gehen. Ist der Verrath bald entstanden, werden auch bald die Mittel dagegen gefunden. Frangepani ist vielleicht schon arretirt. Wenn nicht, so soll es noch unterbleiben, aber Herberstein soll sich mit Brenner einverstehen, bei dem Angriff gegen Zrini zugleich auch Frangepani anzugreifen und gefangen zu nehmen. Tattenbach ist ein Schwänkemacher, kein bedeutender Mann[1], aber er könnte doch den Zrini einen guten Dienst thun, indem er in Kurzem 5000 Bauern stellen kann. Er soll ebenfalls gefangen werden. Dabei ist zu achten auf das „eiserne Trühel", worin er seine Schriften aufbewahrt. Das soll eingeliefert werden. Se. Majestät könne von Zrini und Nádasdy gute, außerordentliche Mittel bekommen. Davon könne man Schulden zahlen und eine Armee rüsten. Für Köpreinitz sei

---

[1] Buffalo, kein großes Subject.

nichts zu fürchten, Zrini verstehe keine Belagerung und der Ort sei fest.

Man sieht, die Regierung erkannte eine große Gefahr, und wollte ihr mit List, Verstellung und aller Kraft begegnen. Der Kaiser genehmigte die Beschlüsse seiner geheimen Räthe. Der Bischof von Agram wurde zurückgeschickt und erhielt einen Brief des Kaisers an Zrini, in welchem er ihm seine Gnade versicherte, wenn er sich unterwerfe [1]). Das Wort „Pardon" war geflissentlich nicht aufgenommen. Am selben Tag den 21. März erhielt der Feldwachtmeister Spankau den Befehl, Zrini anzugreifen und ihn lebendig oder todt einzuliefern. Als jedoch P. Forstall am 23. März nach Wien kam, befahl der Kaiser ihn zu hören und die Gefangennahme Zrini's und Frangepani's noch zu sistiren. Die Expedition gegen beide sollte aber fortgesetzt werden. Tattenbach wurde am 22. März in Graz gefangen genommen. In Folge dessen wurde am 27. März eine Conferenz gehalten [2]). Die Mitglieder derselben, Lobkowitz, Schwarzenberg, Lamberg, Montecuculi und Hocher beschlossen: die innerösterreichischen Kriegsräthe, welche über Mangel an Proviant und Munition klagten, nochmals aufzufordern, diese herbei zu schaffen, sie sollten die Gefahr ihres eigenen Landes beachten. Forstall soll nicht vor Se. Majestät gelassen werden. Er bringe ganz ungereimte Ansprüche. Zrini treibe, wie aus dem Begehren Forstall's ersichtlich, seinen Ehrgeiz und seine Empörung so weit, daß er mit dem Kaiser verhandeln wollte. Er wolle aber nur Zeit gewinnen. Ein oder zwei Jahre werde er vielleicht stille, dann aber wieder losbrechen. Es sei nichts von ihm zu hoffen. Deßwegen habe

---

[1]) 21. März 1670: quod tibi gratiam nostram Caes. ac Regiam in omne tempus corroboramus. St. A.

[2]) Conferenz am 27. März, 4—8 Uhr. Protocoll aufgesetzt von Abele, Wien, 28. März von 3—7 Uhr früh. St. A.

die Conferenz die Meinung, der Kaiser solle bei dem Entschlusse bleiben, daß Zrini lebendig oder todt eingebracht werde. Sobald die Truppen beisammen sind, sollen sie operiren, in die Insel einfallen, sengen und brennen. Jetzt sei noch Zeit, Zrini habe keine Völker und von den Türken nichts zu hoffen. Gott werde dem Kaiser in dieser gerechten Sache beistehen. Forstall könne durch Geld und Versprechungen gewonnen werden, daß er Zrini bewege sich zu unterwerfen. Man soll durch ihn und durch den Agramer Bischof dem Zrini sagen lassen, daß ihm die Gnadenthür nicht ganz verschlossen sei. Tattenbach sei gefangen worden, das werde vielleicht Zrini treiben. Die Gefangennahme Tattenbach's ist zwar ohne besonderen Befehl und ohne Vorwissen des Kaisers geschehen, aber es sei eine gethane Sache und gut wegen der eisernen Truhe. Auf Graf Bathiany müsse man ein wachsames Auge haben. An die Pforte soll ein Courier geschickt werden; er solle melden, daß an der Grenze ein Allarm sein werde, aber man hoffe, daß der Friede nicht gestört werde.

Als der Brief P. Forstall's vom 6. April, in welchem er Zrini's Unterwerfung anzeigte, nach Wien kam, versammelten sich die geheimen Räthe am 9. April wieder bei Lobkowitz. Die Unterwerfung Zrini's, sagten sie, komme nicht aus freien Herzen und aufrichtiger Treue, er suche nur Zeit zu gewinnen, weil der ihm zugesagte türkische Succurs noch nicht angekommen sei und ihm durch die Maßregeln Herberstein's und die Arretirung Tattenbach's der Compaß verrückt wurde. Weil aber Zrini bereits zweimal die Treue gebrochen und die ganze Welt sich ärgern würde, wenn die so gut und gerecht angeordnete Execution nur wegen des Schreibens eines schlimmen Mönches sistirt würde, so rathen sie dem Kaiser, auf das Schreiben Forstall's keine Rücksicht zu nehmen, sondern das Werk fortgehen zu lassen. Spankau soll vor allem Legrad und Kotariba besetzen, Csakathurn berennen und mit Gewalt einnehmen. Herberstein und Brenner sollen nicht ohne Spankau operiren und das Land gegen Kanissa nicht offen lassen, damit während des Zuges gegen Zrini die Türken nicht streifen könnten. Alles soll rasch und wie aus einem Gusse gehen. Wenn man noch vierzehn Tage inne halte, würden die Türken heranziehen und die Sache schwer machen. Herberstein möge trachten, den Bukovatzky zu erwischen und einzuliefern. Bathiany ist zu loben und anzueifern. Wegen des walachischen Bischofes, der bei Zrini ab- und zureist und nichts Gutes im Sinne hat, wäre es am besten, wenn er gefangen und eingebracht werden könne. Forstall habe wohl versprochen, von Zrini eine „Carta bianca" zu bringen, aber was nütze sie ohne die Vollmacht, darüber zu verfügen. Was den jungen Zrini anbelangt, so erinnere man an Johann von Zips, der auch seinen Sohn gegeben und doch mit dem Cardinal Georg ein Rebell geblieben sei. Man müsse sich über die Vermessenheit dieses Mönches wundern, der in einem Schreiben an Herberstein die Sistirung der Expedition verlangt habe. Der König und Kaiser könne mit seinen Vasallen nicht verhandeln. Sie sind ungleich. In Sachen der Rebellion ist der Tod des Rebellen das beste. Eure Majestät werden, so lange Zrini lebt, keinen Frieden haben. Man könne zwar die reuigen Rebellen anhören, aber nicht auf Grundlage einer Carta bianca, auf die bloße Stellung des Sohnes oder das Versprechen des Mönches, sondern nur in wirklicher Sicherheit. Diese bestehe darin, daß Zrini sich auf Gnade dem Kaiser ergebe, in seine festen Schlösser Besatzung einnehme, sich auf Befehl des Kaisers nach Graz oder Wien begebe, sein Weib, seinen Sohn und den Frangepani mitbringe, denn es sei dem Spankau befohlen, auch sein Weib gefangen zu nehmen. Ohne diese Sicherheit ist gar nicht mit ihm zu verhandeln, sich auf keinen Pardon einzulassen. Zrini soll mit einem Convoi hieher begleitet werden, unter dem Vorwand zu seiner eigenen Sicherheit wegen des Volkes Erbitterung. Ihn in Wien frei herum gehen zu lassen, sei gefährlich, er werde mit offener Stirne

auftreten, zu Hofe kommen wollen und sich bei dem geringsten
Anlasse aus dem Staube machen. — Da Spankau in den
nächsten Tagen angreifen wird, so sei ihm aufzutragen, nicht
weiter zu operiren, wenn Zrini sich unterwerfe. Aber die Insel
soll er besetzen und sich auf jeden Fall der Person Zrini's
versichern, damit er nicht nach Oberungarn oder zu Rákóczy
entfliehe. Spankau werde als ein tüchtiger Soldat die Sache
schon zu führen wissen. Dem Pascha von Kanissa sei mitzu=
theilen, daß der Zug nicht gegen ihn gerichtet sei, der Kaiser
werde den Frieden halten. Von Venedig sei zu begehren, daß es
den Rebellen weder mit Geld und Proviant, noch mit Kriegs=
volk beistehe, sonst ginge alles durcheinander. Graf Carl Thurn
ist wegen der Verbindung mit Tattenbach und weil er sein
meistes Vermögen im Venetianischen hat, verdächtig. Man
soll ihn unter dem Vorwand nach Graz locken, daß man mit
ihm wegen öffentlicher Angelegenheiten, besonders wegen Sicher=
heit der Grafschaft Görz sprechen wolle. Er werde aber schwer=
lich erscheinen, daher soll man ihn von der Landeshauptmann=
schaft suspendiren, und diese vielleicht dem Grafen Franz von
Thurn übertragen.

Es waren bereits die nöthigen Befehle gegeben, Zrini
mit Gewalt der Waffen zur Unterwerfung zu bringen. Graf
Brenner, der Commandant der Grenze, hatte schon anfangs
März den Befehl erhalten, mit seiner Soldateska gegen einen
Einfall der Türken bereit zu sein. Die Besatzungen in Karls=
stadt und Köprcinitz waren verstärkt. Die Banalgeschäfte wur=
den getheilt, die richterlichen an den Bischof von Agram,
die militärischen und politischen an den Grafen Niclas Erdödy
übergeben [1]). Statt Kaiserstein hatte der Oberstfeldwachtmeister
Paris Spankau den Oberbefehl erhalten [2]) Die Regimenter

---

[1]) 30. März 1670. St. A.
[2]) 29. März 1670. Er erhielt vom Kaiser 2000 fl. angewiesen.
St. A.

Lesslie, Portia und Zeyß waren in Bereitschaft¹). An die Kriegsräthe in Graz kam der Befehl, Spankau zu unterstützen; die Execution werde stattfinden; sie sollten alles geheim halten, damit Zrini nichts erfahre; denn er habe gute Freunde und Correspondenten in Graz und könne leicht entfliehen; an die Ungarn würden Abmahnungsschreiben erlassen werden²). Spankau hatte seit dem 4. April den Befehl, seinen Instructionen nachzukommen und eiligst vorzugehen. Er war bereits in Graz und ordnete mit den Kriegsräthen den Marsch der Truppen.

Während dieser Vorbereitungen war am 12. April P. Forstall mit dem jungen Zrini nach Wien gekommen. Ungeachtet er keine Vollmacht hatte, der Brief Zrini's vom 7. April, in welchem er dem Kaiser seine unbedingte Unterwerfung erklärte, brachte doch einen großen Eindruck hervor. Schon am 13. April schrieb der Kaiser an Spankau³), er soll Zrini andeuten, wenn er sich ergebe, Csakathurn, Legrad, Cotariba, die Seehäfen Buccari und Buccaritza übergebe und von deutschen Truppen besetzen lasse, wenn er sich persönlich in Wien stelle und die Bestimmung Sr. Majestät erwarte, so würde Spankau das annehmen und mit dem Angriff inne halten. Wenn Zrini diese Bedingungen nicht annehme, so soll Spankau nicht warten und sich weder durch Zrini noch durch den zurückgekehrten Forstall irre machen lassen. Dieselben Bedingungen gelten für Frangepani. Sollte Zrini bewaffneten Widerstand leisten, wird die angebotene Gnade nicht statt haben. Ein ähnlicher Befehl erging an die Kriegsräthe in Graz⁴). Die Conferenz vom 14. April ordnete den weiteren Verlauf der Expedition und der Kaiser billigte alles. Forstall

---

¹) Hocher an Abele. Wien, 29. März 1670. St. A.
²) 31. März 1670. St. A.
³) 13. April 1670. St. A.
⁴) 15. April 1670. Beide Briefe im St. A.

wurde mit großer Aufmerksamkeit behandelt, man versprach
ihm sogar ein Bisthum¹). Er erhielt am 16. April von Lob=
kowitz ein Beglaubigungsschreiben für Zrini, daß der Kaiser
seine Unterwerfung annehme, und zugleich einen Brief an
Frangepani als Antwort auf sein Schreiben aus Csakathurn,
in welchem er seine Unterwerfung und Treue erklärt hatte.
Lobkowitz schrieb ihm, er hoffe, daß seine Handlungen den
Worten entsprächen, die Gnadenpforte Sr. Majestät sei noch
niemand verschlossen gewesen, und werde auch hier nicht in
Zweifel zu ziehen sein²). Forstall reiste noch am selben Tage
(16. April) ab, aber ehe er nach Csakathurn kam, ehe der
Brief des Kaisers vom 13. April Spankau erreicht hatte,
waren die Würfel schon gefallen und die Empörung Zrini's,
an der er jahrelang gearbeitet hatte, mit einem Stoß ver=
nichtet.

Spankau hatte seine Maßregeln getroffen. Er hatte die
Regimenter Portia, Leslie, Zeyß, Kaiserstein, Jacques und
Grana zur Verfügung. Zrini fragte in einem Brief vom 10.
April um die Ursache der Rüstung an. Spankau antwortete
ihm, die Zusammenziehung der Regimenter geschehe nicht, um
seine Insel zu beunruhigen, sondern um einen möglichen Ein=
fall der Türken abzuwehren. Am 10. April war Spankau in
Pettau, am 13. rückte er mit den zwei Regimentern Kaiser=
stein und Zeyß auf die sogenannte Murinsel (Muraköz), am
14. ließ er das Fußvolk zurück und ritt mit dem Dragoner=
regimente im scharfen Trab vor Csakathurn. Er fand keinen
Widerstand, Zrini und Frangepani waren in der Nacht vorher
entflohen. Man sieht, Spankau hat seinen Zug nicht so rasch

¹) Es ist nicht bekannt, ob und wo er Bischof wurde, aber es liegt ein Brief vom 7. September 1670 vor, in welchem er um Lebensunterhalt bittet. St. A.

²) Porta S. M. innatae benignitatis nulli unquam praeclusa fuit et ideo in dubium non est trahenda. Wien, 16. April 1670. R. A.

und „aus einem Gusse", wie ihm befohlen war, ausgeführt. Er hatte von Pettau bis Csakathurn drei Tage gebraucht. Zrini und Frangepani hatten am 10. April von seiner Ankunft gewußt. Frangepani hatte ihm einen Boten mit einem Briefe entgegengeschickt, Spankau beantwortete ihn nicht, behielt aber den Wagen und die sechs Pferde, mit welchen der Bote gekommen. Er wußte nicht, wohin die Flüchtigen ihre Richtung genommen und wollte Zrini noch suchen lassen, um ihn mit guten Worten herbeizulocken. Die mitgenommenen Kanonen schickte er nach Pettau zurück, weil er in Csakathurn Stücke genug fand [1]). Spankau besetzte Csakathurn und Kotariba, Brenner die Festung Legrad, Herberstein die Zrini'schen Güter am Meere, besonders Buccari.

Zrini hatte von seiner Frau einen kurzen Abschied genommen. Er trat in ihre Stube und sagte nur: behüt dich Gott. Sie weinte nicht. Zrini, Frangepani und ihr Gefolge fuhren in drei Schiffen über den Fluß, die Pferde, 20 bis 25 an der Zahl, mußten schwimmen. Die beiden Flüchtigen nahmen ihre Richtung durch Ungarn nach Wien, um sich dem Kaiser zu stellen. Die Nachricht von ihrer Flucht wurde von den innerösterreichischen Kriegsräthen am 17. April nach Wien gemeldet, sie glaubten, daß Zrini nach Oberungarn fliehen werde. Zrini und Frangepani kehrten Mittags in Szigeth bei Graf Szécsy und Nachts in Körmend bei Graf Bathiany ein. Den anderen Tag blieben sie in einem Dorfe bei den Jesuiten, den dritten Tag zu Mittag in einem Schlosse des Grafen Nádasdy bei Güns und Nachts bei dem Grafen Kéry. Zrini hatte nichts als etwas Geld bei sich [2]). Sie kamen am 17. April nach Wien und stiegen im Hause des Grafen

---

[1]) Spankau an die geheimen und Kriegsräthe in Graz. 14. April 1670, im Lager. St. A.

[2]) Aussage des Stallmeisters Lahn, 23. April 1670. St. A.

Nádasdy) bei dem Augustinerkloster ab[1]). Sie wurden am 18. verhaftet, in das Gasthaus zum Schwan in der Kärntnerstraße geführt, dann getrennt, Zrini wurde dem Oberstlieutenant der Stadtguardia, Baron Ugarte, Frangepani dem Oberstwachtmeister der Guardia, Graf Traun, zur vorläufigen Verwahrung übergeben. Sie blieben hier bis zum 27. August. Seit dem 1. Mai war ihre Haft strenger. Mit Zrini war auch sein Stallmeister Rudolph von Lahn verhaftet worden. Graf Palffy, der ungarische Hofkanzler, ließ in Körmend einen Diener Zrini's, Verebeli, der aus Csakathurn entflohen war, festnehmen. Der Capitän Ivanovich, der öfter als Zrini's Agent zu den türkischen Pascha's gegangen war, wurde in Köpreinitz, der Oberstlieutenant Sarkani in Raab, der Hauptmann Caldi in Wien gefangen; auf Bukovatzky wurde gefahndet. Orfeo Frangepani und die Frau des gefangenen Frangepani waren nach Venedig entflohen. Der junge Zrini war nach der Abreise des P. Forstall in Wien zurückgeblieben und dem Oberstlieutenant der Stadtguardia zur Bewachung übergeben. Die Gräfin Zrini und ihre Tochter wurden in Csakathurn als Gefangene betrachtet. Das Schloß wurde ausgeraubt. Spankau confiscirte alle Waffen, Sättel, Landkarten, Teppiche; zwölf Reitpferde behielt er für sich. Als er mit zwei Regimentern an die Leitha aufbrach, blieb die Insel noch vom Infanterieregimente Kaiserstein und dem Reiterregimente Zeyß besetzt. Der Oberst des letzteren führte das Commando. Seine Soldaten nahmen alles Bewegliche fort[2]). Fünf Postzüge wurden aus den Ställen genommen. Gewehre und Munition kamen in das Grazer Zeughaus. Auch auf den Gütern des Zrini und Frangepani wurde übel gewirthschaftet. Die innerösterreichische Hofkammer, welche den Sequester führte,

---

[1]) Heutzutage Nr. 12, gegenüber den Augustinern.

[2]) Die Gräfin Zrini klagte am 30. April, daß sie keine Schüssel, keinen Bratspieß mehr in der Küche habe.

beklagte sich über den Oberst Paradeiser ¹). Nach dem Proceß zog der ungarische Fiscus die Güter des Zrini und Frangepani ein. Das Einkommen und die Gefälle erhob die ungarische Hofkammer, die Geschäfte des Ban's leitete der Graf Erdödy. —

---

¹) Die inneröfterreichifche Hofkammer an den Kaifer, 29. Auguft 1670. St. A.

XII. Das Gericht.

1670—1672.

Der erste, der vor Gericht gestellt wurde, war der Graf Tattenbach. Er war nach seiner Rückkehr von Kranichsfeld am 22. März in Graz verhaftet worden und zwar nicht in Folge eines besonderen Befehles von Wien, sondern auf Veranlassung der Regierung für Innerösterreich. Diese war dazu berechtigt, denn nach der steirischen Landesgerichtsordnung gehörten die Verbrechen des Hoch- und Landesverrathes ausschließlich der Gerichtsbarkeit der Regierung an, und jeder Landrichter war befugt, einen Hochverräther zu arretiren und auszuliefern. Die innerösterreichische Regierung und Kammer nahmen auch sogleich die Untersuchung mit Tattenbach auf und das zu einer Zeit, wo Zrini und Frangepani noch frei und die Regimenter noch nicht auf dem Marsch waren. Als Verdachtsgründe wurden die Aussage seines Dieners, der Bundesbrief vom 9. September 1667 und seine Briefe an Zrini geltend gemacht. Tattenbach verantwortete sich im ersten Verhöre vorsichtig und zurückhaltend [1]: er habe nur im Allgemeinen von der Bewaffnung Zrini's gehört. Locatelli habe ihm von der Verbindung Zrini's mit Nádasdy gesprochen. Die Verbrüderung mit Zrini habe nur den Sinn, daß er mit ihm correspondiren wolle.

---

[1] Am 24. März 1670. Tattenbach wurde verhört den 24., 25., 29., 30. März, den 4., 30. April, den 30. Mai, 6. Juni, 3. Juli. Alles über Tattenbach aus dem St. A. Mailáth sagt a. a. O. IV. 94: Im k. k. Haus-, Hof- und Staatsarchiv ist über Tattenbach nichts vorhanden.

Er habe niemals eine Untreue gegen Se. Majestät versucht, sei ein angesessener Mann, der Geld und Gut im Lande habe, überdies so krank, daß er sich kaum bewegen könne. Er habe nur 20 Pfund Pulver und etwa 200 Soldaten auf seinen Herrschaften, auch diese habe er dem Kammerpräsidenten zum Kauf angetragen. Er habe sich nicht versündigt und habe nur an Zrini geschrieben, um ihn auszuforschen.

In dem Verhöre am 28. März ging Tattenbach schon mehr heraus: der Stallmeister Zrini's habe berichtet, daß 3000 Insulaner und 4000 Walachen für Zrini seien, daß 40.000 Türken zwischen der Donau und Save stehen, die Walachen am Meere (Morlaken?) sollen von Frangepani commandirt werden. Zrini habe ihn öfter citirt, er sei aber nicht gekommen. Weil er seine Sache allein führen wollte, habe er durch seine Pfleger die Bauern bewaffnen lassen. Er und Thurn haben im Trunke eine Liga aufgerichtet. Thurn war ein halbes Jahr bei ihm. Er wolle alle Genossen bekennen und einen neuen Eid der Treue schwören. Er unterwerfe sich der Gnade des Kaisers. Se. Majestät möge ihn pardonniren. Er wolle für das Haus Oesterreich eine tägliche Seelenmesse und monatlich ein Amt bei den Augustinern stiften. Trotz der engen Haft, in welcher Tattenbach auf dem Schloßberge zu Graz gehalten wurde, fand er Gelegenheit, an Zrini in Csakathurn zu schreiben. Er bat Zrini, ihn in den Frieden mit dem Kaiser aufzunehmen. Den Jesuiten in Agram versprach er 3000 fl., wenn sie ihn aus dem Gefängnisse befreien und wieder zu seinen Gütern verhelfen wollten [1]. Die späteren Verhöre bezogen sich auf seine Besprechung mit Locatelli in Lupsina und mit Lahn in Kranichsfeld. Aber erst die Aussagen Zrini's und

---

[1] Krones, Beiträge zur Geschichte des Tattenbach'schen Prozesses in den Mittheilungen des historischen Vereines für Steiermark. 1863, XII. Heft, S. 89.

Frangepani's führten zu weiteren rechtlichen Beweisen gegen Tattenbach und zum strafgerichtlichen Erkenntniß.

Zrini und Frangepani waren Magnaten und konnten nach dem ungarischen Recht nur von dem Könige und ihres Gleichen, Zrini von der königlichen Tafel, Frangepani von der Banaltafel vorgeladen, untersucht und verurtheilt werden. Die Wiener Regierung unterwarf sie jedoch einem österreichischen Ge= richt, weil sie sich gegen die österreichischen Erbländer vergangen hatten, weil sie auf österreichischem Boden ergriffen waren und in besonderen Fällen nach ungarischem Recht auch außer Landes ge= richtet werden konnten. Zrini war zugleich Landstand in Steiermark und Krain und in dieser Eigenschaft dem österreichischen Recht untergeben. Nach der Landgerichtsordnung Ferdinand's III. stand in Fällen des Hoch= und Landesverrathes der nieder= österreichischen Regierung und Kammer das gesammte Straf= verfahren zu. Weil jedoch Zrini und Frangepani kaiserliche Kämmerer waren, wurde die Hofkanzlei und insbesonders der Hofkanzler Hocher mit dem Untersuchungsverfahren beauftragt. Die Verdachtsgründe waren hinreichend, dieselbe einzuleiten: der verdächtige Briefwechsel, die geheimen Zusammenkünfte, das Begehren einer ausländischen Hilfe, die Annahme von fremdem Geld und die Ausrüstung mit Waffen. In Csakathurn war unter mehreren Schriften auch der Entwurf eines Bünd= nisses mit Frankreich aus der Zeit des Niclas Zrini, und im Schlosse Frangepani's der Schlüssel für die chiffrirten Briefe gefunden worden.

Zuerst wurde der Stallmeister Rudolph von Lahn ver= nommen [1]). Er schilderte die Flucht Zrini's, blieb jedoch in seinen Aussagen sehr vorsichtig. Zrini habe ihn zu Tattenbach nur wegen eines Pferdekaufes geschickt, sie hätten sich nur

---

[1]) Erstes Verhör des Stallmeisters, 23. April 1670 bei Hocher. St. A. Einzelnes ist oben angegeben.

einmal besucht. Zrini habe nur in dem einen Dorfe Prilach seine Unterthanen mit fünfzig Musketen bewaffnet. Erst als Hocher dem Stallmeister mit Foltern und Hängen drohte, rückte er mit der Sprache heraus: Tattenbach habe dem Zrini Hilfe versprochen, die Türken waren zur Hilfe bereit, der Einfall in Oesterreich sollte an drei Orten statt finden, Zrini wollte beständig nach Wien, habe nur die Rückkehr Forstall's abgewartet, die Gräfin Zrini habe alles gewußt, in ihrer Gegenwart wurden die Briefe gelesen.

Zrini wurde zum ersten Male am 2. Mai in Hocher's Wohnung verhört [1]). Abele schrieb das Protocoll. Hocher fragte ihn: ob und wann er sich mit Frangepani einverstanden, wann er den Orfeo Frangepani geschickt habe, wie oft Frangepani nach Csakathurn gekommen sei, ob die drei Agenten in die Türkei Bukovatzky, Berislavich und Bogledich von ihm bestellt waren, oder ob sie sich angetragen, ob er seine Unterthanen aufgeregt, ob er nicht in Neusohl die Oberungarn zu den Waffen gerufen, ob er mit dem französischen Residenten in Venedig in Verbindung, in welcher Verbindung er mit dem Secretär Gallensteiner sei, ob er nicht den Bischof der Ruthenen und Walachen aufgefordert, ob und welche Genossen er in Steiermark, Krain, Mähren, Croatien und Ungarn habe, ob er zu Rákóczy geschickt, welche Correspondenten er in Wien habe, wann er in Verbindung mit Tattenbach getreten sei. Zrini hatte in Briefen aus dem Gefängniß seine Unschuld betheuert und das Mitleid und die Gnade des Kaisers angefleht. Im Verhöre antwortete er klug ausweichend und schob die Schuld auf andere: er habe nur zum Scheine und aus Noth mit den Türken gehalten, daß sie seine Güter nicht verwüsten; wenn Bukovatzky mit den Türken ein Bündniß abgeschlossen habe, so sei das gegen seinen Willen geschehen. Es wäre ihm möglich gewesen, den Kaiserlichen zu widerstehen,

---

[1]) 2. Mai 1670. St. A.

aber er habe nicht rebelliren wollen, deßwegen auch nicht die Türken zu Hilfe gerufen, sondern durch den Bischof von Agram und Forstall unterhandeln lassen. Was Frangepani gegen ihn aussage, habe kein Gewicht, denn dieser sei sein Feind. Er habe immer seinem Schwager zugeredet, nichts anzufangen. Auch der Aussage der Wittwe des Niclas Zrini dürfe man nicht glauben, denn sie hasse ihn. Mit Tattenbach habe er kein Bündniß zu einer Rebellion, sondern nur eine brüderliche Verbindung geschlossen. Daß er mit den Franzosen unterhandelt habe, sei durch einen entlassenen Diener ausgesprengt worden. Mit Oberungarn sei er in gar keiner Verbindung, er habe 1667 die Pläne Rákóczy's der Regierung selber angezeigt. Den Secretär der Grazer Regierung habe er dreimal zu sich geladen, mit dem Beisatz, daß er ihm Wichtiges mitzutheilen habe, dieser sei aber nicht gekommen.

Im zweiten Verhöre fuhr Zrini fort [1]): Er sei nicht gewohnt zu läugnen, dem Locatelli habe er nichts vertraut. Er habe in Csakathurn die Gegenwehr bleiben lassen, weil ihm sein Dragonerhauptmann Burgsdorf, ein Brandenburger abgerathen und weil eben die kaiserlichen Truppen anrückten. Ivanovich hatte nur einen mündlichen Auftrag für Kanissa. Die Türken wollten nur bis an die Mur gehen. Nach Bosnien habe er nur geschickt, um den Pascha auszuforschen. Er habe zu der Versammlung in Neusohl geschickt und die Briefe selbst geschrieben; das sei sein größtes Verbrechen, er habe es in der Verzweiflung gethan. Er habe den Rákóczy zu den Waffen gerufen. An Kurmainz habe er nur geschrieben, daß die Türken im Anzuge seien. Dem französischen Residenten in Venedig habe er um Geld geschrieben, aber keine Antwort erhalten. Frankreich wollte einen Franzosen zum König von

---

[1]) 26. Juni 1670 in Hocher's Wohnung von 7—12 Mittags. St. A.

Polen und dann Krieg gegen die Türken führen. Er wollte daran Theil nehmen und habe deßwegen einen Polen nach Frankreich um Geld geschickt; er habe ihm aber keine Instruction, sondern nur eine Vollmacht gegeben. Der Pole habe aus eigenem Antrieb gehandelt; als er zurückgekommen, habe er nur leere Vertröstungen gebracht. Er (Zrini) habe nichts gegen den Kaiser, sondern nur gegen die Türken unternehmen wollen. Gremonville habe er nichts gesagt. Nagy wisse das am besten. Er läugne, daß er König von Ungarn werden und das Reich mit Polen vereinigen wollte. Zu dem Bischof der Walachen habe er geschickt. Dieser habe ihm antworten lassen, er wolle mit den Häuptern reden. Tattenbach habe den Stallmeister zu sich verlangt und ihm die Botschaft sagen lassen: wenn er etwas thun wolle, müsse es bald geschehen, sonst sei es zu spät, denn das Aufgebot in Steier sei schon ergangen, fünf Regimenter würden gegen Zrini geschickt, er möge sogleich die eine Seite von Graz einnehmen. Nur in höchster Noth habe er dann zu Frangepani und zu den Grenzpascha's geschickt. Er habe die Türken immer nur täuschen wollen. Frangepani habe er vieles in Agram eröffnet, als dieser zu Neujahr von Wien gekommen sei. Frangepani habe ihm zugeredet, die Wittwe des Niclas Zrini aus dem Schlosse zu schaffen. Er habe übrigens Frangepani nicht alles mitgetheilt. Dieser traute ihm nicht und habe alles auf seine Faust gethan. Der Superior der Jesuiten zu Warasdin habe ihm gerathen, zu Sr. Majestät zu schicken.

In ähnlicher Weise verantwortete sich Zrini in den weiteren Verhören[1]), indem er manches läugnete, manches zugestand und harmlos hinstellte: er habe sich selbst an die Türken gewendet und nicht durch Rákóczy; es sei nicht wahr, daß er den König von Frankreich um Hilfe gebeten habe. Frangepani

---

[1]) 24., 26. Juli in Hocher's Wohnung. St. A.

sei voll welscher Subtilitäten. Tattenbach sei nach dem Tode des Niclas Zrini zu ihm gekommen. Später hätten sie im Trunke eine Verbrüderung geschlossen, aber nicht gegen Se. Majestät. P. Bariglio sei ihm von Graf Nostitz aus Böhmen anempfohlen worden. Er habe ihn nach Polen geschickt, weil Frangepani in polnische Dienste treten wollte.

Viel offener und freier war Frangepani in seinen Geständnissen. Er wurde an denselben Tagen wie Zrini, und gewöhnlich nach ihm von Hocher in Gegenwart des Abele verhört. Hocher stellte nicht weniger als zweiundzwanzig Fragen an ihn: wie und wann er sich mit den Türken eingelassen, wann er vom Pascha von Bosnien Subsidien verlangt, wann Zrini in die Erbländer einbrechen wollte, wer Zrini's Schriften verfaßte, welche Subsidien der französische Resident in Venedig versprochen habe, ob außer Tattenbach noch ein anderer Edelmann aus Steiermark oder Krain im Einverständnisse war u. a. Frangepani gestand so ziemlich alles, nannte die Agenten, versicherte, daß mit Tattenbach auch Locatelli Kenntniß hatte, aber gegen Zrini mißtrauisch war. Die wichtigsten Aussagen machte er am 26. Juni[1]): er sei nach Wien gekommen, um Gut und Blut dem Kaiser zu opfern, er wolle deßwegen die Wahrheit sagen. Zrini habe den Franz Ivanovich mit zwanzig Reitern und dem Stallmeister Rudolph nach Kanissa geschickt, daß der Pascha mit ihm halten solle, dieser habe aber nichts Bestimmtes versprochen. Auch der Aga, der mit Ivanovich zurückkam, habe nur ein Schreiben gebracht, daß der Pascha keinen Befehl habe. Er (Frangepani) habe nicht gewußt, daß Zrini den Agramer Bischof und den P. Forstall nach Wien geschickt habe. Zrini habe ihm von seiner Mission nach Oberungarn erzählt, daß er die Verbün-

---

[1]) 26. Juni 1670, Abends 5 Uhr bei Hocher. St. A. Aus den Aussagen sind Einzelnheiten in die Erzählung von der Verschwörung Cap. XI. aufgenommen.

deten in Neusohl aufgefordert habe, sich nicht mit dem Kaiser zu vergleichen. Zrini habe Rákóczy sagen lassen, er möge sich fertig halten. Zrini habe den Bariglio, welcher sein Gouverneur am Meer gewesen, nach Venedig und zum französischen Residenten geschickt. Das meiste habe Zrini selbst geschrieben, nur Bukovatzky und Ivanovich waren ihm noch zu Diensten. Zrini habe vor allem Pettau einnehmen wollen. Frangepani habe ihm abgeredet. Zrini wollte durch die Türken Köpreinitz einnehmen lassen. Er (Frangepani) habe früher wenig gewußt, bis ihn seine Schwester nach Agram einlud; dort haben sie und zwei Hauptleute ihm alles vertraut und er habe versprochen, Zrini treu zu bleiben. Als aber Zrini von dem Marsche der kaiserlichen Regimenter hörte, sei er ganz verzweifelt gewesen; er wollte sich gegen den Herberstein wehren und weil ihm die Türken nicht trauten, selber Türke werden. Frangepani habe ihn abgemahnt: es sei besser bei Sr. Majestät zu bleiben, wenigstens werde er seine Seele retten und mit gutem Namen sterben. Er habe Zrini stets gerathen, mit seinem Sohne und ihm nach Wien zu gehen: aber Forstall habe abgerathen, „weil die Wunde noch zu frisch sei." Als Zrini den Franciscaner nach Ofen schickte, habe ihn Frangepani kniefällig gebeten, es nicht zu thun. Als sie bei Spankau's Ankunft von Csakathurn aufgebrochen und nach Szigeth zu Szécsy kamen, wollte Zrini nicht weiter gehen: Frangepani möge allein nach Wien reisen. Weil er fürchtete, Zrini wolle in die Türkei entfliehen, habe er ihm abgerathen. Zrini wollte dann wieder bei den Edelleuten des Bathiany bleiben und sich verkleiden. Frangepani habe ihm darauf gesagt, wenn er so wankelmüthig sei, sage er ihm die Freundschaft und Bruderschaft auf. Noch am dritten Tage wollte Zrini nach Oberungarn entfliehen, nur auf vieles Zureden sei er nach Wien gegangen.

In Folge dieser Aussagen wurde der Stallmeister Lahn, welcher bei dem Stadtlieutenant Arnold gefangen saß, noch-

mals verhört[1]). Er wiederholte seine frühere Aussage und
fügte bei, daß Zrini ihn zu Tattenbach mit einem Briefe und
mit mündlicher Botschaft geschickt habe, daß Zrini den Türken
Tribut angeboten und die Türken ihm helfen wollten; Tatten=
bach habe versprochen, etliche tausend Bauern zu stellen.

Am 27. August wurde Zrini nach Wiener=Neustadt,
Frangepani nach Schottwien, und da man ihn hier nicht sicher
verwahrt hielt, ebenfalls nach Neustadt gebracht. Hier blieben
sie abgesondert, in enger Haft und durch Monate ohne Kunde
über ihr Schicksal bis zum 27. April 1671. Zrini bat wenig=
stens mit Graf Mansfeld im Thiergarten spazieren gehen zu
dürfen[2]). Es scheint, daß sie anfangs ganz leidlich gehalten
wurden, denn es kam der Befehl, daß sie nicht so stattlich
tractirt werden sollten und niemand zu ihnen zum Essen oder
Spielen kommen dürfe[3]). Nur schwer ertrugen die beiden
Männer, die an Bewegung und frische Luft gewöhnt waren,
die Haft.

Wie an den Grenzen von Croatien, so wurde auch in
Oberungarn durch die kraftvolle rasche Thätigkeit der Regie=
rung der Aufstand unterdrückt, noch bevor er um sich greifen
konnte. Rákóczy hatte sogleich nach den letzten Briefen Zrini's
(10. und 20. März) zu den Waffen gegriffen. Die verbün=
deten Edelleute führten ihm ihre Haufen zu. Die Gräfin
Homonay, eine der reichsten Frauen Oberungarn's, schickte
ihm 600 Haiducken[4]). Binnen Kurzem hatte Rákóczy 10.000
Mann beisammen. Aber die Haltlosigkeit des Aufstandes zeigte
sich gleich im Beginn. In Muntacs ließ die eigene Mutter
Rákóczy's die Aufständischen nicht ein und vertrieb sie mit
Geschützfeuer. Rákóczy wollte Tokai und Szathmar belagern,

---

[1]) 21. August 1670 bei Hocher, 4—6 Uhr Abends. St. A.
[2]) Zrini an Hocher, 23. September 1670. St. A.
[3]) 31. December 1670.
[4]) Rottal an Lobkowitz, 20. August 1670. R. A.

um sich mit Siebenbürgen in Verbindung zu setzen, aber schon waren die offenen Briefe der Regierung in Umlauf, in welchen sie von dem Aufstande abmahnte, und von Kaschau her rückte der General Spork mit 9000 Mann regulärer Truppen an. Rákóczy gab die Sache für verloren. Er entließ sein Volk, gab die gefangenen Officiere frei und flüchtete zu seiner Mutter nach Saros-Patak [1]). Seine Leute wurden versprengt, viele flohen nach Siebenbürgen. In der Arva und Liptau hielt General Heister jeden Aufstand nieder und der Herzog von Lothringen rückte mit einer Abtheilung vor Murany. Die Wittwe Wesseleny unterwarf sich ohne Widerstand und der Herzog versicherte sie der Gnade des Kaisers [2]).

Der Schrecken ging durch Ungarn, als das deutsche Kriegsvolk die Städte und festen Plätze besetzte und die Verhaftung Zrini's und Frangepani's kund wurde. Die Verschworenen zogen sich zurück oder flohen wie der junge Emerich Tököli über die Grenze. Die meisten waren uneinig, keiner wollte von dem Aufstand etwas wissen, einer schob die Schuld auf den anderen. Es wurde still im Lande und alles war zur Unterwerfung geneigt [3]). Die Türken verhielten sich ruhig. Nachdem der Aufstand im Keime unterdrückt war, eröffnete Graf Johann Rottal, als k. Commissär, in Leutschau ein Untersuchungsgericht. Ihm waren beigegeben der Bischof von Fünfkirchen, Johann Gubasoczy, der General Heister, der Hofkammerrath Graf Otto Ferdinand Volkra und der ungarische Personal oder Präsident des ungarischen Gerichtshofes, Baron Eßterhazy, ein redlicher, gewissenhafter Mann, der wie der Hofkanzler Palffy und der Kammerpräsident Stephan Zichy

---

[1]) Rákóczy hat sich ergeben und all' seine Festungen besetzen lassen. Leopold I. an Pötting, 26. Juni 1670. Mailáth a. a. O. IV. 96.

[2]) Sie wurde nicht, wie Horváth a. a. O. II., 273 erzählt, gefangen genommen und nach Wien geschleppt. Sie hatte längst ihren Frieden mit dem Kaiser gemacht.

[3]) Rottal an Lobkowitz, 18. Mai 1670. K. A.

zur Regierung hielt [1]). Die Commission hatte keine leichte Arbeit. Die Verwirrung war so groß, daß Rottal nicht im Stande war, alles auf einmal zu übersehen. Die Ungarn suchten alles zu verdecken [2]). Dafür wurde der Commission von Wien aus alles mitgetheilt, was irgend einen Anhaltspunkt für Personen oder Handlungen bieten konnte. Geistliche und Weltliche wurden vorgeladen.

Der Secretär Nagy stellte sich selbst. Seine mündliche und schriftliche Aussage berührte besonders Graf Nádasdy, so daß Rottal nach Wien schrieb: der Kaiser möge Nádasdy nach Wien berufen, er habe immer noch seine Spione unter den Verschworenen und es sei gewiß, daß er die früheren Umtriebe wieder aufgenommen habe; der Kaiser habe volle Ursache, sich der Person Nádasdy's, seiner Schlösser und Schriften zu bemächtigen, sonst sei zu besorgen, daß Nádasdy als ein witziger, verschlagener Kopf, der seine Augen und Ohren überall hat, sich in Sicherheit setzt [3]. Im Auftrage Rottal's ging Volkra zur Wittwe Wesseleny nach Murany, um sie zur Herausgabe von etwa noch vorhandenen Schriften und zu einem mündlichen Bekenntniß zu bringen [4]. Volkra kam am 20. August mit zwei Geistlichen nach Murany. Er ließ diese vom Commandanten im Gespräch aufhalten und sprach allein mit der Gräfin. Seine Zusprache und der Brief Rottal's vermochten so viel, daß sie die Rebellion vom Anfang bis zum Ende erzählte und dabei die meiste Schuld ihrem Secretär Franz Nagy und noch mehr ihrem Beichtvater P. Anton Cziriaki zuschrieb. Beide haben eine große Correspondenz geführt und ihren Namen oft mißbraucht. Nagy habe

---

[1]) Ein Vetter des Niclas Eßterhazy (1587—1645), des ersten Grafen der Familie.
[2]) „Zu ombragiren." Rottal an Lobkowitz, Leutschau, 24. August 1670. R. A.
[3]) Rottal an Lobkowitz, Leutschau, 22. August 1670. R. A.
[4]) Rottal an Lobkowitz, Leutschau, 20. August 1670. R. A.

ihr bisweilen die Sachen nur halb und halb berichtet. Sie erklärte, sie wolle alles, was sie erzählt, unter ihrer Handschrift und ihrem Petschaft geben, auch ihren Beichtvater nicht mehr um sich dulden. Graf Volkra möge alle Schriften, die sich im Schlosse befinden, mit Beschlag nehmen; er könne dadurch die Theilnahme der Verschworenen erfahren. Ja sie gab Volkra auf sein Verlangen diese Erlaubniß schriftlich. Volkra fand in der That eine Menge wichtiger Papiere: Briefe von Nádasdy, Bori, Tattenbach, ein ganzes Packet Briefe des Zrini, den Schlüssel zur Zifferuschrift Nagy's. Dieser sei ein „Erzrebell", wie die Wittwe und ihre Diener ganz offen sagten. Rottal möge sich jedenfalls seiner Person versichern. Der Beichtvater habe seine Kutte ganz mit Briefen „gefüttert" gehabt; man könne daraus entnehmen, was den ungarischen Geistlichen zuzutrauen ist [1]). Als Volkra am 20. August von Murany zurückkehrte und die Schriften, besonders die eigenhändigen Briefe Nádasdy's mitbrachte, berichtete Rottal dies sogleich nach Wien und fügte bei: es sei nothwendig, sich der Person Nádasdy's zu versichern; es geschehe ihm kein Unrecht und Sr. Majestät bleibe immer die Hand offen, ihn gnädig zu entlassen [2]).

Im Frühjahr und Sommer 1670 vom April bis zum September, während Zrini und Frangepani gefangen und verhört wurden, während die österreichischen Truppen in Ungarn die bewaffneten Haufen auseinander jagten, war Nádasdy noch immer frei in seinem Schlosse Pottendorf bei Baden in Unterösterreich. Es schien aller Welt, als wäre er verschont und gar nicht betheiligt an dem Unternehmen, welches man den anderen ungarischen Herren zur Last legte. Der Wiener Hof hielt ihn für treu. Der Kaiser und Lobkowitz nahmen an, daß er sein Versprechen vom 27. November 1669 gehalten und sich von den Verschworenen getrennt habe. Der Caplan

---

[1]) Volkra an Rottal, Murany, 21. August 1670. R. A.
[2]) Rottal an Lobkowitz, Leutschau, 26. August 1670. R. A.

des Fürsten Lobkowitz, P. Donellan, reiste zwischen Pottendorf und Wien hin und her, brachte Briefe und berichtete alles, was bei Hofe gegen ihn gesprochen wurde [1]). Nádasdy hatte seit der Verhaftung Zrini's allen Muth und alle Zuversicht verloren. In einem Briefe an Lobkowitz [2]) empfahl er sich „in der höchsten Noth und Verzweiflung" seiner Gnade und bat ihn durch Donellan eine tröstliche Hoffnung zukommen zu lassen. In der That hielt Lobkowitz noch immer alle Verfolgung von ihm fern. Donellan schrieb an Nádasdy, daß Zrini in seinem letzten Verhöre gegen ihn ausgesagt habe, er könne niemand vertrauen und seine Hoffnung nur auf Lobkowitz setzen; noch sei er in der Gnade des Kaisers, aber er möge ruhig bleiben, nichts sagen, nichts schreiben, und alle seine (Donellan's) Briefe verbrennen [3]).

Am 29. August kamen die Briefe Rottal's nach Wien, in welchen er von der Aussage des Nagy und der Wittwe Wesseleny berichtete und die Verhaftung Nádasdy's forderte. Es war kein Zweifel mehr, daß Nádasdy noch im Winter von 1669 auf 1670, nachdem er seine Treue gelobt und vom Kaiser Verzeihung erhalten hatte, mit den Verschworenen in Oberungarn in Verbindung geblieben war. Mit Vorwissen des Kaisers schickte Lobkowitz noch am selben Tage den P. Donellan nach Pottendorf mit der Nachricht, daß der Proceß unabwendbar sei. Nádasdy gerieth in Angst und Schrecken. Zugleich erfuhr er die Ueberführung Zrini's und Frangepani's nach Neustadt. Er schrieb an den Kaiser und empfahl sich seiner Gnade und Barmherzigkeit. Er bat Donellan dahin zu wirken, daß der Proceß geheim bleibe und wenigstens seine Familie

---

[1]) P. Donellan an Nádasdy, Wien, 6., 27. Mai, 10., 20. Juni 1670. St. A.

[2]) Nádasdy an Lobkowitz, 30. Juni 1670. R. A.

[3]) Donellan an Nádasdy, 3., 8., 20. Juli, 5. August 1670. St. A. Die Briefe wurden nicht verbrannt, sie wurden in Pottendorf gefunden.

vor der Schande bewahrt werde. Er schrieb an Lobkowitz, daß
er seine Hoffnung nur auf ihn gesetzt habe; er möge Donellan
noch einmal hören und ihm helfen ¹). In Folge dieser Briefe
wurde Donellan nochmals am 31. August nach Pottendorf
geschickt. Nach seiner Rückkehr kamen auf Befehl des Kaisers
am 1. September die geheimen Räthe Schwarzenberg, Lam=
berg, Montecuculi und Sinzendorf bei Lobkowitz zusammen.
Sie beschlossen Nádasdy mit Güte oder Gewalt in seinem
Schlosse Pottendorf aufheben und gefangen nach Wien bringen
zu lassen ²). Fast scheint es, als habe man Nádasdy noch
einen Tag Zeit gelassen, aber er blieb wie von einem Zauber
gebannt in Pottendorf. Am 3. September früh Morgens kam
der Oberstlieutenant des Heister'schen Regimentes, Graf Ursen=
beck mit 200 Dragonern vor das Schloß, nahm Nádasdy ge=
fangen und brachte ihn nach Wien. Er wurde zuerst in sein
eigenes Haus, dann in das Landhaus gebracht, wo er in der
sogenannten Platenstube durch acht Monate, bis zum 27. April
1671 gefangen saß.

Die Untersuchungscommission in Leutschau setzte ihre
Thätigkeit fort. Der Secretär Nagy wurde gleich nach der
Rückkehr Voltra's von Murany verhaftet und nach Wien ge=
bracht. Rottal ließ den Laslo Bay nach Leutschau bringen
und verhaften, ebenso den Edelmann Bonis ³), der einmal
geäußert hatte, daß auch Böhmen und Mähren sich erheben
würde. Rottal ließ ferner alle vertrauten Correspondenten

---

¹) Gnädiger Herr! meine einzige Zuflucht habe allzeit zu Euer
fürstlichen Gnaden gehabt. Also annoch gehorsam zu derselben durch
Ueberbringung dieses P. Donellan recurrire, unterthänig bittend, mir
gnädig zu sein und meine Bitte gnädig anzuhören, mir durch dero höchste
Gnad helfen wollen. Verbleibend Euer fürstlichen Gnaden gehorsamster
Graf Franz Nádasdy. Pottendorf, 30. August 1670, St. A.

²) Conferenz, 1. September 1670, 4—8 Uhr Abends. St. A.

³) Nagy wurde am 26. August, Bay am 24. September, Bonis den
14. October verhaftet.

Nádasdy's festnehmen und ihre Schriften consisciren. Er schrieb an Lobkowitz ¹), wenn Nádasdy etwa läugnen wolle, werde er die gerichtliche Aussage eines Edelmannes einsenden, daß Nádasdy befohlen habe, den Dolmetsch Panajotti um's Leben zu bringen. Nádasdy habe in Neusohl erzählt, es seien ihrer vierzig bestellt, welche Sr. Majestät nach dem Leben trachten. Der Bischof Barsoni habe dies gehört und dem Edelmann erzählt. Wenn Nádasdy die Zahl dieser Personen gewußt habe, werde er auch den Ursprung des Complottes kennen. Er habe den Malcontenten zu verstehen gegeben, es werde bald eine große Aenderung eintreten. General Csaky sei kürzlich auf seiner Reise von Wien nach Ungarn bei Nádasdy gewesen und dieser habe ihm gesagt: er wolle seinen Kopf nicht zur Ruhe legen, bis er nicht Sr. Majestät die Krone vom Haupt reißen könne.

Uebrigens hatte die Untersuchung keinen außerordentlichen Erfolg. Die Regierung wünschte auch nicht die Tiefen des Volkes aufzurühren. Lobkowitz schrieb an Rottal: er möge dafür sorgen, daß sie in Wien nicht mit unnöthigen Sorgen und Furcht vor den Ungarn beladen werden; ihre ganze Kraft bestehe darin, die Regierung zu betrüben und furchtsam zu machen ²). Rottal verlor sehr viel an dem Personal Baron Wolfgang Esterhazy, welcher am 31. August 1670 in Leutschau starb. Sein Tod brachte eine große Veränderung in der Commission hervor. Rottal selbst war mißvergnügt, krank, bat um seine Abberufung. „Ich bin ein alter baufälliger Mann, schrieb er an Lobkowitz ³), von Natur lind und weich, tauge nicht zu so schwerer Arbeit, besonders weil in diesem Land nicht mit Glimpf, sondern mit Schärfe und großem Ernst solle vorgegangen werden." Er hielt aber auf den Wunsch des

---

¹) 15. October 1670. R. A.
²) Lobkowitz an Rottal, 30. August 1670. R. A.
³) 12. October 1670. R. A.

Kaisers doch aus und vertrat die Interessen der Regierung nach allen Seiten. Als der Erzbischof Szelepcheny, welchen der Kaiser im Frühjahre zum Statthalter ernannt hatte, diese Stelle niederlegen wollte, schrieb ihm Rottal: „Ist es wahr, daß Euer Ehrwürden die Statthalterschaft niederlegen wollen? ist das der Dienst Sr. Majestät? wo ist das Reich Ungarn? ich kann nicht glauben, daß Euer Ehrwürden die Sorgen unseres gnädigsten Herrn noch vermehren wollen; nehmen sich Euer Ehrwürden ein Beispiel an mir"[1]). — Im November 1670 wurde die Commission nach Preßburg verlegt. Rottal ging im Winter nach Wien, kam anfangs April zurück und blieb in Preßburg bis zur Einführung des königlichen Gouverneurs im März 1673.

In Folge der Vorladung der Commission kam auch die Wittwe Wesseleny im März 1671 nach Preßburg und dictirte, wie sie in Murany versprochen hatte, den ganzen Verlauf der Verschwörung in die Feder: die Bündnisse der Barone, die Zusammenkunft in Stuben, Neusohl und Szendrö, wie sie Bori und Nagy zu Rottal geschickt und selbst nach Preßburg gekommen sei, um alles anzuzeigen[2]). Sie fügte dann hinzu: Franz Nagy habe ihr damals einen Brief des Paul Szepesi gezeigt, der an Zrini geschrieben, der Aufstand sei nicht mehr aufzuschieben, sondern müsse bald angefangen werden. Nagy habe zu Bartoczy geschickt, damit er mit Türken und Ungarn sich gegen die Bergstädte wende. Daß Rákóczy ausgefallen sei, habe sie nur von anderen gehört. Nagy habe ihr von einem Brief des Nádasdy an Hidvegy gesprochen. Man erzählte, Zrini habe sich diesseits der Donau erhoben, also deßwegen dürfe man jenseits der Donau nicht zurückbleiben. Unter-

---

[1]) Rottal an den Erzbischof, Leutschau, 19. October 1670. R. A.
[2]) Im Cap. XI. erzählt. Die verdeutschte Aussage, Preßburg, 14. März 1671, Anna Marie Sechy. Von ihr eigenhändig unterschrieben. St. A.

dessen sei der Herzog von Lothringen mit kaiserlichen Truppen nach Murany gekommen. Obwohl Nagy und P. Cziriaki dagegen waren, habe sie ohne weiteres die Besatzung aufgenommen, um ihren Gehorsam für Se. Majestät zu bezeigen. Was die auf die Verschwörung bezüglichen Schriften betrifft, so habe sie die meisten Sr. Majestät nach Wien übersendet, und die anderen dem Volkra in Murany übergeben. Ein einziger Brief sei in ihrem Schreibtische zurückgeblieben und von dem habe sie nichts gewußt. Was die Verschworenen betrifft, so könne sie außer den Genannten nur noch Bocskai nennen. Nagy werde mehr sagen können. Sie könnte sich an nichts weiter erinnern, gelobe aber, wenn ihr etwas einfallen würde, alles zu offenbaren. Sie schwöre bei ihrer Seele, immer nur auf das Zureden und die Gutheißung des Bori und Nagy gehandelt zu haben. Wenn sie etwas geschrieben, so haben es beide mit ihr geschrieben, oder früher concivirt oder dictirt. Nagy habe oft eine Carta bianca, die ihm zu anderen Dingen anvertraut wurde, eigenmächtig ausgefüllt. Er ließ ihr einmal sagen: sie möge ihm nur vertrauen, er wolle sie als eine kleine Königin halten und es würde ihr gut gehen, wie sich die Dinge auch wenden, ob für oder gegen Se. Majestät. Sie bekenne gefehlt zu haben, hoffe aber auf die Gnade des Kaisers, welche ihr durch das Wort des Herzogs von Lothringen zugesichert sei.

Als Untersuchungsrichter für Nádasdy wurde wie für Zrini und Frangepani der Hofkanzler Hocher bestellt. Die Verdachtsgründe schienen zur Einleitung der Untersuchung vollkommen hinreichend: die Aussage des Zrini und Frangepani, des Nagy, der Wittwe des Palatins, die Briefconcepte, welche in Pottendorf gefunden wurden und Nádasdy's Verkehr mit den unzufriedenen Edelleuten von 1666 bis 1670 darlegten, die Rede an die vier Stände, welche neuerdings Rottal überschickt hatte. In dem ersten Verhöre am 18. September wiederholte er sein früheres Bekenntniß an den Kaiser: er habe das Bündniß mit dem Palatin geschlossen, stimmte dafür, daß ein Agent in die Türkei geschickt werde, sei mit Gremonville zusammen gekommen; die Versammlung in Neusohl sei ohne Resultat geblieben; Witnédy habe einen Anschlag auf das Leben des Kaisers ausführen wollen; dies habe er aber von Witnédy selbst, nicht von Zrini gehört; er habe alles bereits dem Kaiser entdeckt und Verzeihung erhalten [1]). Im zweiten Verhöre war Nádasdy's Muth und Zuversicht bereits gebrochen. Wie erzählt, wurde der Secretär Franz Nagy anfangs October nach Wien gebracht und verhört. Er sagte aus [2]): Nádasdy und Zrini hätten zu seinem Herrn, dem Palatin, kein rechtes Vertrauen gehabt; es sei wahr, daß Witnédy den Kaiser bei seiner Hochzeitsreise habe aufheben wollen; Nádasdy habe in Gegenwart mehrerer, und zwar des Bori, Ketzer und Szepesi gesagt, das Unternehmen sei besser auszuführen, wenn der Kaiser auf der Jagd sei oder im Prater reite. Zugleich wurden Nádasdy die Anklagen Rottal's vorgehalten. Nádasdy suchte sich zu rechtfertigen [3]): er habe jene Rede an die vier Stände Ungarns zur Zeit der Verschwörung geschrieben, und darin die Beschwerden der Nation zusammengestellt; er wolle sie nicht rechtfertigen, aber entschuldigen, er wünsche, daß man auch jene Schrift habe, welche er als Replik für Se. Majestät verfaßt habe. Der Brief Gremonville's, den man bei ihm gefunden, sei an Zrini gerichtet; der Gesandte habe öfter Briefe an Zrini unter seiner Adresse geschickt. Eine Truhe mit Schriften und mit dem Inventar seiner Schatzkammer habe er dem Michel Eßterhazy mit dem Auftrage übergeben, wenn sie

---

[1]) Primum examen mit Franz Nádasdy im Landhause in der Platenstube, 18. September 1670. 4—9 Uhr Abends. St. A.

[2]) 10. October 1670. 4—9 Abends bei Hocher. Lateinisch. St. A.

[3]) Secundum examen, 14. November 1670 im Landhause in Gegenwart des Hocher und Abele 3—7½ Uhr Abends. St. A.

gefordert würden, sie auszuliefern [1]). Er wollte sie zu seiner
Vertheidigung wieder nach Pottendorf bringen lassen, sei aber
inzwischen arretirt worden; es seien darin Briefe des alten
Rákóczy, Abschriften von Bündnissen u. a. Die Briefe der
Wittwe des Palatins und des Nagy habe er verbrannt. Er
bekenne seine Schuld. Das Streben nach dem Palatinat habe
ihn dazu gebracht. Deßwegen habe er Verbindungen unter
Lutheranern und Calvinern gesucht. Als Palatin hätte er alles
wieder in Ordnung gebracht. Er bekenne seine Fehler, seine
Schuld und überlasse sich ganz der Gnade Sr. Majestät; er
begehre keinen Prozeß, keine mündliche oder schriftliche Ver=
theidigung. Während Nádasdy so erzählte, übermannte ihn
das Gefühl, er warf sich vor dem Hofkanzler auf die Knie
und bat unter Thränen um Gnade. Er versicherte, wenn der
Palatin länger gelebt hätte, wäre alles beigelegt worden.
Diese Händel hätten die zwei Weiber, die Frau des Palatins
und die Frau des Zrini angefangen. Letztere habe die Ver=
bindung mit dem französischen Gesandten in Venedig einge=
leitet. Uebrigens sei die Verschwörung von Niclas Zrini und
dem verstorbenen Erzbischof Lippai ausgegangen. Frangepani
habe ihm 1667 eine Schrift des Cardinals Antonio Barberini
gezeigt. Er (Nádasdy) habe den Leopold Montecuculi mit
100 Thalern gewonnen, daß er alles aus dem Kriegsrathe
erfahre. Oberst Csaky war in ihrem Interesse thätig. Er habe
dem Franz Nagy geschrieben wegen der Ermordung des Pa=
najotti. Nagy habe gerathen die Post auszurauben und dann
wieder verrathen. Nagy wisse auch drei andere Genossen. Er
(Nádasdy) habe den dreizehn Comitaten geschrieben und ver=
sprochen, ihnen beizustehen, nicht aber um Se. Majestät zu
bekriegen, sondern um Ungarn in den alten Stand zu bringen.

---

[1]) Der Kammerpräsident Zichy schrieb an Lobkowitz, wem er die
Schriften Nádasdy's, welche er Eßterhazy übergeben, zuschicken solle.
St. A.

Er gestehe auch, daß er noch im Arrest sich durch P. Forstall an Zrini gewendet, ob er ihm nicht geschadet habe. Noch am Schluß bat Nádasdy in Thränen den Hofkanzler, sich bei dem Kaiser zu verwenden und daran zu erinnern, daß die Krone Ungarns durch einen Nádasdy an das Haus Habsburg gekommen sei. Hocher versprach auch, alles dem Kaiser zu berichten.

Die weiteren Verhöre bewegten sich zunächst um die Aeußerung Nádasdy's, daß noch 40 bis 50 Personen dem Kaiser nach dem Leben trachten, wie Barsoni, der Bischof von Großwardein erzählt und Rottal berichtet hatte. Nádasdy läugnete standhaft jede solche Aeußerung ab: bei dem Sacrament, das er empfangen, könne er schwören, nichts davon zu wissen. Der Bischof sei sein Feind, weil er dessen Bruder, den Protonotar öfter ermahnt habe. Er sei mit dem Bischof öfter auch in Neusohl zusammen gekommen, aber er habe ihm nicht getraut. Er habe nur gehört, daß Witnédy Pferde bestellt habe; Zrini habe ihn einen Narren gescholten, auch er habe das Ganze für einen Scherz gehalten. Er sei nur mit dem Palatin und Zrini in Verbindung gewesen, sonst mit niemand und gewiß nicht mit einem Herrn in den deutschen Erbländern. Er wolle alles thun, wenn er nur aus diesem Elend errettet würde und die Gnade des Kaisers wieder finden könnte [1]).

Nach der Beendigung des Untersuchungsverfahrens wurde, wie dies bei Hochverrathsfällen gewöhnlich war, zur Verhandlung und Entscheidung ein besonderer Gerichtshof, ein sogenanntes delegirtes Gericht eingesetzt [2]). Der Kaiser berief dazu Reichshofräthe, Hofkriegsräthe, Räthe der Regierung ohne

---

[1]) Einzelnes ist in das XI. Capitel aufgenommen. Tertium examen 5. März 1671 im Landhause, 4—6 Uhr Abends. Quartum examen 25. April 1671, 5 Uhr im Landhause. St. A.

[2]) Judicium delegatum, im 17. Jahrhunderte auch „unparteiisches Gericht" genannt, obwohl es häufig sehr parteiisch war.

Unterschied des Standes und der Religion: den Hofkanzler Hocher als Vorsitzenden, Graf Gottlieb Windischgrätz, Freiherr Hanns Heinrich von Herbart, Freiherr Zdenko Caplitz, Graf Joachim Windhag, Freiherr von Andlern, Julius Buccelini, Justus Brüning, Christoph Abele und die Doctoren Johann Leopold von Löwenthurn, Johann Molitor und Johann Krumbach. Die Verhandlung des Processes Nádasdy dauerte vom 30. December 1670 bis 20. April 1671; jene des Processes Zrini-Frangepani vom 14. Februar bis 16. April 1671. Die Formen des gemeinen und heimischen Rechtes wurden genau eingehalten. Das Gericht beauftragte den niederösterreichischen Kammerprocurator Dr. Frey, als öffentlicher Ankläger aufzutreten. Dieser stellte auf Grundlage der Untersuchungsacten gegen jeden Gefangenen eine eigene Klage, und zwar auf Hoch- und Landesverrath. Der Inhalt derselben faßte alle die verschiedenen Thatsachen, wie sie oben erzählt wurden, zusammen. Bei Nádasdy insbesondere: er habe von der Verschwörung des ungarischen Adels gewußt, sie verschwiegen und befördert, er sei Bündnisse eingegangen, habe von dem Anschlag des Witnédy gewußt und nicht eher davon gesprochen, bis es „lautmärig" geworden; er habe es übernommen, Se. Majestät hinzuhalten, bis sich die Rebellen verstärkt haben würden; seine Rede an die vier Stände sei aufrührerisch, er habe Theil genommen an der Absendung eines Agenten in die Türkei, habe die Post beraubt, die Briefe gelesen und vernichtet, die öffentlichen Gelder auf der Straße durch seine Helfer wegnehmen wollen; er habe den Rebellen die Beschlüsse des geheimen Rathes verrathen, die Ermordung des Panajotti angerathen und das Königreich Ungarn einer fremden Gewalt unterwürfig machen wollen.

Die Anklage gegen Zrini hob hervor: er habe 1666 die Verbindung mit Wesseleny und Nádasdy eingegangen und sei, obwohl er vom Kaiser durch Graf Rottal mündlich pardonirt wurde, wieder rückfällig geworden; er habe 1669 Bargilio nach Polen geschickt und ihm eine Instruction mit Schmähungen gegen Se. Majestät gegeben; in seinem Auftrage sei der Pole Bista nach Frankreich geschickt worden, um gegen den Kaiser zu klagen und Geld zu begehren; er habe zu den Türken um Geld und Hilfe geschickt und in die schändliche Bedingung, daß sie ihn gegen Tribut als erblichen Fürsten von Croatien anerkennen wollten, eingewilligt und sogar seinen Sohn als Geißel angeboten. Er habe von kaiserlichen Oberofficieren Hilfe begehrt und die Festung Köprеinitz in seine Gewalt bringen wollen. Er habe in Csakathurn Geschütze gegen die kaiserlichen Soldaten aufgeführt, die Oberungarn aufgereizt und dem Frangepani die Leitung des Unternehmens übertragen. Er habe bei der Commission in Neusohl die Einzelnen aufgefordert, sich nicht zu vergleichen, und sie zu den Waffen gerufen. Seine Genossen und Theilnehmer haben wirklich die Waffen ergriffen, Feindseligkeiten verübt und Blut vergossen. Zrini habe die Walachen und ihren vermeintlichen Bischof aufgefordert, sich ihm anzuschließen. Er wollte kaiserliche Erbländer einer fremden Gewalt unterwerfen, sei der vornehmste Urheber und das Haupt der Rebellion gewesen.

In der Klage gegen Frangepani wurde hervorgehoben: er habe die von Zrini eingeleitete Verbindung mit den Türken verschwiegen und die Leitung des Aufstandes übernommen; er habe in dem Briefe vom 9. März 1670 seine Verachtung gegen den Kaiser und die deutsche Nation ausgesprochen und seine üble Absicht kundgegeben; er habe die Stadt Agram mit 200 Mann besetzen wollen und die Stadt aufgefordert, sich Zrini anzuschließen; er habe kaiserlichen Proviant, welcher auf der Save in die Grenze geschickt wurde, weggenommen, in die Türkei Boten geschickt, den walachischen Bischof zum Abfall aufgefordert und in der Instruction eines Agenten den Kaiser geschmäht [1]).

---

[1]) Die drei Anklagen im St. A.

Jedem Beschuldigten wurde die Klage mitgetheilt mit dem Bedeuten, binnen sechs Wochen und drei Tagen darauf zu antworten. Jeder durfte sich einen Vertheidiger wählen. Nádasdy entsagte jeder Verantwortung und Vertheidigung [1]). Er habe alles dem Kaiser bekannt und unterwerfe sich vollständig seiner Gnade. Er bitte nur über eine Summe Geldes zum Heile seiner Seele verfügen und noch einmal P. Emerich und Abele sprechen zu dürfen. Als Abele ihn besuchte, erklärte er nochmals, daß er nur um Gnade bitte. Auch P. Donellan verkehrte noch mit ihm und übernahm ein Gnadengesuch, das er auf Befehl des Fürsten Lobkowitz dem Abele übergab [2]).

Zrini und Frangepani wählten zu ihrem Vertheidiger den Wiener Advocaten Dr. Eylers, der auch vom Gericht angenommen wurde. Zrini verlangte als Magnat nach den Gesetzen und Rechten seines Landes gerichtet zu werden. Er wolle nicht an die verletzte Freiheit des Landes und an die goldene Bulle erinnern, welche in diesem Fall dem ungarischen Adel das Recht des Widerstandes einräumt. Der Bischof von Agram habe ihm vermöge der vom Kaiser verliehenen Gewalt den Pardon zugesichert. Dieser Pardon, den der Kaiser selbst versprochen, sei durch P. Forstall und einen Brief des Fürsten Lobkowitz bestätigt worden. Der Kaiser habe ihm einen Geleitsbrief gegeben. Er habe seinen Sohn nach Wien geschickt und sei selbst gekommen, um sich Sr. Majestät zu unterwerfen. Die Punkte mit Frankreich habe er nicht gelesen und nicht geschrieben. Er habe nur einmal mit den Türken verhandelt. Sein Stallmeister kann es bestätigen, wie satt er der Türken war. Er habe sich nur an ihnen rächen wollen. Er habe

---

[1]) Mündlich und schriftlich, 5. März 1671. St. A.
[2]) Wagner hist. Leop. I., I. 253: fama est, epistolas plerasque a supplicibus — a Lobkovicio suppressas. Ist nicht wahr.

Rákóczy nur um Geld geschrieben und Bariglio nach Polen geschickt, um Frangepani einen Dienst zu verschaffen. In dem Bündnisse mit Wesseleny sei nichts Verrätherisches, er habe es Nádasdy und Wesseleny nicht abschlagen können. — Die Vertheidigung Frangepani's war offener, berührte aber dieselben Punkte.

Der Gerichtshof erwiederte auf diese Vertheidigung: Zrini sei nicht nur ungarischer Edelmann, sondern auch kaiserlicher Kämmerer und Landstand in Steiermark und Krain, er könne auch nach ungarischem Recht außer Landes gerichtet werden. Die Einwendung käme auch zu spät. Er habe den Bischof von Agram und Forstall geschickt, aber einen Vergleich auf schimpfliche Bedingungen angeboten und Geld und Gut verlangt. Der Kaiser habe ihm in dem Briefe vom 21. März 1670, welchen der Bischof von Agram brachte, keinen Pardon ausgesprochen und auch nicht aussprechen wollen. Am selben Tage habe Spankau den Befehl erhalten, Zrini anzugreifen. Der Kaiser habe auch eine Antwort von Zrini erwartet, aber dieser habe damals an die Grenzpascha's geschickt. Auch nachher in dem Briefe vom 7. April habe er dem Kaiser nur „bedingungsweise" Treue versprochen. Der Kaiser habe diese Bedingungen verworfen. Als Forstall versprochen habe, ihn zu anderen Bedingungen zu bringen, habe der Kaiser gefordert, daß er vor allem der Rebellion entsage, seine Festungen übergebe und die Verschworenen nenne (15. April). Das habe er übrigens nicht erfahren können, weil er inzwischen von Spankau zur Flucht gebracht wurde. P. Forstall habe nicht mehr zu ihm kommen können, und gesetzt auch, der Bischof oder Forstall hätten ihm die Gnade versprochen, sie hatten dazu keinen Befehl vom Kaiser. Weil aber durch diese Schreiben des Kaisers vom 21. März und 15. April 1670 in der Welt viel Geschrei entstanden sei, so möge auch kund werden, wie Zrini in Lug und Trug die Rebellion fortsetzte. Er habe durch den Bischof von Agram den Kaiser nicht versöhnen,

sondern zu einem Vergleich zwingen wollen. Als er zurück=
gekommen, wollte Zrini sich nur unter Bedingungen unter=
werfen. Mit solchen Bedingungen habe er auch Forstall ge=
schickt und dabei habe er an die Pascha's von Kanissa und
Bosnien, und noch den 10. April einen Franciscaner nach
Ofen geschickt. Auch mit dem Briefe vom 7. April habe er
es nicht ehrlich gemeint, er wollte sich nicht ergeben, sondern
Gesetze vorschreiben. Wenn ihn der Kaiser wirklich am 21.
März pardonnirt hätte, so wäre dieser Pardon verwirkt. Wohl
habe er seinen Sohn geschickt; aber wohin habe er ihn damals
schicken können als zu Sr. Majestät? Zu den Türken wollte
der Sohn selbst nicht, und alle übrigen Straßen waren besetzt.
Wenn Zrini sagt, er habe sich selbst gestellt, so kann man
einwenden, das sei nur aus Noth und Angst geschehen, denn
Spankau war ihm schon im Rücken. Wenn er sich auf seine
Vorfahren berufe, so war dies nur ein Motiv mehr für seine
Treue. Zrini sei der vornehmste, gefährlichste und schädlichste
Rebell und keiner Gnade würdig. Er sei bei jeder Unruhe ge=
wesen, habe vieles ohne Wissen Nádasdy's und Frangepani's
gethan. Nádasdy habe von Gremonville kein Geld genommen,
Zrini zweimal 6000 fl. Er habe nach Polen geschickt, was
Nádasdy und Frangepani nicht gethan. Aus dem Kerker habe
keiner so arrogant geschrieben als er, keiner habe Se. Majestät
mehr belogen und betrogen als er, keiner sei ein ärgerer
Schelm, Verräther und Rebell als er.

In Anbetracht dieser Gründe erklärte der Gerichtshof
am 18. April Zrini des Verbrechens des Hoch= und Landes=
verrathes für schuldig und seine Ehre, Leib und Gut Sr.
Majestät für verfallen: „er soll aller Würden und Ehren ent=
setzt, sein Vermögen confiscirt, sein Gedächtniß von der Welt
ausgelöscht und seine Person dem Freimann übergeben wer=
den, welcher ihm seine rechte Hand und den Kopf abschlagen
und ihn so vom Leben zum Tod bringen soll." Das Urtheil
gegen Frangepani ist vom selben Tage und jenem gegen Zrini

gleichlautend, nur ist die Motivirung nach Inhalt und Zahl der strafbaren Handlungen verschieden ¹).

In dem Proceß Nádasdy nahm der Gerichtshof keine Rücksicht auf das Handbillet vom 1. September 1669, in welchem der Kaiser Nádasdy seinen Treubruch verziehen hatte. Der Referent Abele machte geltend: der Pardon des Kaisers habe sich nur auf die Denkschrift Nádasdy's vom 27. November 1669 beziehen können; er habe aber darin nicht die ganze Wahrheit gesagt; man müsse die Beweise seiner Schuld vor und nach 1669 zusammenfassen; sein Geständniß, seine Briefe, die Zeugenaussagen begründen das Verbrechen des Hoch- und Landesverrathes. Der Gerichtshof verurtheilte Nádasdy am 20. April 1671 zum Tode. Das Urtheil lautete wie bei Zrini und Frangepani auf Confiscirung der Güter, Verlust des Hauptes und der rechten Hand ²). Die strafbaren Handlungen waren darin aufgezählt. Die Verbindung mit Frankreich und Polen war in den Urtheilen mit Stillschweigen übergangen, es hieß bei Zrini nur, er hätte Briefe an einen „gewissen Ort" geschickt.

Die Verhandlung und das Erkenntniß des Gerichtshofes wurde noch, wie es die Landgerichtsordnung Ferdinand's III. vorschrieb, der „geheimen Stelle" oder geheimen Conferenz vorgelegt. Auf Befehl des Kaisers versammelten sich am 21. April bei Lobkowitz die geheimen Räthe: Fürst Dietrichstein, Obersthofmeister der regierenden Kaiserin, Graf Schwarzenberg, Reichshofrathspräsident, Graf Lamberg, Oberstkämmerer, Graf Martinitz, Oberstburggraf von Böhmen, Graf

---

¹) Die Urtheile im St. A. Sie beginnen: Nachdem Zr. (oder Fr.) bekannt und durch seine Briefe und Zeugnisse überwiesen, wie er ungeachtet der von Sr. Majestät erhaltenen Ehren und Würden seinen Eid und Pflicht vergessen, aus Ehrgeiz das crimen laesae Majestatis et perduellionis begangen habe — dann folgen die Handlungen des Verrathes und die Angabe der Strafe.

²) Das Urtheil Nádasdy's ist den anderen ganz gleichlautend.

Nostitz, Oberstkanzler von Böhmen, Graf Wilhelm Stahremberg, Obersthofmarschall, Montecuculi, Präsident des Hofkriegsrathes, Graf Wolf Auersperg, Landeshauptmann in Krain, Graf Balthasar Stahremberg, Statthalter in Niederösterreich, Graf Souches, General und Stadtoberster, Graf Albrecht Zinzendorf, Obersthofmeister der Kaiserin Eleonore, Graf Friedrich Trautmannsdorff, Landeshauptmann in Steiermark, Freiherr Hocher von Hohengran, Hofkanzler, Graf Ferdinand Sprinzenstein, Landmarschall in Niederösterreich und der Reichsvicekanzler Graf Wilhelm Königsegg. Kein Ungar war dabei; es waren Minister, Hofbeamte, Generale, Landherren aus den deutschen Erblanden, die meisten ältere Herren, ehrenwerth, hart, streng, in der Ueberzeugung des göttlichen und absoluten Rechtes der Fürsten aufgewachsen. Fürst Lobkowitz führte als erster geheimer Rath den Vorsitz, Abele und Dr. Leopold berichteten über die Verhandlung und das Urtheil. Die geheimen Räthe fanden die Schuld für erwiesen, das Urtheil gerecht. Alle stimmten bei Nádasdy für die Strafverschärfung des Handabhauens, weil er jene Rede an die vier Stände Ungarns gegen den Kaiser und das Haus Oesterreich gehalten. Einige meinten, bei Frangepani sei diese Verschärfung zu unterlassen, weil er von dem Anschlage des Witnédy nichts gewußt habe. Wegen Zrini waren drei Räthe gegen die Todesstrafe und nur für Gefängniß und Güterconfiscation, weil ihm der Kaiser in dem Briefe seine Gnade versicherte und weil er seinen Sohn nach Wien schickte. Sie wurden jedoch überstimmt. Der Vorsitzende Fürst Lobkowitz rieth, keinen Unterschied in der Bestrafung eintreten zu lassen: „was würde die ehrbare Welt dazu sagen, rief er aus, wenn die Häupter der Rebellion ungestraft blieben; die Gerechtigkeit, die Sicherheit des Kaisers und des Staates erfordern die Strafe." Die Conferenz beschloß denn auch in ihrem Gutachten an den Kaiser: der Proceß sei durch den Hofkanzler Hocher in aller Gesetzlichkeit und Ordnung geführt worden, daß nichts zu verändern oder zu verbessern sei. Se. Majestät habe schon 1668 nach dem Bekenntniß des Fekete Fug und Recht gehabt, den Nádasdy verhaften zu lassen. Zrini habe ohnehin schon einmal Pardon erhalten. Frangepani habe vom Kaiser die Oberst=hauptmannschaft in Zengg bekommen. Die Conferenz habe schon in der ersten Sitzung am 20. März 1670 Sr. Majestät gerathen, keine Großmuth und Gnade zu üben, sondern ein Exempel zu statuiren. Wie das delegirte Gericht gesprochen habe, so möge es geschehen. Se. Majestät möge das Urtheil bestätigen, wie Ferdinand II. den Spruch des Gerichtes über die böhmischen Rebellen genehmigt habe [1]).

In einer zweiten Conferenz wurde die Vollstreckung des Urtheils berathen [2]). Zwei Räthe, einer vom Ritterstand, einer vom gelehrten Stand sollen den Gefangenen das Urtheil verkündigen. Kein verdächtiger Geistlicher, weder P. Donellan noch ein Augustinermönch vom Kloster auf der Landstraße darf zugelassen werden. Nádasdy sei erlaubt, noch seinen ältesten Sohn und seine verheirateten Töchter zu sehen, nicht aber die Schwiegersöhne. Die Hinrichtung muß am dritten Tag nach der Verkündigung des Urtheils und zwar in geschlossenen Räumen vollzogen werden. Nádasdy soll, weil er hohe Freunde hat, wie der Oberst Kratz im Rathhause, Zrini und Frangepani in Neustadt gerichtet werden. Das Volk könne man in dem Wahne lassen, daß die Hinrichtung öffentlich sei. Der Gerichtschreiber soll den Gefangenen das Urtheil vorlesen, der Stadtrichter den Stab über sie brechen. Der Stadtoberste Souches wird sein Regiment auf dem Graben und anderen öffentlichen Plätzen aufstellen. In Neustadt sollen vier Com=

---

[1]) Conferenz von 7 Uhr bis halb 2 Uhr Vormittags und 4 bis 9 Uhr Nachmittags. Wien, 21. April 1671, aufgesetzt von Abele, 24. April. St. A.

[2]) Am 25. April 1671. Lobkowitz hatte die Fragepunkte aufgesetzt. St. A.

pagnien Reiter vom Regimente Heister die Wache halten. Die Verurtheilten dürfen nur „fromme Reden" an die Anwesenden halten, wenn sie von Politik anfangen, soll der Trommelschlag einfallen. Der Henker darf sie nicht berühren. Das Abschneiden der Haare, das Ausziehen der Kleider soll durch ihre Diener geschehen. Die Leiber können auf Begehren der „Freundschaft" ehrlich begraben werden. Se. Majestät möge an dem Tage der Hinrichtung in Laxenburg verweilen und zu Hause bleiben. Wenn er hinausfährt, soll ihn die Garde begleiten, weil, wie der Bischof Barsoni von Nádasdy gehört haben will, noch 40 bis 50 Personen dem Kaiser nach dem Leben trachten. Man möge Nádasdy darüber nochmals verhören und zwar unter Androhung der Tortur, die aber nicht verhängt werden dürfe. Der Kaiser war von Anfang eher zur Strenge als zur Milde geneigt [1]). Am meisten war er über Nádasdy aufgebracht. „Wie hat er uns alle betrogen, schrieb der Kaiser an Graf Pötting; — obwohl ich sonst nicht gar bös bin, so muß ich diesmal Gewalt anwenden, und es möchte sich wohl schicken, daß man nächstens etwas von gestürzten Köpfen hörte" [2]). Er bestätigte nach dem Rath seiner Minister am 25. April die Urtheile im vollen Umfange [3]).

Nádasdy wurde, wie erzählt, am 25. April wegen des Attentates auf den Kaiser nochmals verhört, aber er leugnete beharrlich, jemals eine solche Aeußerung gethan zu haben, welche der Bischof Barsoni berichtet hatte. Hocher hatte ihm

---

[1]) Leopold an Graf Pötting in Madrid, 26. März 1670: ich hoffe aber, Gott werde mir beistehen und will sie schon ad mores bringen und auf die Finger klopfen, daß die Köpf wegspringen sollen. Mailáth a. a. O. IV. 96.
[2]) 22. April 1671. Mailáth a. a. O. IV. 97.
[3]) Die Nachricht Wagner's hist. Leopoldi I., I. 252: die Proceßacten seien den Universitäten in Ingolstadt, Tübingen, Leipzig und dem Tribunal in Speier mitgetheilt worden, ist nicht richtig. Das war in Oesterreich nicht gebräuchlich.

sogar mit der Tortur gedroht. Es war keine Gnade zu hoffen. Nádasdy's Schwiegersöhne, die Grafen Johann Drascovich und Johann Palffy hatten schon am 14. November 1670 den Kaiser um Gnade angefleht. Die Kinder Nádasdy's baten in einem Gesuche, daß wenigstens der todte Leib ihres Vaters nicht dem leidenschaftlichen Pöbel gezeigt werde. Dagegen legten mehrere ungarische Bischöfe, voran der Erzbischof Szelepcheni eine Verwahrung ein, daß sie sich wegen Nádasdy an den Papst gewendet hätten.

In der Nacht am 27. April wurde Nádasdy in einem Wagen vom Landhause in das Rathhaus gebracht und dem Stadtrichter Johann Moser übergeben. Ungeachtet alles geheim gehalten wurde, war doch alles Volk auf den Straßen. Am 28. April Nachmittags drei Uhr kündigten ihm die k. Commissäre Leopold und Krumpach das Todesurtheil und die Streichung aus der Adelsmatrikel an, welche der Ständeausschuß bereits vollzogen hatte. Nádasdy war damals 64 Jahre alt, seine hohe Gestalt war verfallen, er sah bleich aus und wurde noch bleicher, als er das Urtheil hörte. Er erwiederte nur wenige Worte: alle Gewalt ist von Gott, wer sich dieser Gewalt widersetzt, widersetzt sich Gott. Er ließ dem Kaiser seinen Dank sagen, und bat nur noch über 10.000 fl. zum Heile seiner Seele testiren zu dürfen. Die zwei Tage brachte er im Gebet und in religiösen Uebungen zu. Er beichtete am 28. dem P. Raphael, dem Augustiner-Superior von Loretto in Wien, legte am anderen Morgen noch die Generalbeichte ab und hörte drei Messen. Am 30. April, an einem Donnerstage, wurde er früh um acht Uhr in die Bürgerstube im Rathhause geführt, wo die Vorbereitungen zur Hinrichtung bereits getroffen waren. Der Stadtrichter las ihm nochmals das Urtheil vor und zugleich den Befehl des Kaisers vom 29., die Strafe des Handabhauens zu unterlassen. Nádasdy hatte alles ruhig, gebeugt angehört, sein Diener ordnete ihm die Haare und Kleider. Auf einem Lehnstuhl sitzend empfing Nádasdy den Todesstreich). Mit Ausnahme der kaiserlichen Commissäre, des Stadtrichters, des Beichtvaters und des Henkers war nur der türkische Chiaus von Ofen zugelassen worden. Die Stadt blieb ruhig, das Volk wußte nichts davon. Die Bürgerwache hielt das Rathhaus und einige Plätze besetzt. Zwei Compagnien Dragoner patrouillirten durch die Stadt, vier Compagnien vom Regiment Pio standen bei dem Stubenthor. Weil man eine Brandlegung fürchtete, waren alle Löschgeräthe und Wasser in Bereitschaft. Erst nach der Hinrichtung wurde das Volk in das Rathhaus gelassen. Der Leib Nádasdy's wurde zuerst bei den Augustinern und dann in der Familiengruft der Nádasdy in Lockenhaus beigesetzt [1]).

Auch Zrini und Frangepani wurden am 28. April von den k. Commissären Abele und Molitor, welche Tags vorher nach Neustadt gekommen waren, nochmals wegen des Attentates und wegen der Mitschuldigen verhört [2]). Zrini antwortete: er habe bereits alles früher dem Fürsten Lobkowitz und Rottal anvertraut. Witnédy, der bei ihm Pferde verlangte, habe er als einen Narren weggeschickt. Er habe erst von Rottal gehört, daß Witnédy den Kaiser habe gefangen nehmen wollen. Es sei nicht wahr, daß er Witnédy gesagt, daß dieser den Kaiser umbringen wolle. Er habe dies nicht gesagt, nicht einmal gedacht. Er wisse keine anderen Genossen als die Verbündeten zu nennen. Nádasdy habe vielleicht den Bischof von Vesprim gewonnen, der übrigens ein Säufer sei. Drascovich wisse nichts; er habe bei der Zusammenkunft mit Gremonville nur im Wäldchen die Pferde gehalten. Ein ein-

---

[1]) Vgl. den officiellen Bericht der Regierung: Ausführliche und wahrhaftige Beschreibung, wie es mit den Criminalprocessen wider die Franz Nádasdi, Peter Zrini und Franz Frangepani eigentlich vorgegangen. Wien 1671, bei Mathias Cosmerovius. Das Buch enthält wenig über den Proceß, nur die Urtheile und die Beschreibung der Hinrichtung.

[2]) Examen mit Zrini über die Genossen. Abele und Molitor. Neustadt, 28. April 1671. 8–12 Uhr. St. A.

ziges Mal, als er seine Schwägerin fortführte, habe Draskovich gefragt, was vorgehe. Zrini habe gesagt: die Türken seien im Anzuge, wenn ihn Se. Majestät verlasse, wolle er sich den Türken ergeben. Draskovich habe das ebenso nothwendig gefunden. Von den Oberungarn waren Bocskai, Szuhai und Szepesi im Einverständniß; der Kaiser wisse das ohnehin. Von Gremonville habe er ein einziges Mal 6000 fl. erhalten; die anderen 6000 fl. seien von Nádasdy. Tattenbach habe ihm durch den Stallmeister Lahn seine Anschläge entdeckt, wie er Graz und Pettau überrumpeln wollte; Tattenbach habe ihm die Grafschaft Cilli anbieten lassen, er habe aber nichts darauf gehalten. — Frangepani blieb in seinem Verhöre dabei, daß er bereits alles bekannt habe.

An demselben Tage, den 28. April Nachmittags kündigten ihnen die k. Commissäre das Todesurtheil an. Beide waren tief erschüttert, sie hatten diese Strenge nicht erwartet. Zrini wurde bleich, sagte aber kein Wort, zuckte nur mit den Achseln. Frangepani wurde noch blässer; er bat um Aufschub: er sei zu jung zum sterben, der letzte seines Namens, der Kaiser solle ihm das Leben schenken. Beide wurden dann unter militärischer Begleitung in das Zeughaus geführt. Zrini legte am 29. früh seine Beichte ab; er fragte nur noch einmal, ob eine Begnadigung zu hoffen sei. Als die Frage verneint wurde, sprach er nichts mehr, blieb ruhig und kalt. Abends schrieb er seiner Frau. Frangepani war mehr bewegt, hoffte noch immer auf einen Aufschub, bis ihm Abele sagen ließ, daß er nur zwei Tage Zeit habe sich auf den Tod vorzubereiten. So fügte er sich denn, beichtete am 29., schrieb seiner Frau, bat seinen Diener und andere kleine Schulden zu bezahlen und verlangte noch, von Zrini Abschied zu nehmen. Beide sahen sich noch einmal in Zrini's Stube in Gegenwart der Räthe und Commissäre — das erstemal seit dem flüchtigen Ritt aus Csakathurn. Frangepani sprach herzliche Worte zu seinem Schwager; beide vergaben sich und schieden tief gerührt.

XII. Das Gericht.

Am 30. April früh wurde in Neustadt auch das letzte Stadtthor gesperrt. Die Bürgerschaft zog in Waffen auf. Die beiden Verurtheilten standen um sechs Uhr auf, hörten die Messe, und verrichteten ihre Andacht bis acht Uhr. Zrini hatte schon den dritten Tag nichts gegessen und getrunken, er wurde ohnmächtig, raffte sich aber wieder auf, und nahm noch einmal in einem Briefe von seiner Frau und Tochter Abschied. Da es gebräuchlich war, daß kein Edelmann gerichtet werden konnte, bevor er nicht von der Landmannschaft ausgeschlossen war, wurde Zrini noch kund gegeben, daß er und sein Sohn aus der Adelsmatrikel gestrichen seien. Um neun Uhr kamen die Räthe und Commissäre zu ihm, und führten ihn in den ersten Hof des Zeughauses hinab. Die zwei Stadtgerichtsbeisitzer, eine Compagnie Musketiere und drei Capuciner begleiteten sie. Der Gerichtsschreiber verlas Zrini das Urtheil, der Stadtrichter brach den Stab über ihn. Erst jetzt wurde ihm mitgetheilt, daß der Kaiser die Strafe des Handabhauens erlassen habe. Zrini wurde dann in den zweiten Hof geführt, wo eine Bühne aufgerichtet und mit schwarzem Tuch überzogen war. Sein Diener, der immer bei ihm geblieben war, verband ihm die Augen. Zrini kniete nieder und betete, bis sein Haupt unter dem Streiche fiel. Neben ihm stand der Capuciner-Guardian, die Räthe und Commissäre sahen von einer Tribune und einige neugierige Leute von der Stadtmauer zu. Hierauf wurde Frangepani in den ersten Hof geführt, wo ihm das Urtheil verlesen und der Nachlaß der Strafverschärfung mitgetheilt wurde. Er ging denselben Todesweg wie sein Freund und Schwager, durch die Thüre in den anderen Hof auf dieselbe Bühne, wo in einer Ecke Zrini's Leiche in ein Tuch gehüllt dalag. Frangepani sprach nur einige lateinische Worte zu den Anwesenden: „flieht den verdammten Ehrgeiz." Sein Page bediente ihn, er kniete auf derselben Stelle wie Zrini, erst auf den dritten Streich fiel sein Haupt. — Um zehn Uhr war diese schreckliche Hinrichtung vorüber¹). Die todten Leiber wurden in Särge gelegt, zuerst in die Domkirche gebracht und dann auf dem Friedhofe begraben. Der Grabstein, der auf ihrem Grabe ruhte, ist heutzutage in die Wand der Kirche eingefügt. Eine Inschrift verkündet das Ende dieser zwei unglücklichen Männer: „Hier unter diesem Hügel ruhen Graf Peter Zrini, Ban von Croatien, und Markgraf Franz Frangepani, der letzte seines Stammes, die, weil ein Blinder den andern führte, beide in diese Grube stürzten"²).

Der Kaiser war während jener Tage in Laxenburg. Die Bitte Nádasdy's, über 10.000 fl. testiren zu dürfen, war nicht bewilligt worden. Dafür ließ der Kaiser für jeden der Hingerichteten in Wien 2000, also im Ganzen 6000 Messen lesen.

Während dieser Zeit, länger als ein Jahr saß Graf Tattenbach gefangen auf dem Gratzer Schloßberge, ohne jede Kenntniß über sein Schicksal, obwohl die Untersuchung und Verhandlung seines Processes in erster Instanz längst beendet war. Von Wien aus war schon nach dem ersten Verhöre Tattenbach's der Befehl gekommen, „einen ordentlichen Proceß" darüber abzufassen³). Nachdem die Aussagen Frangepani's und des Stallmeisters Lahn die Mitschuld Tattenbach's außer Zweifel stellten, nahm die innerösterreichische Regierung nach dem letzten Verhöre am 3. Juli die Verhandlung sogleich auf und führte dieselbe in vierzehn Sitzungen nach drei Monaten zu Ende. Die Formen, welche die steirische Landgerichtsordnung Ferdinand's III. vorschrieb, wurden genau eingehalten:

---

¹) Die Einzelnheiten der Hinrichtung in dem officiellen Bericht, 1671.

²) Hoc in tumulo jacent Comes Petrus Zrinius, Banus, Croatiae, et Marchio Franciscus Frangepan ultimus familiae, qui quia coecus coecum duxit ambo in hanc foveam ceciderunt. Das Zeughaus in Neustadt ist heutzutage ein Brauhaus. Eine schwarze Tafel an der Wand verkündet den Ort der Hinrichtung.

³) 30. März 1670. Krones a. a. O. 85.

die inneröſterreichiſche Regierung ſtellte einen Ankläger auf, hörte den Vertheidiger, das Urtheil erſter Inſtanz kam an den geheimen Rath in Gratz und deſſen Bericht und Gutachten wurden dem Hofe vorgelegt. Der öffentliche Ankläger, Dr. Megerle, Kammerprocurator von Inneröſterreich, ſagte in ſeiner Anklage: das Bündniß Tattenbach's ſei gegen Se. Majeſtät gerichtet, weil er Zrini verſprochen, ihm gegen Jedermann mit Rath und That beizuſtehen; er habe von Zrini's Verſchwörung gewußt und ſchon im Jänner 1670 Jemand geſagt, daß es im Frühlinge wunderbar hergehen werde und daß er bei dieſer Gelegenheit etwas erhaſchen wolle; er habe die Briefe des Zrini verheimlicht, verbrannt, Zrini in Kranichsfeld feſtlich empfangen, ihn als einen unbeſiegbaren Heerführer geprieſen und ſeine Geſundheit vor der Sr. Maj. ausgebracht; er habe Zrini noch vor der Ankunft des Stallmeiſters in Kranichsfeld am 16. März geſchrieben, ihn von den Zuzügen unterrichtet und gewarnt mit dem Beiſatze, daß er ſelbſt kommen würde, aber er fürchte, von ſeinen eigenen Leuten verrathen zu werden; zur ſelben Zeit am 13. März habe er dem Grafen Breuner angeboten, alles durch den Stallmeiſter erforſchen zu wollen und ſei deßwegen abgereiſt; Breuner habe ihn auch aufgefordert, Zrini abzurathen und ihn an den ſchlechten Ausgang der böhmiſchen Rebellion zu erinnern. Die Ausſagen des Stallmeiſters Lahn ſprächen gegen Tattenbach. Er klage ihn nach gemeinem Recht auf Hochverrath[1]). Die Vertheidigung Tattenbach's war außerordentlich ſchwach, obwohl er den tüchtigſten Advocaten von Graz, ſeinen alten Freund Dr. Pfeiffer, gewählt hatte. Dieſer erwiederte: Zrini habe erſt vierzehn Tage früher dem Frangepani anvertraut, daß er ſich gegen den Kaiſer erheben wolle; ein Gleiches ſei bei Tattenbach der Fall; die Liga ſei nur eine Verſicherung der brüderlichen Freundſchaft

---

[1]) Nach liber 51 ad legem Juliam. St. A.

und unter Edelleuten gebräuchlich; wenn Tattenbach sich schuldig gefühlt hätte, würde er gewiß seine Familie, Geld und Schmuck nach Venedig gerettet haben.

Das Gericht, die inneröſterreichiſche Regierung und Kammer, nahm dieſe Einwendung nicht an, fand jedoch den rechtlichen Beweis des Hochverrathes nicht vollſtändig hergeſtellt[1]). In dem Urtheile, das am 9. October 1670 gefällt wurde, erkannte dasſelbe nicht auf die Todesſtrafe, ſondern auf Entſetzung von allen Dienſten, eine Geldſtrafe und Fortſetzung der Gefangenſchaft: es ſei nichts Weſentliches herausgekommen, welches das Verbrechen des Hochverrathes erweiſe, deßhalb könne er nicht zu einer ordentlichen Strafe verurtheilt werden; doch verdiene er eine außerordentliche Strafe, weil er ſich mit einem Privaten außer Landes eidlich verbunden, weil er Zrini in ſeiner böſen Abſicht beſtärkt habe, weil er einen ſtrafwürdigen Wandel geführt und das „Faſchingsbüchel" habe drucken laſſen, welches die ganze Gemeinde ärgerte, und weil er die ſtrafwürdige Verbrüderung mit Graf Thurn abgeſchloſſen habe[2]). Die zweite Inſtanz, der geheime Rath von Innerösterreich[3]) erkannte jedoch in ſeinem Urtheile vom 1. April 1671 Tattenbach des Verbrechens des Hoch- und Landesverrathes für ſchuldig und trug auf Todesſtrafe und Conſiscation der Güter an.

---

[1]) Präſident der Regierung war der Statthalter Graf Georg Saurau. Räthe: Graf Stubenberg, Freiherr Stürk, Seifrid Graf Dietrichſtein, Graf Auersperg, Freiherr Türndl, von Jauerberg, Rehbach, Argento, Hirſchfeld, Markovits, Calunize, Decriguis, Freiherr von Frantlezy und von Kellersperg. Präſident der Kammer war Graf Gottlieb Brenner.

[2]) St. A. Hammer-Purgſtall, die Gallerin 406, 407. Krones a. a. O. 102, 103.

[3]) Dieſer geheime Rath beſtand aus den Herren: Graf Joh. Max Herberſtein, Gottlieb Graf Brenner, Graf Wolf Rindsmaul, Graf Georg Roſenberg, inneröſterreichiſcher Hof-Vicekanzler Würzburger, Secretär Dr. Schrott.

Die beiden Gutachten wurden nach Wien geschickt und zur Prüfung einem besonderen Gerichtshof übertragen. Der Kaiser berief dazu: Hocher als Vorsitzenden, dann die Räthe Andler, Bruning, Pertner von Theyring, Abele, Leopold von Löwenthurn, Wägele von Walsegg und Dr. Molitor. Das delegirte Gericht bestätigte das Urtheil des geheimen Rathes und erklärte Tattenbach durch sein Geständniß, seine Briefe und Zeugenaussagen als überwiesen, daß er das Verbrechen des Hoch- und Landesverrathes begangen habe[1]: er habe seinem Eid und seiner Pflicht zuwider gehandelt, umsomehr, als er wirklicher innerösterreichischer Regimentsrath, Kämmerer und Landstand sei; er habe sich mit Zrini in ein Bündniß gegen Kaiser und Vaterland eingelassen, über einen Krieg gegen Se. Maj. berathschlagt, dem Zrini Graz, Radkersburg und Pettau überliefern wollen, er habe das Bündniß zwischen Wesseleny, Zrini und Nádasdy gewußt. Das Urtheil des Gerichtes vom 23. November 1671 sprach aus: Graf Hanns Erasmus von Tattenbach sei mit Leib und Leben, Ehre und Gut in die Strafe Sr. Maj. verfallen; seine Güter sollen confiscirt, sein Gedächtniß ausgelöscht und seine Person dem Freimanne übergeben werden, welcher ihm zu Graz Hand und Kopf abschlagen und so vom Leben zum Tod bringen wird, ihm zur Strafe und „anderen zum Gräuel und abscheulichen Exempel"[2]).

Der Kaiser bestätigte das Urtheil am 25. November. Tags darauf reiste Abele als k. Commissär nach Graz. Der alte Herberstein ließ sogleich eine Sitzung des geheimen Rathes ansagen, und eine Commission erhielt den Auftrag, Tattenbach das vom delegirten Gericht in Wien gefällte Urtheil anzukündigen. Als die Commissäre Türndl, Kellersperg und Dr. Schrott am 28. November Abends in Tattenbach's Stube auf dem Schloß-

---

[1] Crimen laesae Majestatis et perduellionis.
[2] Relatio des Tattenbach'schen Processes und des darauf gefolgten Capitalurtheils. Wien, 23. Nov. 1671, von dem geheimen Rath in Graz gutgeheißen.

berge traten, fanden sie ihn unwohl im Bett. Die Räthe setzten
die Hüte auf und Dr. Schrott las das Urtheil "ganz schön,
kurz und lieblich" vor. Tattenbach fing an zu weinen und zu
schreien: "O weh, o Jesu, o weh! ich bitte meinen aller=
gnädigsten Herrn um der fünf Wunden Christi willen um die
Fristung meines Lebens; o weh, o weh!" Er fiel ohnmächtig
aus dem Bette heraus und fuhr fort zu jammern, als er
wieder zu sich kam. Abele, der im Vorzimmer geblieben war,
ließ ihm durch den Schloßhauptmann sagen: es sei noch Zeit,
er solle seine Bitte bei dem geheimen Rath anbringen, obwohl
die Hoffnung sehr gering wäre. Tattenbach sollte durch den
geheimen Gang bis zum Thore gehen, aber er konnte sich kaum
bewegen. Man mußte ihn in einen Wagen tragen, in welchem
zwei Jesuiten und der Officier der Schloßwache Platz nahmen.
Der letztere stieg am Fuße des Schloßberges aus und über=
gab seinen Gefangenen dem Stadtrichter. Da viele Leute zu=
sammengelaufen waren, verbat sich Tattenbach die Windlichter
neben dem Wagen; bei dem Aussteigen zog er seine Pelzmütze
vor das Gesicht. Er verwünschte seine Mutter, daß sie ihn
nicht als Kind im Bade ertränkt habe. Im Zimmer sammelte
er sich wieder, hieß aber die Jesuiten fortgehen und schrieb
eine Bittschrift an den Kaiser, daß statt der Todesstrafe lebens=
längliches Gefängniß über ihn verhängt werde[1]).

Am anderen Morgen den 29. November ließ Tatten=
bach die zwei Jesuiten schon um vier Uhr rufen und fragte,
ob Abele in Graz sei. Als diese antworteten: sie hätten ihn
nicht gesehen, erwiederte Tattenbach: wenn nur er nicht hier
ist, dann ist es noch gut; er habe nicht geschlafen, sondern die
ganze Nacht an der Bittschrift gearbeitet; er hoffe noch eine
andere Entscheidung, den Tod durch das Schwert könne er

---

[1]) Die Erzählung der letzten Tage Tattenbach's ist nach den Ori
ginalberichten Abele's an den Kaiser: Graz, 29., 30. Nov., 1. Dec. 1671.
St. A.

nicht ausstehen. Bald nachher erfuhr aber Tattenbach, daß
Abele in Graz sei; es kam ihn sogleich eine Ohnmacht an.
Er schickte dann den einen Jesuiten mit der Bittschrift zu
Abele und ließ bitten, man möge ihn lebenslänglich zum Ge=
fängniß verurtheilen und wenn er sterben müsse, möge man
ihm die Adern öffnen oder stranguliren. Einige Räthe mein=
ten, man solle ihm Hoffnung dazu machen, damit er sich zum
Tode vorbereiten könne; aber Abele war dagegen. Er meinte,
es sei am besten, ihm jede Hoffnung zu nehmen. Am selben
Morgen waren etwa fünfzig Landstände zusammengekommen,
und beschlossen, Tattenbach und seinen Sohn aus der Matrikel
des steirischen Adels zu streichen. Um 11 Uhr Mittags kamen
Abele, Herberstein, Kellersperg und andere zu Tattenbach. Er
fiel Abele zu Füßen und bekam Krämpfe. Die Herren hatten
fast eine Viertelstunde zu thun, um ihn wieder zu sich zu
bringen. Er wurde wieder in das Bett gebracht, fing aber
wieder an zu jammern und zu toben: er könne nicht sterben
und wolle nicht sterben, bis nicht eine Antwort auf seine Bitt=
schrift da sei; er sei nicht genug verhört, man solle ihm Zrini
und den Stallmeister confrontiren. Abele sagte ihm: das
Urtheil des delegirten Gerichtes sei gerecht, er habe nicht ein=
mal, sondern vielmal das Verbrechen des Hochverrathes be=
gangen, er habe keine Hoffnung zum Leben und auch zu keiner
anderen Todesart. Er werde am „Erchtag" durch das Schwert
sterben. Wolle er sich vorbereiten, so gut für ihn, wolle er
nicht, so werde die Hinrichtung doch geschehen; er habe
noch drei halbe Tage zur Vorbereitung. Durch drei Viertel=
stunden sprach ihm Abele in Gegenwart des Kellersperg, des
Stadtrichters und des Doctors zu. Endlich fügte sich Tatten=
bach mit den Worten: weil ich denn doch sterben muß, so sei
es. Er fing an zu beichten: sein Sohn habe von seiner
Mutter 100.000 fl. zu fordern, er habe seine Unterthanen zu
sehr überstiftet, man möge es ihnen zurückgeben, er habe zwei
falsche Urbare gebraucht, die meisten Edelsteine im Schmucke

21*

seiner Frau gehören dem Sohne aus erster Ehe. Er wollte einige Legate machen, aber Abele erwiederte: sein Geld und Gut sei dem Kaiser anheimgefallen; Se. Maj. sei ohnehin seiner armen Seele eingedenk und wolle 2000 Messen für ihn lesen lassen. Da fiel Tattenbach dem Abele zu Füßen, küßte ihm die Hand und rief mit zum Himmel emporgehobenen Händen: „Dank dir Gott, du mein allergerechtester Kaiser, mein allergnädigster Herr; o wie leicht ist mir jetzt, wie wohl, wie gerne werde ich jetzt sterben, weil ich diesen Trost, diese Gnade empfangen habe. Vergelt dir's Gott, mein süßigster Kaiser und gebe dir eine lange Regierung, gesundes Leben und einen wackeren Prinzen." Nachmittag kamen die Herren wieder zu ihm, der Weisbote kündigte ihm die Streichung aus der Matrikel an. Tattenbach war sehr erschrocken, als er hörte, daß auch sein Sohn den Adel verloren habe. Als Abele um vier Uhr zu ihm kam, fand er ihn mit den zwei Geistlichen, dem Stadtrichter und dem Doctor bei dem Essen und so gestärkt und aufgerichtet, daß der Arzt sich selber verwunderte. Tattenbach brachte noch mit einem Glase Luttenberger Wein die Gesundheit des Kaisers aus; Abele blieb noch längere Zeit mit ihm allein, und fragte noch mehreres. Tattenbach erwiederte: einer von den Genossen sei gestorben, er wolle ihn nicht nennen, niemand ins Unglück bringen. Abele meinte, er möge sich besser bedenken, ging dann weg und wartete im Saale. Da kam der junge Tattenbach, ein Knabe von zwölf Jahren, in Begleitung des Kellersperg, um vom Vater Abschied zu nehmen. Tattenbach sprang von dem Tische auf, an dem er geschrieben, fiel seinem Sohne zu Füßen, und weinte und klagte: „Grüß dich Gott, mein allerliebstes Kind, mein Herz, sieh deinen unglücklichen Vater, verzeih' mir um der Wunden Christi willen, daß ich dich um deinen Adel und dein Gut gebracht habe; verzeih' mir es, ich habe mich versündigt wider Gott und den Kaiser, bin aber, Gott sei es geklagt, durch andere verführt; behüt dich Gott, mein Kind, vergiß die

Untreu' deines Vaters, spiegle dich an seinem Unglück, sei treu Gott im Himmel und dem Kaiser auf Erden, an dem ich mich so versündigt habe"! Dabei küßte er seinen Sohn mehrmals. Als dieser fort wollte, küßte ihn Tattenbach noch einmal und segnete ihn. Abele hätte gerne mehr gewußt und forderte den Jesuiten auf, dahin zu wirken. Dieser aber sagte, es sei nichts mehr zu richten. Als Kellersperg zu Tattenbach hineinging, sagte ihm dieser: er habe mit Carl Thurn bei Errichtung des Bündnisses mehreres gesprochen, aber den Inhalt wisse er nicht mehr; der Verstorbene sei der Waidmannstorff. Weiter sagte Tattenbach in Gegenwart des Abele und des Jesuiten P. Sägl aus über seine Güter, die Lehenbriefe, Schmuck und Urbar; sein Bruder sei verkürzt worden. Er beurlaubte sich dann von ihnen, bat um Verzeihung, wenn er sie beleidigt habe; er hoffe in ewigen Frieden und in die Seligkeit zu kommen; sie möchten für ihn Messen lesen lassen; Abele möge sich als Vormund seines verwaisten Sohnes annehmen, er habe ohnehin keine Kinder.

Die Nacht brachte Tattenbach ruhig zu. Am Morgen des 30. Nov. kam der Jesuit P. Sägl zu Abele, und verlangte im Namen Tattenbach's ein weißes Kleid zur Hinrichtung, 50 fl. für die Schwester Tattenbach's, eine Dominicanerin in Graz, 50 fl. für die armen Leute, und daß es ihm verstattet sei, von dem Altan des Rathhauses dem Volke Abbitte zu thun, sich zu verabschieden und um ein Gebet zu bitten; auch möge ihm die Hand nicht abgehauen werden, und niemand, besonders kein Edelmann der Hinrichtung zuschauen. Abele schickte den Jesuiten zu dem alten Herberstein, dem ersten geheimen Rath. Dieser entschied, Tattenbach soll nicht in einem weißen, sondern in einem schwarzen Tuchkleide gerichtet werden, denn weiß sei die Farbe der Unschuld. Die 50 fl. für die Armen wurden gewährt, das Verlangen aber, dem Volke öffentlich Abbitte zu thun, von dem geheimen Rath abhängig gemacht. Um 10 Uhr ging Abele zu Tattenbach und fand ihn gefaßt, frisch und wacker redend. Er hatte abermals gebeichtet und communicirt und meinte, er sei bereit zu sterben. Den zwei Dienern seiner Vettern Hanns und Otto bat er alles Unrecht ab. Abele sprach ihm nochmals in's Gewissen wegen der Genossen. Es kam Tattenbach hart an, sagte aber doch, daß das mit Carl von Thurn abgeschlossene Bündniß dem mit Zrini ähnlich war, daß er aber Thurn nur anvertraut, daß Zrini mit dem König von Frankreich gut stehe; er habe dem Thurn von seiner Liga mit Zrini nichts erzählt, aber von der Liga Nádasdy's mit Zrini; er glaube, wenn der Aufstand ausgebrochen wäre, hätte Thurn als ihr guter Freund mit ihnen gehalten. Der verstorbene Waidmannstorff habe ihm die erste Nachricht gegeben, daß Zrini sich in den Schutz der Türken begeben habe. Auch Locatelli habe um die Sache gewußt und insgeheim für Zrini Dragoner geworben. Tattenbach bat aber dem Thurn keinen Schaden zuzufügen; der sei damals von ihm verführt worden und ganz berauscht gewesen. Tattenbach ging nicht weiter ein, und gab auch nichts schriftlich. Obwohl ihm die Jesuiten zusprachen, daß er bei Gott wegen seiner Aussage nichts zu leiden haben werde, denn er thue nur, was er zu thun schuldig sei, brachte Abele nichts mehr heraus und ging dann fort. Nachmittags drei Uhr wurde in der Sitzung des geheimen Rathes auf den Antrag Abele's beschlossen, daß die Stadtthore und Läden geschlossen werden und die Bürgerschaft sich in Waffen aufstelle, weil der „Pöbel" sehr über Tattenbach aufgebracht sei, und man eine Unordnung fürchte. Nur Abele und die Commissäre Türndl, Kellersperg und Dr. Schrott dürfen in das Rathhaus gelassen werden. Wegen des Abhauens der Hand könne man ihm Hoffnung lassen. Tattenbach könne wohl der Welt abbitten, dürfe aber nicht vom Prozeß und der Ursache seines Todes reden, sonst würden die Trommeln gerührt. Als Abele dies Abends Tattenbach mittheilte, hörte er ruhig zu. Er kniete dann wieder vor Abele nieder, bat dem Kaiser alle seine Verbrechen ab, und empfahl seinen Sohn mit Thränen und „so beweglichen Worten, daß es nicht zu beschreiben". Abele versicherte, daß Se. Majestät ihm verziehen habe. Tattenbach dankte ihm für seine Mühe und Arbeit und schrieb noch folgende Zeilen: „Allerdurchlauchtigster, unüberwindlichster Kaiser und Herr! Weil ich in Folge der göttlichen Allmacht aus Verhängniß und Ew. Majestät Urtheil durch die Hand der Justiz von dieser Welt in die Freuden der ewigen Seligkeit abgefordert werde, bitte ich für meinen armen verwaisten Sohn. Ew. Majestät allerunterthänigster zum Tod verurtheilter Hanns Erasmus Tattenbach"[1]). Am Abend des 30. November war auch der Scharfrichter von Radkersburg gekommen, wo er mit einigen Hexen beschäftigt gewesen.

Am 1. December früh kam der Stadtrichter zu Abele und berichtete, daß Tattenbach sich gefaßt und gestern Abends von ihm und von der Bürgerschaft Abschied genommen habe. Um halb acht Uhr kam ein junger Graf Tattenbach, Otto Friedrich mit der Post an. Man ließ ihn aber nicht zu seinem Oheim, weil es ihn zu sehr beunruhigen könnte. Tattenbach hörte früh drei Messen und communicirte nochmals. Um neun Uhr, als die Bürgerschaft in Waffen auf den Straßen stand, holten die Commissäre den Abele aus seiner Wohnung bei Seifried Dietrichstein ab. Zu einem sechsspännigen Wagen fuhren sie zum Rathhaus. Kein Fremder wurde zugelassen. Abele hatte nur den zwei jungen Grafen Dietrichstein und Wagensperg erlaubt zuzusehen, auch diese waren als Schreiber verkleidet und mußten sich so stellen, daß sie von Tattenbach nicht gesehen werden konnten. Nachdem der Commissär Türndl mit den Worten: es ist schon Zeit! — das Zeichen gegeben hatte, führte die Wache Tattenbach in den Saal. Er trug ein

---

[1]) Original. St. A.

langes Kleid von schwarzem Taffet. Neben ihm gingen zwei
Jesuiten, denen er „recht schön, tapfer und laut" nachbetete.
Auch auf der Bühne stellten sich die Jesuiten neben ihn. Der
Gerichtsschreiber las Tattenbach das Urtheil vor, brach den
Stab und verkündigte ihm, daß der Kaiser die Strafe des
Handabhauens erlassen habe. Erst wenige Secunden früher
war die Mittheilung dem Rath Türndl zugestellt worden.
Tattenbach beichtete hierauf seinem Beichtvater unter dessen
Mantel, empfing die Generalabsolution, setzte sich dann selbst
eine schwarze Haube auf; ein Soldat löste ihm das Wamms;
Tattenbach betete immer dem Geistlichen lateinisch nach, und
kniete nieder, das Gesicht gegen die Capelle im Saal gekehrt.
Der Freimann kam herein. Wie er das Beil erhob, fing Tat=
tenbach zu sinken an, und hielt sich nur an dem kleinen Sessel,
den man hingestellt hatte. Der Freimann führte den Streich
so schlecht, daß er ihm noch drei Hiebe geben mußte. Noch
bei dem zweiten hatte Tattenbach ein schmerzhaftes „Jesus
Maria!" ausgerufen. Dann wusch man Leib und Kopf, legte
sie in eine Truhe und zeigte sie dem Volke. Von früh bis
Mittag wurden in allen Kirchen der Stadt Seelenmessen ge=
lesen. Abends wurde der todte Leib ohne Prunk auf dem
Friedhofe bei den Dominicanern begraben.

Die Denkschrift Tattenbach's vom 28. November hatte
der Kaiser nicht beantwortet; eben so wenig die Bittschreiben
seines Bruders, des Grafen Gottfried Tattenbach, dessen Frau,
einer gebornen Gräfin Preysing und seiner Schwestern, von
denen eine als Dominicanerin in Graz lebte und die andere
an einen Freiherrn von Mosthan verheiratet war. Die Be=
richte Abele's scheinen doch Eindruck auf den Kaiser gemacht
zu haben. Er schrieb an Graf Pötting, daß er wegen Tatten=
bach der Justiz ihren Lauf lassen mußte; er habe es nicht
gern gethan, mußte es aber geschehen lassen, um in deutschen
Erblanden ein Exempel aufzustellen und damit die Ungarn

nicht sagen können, daß den Deutschen alles nachgesehen werde und nur sie gestraft würden [1]).

Auch der Freiherr Locatelli, der in den Schriften Tattenbach's öfter genannt war, wurde anfangs Mai verhaftet und in Graz vor das Gericht gestellt [2]). Er stellte alle Mitwissenschaft an der Verschwörung in Abrede und verlangte mit Tattenbach confrontirt zu werden. Tattenbach und Zrini sagten aber später aus, daß sie ihm nichts vertraut hätten. Jener meinte, er habe ihn nur für einen „Speivogel" gehalten und Zrini nannte Locatelli einen Narren, der sein Vermögen verthau habe. Die inneröstreichische Regierung fand keine weiteren Verdachtsgründe und setzte Locatelli gegen eine Caution auf freien Fuß. Die Untersuchung wurde auch nicht wieder aufgenommen, nachdem Tattenbach kurz vor seinem Tode Locatelli als Mitwisser und Theilnehmer bezeichnet hatte. Graf Carl Thurn wurde vorgeladen, erschien nicht und wurde wegen Unterschleif, Meineid, Ehebruch, Blutschande, Todtschlag und Hochverrath verurtheilt; er habe das Bündniß mit Tattenbach abgeschlossen, die k. Post beraubt, die Feinde in die Grenzfestungen eingelassen, den Rebellen Beistand zugesagt. Seine Güter wurden confiscirt, er selbst wurde später gefangen und starb 1689 auf dem Grazer Schloßberg in der Gefangenschaft.

Tattenbach's Güter in Steiermark und Schlesien wurden eingezogen und später verkauft. Die Grafschaft Reinstein im Harz bei Blankenstein eignete sich der Kurfürst von Brandenburg an [3]). Alles, was in dem Grazer Hause und in den Schlössern an barem Geld, Kleinodien und Schuldbriefen gefunden wurde, mußte an das Hofpfennigamt eingeliefert wer-

---

[1]) Leopold I. an Pötting, 2. December 1671. Mailáth a. a. O. IV. 98.

[2]) Der Kaiser an die Kriegsräthe. Wien, 30. April 1670. St. A.

[3]) Als Halberstädtisches Lehen. Pufendorf XI. §. 46. Stenzel II. 307. Anmerkung.

den. An barem Geld kamen 19.877 fl., an Geschmeide und Geschirr 12.865 fl. ein. Den Prozeßacten liegt ein langes Verzeichniß bei von Getreide- und Weinvorräthen, von goldenen und kristallenen Bechern, von Uhren, Armbändern und Kästchen mit Ringen und mit kostbarem Frauenschmuck. Auch die Bibliothek in Schloß Tattenberg, welche 525 Bände meist juridische und altclassische Werke enthielt, wurde confiscirt. An Waffen wurden nur zwei Pistolen und zwei Carabiner gefunden. Tattenbach's Wittwe führte später gegen den Fiscus einen Prozeß wegen ihres confiscirten Heiratsgutes. Sie wurde mit einer Pension von jährlich 2000 fl. abgefertigt. Tattenbach's einziger Sohn Anton aus der ersten Ehe trat 1677 in das Cistercienserstift Rein in Steiermark ein, legte 1678 die Ordensgelübde ab, wurde 1685 Priester und Pfarrer in St. Bartelme und starb als Propst von Straßengel 1718. Zwei Töchter Tattenbach's lebten noch lange in Graz und starben unverehlicht und unbeachtet von der Welt ab.

Ebenso waren die Güter der Grafen Nádasdy, Zrini und Frangepani confiscirt worden. Frangepani's Güter im Kirchenstaate zog der Papst ein [1]). Für die Wittwe des Frangepani verwendete sich der Cardinal Pallavicini in Wien. Nádasdy war der reichste Edelmann in ganz Ungarn. Die Einkünfte von seinen Gütern wurden auf 189.558 fl. geschätzt. Die meisten Güter wurden an die Zichy und Eszterhazy verkauft. Namentlich kam Pottendorf in Niederösterreich, wo Nádasdy am liebsten gewohnt hatte, an die Eszterhazy und ist noch heute im Besitze dieser Familie. Eine Regierungscommission hatte im Februar 1671 ein Inventar über den Hausrath in Pottendorf, besonders über die Schatzkammer aufgenommen [2]). Darin sind Kästen von Florentiner Arbeit, goldene

---

[1]) Cardinal von Hessen an Lobkowitz, Rom, 16. Mai 1671. R. A.

[2]) Inventar vom 11., 12., 13., 14. Februar 1671. St. A.

und silberne Gefäße von Augsburger Goldschmieden, Frauen=
schmuck mit Diamanten und Perlen, kostbare Teppiche und
neunzig Bilder verzeichnet. Sie wurden alle an das Hofpfen=
nigamt abgeliefert und verkauft. Nádasdy's acht Kinder hatten
den Adel verloren. Die Mädchen wurden von Wiener Damen
aufgenommen. Die Söhne bekamen jeder 10.000 fl., hießen
Herren von Kreutz, von einem Familiengut am Neusiedlersee,
erhielten aber später wieder den Namen des Vaters und
pflanzten die Familie fort. Nádasdy's Schwiegersohn Dras=
covich, von dem einige Briefe aufgefangen waren, hatte schon
am 29. März 1670 die Versicherung seiner Treue eingesendet;
er blieb unbehelligt. Der walachische Bischof wurde abgesetzt.
Von den croatischen Edelleuten, die im Einverständnisse waren,
wurde niemand gestraft.

Ein trauriges Geschick hatte die Gräfin Zrini. Es ist
erzählt worden, daß sie um die Verschwörung wußte, ja Ná=
dasdy bezeichnete sie als die vornehmste Urheberin der Thä=
tigkeit ihres Mannes. Der Stallmeister Lahn erzählte, daß die
Gräfin, als er von der Unterredung mit Tattenbach zurückkehrte
und dessen Theilnahme und Hilfe verhieß, darüber freudig
lachte und „ganz stolz" wurde. Ihr Muth brach jedoch zu=
sammen, als Spankau mit seinen Reitern nach Csakathurn
kam. Die Gräfin hatte nur ihre jüngste Tochter Aurora Ve=
ronika, damals ein Mädchen von sechzehn Jahren, bei sich.
Ihre älteste Tochter, Petronella Juditha war eine Klosterfrau,
die zweite, Helene, an den Fürsten Rákóczy verheiratet und ihr
Sohn war in Wien. Mutter und Tochter wurden in Csaka=
thurn gefangen gehalten und hart und grausam behandelt.
Sie schrieb jammervolle Briefe an den Kaiser und Lobkowitz,
daß sie sich ihrer und ihres Kindes erbarmen möchten [1]).
Dabei fand sie aber doch Gelegenheit durch zwei croatische

---

[1]) Csakathurn aus dem Arrest an den Kaiser, 2. Mai 1670, 30.
Juni an den Kaiser und Lobkowitz. St. A., R. A.

Diener, die man ihr gelassen, mit ihren Freunden zu correspondiren. Die geheimen Räthe in Graz wollten sie nach Carlsstadt oder Warasdin verweisen, der Kaiser befahl jedoch, sie in ein Kloster zu stecken. Da sich die Nonnen in Laibach und Judenburg weigerten, die Gräfin aufzunehmen, wurde sie Ende Juli 1670 zu den Dominicanerinnen nach Graz gebracht. Sie war bereits krank, litt an der Gicht, mußte auf der Reise liegen bleiben, raffte sich wieder auf und wollte nach Wien zu ihrem Mann und Sohn. Der Kaiser befahl, daß sie gut versorgt würde [1]. Ihr Unterhalt sollte aus dem Einkommen der confiscirten Güter bestritten werden; auch ihre Morgengabe sollte man ihr auszahlen. Aber die Kammer in Graz konnte von dem ungarischen Fiscus, der über die Zrini'schen Güter verfügte, nichts erlangen. Die Hofkammerräthe in Graz klagten auch, daß die Gräfin mit nichts zufrieden sei, sich mit ihrer Magd nicht vertrage und immer nach Wien wolle. Später fügte sie sich in ihren Grazer Aufenthalt und bat nur um Entfernung der Wache. Man hatte ihr zwölf Musketiere in das Haus gestellt. Das fanden die Kammerräthe doch zu viel, und setzten die Wache auf sechs Mann herab. Welchen Eindruck der Tod ihres Mannes auf sie gemacht hat, ist nicht aufgezeichnet, aber sie schrieb von 1671 bis 1673 klagvolle, herzzerreißende Briefe an den Kaiser und an den Fürsten Lobkowitz. Sie unterschrieb sich darin: „demüthige Magd und arme Bettlerin, Anna Katharina Gräfin von Serin, geborne Frangepani, arme Wittib" [2]. Auf dem einen Briefe ist angemerkt: „ist weiter nichts darauf expedirt worden". Weil die Gräfin um bessere Kleidung, Nahrung und Bedienung flehte, ließ ihr der Kaiser eine Pension von monatlich 100 fl. an-

---

[1] Leopold I. an die Kammerräthe in Graz, Ebersdorf, 22., 27. October 1670. St. A.

[2] An den Kaiser und Lobkowitz, 2. Jänner 1671, 16. Mai 1673. St. A., R. A.

weisen. Aber sie kam damit für sich und ihren Hausstand von fünf Personen nicht aus, verlangte Pferd und Wagen und besonders freien Kirchgang. Als sich der Kaiser und Lobkowitz darüber von den Kammerräthen berichten ließen, schrieben diese: die Wittwe könne recht gut auskommen, es gebe viele adelige Wittwen, welche nicht die Hälfte haben, sie sei eine Gefangene; bei der böhmischen Rebellion habe sich die Wittwe des Thurn mit 500 fl. begnügen müssen; ihre anderen Verlangen seien mehr aus Fürwitz als aus Andacht und Eifer gestellt.

Wohl grausam war es, daß man ihre Tochter von ihr trennte. Der Kaiser hatte schon 1670, als sie noch in Csakathurn waren, befohlen, das Mädchen wohin zu geben, wo sie etwas lernen könne und in guter Zucht und Tugend auferzogen werde [1]). Die junge Gräfin wurde am 15. Februar 1672 nach Klagenfurt in das Frauenkloster der Ursulinerinnen gebracht. Die Regierung zahlte für sie ein Kostgeld von 350 fl. Die Mutter empfand die Trennung schmerzlich. Sie klagte, daß man ihre Tochter mit keinem Menschen außer ihrem Beichtvater reden lasse; sie wolle nicht Klosterfrau werden; man lasse sie in schlechten zerrissenen Kleidern einhergehen, daß das arme Kind verzweifeln müsse. Die Gräfin Zrini starb in Graz am 16. November 1673 im Kloster der Dominicanerinnen [2]) und wurde auf dem Friedhofe des Klosters begraben. Ihre jüngste Tochter Aurora blieb im Kloster zu Klagenfurt und ist wahrscheinlich dort gestorben. Noch 1676 schrieb sie an den Vicekanzler Würzburger. Der junge Graf Johann Anton Zrini wurde nach dem Tode seines Vaters

---

[1]) Leopold 1. an die geheimen Räthe in Innerösterreich, 22. Juni 1670. St. A.

[2]) Grazer Stadtpfarrbuch. T. VII. 371. Sie war nicht wahnsinnig, wie Mailáth sagt. Ihre letzte Quittung über die 100 fl. monatlich ist vom 4. November 1673.

freigelassen. Der Kaiser wollte ihn unter der Leitung zweier Jesuiten zur Fortsetzung seiner Studien nach Prag schicken, aber Zrini bat um eine Compagnie, er wolle nicht mehr studiren, er habe genug gelernt und sei nach dem Gesetze seines Landes großjährig. Er blieb noch in Wien, bekam die Güter seiner Mutter, focht als kaiserlicher Officier gegen die Franzosen, ließ sich aber später in eine Verbindung mit den Türken ein, wurde auf die Festung Kufstein und zur Zeit des spanischen Erbfolgekrieges auf den Grazer Schloßberg gebracht. Seine Schwester Helene Zrini, vermählt an Franz Rákóczy, hatte das Blut ihres Vaters und ihrer Mutter, und nahm den Haß ihres Geschlechtes gegen das Haus Oesterreich auf. Sie vermählte sich in zweiter Ehe 1681 mit Emerich Tököli, war mit die vornehmste Urheberin des Aufstandes der Ungarn, folgte, als Tököli von den Türken verlassen wurde, ihrem Manne in die Verbannung und starb arm und elend in Kleinasien. Der Sohn des Niclas Zrini, Graf Adam Zrini fiel als kaiserlicher Oberstlieutenant in der Schlacht von Salankemen 1691. Der unglückliche Anton Zrini starb 1703 in der Gefangenschaft auf dem Grazer Schloßberge, der letzte des alten croatischen Geschlechtes der Zrini. —

XIII. Die absolute Regierung in Ungarn.

1672—1679.

Der kurze Kampf mit den Aufständischen in Ungarn, das Gericht und was von der Verschwörung bekannt wurde, erregte in und außer Oesterreich das größte Aufsehen. In Berlin war im April 1671 das Gerücht verbreitet, Zrini sei mit 6000 Mann zu den Türken übergegangen. Der Kurfürst von Mainz, an den sich Zrini schriftlich gewendet hatte, wünschte dem Kaiser Glück, daß der Aufstand gedämpft und die Empörer gerichtet seien; ja er bot für den Fall der Noth militärische Hilfe an [1]. Der venetianische Gesandte verurtheilte die Empörung und pries den Ruhm Leopold's, daß er in Ungarn ohne Waffengewalt den Frieden wieder hergestellt habe [2]. In Frankreich glaubte man, Zrini und Nádasdy seien nach Oberungarn entflohen. Gremonville hatte von dieser Zeit an in Wien einen schwereren Stand als je. Er beschwerte sich bei Hocher über die verleumderischen Gerüchte, die über ihn im Umlauf seien, als ob er gegen die Person des Kaisers etwas unternommen hätte; sein König werde wohl offenbaren,

---

[1] 31. April 1671. St. A.
[2] Senza rispett' à Dio et alla Religione machinorono con li Barbari le rouine, contra la vita stessa dell' Imperator. — Mentre viena tramata la perdita del regno con perfidissima ribellione, Leopoldo lo conserva anzi assoda l'autorità senz' effusione di sangue, con piena sua gloria. Giorgi 1671.

was Nádasdy, Zrini und andere gegen den kaiserlichen Hof angebracht hätten ¹). Auch Wenzel Lobkowitz zog sich damals von Gremonville zurück. Die Spanier und seine Feinde hatten ausgestreut, als wäre er mit Gremonville und den Ungarn im Einverständniß gewesen. Der Kaiser und Lobkowitz vergaßen Gremonville die Zusammenkünfte mit Nádasdy und Zrini niemals.

Die Verwirrung in Ungarn war groß. Justiz und Verwaltung schienen stille zu stehen. Die von der Regierung ausgeschriebene Steuer wurde von einigen Comitaten gar nicht bezahlt, andere beschwerten sich, daß nur der Landtag eine solche Steuer bewilligen könne. Seit dem Tod Wesseleny's 1667 war kein Palatin, sondern im Frühjahr 1670 der Erzbischof Szelepcheny zum Statthalter ernannt worden. Stephan Zichy gab den Posten eines Präsidenten der Kammer auf, und begnügte sich mit der Würde eines Kronhüters. Statt seiner wurde der Bischof Kollonics Kammerpräsident. Lobkowitz schrieb von ihm, daß er von Cameralsachen nichts verstehe, zu sehr zu Neuerungen hinneige und bei dem ungarischen Clerus nicht beliebt sei ²). Die Commission in Preßburg setzte ihre Thätigkeit fort. Der bereits in Leutschau gefangene Edelmann Bonis wurde am 30. April 1671 hingerichtet ³). Alle Edelleute, welche der Verschwörung verdächtig waren, wurden vorgeladen, aber nur wenige kamen. Die meisten flüchteten nach Siebenbürgen und bildeten dort unter dem Schutze Apaffi's ein kleines Corps, welches den Krieg an der Grenze fortführte. Auch die Wittwe Wesseleny war damals nach Preßburg vorgeladen.

---

¹) Hocher an Lobkowitz, 24. Mai 1671. R. A.

²) Weil er ein Geistlicher und der Clerus sich leider heutigen Tages mehr als kein saecularis ad studium lucri befleißet. Lobkowitz war gegen Kollonics. R. A.

³) Leopold an Graf Pötting, 6. Mai 1671. Mailáth a. a. O. IV. 96.

Sie dictirte, wie erzählt, den Verlauf der Verschwörung in die Feder, und wiederholte dann ihre Aussage in Wien. Hocher und Abele waren damit beauftragt, die Wittwe zu vernehmen. Für die Verhandlung mit der Wittwe des Niclas Zrini, welche ihr Witthum forderte, und mit Draskovich, welcher die Ansprüche seiner Frau auf die Güter Nádasdy's vertheidigte, war eine eigene Commission in Wien bestellt [1]. Die Preßburger Untersuchungscommission mußte ihre Berichte an ein besonderes Gericht in Wien einsenden, welches aus dreizehn deutschen Herren und nur aus zwei Ungarn bestand [2].

Die harten Maßregeln der Commission in Preßburg trafen besonders die protestantischen Prediger, weil sie am meisten dazu beigetragen hatten, die Unzufriedenheit zu schüren und das Volk zur Empörung vorzubereiten. Es hatte den Anschein, als sollte in Ungarn eine Gegenreformation ebenso gewaltsam und energisch durchgeführt werden, wie in Böhmen zur Zeit Ferdinand's II. Die Wittwe Rákóczy, geborene Bathory, hatte gleich bei dem Ausbruch der Empörung 1671 die protestantischen Professoren von Patak vertrieben. Jesuiten wurden in protestantischen Orten zur Seelsorge eingeführt. In Preßburg, in Kaschau, Rosenau, Schemnitz, am rechten Donauufer in mehreren Städten wurden den Protestanten die Kirchen und Schulen weggenommen. In Leutschau und Eperies wurde der protestantische Magistrat abgesetzt und ein katholischer eingeführt. Der Kaiser hatte befohlen, die Prädicanten von der sogenannten Murinsel und aus der Festung Legrad abzuschaffen. Die Bewohner sollten reformirt werden. Nur durch die Türken wurden sie gerettet. Der Pascha von Kanissa kam eines Tages

---

[1] Tractationscommission: Fürst Lobkowitz, der Präsident der Hofkammer Graf Sinzendorf, Hocher, Abele und Dr. Selb. R. A.

[2] Graf Rottal, Hocher, der Erzbischof Szelepcheny, der ungarische Hofkanzler, Graf Windischgrätz, Windhag, Herbart, Kapliz, Andlar, Brüning, Selb, Abele, Leopold, Molitor, Krumpach und ein deutscher Secretär als Protocollführer. R. A.

mit hundert Reitern nach Csakathurn und verlangte, daß die Maßregel aufgeschoben würde. Da auch der geheime Rath in Graz die Protestanten in Schutz nahm, so unterblieb die Bekehrung. Namentlich war der Erzbischof Szelepcheny „für die Ausrottung der Ketzerei", wie er selbst sagte, thätig. Dreiunddreißig protestantische Prediger aus den Bergstädten wurden vor die Commission in Preßburg geladen, der Empörung, Religionsstörung, des Landesverrathes beschuldigt, zum Tode verurtheilt, und dann begnadigt unter der Bedingung, daß sie ihr Amt niederlegen, keine Schulen halten und ihre Schuld bekennen. Wer den Revers nicht unterschrieb, mußte das Land verlassen¹). Schuldige und Unschuldige wurden eingekerkert. Man erzählte, der Kaiser habe ein Gelübde gethan, wenn die Empörung glücklich gedämpft würde, alle Protestanten zu vertreiben²). Die Commission in Preßburg scheint dem Wiener Hofe in der kirchlichen Verfolgung doch zu weit gegangen zu sein. Es erfolgte die Weisung, alle weiteren Vorladungen einzustellen, den Prozeß derjenigen, welche des Hochverrathes beschuldigt waren, zu beschleunigen und niemand mehr wegen der Religion zu verfolgen. Die Prädicanten sollten nicht mehr wegen ihres Glaubens, sondern wegen Landesverrath arretirt werden³).

Die allgemeine Unzufriedenheit, welche in Ungarn herrschte, veranlaßte die Flüchtigen in Siebenbürgen, einen Einfall in Oberungarn zu wagen. Sie hatten von dem Fürsten Apaffi und dem Großvezier eine Unterstützung begehrt, aber von beiden nur zweifelhafte Versprechungen erhalten. Die Führer Petrozzi, Kende, Szepesi, Sznhai, die alle in die Verschwö-

---

¹) Mailáth, Geschichte der Magyaren, III. 326.
²) Helbig: E. Pufendorf's Bericht, 50.
³) Da man zur Zeit die commission in Rebellionem und nicht in religionis causa instruirt hat. Monita, worauf die Commission in Preßburg zu bescheiden. R. A.

rung von 1667 bis 1670 eingeweiht waren, zogen noch mehr Volk an sich, schlugen mit etwa 15.000 Mann den General Spankau, und belagerten Kaschau und Eperies. Der Aufstand dauerte jedoch nicht lange. Die Oesterreicher, durch neue Zuzüge verstärkt, schlugen die Insurgenten bei Eperies derart, daß sie in Oberungarn nichts mehr unternehmen konnten. Sie flohen auf türkisches Gebiet und stellten sich unter türkischen Schutz. So lange der Großvezier Achmet Köprili lebte, konnten die Ungarn auf keine energische Unterstützung von Seite der Türken hoffen. Der Großvezier mochte keinen Krieg gegen Oesterreich, haßte die Revolution und hatte die Führer schon mehrmals abgewiesen.

Alles das verstärkte nur die Absicht der Wiener Regierung, die Ungarn zu Paaren zu treiben, und dem Treiben des widerspänstigen Adels ein Ende zu machen. Wie Ferdinand II. die böhmischen Stände der absoluten Gewalt der Krone unterworfen hatte, so sollten nun in Ungarn die autonomen Gewalten gebunden, die Macht des Adels durchbrochen, und eine absolute Regierung eingeführt, oder wie man sich ausdrückte, „Ungarn auf den Fuß der übrigen Erbländer gebracht werden". Der Kaiser hatte schon 1670 geschrieben: „Ich will mich der Gelegenheit bedienen, und in Ungarn die Sachen anders einrichten." Dann 1671: „Die Ungarn sind jetzt ziemlich ruhig und ich hoffe bald alles in ganz anderen Stand zu bringen"[1]. Man darf Wenzel Lobkowitz als den Urheber dieser Entschließungen ansehen[2]. Wie sein Vater Zdenko war er ein Anhänger der modernen Staatsform, welche die einheitliche oberste Macht der Krone über die feudalen Kräfte der Aristokratie stellte. Sein Gedanke war die Einheit Oesterreichs, die absolute Macht der Krone und die Herstellung einer festen Macht in Ungarn.

---

[1] 22. Mai 1670, 6. Mai 1671 an Graf Pötting. Mailáth IV. 96, 97.
[2] Die darauf bezüglichen Actenstücke finden sich im R. A.

Wenzel Lobkowitz erhielt am 30. März 1672 ein Billet des Kaisers mit dem Auftrage, „in höchster Enge und geheim" eine Conferenz zu berufen, welche darüber berathen sollte: ob in Ungarn ein neues Gouvernement einzuführen sei, ob ein Gouverneur an die Spitze zu stellen und ihm ein Rath beizugeben sei; ob und welche Männer dazu berufen würden; welche Gewalt das Gouvernement haben, und ob sich seine Thätigkeit auf die politische, militärische, financielle und judicielle Verwaltung erstrecken soll, wie es mit dem Amt des Palatins, des Obersthofrichters, des Personals und des Banus zu halten sei; was mit der königlichen Tafel geschehen soll; wie die Justiz in Ungarn zu bestellen, wie das Tripartitum und andere Gesetze des Königreiches Ungarn zu ändern seien. Als Motiv hatte der Kaiser angeführt, daß sein Amt und seine Pflicht, sowie die allgemeine Wohlfahrt und Sicherheit es erheischen, die ungarischen Angelegenheiten bald in eine dauernde Ordnung zu bringen [1]). Lobkowitz berief, wie es der Kaiser gewünscht hatte, nur wenig Conferenzräthe, damit die erste Grundlage geheim gehalten und keine Rücksicht auf den Wirkungskreis der Behörden genommen würde. Die Auserkorenen waren: der Oberstkanzler von Böhmen, Graf Hanns Hartwig von Nostitz, der Hofkanzler Hocher, der Hofkriegsrath Johann von Gräffenburg und der Secretär Christoph von Abele. Die Conferenz gab das Gutachten ab: ein neues Gubernium in Ungarn sei nothwendig und unvermeidlich; an der Spitze soll ein Gouverneur stehen; er soll einen Rath von eilf Personen, Deutschen und Ungarn zur Seite haben; um alle Verwirrung zu vermeiden, soll diesem Rath die gesammte Verwaltung in allen kirchlichen, politischen, militärischen, financiellen und judiciellen Dingen anvertraut werden; das Palatinat wird suspendirt, die anderen

---

[1]) Billet und Vorlagen im K. A.

Reichsämter bleiben wie sie sind, bis „das Werk sich consolidirt hat"; die k. Tafel und die andern Gerichtshöfe sollen fortbestehen, aber die Mißbräuche sind abzuschaffen; wenn das neue Gubernium eingerichtet ist, sind dann tauglich Personen abzusenden, welche die Verwaltung weiter regeln sollten.

Es war jedoch nicht allein auf eine Reform der Verwaltung, sondern vielmehr auf eine durchgreifende Veränderung der Verfassung abgesehen. Die mächtigen Stände Ungarns sollten zu berathenden Ständen herabgedrückt, das Recht der Gesetzgebung an die Krone gezogen, kurz in Ungarn eine absolute Herrschaft aufgerichtet werden. Wie Philipp II. in den niederländischen Angelegenheiten, so berief Leopold I. eine Commission von Theologen, welcher die Frage vorgelegt wurde, ob der Kaiser verpflichtet sei, die Freiheiten Ungarns zu beobachten, oder ob die Ungarn als Nation sich empört und deßwegen alle Rechte und Freiheiten verwirkt haben [1]). Die Commission bestand aus drei Jesuiten, einem Franciscaner, einem Capuciner, einem Dominicaner und einem Weltgeistlichen. Sie entschieden, nachdem ihnen der Hofkanzler Hocher den Verlauf der Empörung vorgelesen hatte, einstimmig für die Verwirkung. Den rechtlichen und politischen Standpunkt sollte eine Conferenz erörtern. Dazu wurden dieselben Männer berufen, welche für die Einführung eines Gouvernements in Ungarn gestimmt hatten: Nostitz, Hocher, Gräffenburg und Abele. Lobkowitz war im April und Mai 1672 krank, und konnte den Sitzungen nicht beiwohnen, gab aber sein Gutachten schriftlich ab. Die Conferenz sollte darüber berathschlagen, „nachdem die ungarischen Stände ungeachtet der gegen Se. Majestät gerichteten Empörung sich immer auf ihre Freiheiten berufen und keinen Gehorsam bezeigen": ob es rechtlich be=

---

[1]) An Hungaria rebellaverit in forma universitatis. Vorlage an die Conferenz. R. A.

gründet sei, daß die Ungarn sich als Nation empört und das Verbrechen des Hochverrathes begangen haben, und was mit ihren Privilegien geschehen soll, ob es politisch räthlich sei, darüber eine offene Erklärung zu erlassen, wie dieselbe einzurichten sei, ob sie mit den Waffen aufrecht erhalten werden könne, ob von Seite der Finanzverwaltung etwas dagegen zu erinnern sei, wie das Ansuchen der Gespannschaften beantwortet und wie die ausgeschriebene Steuer eingebracht werden könne. Nachdem die Conferenz noch den Bericht Hocher's und der sieben Theologen vernommen hatte, stimmte sie dafür, daß die Ungarn politisch und rechtlich ihre Freiheiten verwirkt hätten; eine öffentliche Erklärung sei noch aufzuschieben, obwohl Se. Majestät sie militärisch behaupten könne; die Einhebung der Steuer soll ohne Verzug fortgesetzt werden.

Fürst Lobkowitz berichtete schriftlich über die Beschlüsse der Conferenz an den Kaiser und fügte hinzu: „in Anbetracht der Thatsache der Empörung, wie sie von Hocher dargestellt wurde, in Anbetracht des Gutachtens der Theologen, in Anbetracht, daß der größere Theil der Ungarn sich an der Empörung betheiligt hat und diese ihren Widerstand noch immer fortsetzen, ist es vollkommen gerechtfertigt, die Privilegien der Ungarn als verwirkt anzusehen. Die Zustimmung der Theologen befriedigt das Gewissen, die Rechtsfrage ist durch den Hofkanzler erledigt und kann zur Rechtfertigung vor der Welt und der Nachkommenschaft dienen. Von politischer, finanzieller und militärischer Seite ist dagegen nichts einzuwenden. Der Vollzug kann dem Chef des Militärwesens anvertraut werden; unter seiner Führung ist auch der letzte Türkenkrieg gut ausgegangen. Wenn die offene Erklärung ohne Gefahr erlassen werden kann, so hat sie gleich zu geschehen. Nur dadurch kann das Erbrecht des Hauses Oesterreich und das Recht der obersten Gewalt in Ungarn eingeführt werden. Die Majorität der Conferenz ist aber dafür, in das Patent nur allgemeine Ausdrücke aufzunehmen und alle weiteren Erklä-

rungen noch zu verschieben, damit nicht etwa in Ungarn eine
größere Bewegung und hier zu Lande Furcht und Be-
stürzung erregt würde. Ueber das Wie und Wann habe sich
die Conferenz nicht ausgesprochen. Wegen der Frage der Steuer-
einhebung ist dahin zu wirken, daß die Ungarn nichts dagegen
unternehmen und die Ausführung nicht mit gewaffneter Hand
hintertreiben könnten. Wenn also das Werk „theologisch, rechtlich und militärisch" vollzogen werden kann, so sollte man
keine weiteren Bedenken erheben, und sich nicht durch Klei-
nigkeiten von der Ausführung des Hauptwerkes abhalten
lassen" [1]).

Die Gutachten der Conferenz und des ersten Ministers
scheinen den Kaiser nicht vollständig überzeugt zu haben. Es
kam ein neuer Befehl, noch mehrere Theologen aus verschiedenen Orten über die betreffenden Punkte zu befragen und
zugleich die Rechtsfrage und besonders den Punkt, ob sich der
größere Theil der Ungarn und ihrer Führer an der Empörung
betheiligt habe, ausführlicher zu erläutern. Die Militärrepar-
tition soll aber möglichst schnell durchgeführt werden und der
Präsident des Hofkriegsrathes angeben, wie man jeder Gefahr
militärisch vorbeugen könne. Ende April 1672 mahnte Fürst
Lobkowitz den Hofkanzler, daß die Einführung der neuen Regierung in Ungarn befördert werde; die Conferenz soll sich
deßwegen wieder versammeln und auf Befehl des Kaisers sich
auch mit P. Emerich besprechen. Lobkowitz und Nostitz ließen
sich damals die Schriften herausheben, welche auf die Regierung in Böhmen nach der Schlacht am weißen Berge Bezug
hatten: das Patent, welches den Fürsten Liechtenstein zum
Statthalter ernannte, die Instruction für denselben, die Errichtung der Statthalterei und einen Erlaß Ferdinand's II.
an den Fürsten Liechtenstein über den Umfang seiner Gewalt

---

[1]) Gutachten des Fürsten Lobkowitz. R. A.

und über die Beendigung der Strafprocesse. Diese Schriften dienten auch der Conferenz und Fürst Lobkowitz für ihre Rathschläge an den Kaiser zur Richtschnur.

Die Conferenz berieth in ihrer ersten Sitzung nach einer Vorlage des Fürsten Lobkowitz die Amtsgewalt des ungarischen Gouverneurs und die Instruction für denselben [1]): 1. Was die Religion betrifft, so ist der Paragraph wegen allgemeiner Einführung der katholischen Religion und Ausrottung der Ketzerei wegzulassen. Die Instruction geht durch die ungarische Hofkanzlei, wird von dem Hofkanzler unterschrieben und gewiß nicht geheim bleiben. Der Punkt kann eine große Verwirrung und bei den Akatholiken die größte Erbitterung hervorrufen. Der Kaiser hat sich auch noch nicht entschieden, ob er bei dem den Ungarn verliehenen Diplom bleiben will oder nicht; darüber ist von der Conferenz kein Gutachten verlangt worden. In der Instruction soll nur im Allgemeinen von der Religion gesprochen werden; in der Wirklichkeit kann schon mehr vorgenommen werden. Alle Schmähungen auf die Ketzer sind auszulassen. Der erste Punkt ist so einzurichten, daß sich die Katholiken darüber freuen und die Protestanten nicht beklagen könnten. 2. Was das Politische betrifft. Die Aufsicht wegen verbotener Zusammenkünfte hat bisher vor den Kriegsrath gehört. Weil aber in Ungarn jene, welche diese Zusammenkünfte verhüten sollten, sie zumeist befördert und gestattet haben, so soll die Verhütung und Abstellung der Conventikel, sowie der verdächtigen Correspondenz mit Siebenbürgen dem neuen Gouverneur übertragen werden. Er hat in dieser Beziehung durch die Vicegespanne zu wirken. Das Militär hat in dieser Sache an das Gouvernement zu berichten und nöthigenfalls Assistenz zu leisten. 3. Die Justiz. In diesem Punkte ist zumeist Gottes

---

[1]) 30. April 1672 bei Graf Nostitz. R. A. Die Vorlage des Fürsten Lobkowitz fehlt.

Ehre und das Glück und der Segen des Königreiches Ungarn gelegen, denn es ist bekannt, daß die Justiz in Ungarn schlecht oder gar nicht geübt wird. Die Ursache liegt darin, daß die königliche Tafel nicht vollständig besetzt ist oder gar nicht gehalten wird, daß jährlich zweimal in Kaschau und Eperies für Oberungarn, und in Preßburg für Niederungarn ein Appellations- und Revisionsgericht gehalten werden soll, was aber nicht geschieht. Die ungarische Kammer hindert die Thätigkeit des Fiscus. Das neue Gouvernement soll nur die Justiz üben in Fällen des Hoch- und Landesverrathes und in der Bestellung von Tutelen und Curatelen, welche früher nach dem Tripartitum dem Palatin und König zugehörte. Diese Bestellung soll der neuen Regierung übertragen werden, weil dadurch die Pupillen taugliche Vormünder erhalten und weil dadurch akatholische Pupillen wohlerzogen und unmerklich zum katholischen Glauben gebracht werden. Der Paragraph in der Vorlage des Fürsten Lobkowitz wegen der Aufhebung des Palatinats und der Statthalterei, sowie der Punkt, daß die Appellations- und Revisionssachen nach Hofe gezogen werden sollen, sind stillschweigend zu übergehen. Die Ungarn werden die Hoffnung auf die Wiederherstellung des Palatinats bald aufgeben, wenn sie sehen, daß dessen Gewalt und Thätigkeit dem Gouvernement übergeben wurde. Auch sind darüber noch besondere Verordnungen zu erlassen. Die Conferenz mahnt aber Se. Majestät insbesonders, die Justizverwaltung bald einzurichten, denn an der Bestellung der Justiz ist alles gelegen. 4. Militärisches. An diesem Punkt hängt Ew. Majestät Hoheit, der Wohlstand des Dienstes und die allgemeine Wohlfahrt des Reiches. Die Soldaten und armen Unterthanen klagen. Die Soldaten: daß sie keinen Sold, keine Lebensmittel, nur schlechte Quartiere bekommen und in Noth und Armuth stecken. Die armen Unterthanen: daß die Soldaten alles wegnehmen, daß die Repartition sie zu viel beschwere und sie an Leib und Gut bedrängt würden. Ew. Majestät sind bei Gelegenheit der Einführung des neuen Guberniums schuldig, einen Befehl zu erlassen, daß die Soldaten das Ihrige erlangen und die Unterthanen in Ruhe bleiben. Künftig soll die Repartition, die Verpflegung und Bequartierung der Soldaten, die Aufsicht über die richtige Bezahlung der Soldaten und die Bestrafung der Excesse von dem Gubernium geschehen, wie dies in anderen österreichischen Erbländern der Fall ist. Die Landesregierung kann viel besser als eine eigene Stelle bei Hofe dafür sorgen, daß die armen Unterthanen mehr gesichert und nicht so hart behandelt würden. Besonders soll man auf eine richtige Bezahlung der Soldaten dringen, denn bisher wird dem gemeinen Soldaten wenig von dem zu Theil, was ihm gebührt; viel wird von dem Officier abgezogen. Die Compagnien sind auch nur auf dem Papiere vollzählig. Es bedarf dies keiner weiteren Ausführung. Es ist Volkes Stimme, daher auch Gottes Stimme. Die Bezahlung soll vom Gubernium geschehen und zwar durch einen treuen Rath oder einen Beamten der ungarischen Hofkammer. Das Verhältniß in Böhmen ist hier nicht anwendbar, denn dort hat das Gubernium wenig mit Militärsachen zu thun; in Böhmen ist auch kein Militär an den Grenzen. In Ungarn hat in dieser Beziehung der Palatin die größte Gewalt gehabt, diese soll jetzt dem Gubernium zufallen. In den Wirkungskreis des Hofkriegsrathes wird dadurch nicht eingegriffen. Nur soll der Recurs an den Kriegsrath offen stehen. 5. Die Cameralien. Dieser Punkt ist vortrefflich aufgesetzt und kann gelassen werden. Nur ist etwas beizufügen über die fleißige und getreue Verwaltung der confiscirten Güter. Se. Majestät hat erst den 9. Februar 1672 dem Präsidenten der ungarischen Kammer, Graf Kollonics und den anderen Räthen eine neue Instruction gegeben. Eine Abschrift davon ist dem Gubernium mitzutheilen und dieses hat dafür zu sorgen, daß diese Instruction von der ungarischen Kammer befolgt werde. 6. Ueber das Gubernium selbst. Nach dem Vorschlag des Fürsten Lobkowitz soll dasselbe eine collegiale Behörde werden, der Präsident ein Deutscher oder der Primas des Reiches und zwar mit dem Rang eines Fürsten sein. Das Gubernium würde aus eilf Personen bestehen: dem Präsidenten, vier ungarischen, vier deutschen Räthen und zwei Secretären [1]). Zu den ungarischen Räthen sollen gehören der Primas, der Judex Curiä, der Personal und der Kammerpräsident, zu den deutschen ein Militär, ein Cameralist und zwei Rechtsgelehrte. In der Vorlage waren zugleich Bemerkungen über den Eid und die Besoldung der Beamten und über die Geschäftsbehandlung niedergelegt. Die Conferenz fand nichts zu ändern. Nur sei der Punkt, daß der Präsident den Stand und Rang eines Fürsten haben soll, auszulassen. Se. Majestät habe auch Grafen und Herren zur Seite und vielleicht nicht immer eine geeignete Persönlichkeit im Fürstenstande. Die Geschäftsstücke sollen mit dem neuen königlichen Siegel versehen und vom Präsidenten und dem expedirenden Secretär unterschrieben werden. Nur die Vorlagen für Se. Majestät sind allein vom Präsidenten zu unterschreiben.

In einer zweiten Sitzung gab die Conferenz ihr Gutachten über die Besetzung der Stelle des ungarischen Gouverneurs und über die Räthe ab [2]). Sie bemerkte, wie diese Berathung ganz besonders schwierig sei, „denn das Glück und Unglück des Landesfürsten hänge von der guten oder schlechten Wahl seiner Bediensteten ab." Für die Stelle eines Gouverneurs sind ein Nationaler, der Erzbischof von Gran, und ein Fremder, der Großmeister des deutschen Ordens in Vorschlag gekommen. Für den Erzbischof sprechen die Gründe, daß er Primas des Reiches, seit zwei Jahren Statthalter ist, daß er stets getreu verblieben und bei der letzten Empörung guten Rath gegeben und viel gute Dienste geleistet hat. Er war auch lange Jahre ungarischer Hofkanzler und ist in den Geschäften sehr erfahren. Es

---

[1]) Für das Hilfspersonale ein Registrator, ein Expeditor, ein Concipist, ein Protocollist.
[2]) 4. Mai 1672 bei Graf Nostitz. R. A.

ist schwer ihn zu übergehen, ihm einen Fremden vorzuziehen oder zur Seite zu setzen. Wenn man ihm sein Statthalteramt nimmt, wird er disgustirt und entfremdet werden; bei den gegenwärtigen Verhältnissen in Ungarn, wo die Wunden noch frisch sind und die Glut noch glimmt, ist dies nicht gleichgiltig. Ein Ausweg wäre der, den Erzbischof zu nehmen und ihm einen Deutschen mit einer solchen Amtsgewalt zur Seite zu geben, daß dieser eigentlich den Erzbischof, das Collegium und das Königreich regiere; er müßte dann nach dem Tod des Erzbischofs im Amte nachfolgen. Für diesen Fall wird der Erzbischof alles thun. Die Ungarn würden nicht ganz alle Hoffnung aufgeben, wenn sie sehen, daß zu der ersten Stelle im Reiche doch ein geborner Ungar berufen werde. Die Erfahrung zeige auch, wie schwer man in ungarischen Angelegenheiten ohne Rath und Unterstützung der Ungarn vorwärts komme. Gegen die Ernennung des Erzbischofs ist einzuwenden: weil nach dem Willen Ew. Majestät die Statthalterei und das Palatinat aufhören sollen¹), so ist es am besten, das Gubernium nach der böhmischen Form einzurichten, einen Deutschen zum Haupt zu nehmen und zwar sogleich, so lange noch kein Türkenkrieg droht, und die Ungarn noch in Furcht und Schrecken sind. Wird der Erzbischof ernannt, so werden die Ungarn nach seinem Tode einen Nachfolger aus ihrer Nation verlangen. Der Erzbischof ist alt, sehr der Geldgier ergeben, also durch eine Gnade leicht auf Seite Sr. Majestät zu erhalten. Die geleistete Treue ist er zu leisten schuldig gewesen. Man hat noch an Böhmen ein frisches Beispiel. Dort sind zur Zeit der Rebellion auch viele Vornehme, wie Lobkowitz, Slavata, Martinitz, Sternberg und andere treu geblieben und doch habe Ferdinand II. für gut gefunden, die Landesordnung zu verändern, und zum Statthalter nicht einen getreuen Böh-

---

¹) „Und was dergleichen mehr schädliche alte hungarische Sachen bisher gewesen."

men, sondern einen Fremden aus Mähren, den Carl von Liechtenstein, zu nehmen; die Getreuen sind auf andere Weise belohnt worden. Solches kann auch mit dem Erzbischof geschehen. Es ist nur um einige Jahre zu thun. Er und die anderen, welche sich wider das einzuführende Gubernium beschweren, werden sterben, die Nation wird inzwischen das Gubernium gewöhnen und das nachwachsende Geschlecht alles Vergangene vergessen. Die Conferenz erachtet also, daß Ew. Majestät diesmal keinen Nationalen, nicht den Erzbischof, sondern einen Deutschen zum Präsidenten erwählen. Dafür ist der Deutschmeister Johann Caspar von Ampringer der tauglichste und beste Mann. Seine Treue und Ergebenheit für Ew. Majestät sind bekannt. Er ist durch seinen Orden in Mähren und Schlesien angesessen, daher Ew. Majestät mit der Pflicht eines Landsassen verbunden. Er hat von Jugend auf vom Hause Oesterreich große Gnaden empfangen, indem er bei Hofe auferzogen wurde, studirt hat und nach und nach zu den Aemtern, Ehren und Würden gekommen ist. Ew. Majestät können sich auf seinen Gehorsam, auf seine Treue und Ergebenheit wohl verlassen. Man kann einwenden, daß, wenn ein Minister oder ein anderer Landsasse Gouverneur wird, Ew. Majestät mit ihm besser schaffen könne und keine solche Rücksicht zu beobachten brauche, als bei einem Reichsfürsten geistlichen Standes. Die Erfahrung hat bei dem verstorbenen Cardinal von Thun gezeigt, wie schwer mit solchen Reichsfürsten fortzukommen ist. Ampringer wird als Reichsfürst mehr als ein Privater kosten, während die Ausgaben so viel als möglich eingeschränkt werden sollen, um auch Geld für andere Zwecke zu haben. Er ist auf der geistlichen Bank der vierte, daher von großer Autorität, wird daher einen Hofstaat führen und halten wollen. Er hat schon einige von den in Ungarn confiscirten Gütern für seinen Orden begehrt und wird noch größere Ansprüche machen. Als Gouverneur wären ihm solche Verlangen schwer abzuschlagen. Er wird, wenn er von Preßburg nach Wien kommt, um Ew. Majestät über die Zustände des Landes und die Regierung zu berichten, einen seinem Stand entsprechenden Posten und namentlich die geheime Rathswürde ansprechen, was sehr zu bedenken. Er ist hinfällig, Krankheiten unterworfen und wird nicht lange leben. Wenn auch die erste Präsidentschaft in Ungarn nicht lange dauern soll, so ist doch zu wünschen, daß Ew. Majestät sich ihrer länger bedienen könnten. Es dürfte aber schwer sein, einen anderen zum Amt zu bringen. Der Erzbischof wird keinem anderen als dem Deutschmeister, welcher ihm im geistlichen Stand ohnehin vorgeht, weichen. Die Conferenz räth, man möge dem Deutschmeister durch eine vertraute Person schreiben und ihn fragen lassen, ob ihm der Vorschlag angenehm sei, welche Bedingungen er mache und daß er dafür keine besonderen Hindernisse finden werde. Habe er angenommen, kann man ihm einige Güter in Ungarn für seinen Orden und einige Hofwürden geben, aber in andere beschwerliche Bedingungen soll man sich nicht einlassen. Ueber den Gehalt will sich die Conferenz nicht aussprechen. Dem Vernehmen nach hat bereits jemand im Auftrage Ew. Majestät an den Deutschmeister geschrieben und mit ihm über die Einzelnheiten verhandelt. Hoffentlich wird man zu einem Abschlusse kommen. Ew. Majestät haben ohnehin erklärt, daß das Einkommen des Palatins für das neue Gubernium verwendet werde und das sei hinreichend. — Die Conferenz ist einverstanden, daß als die vier ersten Räthe des Guberniums der Primas, der Judex Curiä, der Kammerpräsident und der k. Personal berufen werden. Dabei ist zu erinnern, daß diese ihren Amtssitz nicht in Preßburg zu haben brauchen, weil ihre Amtspflicht sie bald da bald dorthin ruft. Dadurch wird es geschehen, daß die übrigen in Preßburg anwesenden Räthe, also die Deutschen, eigentlich die Geschäfte führen. Für die militärische Stelle wäre der Feldmarschalllieutenant Heister der beste und tauglichste Mann. Er ist ein alter, erfahrener Soldat und kennt durch seine Thätigkeit bei der Schätzungscommission die ungarischen Verhältnisse. Aber man muß gegen Heister bemerken, daß er ein Regiment hat. Es widerstreite dem alten Brauch und der Instruction, einem solchen Manne eine Kriegsrathsstelle zu geben. Die Abstellung der Soldatenexcesse, die Einführung einer guten Disciplin und eine Sparsamkeit in Militärsachen wäre da nicht zu erwarten, denn es bestellt nicht gerne jemand in einem fremden Hause etwas ab, was in dem seinigen geübt wird. Wenn Ew. Majestät diese Militärexcesse abschaffen und eine gute militärische ökonomische Verwaltung einführen wollen, so ist ein militärischer Rath ohne Regiment zu nehmen. Heister wird die in Ungarn gemachte Repartition als seine Schöpfung aufrecht erhalten wollen. Er ist ferner Feldmarschalllieutenant und für einen äußern Krieg nothwendig. Ew. Majestät mögen deßwegen einen anderen als Kriegsrath bei dem ungarischen Gubernium ernennen. Für die Kammerrathsstelle schlägt die Conferenz den Grafen Otto Gottlieb Volkra zu. Er ist ein Deutscher, wirklicher Hofkammerrath, in Niederösterreich angesessen, verständig, ehrlich, eifrig im Amt, in den besten Jahren, und hat bereits in Ungarn gute Dienste geleistet. Bischof Kollonics hat ihn zum Vicepräsidenten der ungarischen Kammer verlangt; wenn er die Stelle annimmt, soll er in Kaschau seinen Amtssitz haben. Als zwei rechtsgelehrte Räthe schlägt die Conferenz vor: die niederösterreichischen Regimentsräthe Dr. Sala, Dr. Erhardt und nebenbei Dr. Hofmann. Sala wird die Stelle nicht annehmen, weil er in Wien Häuser und Gärten besitzt und Regimentskanzler werden will. Die beiden anderen sind nicht angesessen, studirte practische Juristen, ehrbar im Leben, waren bereits bei der Commission in Preßburg und ziemlich beliebt. Für das übrige Personale wird man Individuen genug finden. Weil es nothwendig ist, daß die ungarische Hofkanzlei anders eingerichtet wäre, so ist darauf zu sehen, daß sie nicht allein den Beschlüssen des neuen Guberniums secundirt, sondern dasselbe auch in der Ausführung unterstütze¹).

Graf Nostitz übergab das Gutachten am 25. Mai dem Kaiser in Laxenburg und dieser schickte dasselbe sogleich dem Fürsten Lobkowitz mit dem Auftrage, dasselbe durchzusehen und seine Meinung darüber auszusprechen²). Bald nachher gingen die zwei Kanzler Nostitz und Hocher zu dem Erzbischof Szelepcheny, um ihm im Namen des Fürsten Lobkowitz anzuzeigen, daß der Kaiser die Regierung in Ungarn ändere und den Hochmeister des deutschen Ordens als Gouverneur an die Spitze stellen wolle. Sie wollten seine Meinung hören und besonders, ob diese Veränderung seine Rechte als Erzbischof nicht verletze. Szelepcheny antwortete: die Nachricht sei ihm nicht neu, er habe davon bereits von deutschen und ungarischen Herren gehört, weil aber Fürst Lobkowitz durch die Herren sich an ihn wende, so wolle er ein schriftliches Gutachten abgeben. Darin sagt der Erzbischof: was seine Person betrifft erscheine er von dem Posten, den er in Preßburg zur Ausrottung der Ketzerei inne gehabt, wie abgesetzt. Das kaiserliche Haus habe die Gewohnheit, keinen seiner getreuen Diener zu degradiren. Viel weniger sollte dies bei Ministern und anderen öffentlichen Personen stattfinden. Von seinen Vorgängern waren mehrere Statthalter: Zalkan, Bardai, Olah, Berantius, Forgács, Bornemissza, aber keiner sei degradirt worden, ja Bardai wurde, obwohl er früher zu Zapolya gehalten, von Ferdinand I. als Statthalter eingesetzt. Er sei der erste, der so behandelt werde und das nach vierunddreißig Jahren, in denen er immer treu gewesen. Was das Staatswesen anbelangt, so müsse er an mehrere Punkte erinnern. Die neue Regierung könne unmöglich eingeführt werden, wenn nicht früher alle

---

¹) Das Gutachten ist datirt vom 21. Mai 1672, Laxenburg. R. A. Die Conferenz scheint dasselbe noch in einer Sitzung berathen zu haben.
²) Leopold I. an Lobkowitz, Laxenburg, 26. Mai 1672. R. A.

Gesetze und Freiheiten Ungarns aufgehoben würden. Die Reichsgesetze seien durch die Ereignisse der letzten Jahre nicht verwirkt. Wenn auch einige Ungarn gegen Se. Majestät gesündigt haben, die anderen haben die Treue bewahrt. Die Stände haben dem Könige den Huldigungseid nur unter der Bedingung geleistet, daß auch der König dem Gesetze gehorche. Eine solche Veränderung des Staatswesens könne ohne Zustimmung der Stände nicht geschehen, und sei auch nie geschehen, außer im Falle der Minderjährigkeit des Königs. Jeder solcher Versuch hat einen traurigen Ausgang genommen. Man erinnere sich an Andreas II., Ladislaus IV., Johann Zapolya und Rudolph II. Alles das habe er aus dem Munde von Patrioten. Er habe sein Amt nicht angestrebt, aber bereitwillig übernommen und nichts als Mühe, Arbeit und Haß davon gehabt. Auch den Ban Niclas Erdödy, der Sr. Majestät immer treu gewesen, und viele andere Ungarn und Croaten schmerze es, wenn sie für minder treu gehalten würden. Er selbst, der immer bereit war, sein Leben für Se. Majestät zu geben, sei schmerzlich berührt, wenn er so dem Spotte fremder Nationen preisgegeben wird. Seine Meinung sei, man solle sanft, versöhnlich verfahren und den Rath der vornehmsten Stände hören. Er sollte noch vieles andere berühren, aber es widere ihn an, darüber zu sprechen [1]).

Man war in Wien auf einen solchen scharfen Protest des Erzbischofes gefaßt, ließ sich aber dadurch nicht irre machen. Was die österreichischen Commissäre aus Ungarn über die allgemeine Unzufriedenheit und den Widerstand der Comitate berichteten, war nicht geeignet, das Vertrauen in die alten Formen des Reiches aufleben zu lassen. Einige schlugen vor, „zur Beruhigung und Versicherung dieses Königreiches" die

---

[1]) Original lateinisch. R. A. Lautet anders als der von Feßler und Mailáth angeführte Protest.

ganze autonome Gewalt des Adels und der Comitate abzuschaffen. Graf Volkra empfahl in einem Briefe an Lobkowitz die Abschaffung der Prädicanten, eine neue Vertheilung der Steuer nach Häusern, die Trennung der politischen Gewalt von den Gespannschaften, die gesetzliche Beschränkung und Bestimmung der Robot, der Geld- und Naturalleistungen, die Errichtung eines Justiz- und Kriegsrathes neben der Kammer in Kaschau, die Einführung der Verzehrungssteuer, die Herstellung der festen Plätze und die Besetzung derselben mit österreichischen Truppen [1]).

Inzwischen vergingen noch Monate, ehe die neue Regierung eingeführt wurde. Das Patent vom 4. März 1673 gab den Ungarn die Einsetzung eines Gouverneurs und die Errichtung eines Gouvernements kund. Die Grundgesetze des Landes, die alten Rechte und Freiheiten waren darin mit keiner Silbe erwähnt. Der Kaiser hatte sich auch ungeachtet der Meinung der Theologen und des geheimen Rathes nicht bestimmt ausgesprochen. Die obersten Leiter der Regierung, wie Lobkowitz und Hocher, zogen es vor, nicht einen förmlichen Staatsstreich durchzuführen, sondern den alten Bau der ungarischen Verfassung allmälig zu durchbrechen. Die neue Regierung in Ungarn sollte dieselbe Stellung einnehmen wie der geheime Rath für Innerösterreich oder die Statthalterei in Böhmen, sie sollte alle Geschäfte centralisiren, dem Adel und den Reichsämtern die Gewalt aus der Hand nehmen, und als ein vom Hofe abhängiges Organ die Einführung einer absolutistischen, bureaukratischen Verwaltung vorbereiten.

Die Einführung des Gouverneurs geschah auf eine besonders feierliche Weise [2]). Die Bischöfe des Landes, die vor-

---

[1]) Volkra an Lobkowitz, Kaschau, 27. December 1672. R. A.

[2]) Die Einzelnheiten waren in Wien von Lobkowitz, Hocher und Abele festgesetzt. Puncta deliberata et resoluta ante, in et post installationem Gubernii Hungarici. Original. R. A.

nehmsten Magnaten, die Abgeordneten der Comitate und Frei=
städte waren dazu berufen, so: die Erzbischöfe Szelepchenny
und Szechenyi, der Bischof von Neutra Thomas Palffy, die
Bischöfe von Fünfkirchen und Csanad, die Grafen Adam For=
gács, Niclas Palffy, Niclas Drascovich, Georg Illeshazy,
Christoph Batthiany, Georg Erdödy, Johann Anton Palffy,
Peter Szécsi, der Personal Maitheny, der ungarische Hof=
kanzler, der Kammerpräsident u. a. Fürst Lobkowitz kam selbst
als k. Bevollmächtigter mit einem großen Gefolge nach Preß=
burg. Am 8. März 1673 legte der Hoch= und Deutschmeister,
Johann Caspar Ampringer „als Gubernator des Königreiches
Ungarn und seiner Nebenländer" den Eid ab [1]), und wurde
am 13. März in Gegenwart aller Notabeln in sein Amt
installirt.

Ampringer war ein ehrenhafter, strenger Mann, ein
tapferer General, erfahren in politischen Dingen, von seinem
Orden aus an Recht und Ordnung gewohnt, milde im Um=
gang, voll Erbarmen für das Volk [2]). Als Gouverneur von
Ungarn kam er zu keiner durchgreifenden Wirksamkeit. Er und
seine Räthe mußten erfahren, was die Wiener Conferenz vor=
hergesagt hatte, daß „in Ungarn schwer ohne Beirath und Bei=
hilfe der Nation fortzukommen sei". Das Gouvernement stand
von Anfang an in der Luft. Seine Instruction war bis in
das Kleinste ausgearbeitet, aber sie wurde den anderen Hof=
stellen nicht mitgetheilt und auch nicht beachtet. Der Hofkriegs=
rath übte wie zuvor seine Gewalt über das Militär in Un=
garn. Die ungarische Hofkanzlei und die Kammer schickten ihre
Befehle an die Gespannschaften, ohne das Gouvernement zu
fragen. Die kaiserlichen Erlässe gingen statt an das Gubernium

---

[1] „Gubernator regni Hungariae partiumque annexarum". R. A.
[2] Horváth nennt ihn mit Unrecht einen rauhen, habsüchtigen Sol=
daten, der immer neue Gefahren, neue Verschwörungen erdichtete. a. a. O.
II. 280.

nach altem Brauch an die ungarische Hofkanzlei. Die Räthe bekamen nicht einmal ihre richtige Bezahlung. Der „Gubernator" fand fast nichts zu thun. Ja er mußte erfahren, daß der ungarische Hofkanzler mit den in Wien lebenden Magnaten die Landesangelegenheiten berathe. Ampringer war darüber so empört, daß er an Lobkowitz schrieb [1]): „Soll das der Anfang meines Amtes und der Abhilfe sein, die mir versprochen wurde? das wird und muß Gott strafen, wenn man mit ehrlichen und treuen Leuten so vorgehen will; in welche Mißachtung muß ich dadurch kommen; da mag ein anderer hier dienen, nicht ich." Den Ungarn war das Gubernium von Anfang an verhaßt. So schlecht und verworren ihre Verwaltung war, so wünschten sie doch keine Aenderung, und am wenigsten von deutscher Seite und durch die absolute Gewalt. Sie betrachteten das Gubernium als eine Behörde zur Unterdrückung ihrer Freiheiten, als eine Art Inquisitionsgericht und fügten sich nur dort, wo sie mußten. Der Wiener Hof hatte geglaubt, Ungarn durch das Gubernium wie das Land Böhmen beherrschen zu können. Aber es waren da ganz verschiedene Verhältnisse. In Böhmen war die ständische Macht nach einem furchtbaren Kampfe gebrochen, ein Drittheil des Volkes vertrieben, ein neuer Adel eingeführt und der Protestantismus gewaltsam ausgerottet. In Ungarn waren alle diese Kräfte lebendig. Es wurden zwar Versuche gemacht, sie zu binden, aber es gelang nur für kurze Zeit.

Ungarn wurde wie ein erobertes Land betrachtet. Als man in Wien erfuhr, daß die flüchtigen ungarischen Edelleute Szepesi, Kende u. a. sich abermals an die Pforte um Hilfe und Beistand gewendet hatten, als die protestantischen Prediger fortfuhren, das Volk zum Widerstande aufzurufen, wurde ein zweitesmal in Preßburg Gericht gehalten. Alle protestan-

---

[1]) 16. December 1673. R. A.

tischen Prediger, auch jene, welche unter türkischer Herrschaft lebten, wurden vor einen besonderen Gerichtshof geladen. Die vom türkischen Gebiete erschienen nicht, wohl aber 250 Prediger aus dem österreichischen Ungarn, unter ihnen 57 Calvinisten. Sie wurden beschuldigt, das Volk zur Empörung ermuthigt, Schmähschriften gegen den König verbreitet und sich mit den Türken einverstanden zu haben. Es ist kein Zweifel, daß diese Klagen begründet waren. Die meisten Protestanten wollten lieber unter türkischer Hoheit als unter dem österreichischen Glaubensdruck leben. Die Prediger wurden zum Tode verurtheilt und vom Könige begnadigt. Wer wie 1672 den Revers unterschrieb, daß er der Seelsorge und dem Lehramte in Ungarn entsagte, durfte auswandern. 236 Prediger fügten sich, die anderen kamen in das Gefängniß, und als sie noch unbeugsam blieben, wurden 29 nach Triest und 41 nach Neapel auf die Galeeren gebracht. Schweden und Brandenburg verwendeten sich für die Unglücklichen, aber man antwortete ihnen: die Prediger seien nicht wegen der Religion, sondern wegen der Empörung gestraft worden; übrigens habe der Kaiser das Recht „zu reformiren" wie jeder andere Regent. Erst ein Jahr nachher erhielten 34 Prediger wieder die Freiheit, die anderen waren bereits gestorben. Die commandirenden Generale in Ungarn Spankau, Kobb, Karaffa und Strasoldo scheinen noch auf eigene Faust „reformirt" zu haben, denn es kam noch 1674 der Befehl an sie, die Protestanten nicht mit Waffengewalt zu behelligen und sich überhaupt nicht in religiöse Zwiste einzumengen. Gewiß waren alle diese Vorgänge nicht geeignet, Vertrauen zu der neuen Regierung zu erwecken.

Ampringer fühlte dies sehr. Er schrieb Briefe über Briefe. Noch 1675 und 1676 machte er dem Kaiser Vorschläge „zur Befestigung des Guberniums und zur Besänftigung der Gemüther, wenn man nicht völlig um dieses Königreich kommen will." Er verlangte die Herstellung der königlichen Justizhoheit, die Ermäßigung der Repartition, mehr Vertrauen zu den Vornehmen der Nation, eine bessere militärische Disciplin, die Abschaffung der Soldatenexcesse, die Freiheit des Zehents und anderer Einkünfte, eine Verwendung für das ungarische Volk unter türkischer Herrschaft und vor allem die Freiheit der Religion [1]). Ampringer klagt noch 1676, als das Gubernium schon drei Jahre bestand, daß die kaiserlichen Befehle statt an das Gubernium an die ungarische Hofkanzlei und durch diese an die Gespannschaften erlassen würden, daß der Hofkriegsrath ganz willkürlich über die Verpflegung und Einquartierung der Soldaten verfüge, ohne es dem Gubernium anzuzeigen. Es geschehe, daß der Soldat sich selbst Quartier nehme; das Volk verlasse seine Wohnungen und flüchte auf türkisches Gebiet. Nicht minder willkürlich verfahre die ungarische Kammer. Sie soll künftig den Stand und die Beschaffenheit der Repartition mittheilen. Der Gubernator sei dafür verantwortlich und wisse nichts davon. Die Justiz sei gänzlich verfallen. Bei der königlichen Tafel, welche nur zweimal im Jahre zusammentritt, bleibe alles liegen, in den unteren Instanzen sei ein förmlicher Gerichtsstillstand. Alle besondere Gerichtsbarkeit sollte aufhören, die Justiz nur im Namen des Königs und rein staatlich geübt werden. Die ungarische Hofkanzlei müsse reformirt werden, „denn die Parteien können dort um Geld und Gunst alles haben, was sie wollen." Man möge auch die Besoldung für die Räthe des Guberniums auszahlen, „damit nicht wie bisher neun Monate Ew. Majestät gehorsamstes Gubernium jämmerlich stecken gelassen werde" [2]).

---

[1]) Ampringer an den Kaiser, 3. Juni 1675. St. A.
[2]) 1676. St. A.

Alle diese Klagen und kleinen Mittel konnten der neuen Regierung keine Lebenskraft geben. Sie war und blieb eine halt= und kraftlose Schöpfung. Die Männer, welche den Gedanken dazu gehabt, waren sich der Schwierigkeiten wohl bewußt, welche das deutsche Regiment in Ungarn finden würde. Sie hatten auf die Zeit und einen dauernden Frieden gehofft, aber eben die Zeit brachte neue Zustände, neue Personen und neue Grundsätze. Der Mann, welcher im Rath des Kaisers zumeist die Gesammtstaatsidee vertrat, Fürst Wenzel Lobkowitz trat 1674 vom Schauplatz ab. Wenn auch die Regierung ihre Politik in Ungarn aufrecht erhalten wollte, es fehlte seit dem Ausscheiden des Fürsten Lobkowitz die Kraft und Energie im Rathe und der stetige Wille des Kaisers. Durch den Umschwung der äußeren Politik 1673 und 1674 gewann zugleich die ungarische Opposition neue Kraft und neues Leben. Sie wurde von nun an von Frankreich ermuntert, verstärkt und bezahlt. Der französische Gesandte in Warschau schrieb 1674 an seinen König, daß in Ungarn eine allgemeine Revolution drohe und zwischen den Flüchtigen und dem Kaiser kein Vergleich möglich sei, nachdem dieser Zrini und anderen das Wort gebrochen[1]). Im September 1674 wurde ein Herr von Beaumont nach Ungarn und Siebenbürgen geschickt, um die Stärke der Opposition zu prüfen und besonders darüber zu berichten, ob sich die Mehrheit der Magnaten und Bischöfe an dem Aufstande betheiligen, und ob der junge Zrini oder ein anderer hervorragender Mann die Führerschaft übernehmen würde. Sein Bericht scheint nicht günstig ausgefallen zu sein, denn es dauerte fast zwei Jahre, ehe Frankreich sich zu einer thätigen Hilfe herbeiließ. Erst die Berichte eines zweiten Agenten, welcher 1675 und 1676 über Polen nach Ungarn und Siebenbürgen kam, überwanden die Bedenken Ludwig's XIV. Der

---

[1]) Mignet a. a. O. IV. 678.

neue französische Gesandte in Polen, Marquis de Bethune schloß am 27. Mai 1677 einen Vertrag mit dem Fürsten von Siebenbürgen und „seinen Conföderirten". Da zu gleicher Zeit 1676 der Großvezier Achmet Köprili starb und sein Nachfolger Kara Mustafa sich den Ungarn und dem Kriege mit Oesterreich geneigt zeigte, so hatten die Aufständischen alle Hoffnung, die große europäische Opposition gegen Oesterreich für sich ausbeuten zu können, während im Grunde sie von den Mächten ausgebeutet wurden.

An die Spitze des Aufstandes stellte sich der junge Emerich Tököly. Mit 15.000 Mann Ungarn und Siebenbürgern und 6000 Mann, welche für französisches Geld in Polen geworben waren, drang er siegreich bis an die Karpathen vor, nahm die Bergstädte, bedrohte Preßburg, zog es aber doch vor, mit Oesterreich einen Waffenstillstand einzugehen. Der Krieg Tököly's warf die ganze Militär- und Beamtenherrschaft in Ungarn über den Haufen. Noch 1678 hatte der Kaiser die Notabeln berufen. Der Hofkanzler Hocher war aber so unhöflich und unpolitisch gegen die Magnaten aufgetreten, daß die Versammlung sich von selbst auflöste. Es erfolgte dann in Wien der Umschlag der Politik und der Kaiser entschloß sich, ungeachtet der Friede mit Frankreich vorbereitet wurde, wieder zu der alten Verwaltung und Verfassung in Ungarn zurückzukehren. Das ungarische Gubernium wurde 1679 aufgelöst, Ampringer legte sein dornenvolles Amt nieder und kehrte in seine Residenz Mergentheim zurück. 1680 wurde nach einer achtzehnjährigen Unterbrechung der ungarische Reichstag berufen. Seine Beschlüsse — die Abschaffung des Guberniums „auf ewige Zeiten", die Einsetzung des Palatins und des Bans, die Abschaffung der Verzehrungssteuer und der Kopfsteuer — stellten die alten verfassungsmäßigen Rechte und Freiheiten wieder her. Durch ein confessionelles Gesetz, welches die Krone erließ, wurde auch ein Abkommen mit den Protestanten getroffen. Das centralistische System war gebrochen, die Idee des Gesammtstaates, welche Wenzel Lobkowitz verfolgt hatte, war an dem Widerstande der Ungarn, an den kriegerischen Verhältnissen des Reiches, und zumeist an der eigenen Ohnmacht der Regierung und ihren halben Maßregeln gescheitert. —

XIV. Die zweite Heirat Kaiser Leopold's.

1673.

Die erste Heirat Leopold's und das Stillleben der Kaiserin Margarethe Therese sind im VII. Capitel erzählt worden. Sie gebar dem Kaiser vier Kinder: 1667 einen Sohn, Ferdinand, der nach drei Monaten starb, 1669 eine Tochter, Maria Antonia, die einzige, die sie überlebte und 1685 an den Kurfürsten Max Emanuel von Baiern vermählt wurde; 1670 einen Sohn, Johann, der gleich nach der Geburt starb und 1672 eine Tochter, Maria Josepha, welche nur vierzehn Tage lebte. Auch der Mutter war kein langes Leben beschieden. Ihre Gesundheit war geschwächt und die wiederholten Geburten, sowie das Wiener Klima waren nicht dazu angethan, sie zu stärken. Sie erkrankte Ende Februar an einem Lungenleiden und fühlte bald, daß sie sterben müsse. Sie verabschiedete sich vom Kaiser, von ihren Damen, auch von Wenzel Lobkowitz, den sie bat, dem Kaiser getreu zu bleiben und zu dienen [1]). Der alte Mann war tief gerührt und weinte. Die Kaiserin starb eines ruhigen, schmerzlosen Todes am 12. März 1673, noch nicht 23 Jahre alt [2]). Ein Prediger sagte in seiner Leichenrede, daß diese Frau niemals eine Todsünde begangen habe [3]), was gewiß niemand in Zweifel zog. Die kleine be-

---

[1]) Wagner I. 317.
[2]) Unsere Kaiserin ist in Gott entschlafen, heute früh 2 Uhr. Lamberg an Lobkowitz, 12. März 1673. R. A.
[3]) Helbig: E. Pufendorf's Bericht. 60.

scheidene Spanierin war in Wien sehr beliebt und das Volk trauerte um sie. Der Kaiser war sehr ergriffen, zog sich für einige Zeit nach Schönbrunn zurück, suchte und fand Trost in den Gesprächen mit P. Emerich.

Er wollte in der ersten Zeit der Trauer nicht an eine zweite Frau denken, „weil die Wunde noch zu frisch ist", wie er an Lobkowitz schrieb; aber der Papst und seine Schwester, die Königin-Mutter in Spanien mahnten ihn dazu. Das Haus Habsburg stand in Oesterreich und Spanien nur auf zwei Augen und von König Carl waren keine Nachkommen zu hoffen. Auch die Minister und vertrauten Hofleute mahnten Leopold zu einer zweiten Heirat. Bereits im Juni 1673 war er dazu entschlossen. Es kamen zwei Prinzessinnen in Vorschlag: die Pfalzgräfin Eleonore Magdalena und die Erzherzogin Claudia Felicitas von Tirol. Die junge deutsche Prinzessin wurde als eine wohlerzogene, höchst liebenswürdige, schöne Dame geschildert. Ihr Vater war der Pfalzgraf Wilhelm von Neuburg, damals nahe an sechzig Jahre alt, ein Herr von großem Verstande und hoher Achtung; er war 1669 als Candidat für die polnische Königskrone genannt worden. Die Mutter war eine hessische Prinzessin und trotz ihrer vielen Kinder eine rührige feine Frau [1]). Lobkowitz hatte bald nach dem Tod der Kaiserin Margarethe den Jesuiten Ridler aus Düsseldorf nach Neuburg geschickt [2]), um über die Prinzessin zu berichten. Es war ein Tropfen verwandtes Blut in ihr, denn ihre und des Kaisers Urgroßmutter war die Prinzessin Renata von Lothringen, vermählt mit Herzog Wilhelm von Baiern. Die Erzherzogin Claudia Felicitas war die Tochter des Erzherzogs Ferdinand Carl von der Tiroler Linie und der Mediceerin Anna, ge-

---

[1]) Heiratsacten im St. A. Bericht des Brautwerbers Fürst Ferdinand Dietrichstein 1676. St. A.

[2]) 29. März 1673.

boren 30. Mai 1653, also damals zwanzig Jahre alt, von bezaubernder Schönheit, fröhlichem Gemüthe und klugem Verstande.

Ein Jahr früher, 1672, hatte der Herzog von York, der spätere König Jacob II. von England um sie geworben. Seine erste Frau, die Tochter des englischen Ministers Clarendon, war gestorben und er suchte trotz der parlamentarischen Opposition und des religiösen Hasses des englischen Volkes eine katholische Braut von fürstlichem Blute. Der spanische Hof hatte ihn auf die österreichische Prinzessin aufmerksam gemacht und es wurden darüber 1671 und 1672 Briefe gewechselt[1]). König Carl II. und Jacob hatten nach Innsbruck und an den Kaiser geschrieben. Die Erzherzogin Anna schickte im April 1672 den Conte Ferrari in dieser Angelegenheit nach Wien. Ebenso kam ein englischer Gesandter, Bernard Gasconi, nach Wien und Innsbruck. Der Kaiser erhob keine Anstände und ließ der Mutter in der Zusage und Aussteuer freie Hand. Der König hatte bereits brieflich bei der Mutter um die Hand der Erzherzogin für seinen Bruder angehalten, als plötzlich im November 1672 die Verhandlungen abgebrochen wurden. Es ist nicht klar, ob die parlamentarische Opposition, welche damals besonders heftig gegen die katholischen Tendenzen der Stuarts auftrat, oder das geringe Heiratsgut der Erzherzogin die Veranlassung war. Das Project zerschlug sich, Jacob sah dann in Deutschland und Frankreich herum, und heiratete ein Jahr später auf Empfehlung Ludwig's XIV. die fünfzehnjährige katholische Prinzessin Anna von Modena.

Auch Claudia fand einen Mann. Der Kaiser scheint sich auf Andringen des spanischen Hofes frühzeitig für die tirolische

---

[1]) Graf Sunderland an den Kaiser, 3. Februar 1672, der König von England an die E. Anna, 16. Februar 1672, Jacob an die E. Anna, 20. Februar 1671, zugleich an den Kaiser, 20. Februar 1671, an Lobkowitz, 15., 25. Mai 1672, Anna an den Kaiser, 30. März 1672. R. A.

Prinzessin entschieden zu haben¹). Wie bei allen Angelegenheiten fragte er auch darin seinen Minister Lobkowitz um Rath. Dieser sprach anfangs für die Neuburger Prinzessin. Er war überhaupt gegen den Innsbrucker Hof und hatte sich mehrmals über die Erzherzogin Anna und die Wirthschaft des Ferrari mit beißendem Spotte ausgelassen. Gegen die Erzherzogin Anna hatte er Anklagen ausgesprochen, welche die Zeitgenossen nicht zu wiederholen wagten²). Man erzählte, der Kaiser habe ihm eines Tages ein Bild der Erzherzogin Claudia gezeigt, Lobkowitz habe darauf geantwortet, es komme ihm vor, als stamme sie nicht aus fürstlichem Hause; ihr Name scheine anzudeuten, daß der Kaiser eine andere nehmen solle; durch Verwechselung der Buchstaben werde aus „Claudiam" „duc aliam", führe eine andere heim. Lobkowitz widerrieth auch die Heirat aus politischen Gründen und wegen der nahen Verwandtschaft.

Der Kaiser blieb noch eine Zeit unschlüssig und forderte dann in einem Briefe vom 19. Juni 1673 von seinem ersten Minister binnen sechs Tagen ein schriftliches Gutachten, welche Prinzessin er zu seiner Gemahlin wählen solle. Lobkowitz war ein zu guter Hofmann, um nicht die Verhältnisse und die Vorliebe des Kaisers zu würdigen. Er rieth zur Claudia, weil sie alle vortrefflichen Eigenschaften besitze, die man nur wünschen könne; der Kaiser werde gewiß mit seiner Wahl zufrieden sein³). Am selben Tage, den 19. Juni, hatte der Kaiser ein Billet gleichen Inhalts an den Fürsten Schwarzenberg geschrieben⁴). Wahrscheinlich gab dieser dieselbe Antwort wie Lobkowitz, obwohl keiner von dem andern wußte.

---

¹) Pötting an Lobkowitz, 15. März 1673. R. A.
²) Bericht des Michiele, 1678. St. A.
³) Lobkowitz an den Kaiser, 22. Juni 1673. Die Briefe im R. A.
⁴) Leopold I. an Schwarzenberg, 19. Juni 1673. Schw. A.

Noch im Sommer geschah die Werbung und Verlobung ¹).
Der Kaiser war damals in Böhmen, besichtigte die Armee,
welche gegen Frankreich bestimmt war, kehrte im September
zurück und reiste noch im selben Monate nach Graz, um dort
seine Braut zu erwarten. Die alte Hauptstadt von Steier=
mark war mit Gästen gefüllt wie bei der Erbhuldigung des
Kaisers. Der gesammte Hofstaat, die geheimen Räthe Lobko=
witz, Schwarzenberg, Dietrichstein, Lamberg, Hocher u. a.
waren mit dem Kaiser eingetroffen.

Die Erzherzogin Claudia hatte mit ihrer Mutter am
21. September Innsbruck verlassen. Die Reise ging durch
Tirol, Kärnten und auf der alten Straße über St. Veit,
Judenburg, Bruck bis eine Meile vor Graz, wo sich der
Kaiser und seine Braut zum erstenmal im Pfarrhofe von
Gratwein sahen. Sie that sehr demüthig, wollte dem Kaiser
die Hand küssen und rief aus, wie glücklich sie sei, Se. Ma=
jestät zu sehen. Die Frauen stiegen im Schloß Eggenberg bei
Graz ab, der Kaiser ritt mit seinem Gefolge in die Burg
zurück.

Am nächsten Tage wurden die vornehmsten Landstände
und ihre Frauen vorgestellt. Am 15. October Nachmittags
zog der Kaiser mit seiner Braut feierlich in Graz ein, wo
denn viel geschossen und Hoch gerufen wurde. Am Abend
vollzog der Nuntius die Trauung, und die hoffähigen Per=
sonen wie der ehrenwerthe Bürgermeister der Stadt hatten
die Ehre, bei einem Bankette im Schlosse die Neuvermählten
anschauen zu dürfen. Die Berichte heben hervor, daß der
Kaiser ein goldgesticktes Kleid mit Knöpfen von Diamanten
trug und die Truchsessen selbst das Essen auftrugen.

Die Kaiserin stellte am 24. October ihre Renunciation
aus. Sie brachte 100.000 fl. mit und der Kaiser wies ihr

---

¹) Am 15. August 1673 in Innsbruck durch den Fürsten Diet=
richstein.

dieselbe Summe als Wiederlage auf die Einkünfte von Tirol an. Als Morgengabe ließ er ihr ein „Hauskleinod" verehren. Weil es jedoch in Oesterreich Sitte war, daß diese Kleinode an den Schatz zurückgegeben werden mußten, gab er ihr dafür 50.000 fl. und eine Apanage von jährlich 40.000 fl. Als Wittwensitz wurde ihr das Schloß in Linz oder in Innsbruck versprochen [1]). Die Stände der Provinzen beschenkten ihre Herrin nach alter Sitte mit 400.000 fl.

Die Neuvermählten feierten ihre Flitterwochen in Graz, besuchten Klöster, die Schlösser der Umgegend, freuten sich der Jagd und Musik. Sogar eine „kleine wohlcomponirte welsche Action" wurde aufgeführt. Die Reise nach Wien dauerte acht Tage. Sie machten Halt in Frohnleiten, Bruck, Kindberg, Mürzzuschlag, Schottwien, Neustadt, Inzersdorf, und kamen am 11. November in Wien an. Die Kaiserin Claudia bezog in der Burg dieselben Gemächer, welche die stille kleine Margarethe Therese bewohnt hatte, aber es zog mit ihr ein anderer Geist in die Wiener Burg ein.

Claudia Felicitas war so schön, daß sich die fremden Höfe ihr Bildniß ausbaten. In kurzer Zeit hatte sie den ganzen Hof für sich eingenommen, am meisten den Kaiser selbst, dessen Neigungen sie sich anschloß. Sie jagte und musicirte mit ihm; sie spielte selbst mehrere Instrumente und sang recht gut. Ihre jugendliche Fröhlichkeit heiterte den Kaiser auf. Der Hof zeigte mehr Pracht und Glanz; es gab mehr Feste und öffentliche Aufzüge als vordem. Dabei rühmte man ihre Frömmigkeit und Wohlthätigkeit. Anfangs hielt sie sich in kluger Mäßigung von den Geschäften fern, obwohl man im Publicum ihre Theilnahme wünschte, denn man vertraute ihrem Geiste, ihrer Geschicklichkeit. Aber die öffentliche Stimme war zu allen Zeiten wandelbar, zumeist bei Höfen

---

[1]) Heiratsacten. St. A.

und bei Frauen. Schon nach einem Jahre beschuldigte man die Kaiserin einer übergroßen Eitelkeit. Es wurde erzählt, daß sie nicht gerne bei anderen Frauen schönere Kleider oder besseren Hausrath bemerkte, daß sie hochmüthig gegen ihre Damen, rauh und hart gegen die Dienstleute sei, daß sie mehr drohe als schmeichle, mehr verspreche als gebe. Sie gebar dem Kaiser zwei Mädchen, welche aber nur wenige Monate lebten [1]).

Ihre Mutter, die Erzherzogin Anna, war nach der Hochzeit abgereist und nach Tirol zurückgekehrt, aber 1674 im Sommer kam sie nach Wien und blieb bei Hofe. Man wollte seitdem bemerken, daß die Kaiserin sich mehr in die öffentlichen Dinge mische und Gnade und Gunst nach dem Gefallen ihrer Mutter spende. Der Kaiser sah gerne Abends Gesellschaft um sich. Zu dem kleinen Kreise, der sich gewöhnlich in den Gemächern der Kaiserin versammelte, gehörten außer der Kaiserin und dem Kaiser, die Erzherzogin Anna, die Kaiserin-Wittwe Eleonore, die Oberfthofmeister Ferrari und Dietrichstein, Sinzendorf und seine Frau, Fürst Schwarzenberg und selten Wenzel Lobkowitz. Dabei wurde denn oft über die Minister gesprochen und in einer Weise, die man früher abgekartet hatte. Der Kaiser war neugierig, hörte gerne Stadtneuigkeiten und kleine Ereignisse erzählen. Da war es denn nicht schwer, ihn gegen den einen oder anderen Mann einzunehmen, und ihm eine bestimmte Meinung über jemand einzuprägen [2]). Namentlich galt dies Lobkowitz wegen seiner Politik und Sinzendorf wegen seines großen Haushaltes und

---

[1]) Anna Maria, geboren 11. September, gestorben 22. December 1674, Maria Josepha, geboren 10. October 1675, gestorben 11. Juli 1676. Die Charakteristik der Kaiserin nach den Berichten Pufendorf's (Helbig), Morosini 1674, Michiele 1678. St. A.

[2]) Con tale forma facile è l'imprimergli nella mente li proginditii de' gl'uni, e de' gl'altri secondo de' proprii affetti. Michiele, 1678. St. A.

wegen des Luxus seiner Frau. Sinzendorf selbst sprach gerne davon und reizte dadurch die Eitelkeit der Frauen. Es kam so weit, daß Leopold I. auf Anstiften der Kaiserin Sinzendorf mit der Verbannung drohen ließ, wenn er nochmals von seiner Frau sprechen würde. Die Kaiserin Claudia brauchte auch viel Geld und es scheint, daß Sinzendorf dasselbe nicht immer flüssig gemacht hat.

Fürst Lobkowitz merkte die Veränderung und hatte sie vorausgesehen. Schon vor der Heirat im September 1673 hatte er vom Kaiser seine Entlassung erbeten unter dem Vorwande, daß sein Alter und seine Gesundheit ihm nicht mehr gestatteten, die Geschäfte fortzuführen. Er fühlte, daß der Kaiser ihm nicht mehr so wie früher geneigt sei und nicht mehr so unbedingt vertraute. Der nächste Grund lag aber darin, daß der Kaiser zu einem offenen Krieg mit Frankreich geneigt war, während Lobkowitz bisher immer den Frieden mit Frankreich gepflegt und befestigt hatte. —

XV. Der Bruch mit Frankreich.

1670—1674.

Nur allmälig löste sich das Bündniß mit Frankreich. So eng war der Wiener Hof von der französischen Politik umsponnen und so groß die Unschlüssigkeit des Kaisers, daß es aller Rücksichtslosigkeit Ludwig's XIV. bedurfte, ehe Oesterreich die Waffen gegen ihn aufnahm. In den Jahren 1670 bis 1673 war die österreichische Politik durchaus unsicher, schwankend, mißtrauisch. Die kaiserlichen Minister fürchteten Frankreich wie ein drohendes Schwert, wie einen Unglückskometen für das Haus Oesterreich [1]. Der erste Rath des Kaisers war von dem Gedanken durchdrungen, daß Oesterreich vor allem auf das Verhältniß zur Türkei und zu Polen achten müsse, und der Friede mit Frankreich eine Nothwendigkeit sei. Ludwig XIV. hielt seinen Anspruch auf die Niederlande für ein dynastisches, und durch den Vertrag mit Oesterreich wohl begründetes Recht. Als ihm die Holländer zu widerstehen wagten, sollten sie dafür gestraft werden. Seit dem Herbst 1669 traf Ludwig XIV. umfassende politische und militärische Vorkehrungen, um die verhaßte Republik mit ihrem „Krämervolke" zum Fall zu bringen. Es gelang ihm, die Triplealliance, welche gegen ihn aufgerichtet war, nach einem zweijährigen Bestande zu sprengen; England und Schweden wurden seine

---

[1] La temono, come una spada imminente, ò vero Cometa infausta per casa d'Austria. Giorgi 1671.
[2] Helbig: Pufendorf's Bericht. 21.

Bundesgenossen und die deutschen Nachbarn der Republik, Köln und Münster in Waffen gebracht, um die Holländer vollständig zu isoliren.

Auch Oesterreich sollte unschädlich gemacht und durch neue Verträge an das Interesse Frankreichs gebunden werden. Aber nur langsam kam Ludwig XIV. hier zu seinem Ziele. Die Minister Oesterreichs konnten nicht wie jene in England mit Geld bestochen werden, die Parteien waren zerfahren, nur mit viel Zeit und Mühe, mit Bitten, Klagen und Drohungen vermochte Gremonville durchzudringen. Der Kaiser und Fürst Lobkowitz schienen anfangs geneigt, die Holländer der Rache Ludwigs XIV. zu opfern [1]). Lobkowitz sagte zu Gremonville: er würde erfreut sein, die französische Armee in Holland zu sehen, wenn nur die Spanier vom Kriege verschont blieben. Doch wies Lobkowitz jede Art von Geld und Subsidien, wie sie Gremonville anbot, zurück. Der Kaiser hatte 1669 den Spaniern das Wort gegeben, daß er sie nicht verlassen werde, wenn es ihre Sicherheit erfordere [2]). Der Hof von Madrid drängte den Kaiser immer zum Anschluß an die Triplealliance, obwohl diese nach dem Ausdruck des deutschen Leibnitz ein „gebrechlich Rohr" geworden war. Es war eben die Zeit, wo der alte Herzog von Lothringen seine alte Verbindung mit Spanien aufnahm, und sich mit den Holländern in's Einvernehmen setzte. Der Kurfürst von Mainz, der spanische Gouverneur in den Niederlanden und der Großpensionär bereiteten am Rheine eine Concentration von Truppen vor, in welche sie den Kaiser hineinziehen wollten. Es war die Rede davon, daß Lisola darum wisse und den Spaniern Versprechungen gemacht habe. Gremonville erhielt den Auftrag, diese Wendung Oesterreichs jedenfalls zu verhindern.

---

[1]) Mignet, III. 465.
[2]) Mignet, III. 481.

Lobkowitz hatte sich in jenen Tagen von den äußeren Geschäften zurückgezogen. Die Regierung hatte durch die Entdeckung der ungarischen Verschwörung den Verkehr Zrini's und Nádasdy's mit Gremonville erfahren. Lobkowitz wich dem Gesandten, da ihn die Spanier des Einverständnisses mit ihm und den Ungarn verdächtigten, durch längere Zeit aus und führte sogar einen Bruch mit ihm herbei. Bei einem Besuche, den der Gesandte dem ersten Minister in Laxenburg machte, geriethen die Herren hart aneinander. Der Minister wollte in Geschäften nicht Rede stehen, und als ihn Gremonville an das Versprechen mahnte, den Beitritt zur Triplealliance hintertreiben zu wollen, erwiederte er: er wolle sich nicht so an der Nase herumführen lassen wie Auersperg; er werde dem Könige schreiben, daß Gremonville gewiß Wien und den Hof verlassen müsse. Der Gesandte entgegnete ihm jedoch: wenn er rachsüchtig sein wollte, so würde wahrscheinlich Lobkowitz zuerst gehen müssen. Der Minister rief voll Unmuth: wie der Gesandte so mit einem Minister des Kaisers, mit einem Manne, der den Degen zu führen weiß, sprechen könne; das solle ihm den Marschallstab kosten, den ihm die Kaiserin-Mutter und er verschaffen wollten [1]). Gremonville scheute sich nicht, zum Kaiser selbst zu gehen, ihn an die Verbindung mit Frankreich zu erinnern und vorzustellen, wie überrascht sein König von dem Einverständniß Lisola's mit den Spaniern sein werde. Leopold I. wurde dabei ganz blaß, und erwiederte nur: ein solches Einverständniß wäre gewiß eine Verletzung des geheimen Vertrages. In der That ließ sich der Wiener Hof einschüchtern und der Kaiser entschloß sich, der Triplealliance nicht beizutreten. Hocher mußte dem spanischen Gesandten und Graf Pötting eine Erklärung mittheilen, daß sich der Kaiser der Eifersucht Frankreichs nicht aussetzen könne. Der spanische Ge-

---

[1]) Gremonville an Ludwig XIV., 5. Juni 1670. Mignet, III. 477.

sandte wüthete und tobte, wie die Kaiserin-Wittwe zu Gremonville sagte; aber der ganze Streit war nicht mehr nothwendig, denn die Tripleallianz war bereits aufgelöst. Wenige Tage früher war der Vertrag geschlossen worden, in dessen geheimen Artikeln Carl Stuart die Katholisirung Englands und die Bezwingung Hollands versprach [1]). Ludwig XIV. wünschte damals die Einwilligung des Kaisers, daß auch England dem geheimen Theilungsvertrage beitrete, aber der Kaiser lehnte den Antrag ab [2]). Lobkowitz und Gremonville mußten sich auf Befehl ihrer Souveraine wieder versöhnen, was im Grunde beide herzlich wünschten. Lobkowitz versicherte dabei dem Gesandten, daß der Kaiser dem Projecte des Herzogs von Lothringen, eine Armee aufzustellen und sich mit den Holländern zu verbinden, ganz fremd sei: diese Truppenrüstung des Herzogs und des Kurfürsten von Mainz hätten überhaupt nicht viel zu bedeuten; diese Fürsten wollten nur etwas zu thun haben [3]).

Das friedliche Verhältniß Oesterreichs zu Frankreich schien indessen wieder in Frage gestellt, als Ludwig XIV. mitten im Frieden, im August 1670, seine Truppen in Lothringen einmarschiren ließ und das Land wie ein erobertes behandelte. Durch das ganze Reich ging ein Schrecken über diesen Friedensbruch, aber niemand verwandte sich ernstlich für Lothringen und das Recht des alten Herzogs, der noch zu rechter Zeit entflohen war. Wohl sandte der Kaiser den Grafen Gottlieb Windischgrätz nach Paris, um in dieser Sache zu vermitteln, aber Ludwig XIV. nahm diese Vermittlung nicht an. Windischgrätz kam es vor, als wenn er selbst von seinem Hofe nur zum Scheine nach Paris geschickt worden sei, wie es ihm Gremonville in Wien vorhergesagt hatte. Er mußte

---

[1]) 1. Juni 1670 in Dover. Mignet, III. 387.
[2]) Mignet, III. 484.
[3]) Mignet, III. 487.

hören, daß Gremonville auf alle Geschäfte in Wien den größten Einfluß übe, so daß er schrieb: es könne für Se. Majestät kein größeres Glück geben, als wenn dieser Mensch vom Hofe entfernt würde [1]). Windischgrätz blieb den Winter 1670 und das Frühjahr 1671 in Paris, ohne etwas auszurichten. Er sah die großen militärischen Rüstungen und meldete seinem Hofe: wenn der König Lothringen nicht räumen wolle, so werde es gewiß im Frühjahre der Franche-Comté gelten [2]).

Ein Grund, warum Oesterreich nicht mit Frankreich brechen wollte, lag auch darin, daß sich der mächtigste deutsche Territorialfürst, Friedrich Wilhelm von Brandenburg kühl und mißtrauisch zu Oesterreich verhielt. 1669 und 1671 wurde mit ihm über ein Bündniß verhandelt. 1669 hatte sich der Kurfürst gegen die Triplealliance erklärt, weil ihn die Westmächte nicht dazu eingeladen hatten und ihm dann nicht dieselbe Summe wie der Krone Schweden zahlen wollten. 1671 lud ihn Oesterreich zu einem Bündnisse ein, welches ganz Deutschland umfassen und die fremden Einflüsse fern halten sollte. Der Kurfürst war nicht abgeneigt, verlangte aber dafür eine Genugthuung. Der österreichische Gesandte in Berlin, Johann von Goës, welcher für Friedrich Wilhelm die größte Hochachtung hegte, gab seinem Hofe den Rath, dem Kurfürsten Hilfsgelder für seine Truppen zu versprechen und seinen Freund, den Pfalzgrafen von Neuburg zu gewinnen. „Man könne, schrieb Goës, den Kurfürsten nur von Frankreich entfernen, wenn man ihm Vortheile biete, wenn man versichere, daß Oesterreich mit Frankreich nicht verbündet sei, sondern freie Hand habe, und nicht ruhig zusehen werde, wenn der König zum Schaden des Reiches etwas vornehmen wolle. Uebrigens dürfe man das Einvernehmen des Kurfürsten mit Frankreich gar

---

[1]) Windischgrätz an Lobkowitz, 1. März 1671. R. A.

[2]) Windischgrätz an Lobkowitz, 26. December 1670. R. A. Windischgrätz in Paris. Haussonville, III, 270.

nicht berühren, denn er sei ein Herr mit hohem fürstlichen Gemüth, der nichts leidet, was nach Unterordnung oder Servitut schmeckt" ¹). Die Verhandlung zerschlug sich zumeist an dem alten Zerwürfnisse wegen Jägerndorf. Lobkowitz wollte diesen Streit einmal zu Ende bringen. Man bot dem Kurfürsten für Jägerndorf die Schwarzenberg'sche Herrschaft Gimborn, das Amt Neustadt und 200.000 fl. Aber dieser ging nicht darauf ein, und gab nur allgemeine Friedensversicherungen. Als Oesterreich 1671 die deutschen Fürsten von Mainz, Trier, Sachsen und Münster zur Erhaltung des westphälischen Friedens einigte, trat der Kurfürst von Brandenburg dem Bündnisse nicht bei. Auch Mainz hielt es für besser, sich mit Frankreich für die Renten und die Pension, welche ihm der französische Hof seit der Kaiserwahl 1658 gezahlt hatte, wieder zu vergleichen. Ja der Kurfürst versprach dahin zu wirken, daß sich Kaiser und Reich nicht in die Händel mit Holland einmischen würden.

Die Berichte des Grafen Windischgrätz, die Klagen der deutschen Fürsten und das Drängen der Spanier hatten die Stimmung des Wiener Hofes verändert. Der Kaiser war bereit, eine Garantie des Aachener Friedens zu übernehmen. Das Bündniß mit Brandenburg sollte zunächst diesen Inhalt haben. Lisola verabredete im Haag den Entwurf eines Vertrages, in welchem sich der Kaiser verpflichten würde, mit Frankreich zu brechen, wenn Ludwig XIV. Holland angreifen wollte. Der König erhielt davon Nachricht und auf seinen Befehl mußte Gremonville am Wiener Hofe Lärm schlagen. Die österreichischen Minister verleugneten Lisola und stellten alles in Abrede. Lobkowitz sagte zu Gremonville: wenn nur der König seinen Zweck nicht verfehlt, wir werden alles zu seinem Vortheile thun ²). Als die Spanier erfuhren, daß

---

¹) Goës an Lobkowitz. 27. März 1671. R. A.
²) Gremonville an Ludwig XIV., 22. Jänner 1671. Mignet, III. 504.

Gremonville mit Lobkowitz den Haager Entwurf durchkreuzt habe, beschlossen sie Lobkowitz zu stürzen, wie sie seinen Vorgänger Auersperg gestürzt hatten. Die Königin-Wittwe von Spanien schrieb an den Kaiser von Privatintriguen seines Ministers, von dessen Einverständnisse mit Gremonville, ja, daß er sich von Frankreich habe bestechen lassen[1]). Die ersten Hofherren und Minister, wie Schwarzenberg, Montecuculi, klagten über die Vernachlässigung der Interessen des kaiserlichen Hauses, und arbeiteten gegen Lobkowitz in jeder Weise. Sie erreichten so viel, daß der Kaiser dem Fürsten befahl, allen Verkehr mit Gremonville abzubrechen. Lobkowitz wich dem Sturme aus, vermied es, Gremonville öffentlich zu sehen, aber wenn er ihm zufällig in einem Klostergange oder im Vorzimmer des Kaisers begegnete, versicherte er ihm, daß er ein eifriger und treuer Diener des Königs sei und ihn niemals getäuscht habe; man solle ihm nur vierzehn Tage Zeit lassen; die übrigen Minister könnten doch nichts gegen ihn thun. Die Spanier und Lisola hätten gegen ihn intriguirt; Gremonville möge sich beim Kaiser über die anderen Minister beklagen[2]). Gremonville ging in der That zum Kaiser, klagte, daß man ihn wie die Pest fliehe, daß man Lobkowitz beschuldige, von ihm bestochen zu sein; der Fürst wage nicht einmal mit ihm zu sprechen, und der spanische Gesandte drohe, wenn nur das Geringste an Frankreich bewilligt werde. Der Kaiser antwortete ihm äußerst verbindlich, ersuchte den Gesandten sich nicht über alle die Projecte, welche der spanische Gesandte ersinne, zu ärgern: er bezeichnete ihm den Hofkanzler Hocher als den Mann seines Vertrauens; dieser solle mit ihm verhandeln; der König könne von seiner aufrichtigen Gesinnung in allen Dingen, welche nicht sein Haus beeinträchtigen, über-

---

[1]) Gremonville an Ludwig XIV., 25. März 1671. Mignet, III. 509.

[2]) Mignet, III. 508.

zeugt sein ¹). Dessenungeachtet kam Gremonville nicht vor=
wärts. Die Conferenzen mit Hocher zogen sich in die Länge,
und eine Note Hocher's vom 6. Mai 1671 erklärte ganz
offen, daß der Kaiser nichts gegen den Aachener Frieden thun
wolle. Als Ludwig XIV. den Wiener Hof so spröde fand,
ließ er durch seinen Gesandten melden: wenn der Kaiser frei
sein und gegen ihn handeln wolle, so werde auch er von seiner
Freiheit Gebrauch machen und seinen Vortheil suchen, wo er
könne. Diese Drohung machte den gewünschten Eindruck. Noch
an demselben Tage gab Hocher dem Gesandten die besten Ver=
sicherungen und wiederholte einige Tage später, daß der Kaiser
die Verpflichtung übernehmen wolle, den Holländern nicht bei=
zustehen; er setze nur voraus, daß Deutschland und Spanien
von dem Kriege nicht berührt würden. Nur für den Fall,
wenn Spanien als Bundesgenosse Hollands von Ludwig XIV.
angegriffen und den Krieg aufnehmen würde, hatte sich der
Kaiser nicht ausgesprochen, aber Hocher meinte, diese Thorheit
würden die Spanier nicht begehen, und wenn sie wollten,
würde sie der Kaiser daran hindern.

Lobkowitz war von dieser Verhandlung ausgeschlossen.
Er fand sich zurückgesetzt und beklagte sich darüber bei dem
Kaiser. Dieser sprach ihm sein volles Vertrauen aus und über=
ließ ihm wieder die Leitung der Geschäfte. Um sich zu be=
festigen, trat Lobkowitz öffentlich gegen Gremonville auf. Er
ließ durch die Gesandten in Madrid und im Haag ausstreuen,
daß Gremonville nicht mehr lange am Wiener Hofe verweilen
werde. Der Kaiserin=Wittwe sagte Lobkowitz: er wolle sich von
der Verlegenheit befreien, daß ihn Frankreich so wie Auers=
perg verderben könne; man solle ihn nicht länger beschuldigen,
daß er mit Gremonville in den ungarischen Verhältnissen im
Einverständnisse sei ²). Gremonville war durch den Proceß

---

¹) Mignet, III. 510, 511.
²) Mignet, III. 533.

Zrini-Nádasdy) und durch die Briefe des Grafen Windisch=
grätz bei den Wiener Hofleuten wieder in Mißcredit gekom=
men. Windischgrätz hatte geschrieben, daß er die Minister ver=
führe und über den Kaiser in ehrenrührigen Ausdrücken be=
richte. Der ganze Hof mied den Gesandten. Ein Officier gab
ihm den Rath, sich zurückzuziehen, er sei seit der Hinrichtung
der ungarischen Herren nicht mehr sicher. Auch die Kaiserin=
Wittwe, sonst eine besondere Gönnerin Gremonville's, zog sich
von ihm zurück, und Lobkowitz benützte die erste beste Gelegen=
heit, sein Zerwürfniß mit Gremonville offen kundzugeben.
Als Gremonville eines Tages (im Juni 1671) in das Theater
kam und einen Platz einnahm, der nur den Hofwürdenträgern
gehörte, fuhr ihn Lobkowitz zornig an und forderte ihn auf,
sich zurückzuziehen, widrigenfalls er ihn mit Gewalt vertreiben
werde. Gremonville rief die anwesenden Herren Königsegg,
Montecuculi, Sinzendorf und Schwarzenberg zu Zeugen auf
und entfernte sich. Tags darauf beklagte sich Gremonville bei
dem Kaiser über diesen seltsamen Vorfall, der fast aussehe,
als wollte man einen offenen Bruch mit Frankreich herbei=
führen. Der Kaiser legte der Scene keine Wichtigkeit bei, aber
Ludwig XIV. fand darin eine Beleidigung seines Gesandten
und seiner eigenen Würde. Der König befahl Gremonville
auf seinem Posten zu bleiben und schrieb an Leopold I., daß
der Gesandte eine Genugthuung haben müsse. Durch die Ver=
mittlung der beiden Nuntien kam es dahin, daß Lobkowitz sich
bei Ludwig XIV. schriftlich entschuldigte, und auch dem Ge=
sandten öffentlich bei Hofe seine Entschuldigung aussprach.
Diese Scene im Vorzimmer des Kaisers machte nicht weniger
Aufsehen als jene im Theater, alle Hofleute, auch der Herzog
Carl von Lothringen hatten sich dabei eingefunden. Gremon=
ville kam es jedoch vor, daß Lobkowitz diese Comödie der Versöh=
nung ebenso übertreibe wie im Bruche und sich nur von dem
Verdachte reinigen wollte, als spiele er mit ihm unter einer

Decke ¹). Als Lobkowitz dem Gesandten wieder begegnete, schmähte er wieder gegen die Spanier und sprach seine Verehrung und Ergebenheit für Ludwig XIV. aus.

Um allen Verdächtigungen der Spanier zu entgehen, überließ Lobkowitz die Verhandlung mit Gremonville dem Hofkanzler und begnügte sich, dem Kaiser darüber zu berichten und zu rathen. Nur ungern verhandelte Gremonville mit Hocher; der Mann war ihm zu starr, zu kalt, zu wenig zugänglich; er kam nur mit viel Geduld vorwärts. Als er den Hofkanzler daran mahnte, über die frühere Zusage einen Vertrag abzufassen, erwiederte dieser: Ludwig XIV. könne mit der mündlichen Versicherung zufrieden sein, daß der Kaiser die Generalstaaten nicht unterstützen wolle. Er ließ Gremonville eine schriftliche Erklärung nur dann hoffen, wenn Ludwig XIV. die Polen nicht unterstützen und sich nicht in die Reichssachen, namentlich in den Streit zwischen Köln und Straßburg einmischen würde, wenn er keinen Bund in Deutschland bilde und nichts gegen die Autorität und das Interesse des Kaisers unternehme. Der Entwurf, welchen Hocher vorlegte, schien Gremonville zu unbestimmt; er dictirte selbst einen Entwurf mit mehr bestimmten Sätzen; Hocher legte jedoch wieder einen anderen Entwurf vor, in welchem der Kaiser versprach, „sich nicht in den Streit einzumischen, welcher zwischen dem Könige von Frankreich und den Mächten der Triplealliance, besonders mit Holland entstehen könne" ²). Ludwig XIV. nahm diese Fassung an und schickte Gremonville die Vollmacht, den Vertrag abzuschließen, aber der Wiener Hof machte immer neue Einwendungen, besonders wegen Lothringen, und Monate vergingen, bevor der Vertrag genehmigt wurde. Noch am 7. Octo-

---

¹) Gremonville an Ludwig XIV., 26. Juni, 24. August 1671. Mignet, III. 521, 529.

²) Gremonville an Ludwig XIV., 2. Juli 1671. Mignet, III. 533—535.

der 1671 schrieb Hocher an Gremonville, daß der Kaiser noch eine Garantie wegen Lothringen verlange, und in dem Streit der Elsässer Städte mit den Bisthümern von Metz, Toul und Verdun das deutsche Recht gewahrt wissen wolle. Ludwig XIV. ließ erklären, daß er darin keine Vermittlung annehmen und lieber auf jede Verhandlung verzichten wolle, wenn sie noch mehr verzögert würde. Aber ehe noch dieser Brief nach Wien kam, war die Sache erledigt. Jede Partei hatte etwas nachgegeben. Leopold I. willigte ein, daß im Vertrage von Lothringen und vom Elsaß keine Erwähnung geschehe, und Gremonville, daß der Kaiser die Garantie des Aachener Friedens für Spanien aufnehme. Lobkowitz hatte dem Gesandten versichert, daß diese Bedingung absolut nothwendig sei. Der Kaiser berieth sich noch mit seinem ersten Minister und fragte, was zu thun sei. Lobkowitz antwortete: „Man muß das Mittel gebrauchen wie eine Arznei, die der Arzt vorschreibt, während alle Freunde davon abrathen; wenn dieser Vertrag zu Stande kommt, so ist alle Hoffnung vorhanden, daß der Friede zwischen Oesterreich und Frankreich erhalten bleibt; wenn er nicht geschlossen wird, so ist ein großer, langwieriger Krieg unausweichlich" [1]). Nachdem sich der Kaiser nochmals mit Hocher berathen hatte, wurde der Vertrag am 1. November 1671 unterzeichnet. Der westphälische und der Aachener Friede wurde bestätigt; Oesterreich versprach, sich in keinen Krieg einzumischen, der außerhalb des deutschen und des spanischen Reiches geführt würde, und den von Frankreich angegriffenen Mächten keinen anderen Beistand als den einer freundlichen Vermittlung zu leisten [2]). Damit hatte Oesterreich seine Neutralität erklärt, wenn Ludwig XIV. über Holland herfallen würde.

---

[1]) Gremonville an Ludwig XIV., 6. November 1671. Mignet, I. 544, 545.

[2]) Mignet, III. 455. Raumer, Geschichte Europa's, VI. 53.

XV. Der Bruch mit Frankreich.

Es ist nicht zu leugnen, daß Wenzel Lobkowitz der Urheber dieses Vertrages wie desjenigen von 1668 war. Nur auf seinen Rath war der Kaiser darauf eingegangen. Hocher hatte nur die Arbeit übernommen. Noch am Tage der Unterzeichnung sagte Lobkowitz zu Gremonville, als er ihm mit dem Kaiser im Gange eines Klosters begegnete: er komme eben vom Abschluß des Vertrages, welcher Ludwig XIV. die Erwerbung der siebzehn niederländischen Provinzen verschaffe; für die Größe und den Ruhm des Königs gelte dies mehr als das ganze Reich; er hoffe auf beständige Freundschaft zwischen Frankreich und Oesterreich, und glaube damit die Spanier an den Ohren zu halten; er sei ein treuer Diener Ludwig's XIV., den er so liebe und verehre wie den Kaiser und seinen Herrn; er habe bereits an Lisola geschrieben, daß er vorsichtiger sei und sich in der Sprache gegen Frankreich mäßige; hoffentlich werden er und Gremonville in der alten Freundschaft bleiben, um das zu erhalten, was sie geschaffen haben [1]).

Ludwig XIV. war mit dem Vertrage sehr zufrieden, und hatte auch alle Ursache dazu. Er hielt Lothringen und die Franche-Comté besetzt, hatte die Grenzen Frankreichs erweitert, hoffte auf den sicheren Besitz der spanischen Niederlande, hatte die Holländer isolirt, und Oesterreich zu einer Neutralität gebracht, welche ihm in Holland vollständig freie Hand ließ. In England, Deutschland und Oesterreich schienen die Grundsätze der alten Politik vergessen, die Basis des europäischen Gleichgewichtes preisgegeben zu sein.

Die Holländer verkannten die Gefahren nicht, welche für sie ringsum aus dem Boden stiegen; aber die Republik war gegenüber dem mächtigen Frankreich beinahe wehrlos, ohne Verbündete, ohne genügende Rüstung. Die regierenden Herren

---

[1]) Gremonville an Ludwig XIV., 12. November 1671. Mignet, III. 555.

hofften den französischen Ehrgeiz mit einem Stück der spanischen Niederlande sättigen zu können ¹). Im Frühjahre 1672 rückte der König mit drei Armeen unter Turenne, Condé und Luxemburg in's Feld. Die Holländer sollten von der Maas und vom Rheine her gefaßt werden. Die rheinischen Festungen ergaben sich sogleich, fast ohne Widerstand rückten die Franzosen in Geldern, Utrecht ein, bis in die Nähe von Amsterdam. Von den sieben alten Provinzen beherrschte der König drei, die östlichen schienen den Verbündeten verfallen zu sein, nur Holland, Seeland und Gröningen waren frei ²). Auch eine Landung der Engländer wurde erwartet. Die regierenden Herren wollten sich fügen. Sie boten Ludwig XIV. für den Frieden zehn Millionen Livres, Mastricht, Herzogenbusch, Breda, die Abtretung der Landschaften, welche sie einst im siebzehnten Jahrhundert den Spaniern abgenommen hatten. Der König hätte dadurch ein Gebiet zwischen den spanischen Niederlanden und Holland erworben, aber er wollte auch die Befriedigung der Engländer, die Freiheit der Katholiken in Holland und ein Gebiet der alten Provinzen. Die Unterhandlung zerschlug sich. Im Innern waren die Parteien gegen einander, die Republik schien ihrem Geschicke verfallen.

Holland hatte niemand für sich als Spanien, welches in Holland die spanischen Niederlande vertheidigen wollte, und den Kurfürsten von Brandenburg, welcher von dem Vorgehen Frankreichs für die politische und kirchliche Freiheit Norddeutschlands fürchtete. Ludwig XIV. hatte versucht, den Kurfürsten zu einem Bündnisse zu bringen. Wilhelm Fürstenberg war zu diesem Zweck zweimal in Berlin, aber der Kurfürst hatte sich ablehnend verhalten ³). Er war ein selbstständiger

---

¹) Droysen, III. 3, 347.
²) Ranke, III. 395.
³) Winter 1669—70 und December 1670. Droysen III. 3, 355.

Herr, der seine eigenen Ziele verfolgte. 1671 hatte er sich geweigert, sich mit dem Kaiser und Reich zu verbinden, aber nun erhob er sich allein für die Sache der Holländer, obwohl er von da nicht immer Freundliches erfahren hatte. Er schloß bald nach Beginn des Krieges, am 6. Mai 1672, einen Vertrag mit Holland, und versprach gegen Subsidien und Werbegelder in acht Wochen 20.000 Mann an den Rhein zu schicken. Der Kurfürst hielt sich stark genug gegen Frankreich. Er rechnete auf weitere Zuzüge aus Norddeutschland, auf die spanische Armee und hoffte auch Kurhessen, Mainz und Oesterreich für das Bündniß zu gewinnen.

Ende Mai kam der Schwager des Kurfürsten, der Herzog Georg von Anhalt-Dessau nach Wien, anscheinend um vom Kaiser die Erneuerung alter Lehenbriefe zu begehren, welche dem Hause Anhalt gewisse Ansprüche auf Niedersachsen sicherten, in der That aber, um dem Kaiser die Gefahr des Reiches darzustellen und ihn zu einem Bündnisse mit Brandenburg einzuladen. Der Herzog wurde mit offenen Armen aufgenommen; er hatte den Eindruck, „als wünschte der ganze Hof nichts anderes als dieses Bündniß". Der Kaiser sprach in der ersten Audienz seine Geneigtheit aus [1]), und Lobkowitz sagte zu Anhalt: unser Hof ist berufen dafür, daß alles gar schläfrig hergeht, nachdem wir aber vom Kurfürsten aufgemuntert werden, wollen wir uns diesmal aus dem üblen Rufe bringen. Was Anhalt vorschlug: keine Reichsarmee, sondern eine vereinigte österreichisch-brandenburgische Armee unter der selbstständigen Führung des Kurfürsten, war nicht geeignet, das alte Mißtrauen Oesterreichs gegen Brandenburg zu dämpfen; es schien, als sollte Oesterreich die Kohlen aus dem Feuer holen. Aber der Kaiser war von dem allgemeinen Schrecken über das rasche Vorgehen Frankreichs so ergriffen,

---

[1]) Leopold an Lobkowitz, 28. Mai 1672. R. A.

daß er dem Herzog durch Montecuculi mittheilen ließ, er werde auf die Bedingungen eingehen. Die Kaiserin-Wittwe, der spanische Gesandte und P. Emerich hatten bereits vorgearbeitet. In einer Audienz am 7. Juni stellte der Herzog dem Kaiser vor, wie mächtig sein Wille auf alle Fürsten und Stände des Reiches wirken werde. Am 8. Juni begannen die Conferenzen am Krankenbette Hocher's. Montecuculi und Abele setzten mit dem brandenburgischen Gesandten die Artikel fest. Wenzel Lobkowitz war krank und konnte erst wieder am 10. Juni an den Conferenzen Theil nehmen. Der Kaiser theilte ihm in einem Billete die vereinbarten Punkte mit, und sprach den Wunsch aus, auch weiter mit den Holländern zu verhandeln. Schon am 12. Juni war der Vertrag fertig. Oesterreich und Brandenburg verpflichteten sich darin, die politische Lage, wie sie durch den westphälischen, pyrenäischen und Aachener Frieden geschaffen wurde, aufrecht zu erhalten, kein Bündniß gegen Kaiser und Reich zu gestatten, und keine fremden Truppen im Reiche zu dulden. Jede Macht stellt 12.000 Mann. Die Truppen werden sich bis 30. Juli an einem Punkte, welchen der Kurfürst bestimmen wird, vereinigen. Der Kurfürst übernimmt den Oberbefehl wie bei dem gemeinschaftlichen Feldzuge in Jütland. Das Bündniß soll zunächst als eine Fortsetzung und Erweiterung der Vertheidigungsbündnisse zwischen Oesterreich und Brandenburg von 1657 und 1666 für zehn Jahre giltig sein. Alle deutschen Fürsten und Dänemark werden eingeladen, demselben beizutreten[1]). Der Herzog von Anhalt reiste am 13. Juni sehr befriedigt nach Berlin zurück, um den Vertrag vom Kurfürsten anerkennen zu lassen. Am 23. Juni wurde der Vertrag vom Herzog und dem österreichischen Gesandten formell ausgefertigt. Der Kaiser war mit dem Bündnisse sehr zufrieden. „Ich bin von Herzen froh, schrieb er an

---

[1]) Pufendorf, XI. 51. Droysen, III. 3., 397. Mignet, IV. 81.

Lobkowitz, „daß Anhalt so zufrieden abgereist ist, ich hoffe, es soll viel Gutes aus dem Werke werden." Und später: „das Wichtigste ist, was Frankreich anbelangt; das Herz thut mir wehe, daß unter meiner Regierung die Franzosen so vorwärts kommen sollen: ich hoffe aber, mit Eurer Leitung und Eurem Rath wollen wir wohl die Sache durchsetzen" ¹).

In dieser Zeit erfuhr man in Wien die Wegnahme der Rheinfestungen und den Einfall der Franzosen in Holland. Der Kaiser war ganz bestürzt, Lobkowitz wagte kaum sich zu zeigen, Hocher ging stumm einher. Schwarzenberg rief aus: man müsse der Gefahr, welche Deutschland bedrohe, einen Damm entgegensetzen; und der spanische Gesandte sagte laut im Vorzimmer des Kaisers: wenn man nicht alles in Thätigkeit versetze, sehe er voraus, daß die Franzosen vor Wien kommen, wenigstens daß Ludwig XIV. den römischen Kaisertitel annehmen würde ²). Gremonville, obwohl voll Freude über die Erfolge der französischen Waffen, hielt sich zurück, und suchte den Wiener Hof vor extremen Schritten zurückzuhalten. Ludwig XIV. beauftragte ihn, dem Kaiser zu melden, daß er das deutsche Gebiet respectiren und die Rheinfestungen nicht behalten wolle. Er schrieb selbst an den Kaiser. Als Gremonville den Brief übergab, erwiederte der Kaiser, daß er die Angelegenheit wegen der deutschen Festungen prüfen und einen Mittelweg zu finden hoffe. Der Kaiser scheint bei diesem Mittelwege an das Bündniß mit Brandenburg gedacht zu haben ³). Noch gab es einige Differenzen zwischen Oesterreich und Brandenburg, aber sie wurden bald erledigt. Goës schrieb an Lobkowitz: „Es kommen immer schlimmere Nachrichten aus Holland; ich hoffe zu Gott, es werden Mittel dagegen sein, die Sache zu redressiren; ich weiß nicht, ob die

---

¹) Leopold an Lobkowitz, 14., 21. Juni 1672. R. A.
²) Mignet, IV. 82
³) a. a. O. 87.

Klagen gegen den Kurfürsten von Brandenburg, von denen Eure Durchlaucht melden, gegründet sind; wohl weiß ich, daß man sich hier nicht weniger beklagt; es ist sich aber bei diesen Conjuncturen nicht aufzuhalten, sondern vielmehr dahin zu sehen, daß mit allgemeinem Zuthun dem Uebel eine Abhilfe verschafft werde" 1). Am 9. Juli kam der Herzog von Anhalt wieder nach Wien, wenige Tage nachher, am 13. Juli 1672 genehmigte der Kaiser den Vertrag. Der Herzog sprach Lobkowitz seinen besonderen Dank aus, und wie der Kurfürst mit Vergnügen gehört habe, „daß die Geschicklichkeit des Fürsten alles zu diesem Zwecke eingeleitet habe" 2).

Der Kaiser hatte trotz der Verträge mit Frankreich 1668 und 1671 keinen Anstand genommen, das Bündniß mit Brandenburg abzuschließen. In beiden Verträgen war das Recht vorbehalten, Deutschland zu unterstützen, jeden feindlichen Angriff abwehren zu können. In gutem Glauben ließ der Kaiser den Vertrag dem französischen Gesandten mittheilen, aber Ludwig XIV. machte sich kein Hehl daraus, was das Bündniß bedeute. Sein Gesandter mußte den Kurfürsten fragen, wie er zu Frankreich stehen wolle, und als dieser mit der Antwort zögerte, ließ Ludwig XIV. in Berlin und Regensburg erklären, wenn man fortfahre zu rüsten, werde er seine Armee an den Rhein schicken. Um jeder Bewegung zuvorzukommen, schickte er sogleich seine Befehle: Turenne sollte den Niederrhein, Condé den Oberrhein decken. Am meisten beunruhigte ihn, daß Pisola im Haag am 25. Juli mit den Generalstaaten einen Vertrag entworfen hatte, in welchem dem Kaiser, wenn er 20.000 Mann Hilfstruppen stellen würde,

---

1) 27. Juni 1672. N. A.
2) Der Herzog von Anhalt an Lobkowitz, 24. Juni, 29. Juli 1672. Die Briefe Anhalt's an Lobkowitz von 1663—1671 im N. A. Meine Darstellung weicht von Pufendorf, XI. 47—50, Stenzel, II. 312—314, Wagner, I. 209, und Droysen, III. 3, 391, ab. Der Vertrag kam rasch zu Stande, Lobkowitz hat ihn nicht verzögert.

220.000 Thaler Werbegeld und 45.000 Thaler monatlicher Subsidien zugesagt waren. Noch hoffte man in Wien den Krieg mit Frankreich vermeiden zu können und der Kaiser schob auf den Rath seines ersten Ministers die Genehmigung des Haager Entwurfes hinaus. Der Vertrag mit Brandenburg sollte ein Vertheidigungsbündniß bleiben, und Montecuculi erhielt den Auftrag, in dem gemeinsamen Feldzug nichts gegen Frankreich zu unternehmen und den Kurfürsten viel weniger zu unterstützen als zu zügeln[1]). Man hatte in Wien den Verdacht, daß es der Kurfürst und der Herzog von Braunschweig viel mehr auf die katholischen Bisthümer Köln, Münster und Hildesheim abgesehen hatten, als auf eine energische Unterstützung Hollands[2]). Lobkowitz ließ sich in den Verhandlungen mit Gremonville hinreißen, Dinge zu sagen, welche der Minister dem Gesandten einer fremden Macht niemals anvertrauen durfte; nämlich über das Verhältniß Oesterreichs zu Brandenburg, über die Stellung Montecuculi's in der verbündeten Armee u. a. Er versicherte Gremonville, der Marsch der österreichischen Truppen sei nur eine Scheinbewegung und viel mehr dazu bestimmt, den Kurfürsten nicht allein handeln zu lassen; er sei wie ein losgelassenes Pferd, dem man die Zügel anlegen müsse. Als Gremonville sich damit nicht zufrieden stellte und mit der Waffenmacht Frankreichs drohte, erwiederte Lobkowitz: Frankreich wolle den Kaiser verhindern, seine Gewalt und Pflicht im Reiche zu üben; seit der Wegnahme der deutschen Festungen konnte der Kaiser das Bündniß mit Brandenburg nicht mehr zurückweisen; Ludwig XIV. möge nur verhindern, daß Turenne über den Rhein gehe; das Erscheinen einer französischen Armee auf deutschem Boden werde

---

[1]) Ranke, III. 403.
[2]) Gremonville an Ludwig XIV., 14. September 1672. Mignet, IV. 105.

einen Krieg entflammen, dessen Folgen unabsehbar wären[1]). Aber die Dinge waren mächtiger als Lobkowitz; sie glitten ihm allmälig aus der Hand. Ludwig XIV. ließ sich durch das Bündniß Oesterreichs mit Brandenburg nicht zurückschrecken. Er befahl Turenne, die Verbündeten sogleich anzugreifen, wenn sie in Münster oder Westphalen einmarschiren würden, und sie besonders keinen Posten am Rhein nehmen zu lassen.

Noch bevor die kaiserlichen Truppen auf dem Marsche nach Deutschland waren, traf in Wien die Nachricht von der Umwälzung in Holland ein, in welcher die Holländer, um nicht französisch zu werden, ihre alte republikanische Freiheit aufgaben und sich in Krieg und Politik der Führung des jungen, muthvollen Prinzen von Oranien unterwarfen. Am 10. August 1672 wurde Oranien zum Statthalter, Generalcapitän und Admiral der Provinz Holland ernannt, am 20. August der Großpensionär Johann de Witt mit seinem Bruder vom fanatischen Pöbel ermordet. Ludwig XIV. ließ sich durch das Ereigniß in seinen Plänen nicht zurückhalten, ja er hatte insgeheim die oranische Partei unterstützt, in der Hoffnung, den jungen Oranien eher bezwingen zu können, als die regierenden Herren mit ihren Geldkräften und ihrer politischen Kenntniß. Aber er täuschte sich. Die Holländer nahmen den Kampf für die Unabhängigkeit der Republik so muthig auf, wie ein Jahrhundert früher die Meergeusen, und der junge Oranien wurde der „Eckstein der Freiheit" nicht bloß für Holland, sondern für ganz Europa, und die stolze Macht Ludwig's XIV. sollte noch daran zerschellen. Auch die österreichische Politik wurde in dem Moment von den Ereignissen in Holland nicht verändert, so sehr auch der Gesandte im Haag, Kramprich,

---

[1]) Gremonville an Ludwig XIV., 4. August, 2., 14. September 1672. Mignet, IV. 103, 104, 108.

mit den beiden Brüdern de Witt sympathisirt hatte ¹). Pötting schrieb damals an Lobkowitz ²): „Frankreich ziele auf eine monarchische Herrschaft hin; es scheine ihm ruhmwürdiger mit dem Degen in der Faust sich solchem Ehrgeiz zu widersetzen als mit gefalteten Händen den Ruin zu erwarten." Aber der Wiener Hof zog es vor, noch abzuwarten und mit Frankreich noch nicht zu brechen.

Die österreichischen Truppen, etwa 16.000 Mann, hatten sich im August an der böhmischen Grenze bei Eger versammelt, und sich unter Montecuculi am 9. September mit den brandenburgischen Truppen im Bisthum Hildesheim vereinigt. Sie marschirten an den Mittelrhein und wollten bei Mainz oder Coblenz über den Fluß, aber alle Fürsten des Rheingebietes, Trier, Köln, Mainz und Pfalz verweigerten ihnen den Uebergang. Turenne kam ihnen zuvor, ging bei Neuwied über den Rhein, und schob sich so zwischen die Verbündeten und Oranien ein, daß er ihre Vereinigung verhinderte. Die Verbündeten zogen sich nach Westphalen zurück, bestanden einige Gefechte mit den kölnischen und münster'schen Truppen, und kehrten im Winter nach Halberstadt und Franken zurück. Der ganze Feldzug nahm ein klägliches Ende. Man hatte auf den Anschluß der deutschen Fürsten gerechnet und sich darin vollständig getäuscht, alle waren in Furcht vor Frankreich ³). Montecuculi hatte seinem Auftrage gemäß den Kurfürsten mehr gelähmt als unterstützt ⁴), und jedes Unternehmen zu

---

¹) Krampich's Briefe an Lobkowitz aus dem Haag, 4., 11. Juli 1672. R. A.

²) Aus Madrid, 16. August 1672. R. A.

³) Wäre wohl zu wünschen, daß alle Reichsstände zusammenhalten: es sollte mit den Franzosen bald gethan sein, es scheint aber, daß man die französische Macht zu sehr fürchtet. Anhalt an Lobkowitz, 10. November 1672. R. A.

⁴) Plutôt paralysé que secondé. Gremonville an Ludwig XIV., 28. October 1672. Mignet. IV. 182.

einer offenen Feldschlacht zurückgewiesen. Der Kurfürst hatte
darüber sichere Nachrichten aus Wien, konnte die Vereinigung
mit Oranien nicht bewerkstelligen, und mußte die holländischen
Hilfsgelder eingestellt sehen. In Wien klagte man wieder über
den Kurfürsten, daß er das Vertheidigungsbündniß nicht eingehalten und keine Rücksicht auf Oesterreich genommen habe.
Der Kaiser war wieder in dem alten Schwanken zwischen Krieg
und Frieden mit Frankreich. Er hatte Lobkowitz zugesagt, daß
er ihn auf dem Ministerposten erhalten wolle, wenn er ihn,
ohne mit Frankreich zu brechen, aus diesem Wirrwarr der
Dinge herausbringen könne. Für einen Augenblick hatte die
französische Politik am Wiener Hof wieder die Oberhand.
Hocher und Lobkowitz sprachen zu Gremonville von der Nothwendigkeit des Friedens mit Frankreich [1]. Der letztere hatte
es durchgesetzt, daß im September der Marsch der Truppen
gegen den Rhein eingestellt wurde. Er sagte damals zu Gremonville: man möge keinen Bruch fürchten; der Kurfürst sei
ein Prahler; er wolle der Schiedsrichter in allen Angelegenheiten sein, aber man werde ihn zwingen, seinen Vergleich zu
fordern [2]. Dagegen drängten wieder die Spanier und die
deutschen Minister, welchen das Schicksal Hollands und Deutschlands am Herzen lag, zum offenen Krieg. Als Turenne über
den Rhein ging, ließ der Kaiser erklären, daß er dies als
eine Verletzung des Friedens in Deutschland und als eine
Verachtung seines Ansehens erkennen müsse. Hocher mußte im
Auftrage des Kaisers die Räumung des deutschen Bodens
und Zurückstellung der deutschen Festungen fordern. Zugleich
genehmigte der Kaiser am 17. October den Vertrag mit Holland, den Lisola im Haag entworfen, Lobkowitz aber immer
verhindert hatte. Man wollte den Kurfürsten von Branden-

---

[1] Che bisogna fare la pace. Gremonville an Ludwig XVI.,
26. September 1672. Mignet, IV. 114.

[2] Gremonville an Ludwig XIV., 2. October 1672. Mignet, IV. 114.

burg versöhnen. Montecuculi legte das Commando nieder und ging nach Wien zurück. Der neue Befehlshaber, Alexander Duc de Bournonville erhielt den Befehl, sich dem Kurfürsten zu fügen und ernstlich gegen die Franzosen vorzugehen. Oesterreich versprach für das nächste Frühjahr 30.000 Mann kaiserliche und 15.000 Mann spanische Truppen in das Feld zu führen.

Aber der Kurfürst hatte die Lust am Kriege verloren, fiel ab und wünschte sich mit Frankreich zu vertragen. Der Herzog von Anhalt schrieb an Montecuculi [1]): "Holland zahlt seit vier Monaten keine Subsidien mehr; Cleve und Mark sind von den Franzosen besetzt, Ravensberg und Minden werden daran kommen; der Kurfürst wird daher wohl, wenn nicht andere Mittel aufgewendet werden, aus dem Bündnisse scheiden, seine Sicherheit bei Zeiten suchen und seine stattlichen Völker auseinandergehen lassen, welcher Verlust dem gemeinen Wesen zu Schaden kommen wird. Frankreich wird nun den Holländern den Frieden abzwingen". Am 30. Mai berichtete Anhalt dem Fürsten Lobkowitz, daß der Kurfürst sich vergleichen wolle und Hoffnung zu einem ehrenhaften Frieden habe [2]). Schon am 10. April war in St. Germain ein Abkommen getroffen, in welchem Friedrich Wilhelm versprach, in guter Freundschaft mit Frankreich, Köln und Münster zu leben. In dem Frieden, welcher am 6. Juni 1673 zu Vossem bei Mastricht geschlossen wurde, erhielt der Kurfürst seine clevischen Besitzungen zurück, versprach die Ansprüche Frankreichs in Holland zu unterstützen; Ludwig XIV. erkannte alle Erbansprüche Brandenburg's an und versprach 800.000 Livres. Der Kurfürst behielt sich nur freie Hand vor, wenn das deutsche Reich angegriffen werden sollte [3]). In diesem Sinne

---

[1]) Minden, 14. März 1673. R. A.
[2]) R. A.
[3]) Droysen, III. 3, 344.

schrieb er nach Wien, daß er unter allen Umständen in schuldiger Treue gegen Kaiser und Reich verharren werde [1]). Friedrich Wilhelm war in dieselbe politische Lage wie Oesterreich nach dem Vertrage von 1671 zurückgedrängt: sie behielten sich vor, Deutschland zu schützen und gaben Holland den Franzosen preis. Die Folge des Friedens von Vossem war der Fall von Mastricht. Frankreich hatte damit den Schlüssel zu den spanischen und vereinigten Niederlanden in der Hand. Wohl war seit dem Frühjahre 1673 ein Congreß in Köln versammelt, wo Schweden einen Frieden zwischen Frankreich, England und Holland zu vermitteln suchte, aber Ludwig XIV. stellte Forderungen, welche das Dasein der unabhängigen Republik Holland unmöglich machten.

Auch Oesterreich wollte noch den Frieden mit Frankreich erhalten, aber diesmal mit den Waffen in der Hand. Auf die Anregung des Fürsten Schwarzenberg entschloß sich der Kaiser, eine Armee aufzustellen, um den Friedensverhandlungen in Köln Nachdruck zu geben. Binnen zwei Monaten, bis Mitte Juli sollten in Eger 30.000 Mann unter der Führung Montecuculi's versammelt sein. Der Kaiser ermannte sich zu der würdigen, entschlossenen Politik, welche die Lage der Dinge erforderte. Man einigte sich im Ministerium dahin, Deutschland zu befreien und Ludwig XIV. keine zu großen Eroberungen in den Niederlanden machen zu lassen. Als der König, um den Wiener Hof zu sondiren, anbieten ließ, seine Armee aus Deutschland zurückzurufen, wenn der Kaiser sich nicht zu Gunsten seiner Feinde entscheiden würde, erhielt er bereits die Antwort: dadurch würde zwar Deutschland befreit, aber die Generalstaaten und die spanischen Niederlande blieben Frankreich preisgegeben. Der Kaiser empfing den Rathspensionär von Amsterdam, der in einer außerordentlichen Mission in Wien

---

[1]) 11. Mai 1673. Droysen, III. 3, 456.

war, und versprach ihm, Holland zu unterstützen, wenn es in Köln sich nicht zu rasch zu einem Frieden herbeilassen würde [1]). Oesterreich versicherte sich der militärischen Hilfe Sachsens; es erhielt von Trier das Recht der Besetzung von Coblenz und Ehrenbreitstein, um einen Uebergang über den Rhein frei zu haben; bei einer günstigen Lage konnte man auf die Bundesgenossenschaft Brandenburg's rechnen. Es war ein vollständiger Umschwung der österreichischen Politik. Fürst Lobkowitz vermochte die Dinge nicht mehr zu beherrschen. Er hatte kein Vertrauen zu der neuen Wendung und weissagte einen schlechten Erfolg. Gremonville erwiederte er auf eine Anfrage wegen der Aufstellung der Armee in zwei Monaten: „wenn dies auch geschieht, so wird sie zwei Monate früher als im vergangenen Jahre Dummheiten machen" [2]). Lobkowitz war ganz isolirt; es lag gar nicht mehr in seiner Macht, den Kaiser nach seinen Intentionen zu leiten [3]), und seine kleinen Intriguen vermochten den vollständigen Umschlag der österreichischen Politik nicht aufzuhalten. Die Rüstung war noch nicht vollendet, als Oesterreich dem Könige von Frankreich seine bestimmten Forderungen stellte: Räumung des deutschen Gebietes, Zurückgabe der deutschen Festungen, Sicherung der deutschen Rechte im Elsaß gegenüber den drei französischen Bisthümern, die Herstellung Lothringens, eine Sicherheit für den Besitzstand Spaniens in den spanischen Niederlanden, und ein möglichst günstiger Friede für Holland [4]). Die Bedingungen waren noch immer günstig für Frankreich, und konnten in den Rahmen der Verträge von 1668 und 1671 gefaßt werden, aber Ludwig XIV. war von Anfang an entschlossen, sie zurückzuweisen.

---

[1]) Gremonville an Ludwig XIV., 30. Juni, 7. Juli 1673. Mignet, IV. 188.
[2]) 24. Mai 1673. Mignet, IV. 183.
[3]) Helbig: Pufendorf's Bericht, 27.
[4]) Ranke, III. 408.

Bei der ersten Nachricht von der Rüstung Oesterreichs erhielt Turenne den Befehl vorzurücken und auf keinen Fall die österreichische Armee an den Rhein zu lassen. In Wien ließ der König erklären, seine Armee zurückzurufen, wenn Oesterreich die Rüstungen einstelle. Wegen Lothringen wies er jede Vermittlung zurück, die Elsässer Streitigkeiten sollte ein Schiedsgericht entscheiden, für Holland habe er seine Bedingungen in Köln angeboten. Im Ganzen war es Ludwig XIV. nur darum zu thun, Zeit zu gewinnen und den Marsch der österreichischen Regimenter zu verzögern. Gremonville erhielt den Auftrag, alles hinauszuschieben und dem Wiener Hofe etwas vorzuplaudern [1]). Inzwischen gewann die französische Armee Zeit, Trier und das linke Rheinufer zu besetzen. Am 1. Juli war Mastricht gefallen. Der König war in einer Stellung, daß er Oesterreich erwarten konnte.

Kaiser Leopold hielt auf der einmal betretenen Bahn nicht inne. Sie entsprach seinem Gefühle für Deutschland und Spanien. Schon 1671 hatte er ohne Wissen seiner Minister den Spaniern zugesagt, daß er im nächsten Kriege ihre Partei ergreifen werde [2]). Der spanische Gesandte Marquis de los Balbasos fing wieder an eine Rolle zu spielen. Am 28. Juli kam der Pensionär von Amsterdam zurück und versicherte, daß die Generalstaaten geneigt seien, sich mit Oesterreich und Spanien zu verbinden. Die Fäden waren von dem Gouverneur der spanischen Niederlande angesponnen, einer seiner Vertrauten, der Spanier Don Pedro Ronquillo kam von Brüssel herbei, um die Unterhandlung zu Ende zu bringen [3]). Höfische und politische Einflüsse wirkten dabei mit. Namentlich hielt jetzt die Kaiserin-Wittwe Eleonore, welche ihre Tochter an den König von Spanien verheiraten wollte, zur spanischen Par-

---

[1]) d'amuser le tapis. Mignet, IV. 190.
[2]) Helbig: Pufendorf's Bericht, 65.
[3]) Ranke, III. 410.

tei ¹). Sie und die Minister Schwarzenberg und Montecuculi veranlaßten den Kaiser, um ihn den Wiener Einflüssen zu entziehen, zu einer Reise zur Armee in Böhmen. Als die Reiseanstalten getroffen wurden, war Gremonville doch überrascht; er hatte diese Entscheidung nicht erwartet. Lobkowitz sagte ihm öffentlich, diese Reise des Kaisers sei so entscheidend wie der Uebergang über den Rubicon; insgeheim gab er ihm aber den Rath, mit Hocher ernstlich und fest zu sprechen, auf der ersten Reisestation des Kaisers nochmals eine Audienz zu nehmen; es könnte der letzte Versuch sein, die Reise zu verhindern und Ludwig XIV. zu seinem Ziele zu verhelfen ²). Der Kaiser reiste jedoch am 4. August ab, ohne Gremonville gesehen zu haben. Während der Reise stellte er die letzten Forderungen an Ludwig XIV.: Räumung Deutschlands, Herausgabe der deutschen Festungen, für den Elsässer Streit ein Schiedsgericht, Herstellung Lothringens in drei Monaten und Frieden für Spanien und Holland. Da Hocher und Lobkowitz im Gefolge des Kaisers reisten, wurde Graf Zinzendorf, Obersthofmeister der Kaiserin-Wittwe, mit der Fortführung der Verhandlung beauftragt, aber Ludwig XIV. hielt das Anerbieten nur für eine neue Täuschung, antwortete nicht, und überließ es Oesterreich, den Bruch herbeizuführen.

Seit 1. August war an der böhmischen Grenze bei Eger eine stattliche Armee versammelt: das Corps Bournonville's, die alten Regimenter aus Böhmen, Mähren, Schlesien und mehrere frisch geworbene Regimenter, 35.715 Mann, 24.590 Fußsoldaten und 11.125 Reiter. 30.000 Mann waren in Oesterreich und Ungarn zurückgeblieben. Der Kaiser kam am 20. August nach Eger, hielt eine allgemeine Musterung und reiste am 26. nach Prag zurück. Mehrere deutsche Fürsten, der Kur-

---

¹) Morosini's Bericht 1674. St. A.
²) Gremonville an Ludwig XIV., 7. August 1673. Mignet, IV. 194.

fürst von Sachsen, der Herzog von Sachsen-Lauenburg, der Markgraf von Baden, ein junger Herzog von Württemberg, zwei junge Herren von Anspach und Baireut waren nach Eger gekommen, um dem Kaiser ihre Dienste anzubieten [1]). Am 28. August rückte die Armee unter der Führung Montecuculi's über die Grenze, am selben Tage ließ der Kaiser im Reichstage zu Regensburg den Bruch mit Frankreich erklären, und am 30. August wurden im Haag die Verträge unterzeichnet, welche Oesterreich, Holland, Spanien und Lothringen gegen Frankreich einigten. Die Mächte verpflichten sich, den westphälischen und Aachener Frieden zu erhalten; der Kaiser schickt seine Armee an den Rhein; die Holländer zahlen dafür monatlich 45.000 Thaler Hilfsgelder und stellen eine Armee von 20.000 Mann; Spanien, Holland und Lothringen übernehmen wechselweise die Garantie ihres Besitzes [2]). Da zu gleicher Zeit Ludwig XIV. die Elsässer Städte besetzen und Turenne nach Franken vorrücken ließ, nahm der Kaiser dies als die Kriegserklärung, und befahl Zinzendorf in Wien, dem französischen Gesandten die Pässe zuzuschicken [3]). Leopold I. wollte Gremonville nicht mehr sehen. Dieser reiste, weil der Kaiser in wenigen Tagen erwartet wurde, ab, ging jedoch einstweilen nach Nußdorf in der Nähe von Wien, um dort seine Equipagen zu erwarten, in der That aber um zu warten, „ob niemand etwas von ihm zu verlangen habe". Der Nuntius, der venetianische Botschafter und P. Emerich kamen nach und forderten ihn auf, die Verhandlung aufzunehmen. Gremonville war geneigt dazu, aber der Kaiser ließ ihm durch den Gouverneur von Wien schreiben, daß er sogleich abreisen solle.

---

[1]) Frankfurter Relationen 1673.
[2]) Stenzel, VI. 256.
[3]) 16. September 1673. Mignet, IV. 213. Habe also für gut befunden, daß Gremonville von Wien abziehe und schon solches durch Graf Albrecht Zinzendorf doch per gradus angezeigt. Der Kaiser an Lobkowitz. Znaim, 17. September 1673. R. A.

Gremonville sah weder den Kaiser noch den Fürsten Lobkowitz wieder, und ging nach Frankreich zurück. Ludwig XIV. schenkte ihm eine Abtei in der Normandie mit 20.000 Livres Rente. Der geschickte, schlaue Diplomat verschwand vom öffentlichen Schauplatze und wurde nicht mehr genannt.

Wie im früheren Capitel erzählt wurde, reiste der Kaiser anfangs October nach Graz, um sich mit der Erzherzogin Claudia zu vermählen. Dort wurde am 6. October der Vertrag mit Holland, dessen Präliminarien bereits am 1. Juli und 30. August im Haag abgemacht waren, ratificirt. Noch während der Hochzeitfeierlichkeiten begann der Krieg. Montecuculi vereinigte sich in Franken mit den sächsischen Truppen und dem Corps des Herzogs von Lothringen, wich bei Aschaffenburg einer Schlacht mit Turenne aus, wurde aber doch von diesem durch längere Zeit in Schach gehalten. Erst als der Bischof von Würzburg eine Brücke bei Würzburg frei ließ, ging Montecuculi über den Main, täuschte Turenne über seine Richtung, rückte bis Mainz vor, bedrohte scheinbar den Elsaß, wandte sich dann rasch zum Niederrhein, ging über den Fluß und vereinigte sich mit dem Prinzen von Oranien, der ihm mit den spanischen Truppen 24.000 Mann zuführte. Was der Kurfürst von Brandenburg ein Jahr früher vergeblich versucht hatte, war von Montecuculi in einem raschen glücklichen Zuge durchgeführt. Die kaiserliche Armee überwinterte in der Pfalz, die französische im Elsaß und in Lothringen.

Die Wendung in Oesterreich und der erste glückliche Feldzug führte eine gänzliche Veränderung der politischen Verhältnisse herbei. Dänemark verbündete sich mit Holland (26. Jänner 1674), Carl II. von England wurde durch das Parlament gezwungen, Frieden mit der Republik zu machen (9. Februar 1674), und die Kölner Conferenzen kamen zum Abbruch. Die kaiserlichen Soldaten nahmen vor den Thoren Kölns einen Geldtransport von 80.000 Thalern weg, welche den Franzosen zugeführt werden sollten, und um den deutschen

Fürsten den vollen Ernst zu zeigen, ließ die österreichische Regierung den Kölner Domherrn Graf Wilhelm Fürstenberg aufheben und nach Wien bringen. Fürstenberg war Reichsfürst, Capitular des Erzstiftes in Köln und Bevollmächtigter des Kurfürsten, Oberst eines Regimentes im Dienste Frankreichs, Abt zu St. Germain, ein Deutscher von Geburt und Franzose im Herzen, halb Soldat, halb Prälat, ein lebhafter, unruhiger Herr, der 1658 bei der Kaiserwahl und später von 1665 bis 1668 an allen deutschen Höfen für Frankreich intriguirt hatte. Auch bei den Conferenzen war er vielmehr ein Agent Frankreichs als ein Bevollmächtigter seines Herrn, und wußte die deutschen Fürsten im französischen Interesse zu erhalten. Ein österreichischer Generalmajor vom Regiment Grana, Marquis Obizzi, nahm ihn mit zehn oder zwölf Offizieren nach kurzem Widerstande auf der Straße in Köln gefangen (16. Februar 1674). Der Gewaltstreich machte viel Aufsehen. Die Franzosen erklärten ihn als eine Verletzung des Völkerrechtes, und benützten den Vorwand, die Conferenzen abzubrechen. In Wien verlangte der schwedische Gesandte Pufendorf die Auslieferung, aber Hocher antwortete: Fürstenberg habe keine Vollmacht als Gesandter, und wenn er sie gehabt habe, so sei sie durch die Gegenwart des Erzbischofes, seines Herrn erloschen; er sei vom Kurfürsten nur wie ein anderer Beamter beauftragt gewesen, und der Kaiser habe Fug und Recht, Fürstenberg für seine Intriguen gegen das deutsche Reich zu strafen [1]). Die Gründe waren wohl etwas seicht. Frankreich bekümmerte sich jedoch nicht mehr um ihn, und der Kurfürst von Köln war froh, des lästigen Rathgebers ledig zu sein. Fürstenberg blieb gefangen, erst in Wiener-Neustadt, dann in Schloß Pottendorf, welches früher Nádasdy gehört hatte. Der geheime Rath sprach ihm das Leben ab. Nur in Folge der Vermitt-

---

[1]) Mignet, IV. 278.

lung des Nuntius wurde er verschont und blieb gefangen ¹). Fürstenberg unterwarf sich später dem Kaiser. Bei Gelegenheit der dritten Heirat des Kaisers schrieb er seine Glückwünsche, seine Reue und Bitte um die Freiheit; er gelobte alles zur Vermehrung der Autorität und Ehre des Kaisers beizutragen ²). Er wurde befreit und kehrte nach Köln zurück.

Noch bevor der Feldzug 1674 eröffnet wurde, fielen die deutschen Rheinfürsten von Ludwig XIV. ab und verbündeten sich mit dem Kaiser und Holland: Münster am 22. April, Braunschweig-Lüneburg am 24. April, Köln am 4. Mai. Der alte Kurfürst von Mainz, Johann Philipp von Schönborn war 1673 am 12. Februar gestorben; sein Nachfolger, Carl Heinrich von Beilstein-Metternich war für Oesterreich gestimmt. Mainz, Trier und Pfalz hatten sich bereits am 10. März mit Oesterreich verbündet. Am 28. Mai erklärte der deutsche Reichstag den Krieg an Frankreich. Ganz Süddeutschland mit Ausnahme von Baiern rüstete für den Kaiser, und mit Brandenburg waren die Verhandlungen wegen des Anschlusses im Zuge.

Oesterreich hatte seit dem Bruch mit Frankreich das Bündniß mit Brandenburg offen gehalten. Der Kaiser sagte im September 1673 zu dem brandenburgischen Gesandten: es werden sich schon Mittel finden, das Werk so einzurichten, daß der Kurfürst dabei concurriren könne ³). Friedrich Wilhelm war mißtrauisch gegen Frankreich, weil es die versprochenen 800.000 Livres nicht gezahlt hatte, aber er war ebenso mißtrauisch gegen Oesterreich, weil die Action vom Kaiser ausging und er die politische und militärische Führung diesmal nicht erwarten konnte. Als die kaiserlichen Truppen 1673 an den Rhein vorrückten, verband sich der Kurfürst mit Schweden,

---

¹) Wagner. I. 282, 284. Amelot de la Houssaie, Memoiren 1722, 452.
²) 4. November 1676. Heiratsacten. St. A.
³) Droysen, III. 3, 160.

Braunschweig und Hessen-Cassel zu einer dritten Partei im
Reiche, um im Nothfalle den Kaiser mit Gewalt vom Kriege
abzuhalten ¹). Goës schrieb nach Wien ²): „Man hat in Berlin eine dritte Partei vorgeschlagen, aber die rechte Partei
wäre, daß die Stände des Reiches sich mit ihrem Oberhaupt
vereinigen und die Fremden aus dem Reiche hielten; so aber
will man das Übel und mit noch größerer Trennung und
einem Hauptschisma remediren." Der Kurfürst war ein Herr
kriegerischen Sinnes, kräftig gerüstet und gewöhnt sich leicht
an Parteien anzuschließen oder davon zu befreien, ohne sich
um den allgemeinen Tadel zu bekümmern ³). Ungeachtet des
Vertrages mit Schweden hatte er nicht aufgehört, seine Verbindungen mit dem Wiener Hofe und Holland zu unterhalten ⁴). Wo der größte Gewinn und die meiste Ehre zu hoffen
war, dorthin wollte er sich neigen. Oesterreich war es diesmal
um das Bündniß mit Brandenburg auch wegen der Angelegenheiten wegen Polen zu thun. Der König Michael war im
November 1673 gestorben, seine Wittwe nach Oesterreich zurückgekehrt. Der Czar Alexander, der Prinz Condé und der
Herzog von Lothringen bewarben sich wieder um die Krone,
bis am 21. Mai 1674 der kühne Feldherr Johannes Sobiesti
zum König gewählt wurde. Sobiesti hielt mit der französischen
Partei, er stand mit Ludwig XIV. in Verbindung; die Ungarn
hofften von ihm Hilfe und Unterstützung; bei der Fortsetzung
des Türkenkrieges konnte leicht ein Einfall in Ungarn stattfinden ⁵). In Berlin und Wien wußte man nicht recht, wohin
sich der König neigen würde. Da die polnische Königswahl
wider Verhoffen der Mächte ausgefallen, schrieb Goës an
Lobkowitz, so sei es umsomehr nöthig, daß der Kurfürst sich

---

¹) 10. December 1673. Stenzel, II. 327.
²) Goës an Lobkowitz, Berlin, 9. October 1673. R. A.
³) Morosini's Bericht 1674. St. A.
⁴) Droysen, III. 3, 471.
⁵) Morosini, 1674.

mit dem Kaiser vereinige, und mit gemeinschaftlichen Rath=
schlägen und Waffen die allgemeine Sicherheit vertheidigt
werde ¹). Die Wahl Sobieski's beschleunigte in der That die
Verhandlungen zwischen Oesterreich und Brandenburg. Nach
der Schlacht von Sinzheim, welche Turenne gegen die Oester=
reicher gewann, war die Hilfe Brandenburg's nöthiger als je,
und man ging auf seine Bedingungen ein. Der Kurfürst schloß
als ein freier souverainer Fürst am 1. Juli 1674 ein Schutz=
und Trutzbündniß mit dem Kaiser, mit Spanien und den General=
staaten. Er versprach 16.000 Mann zu stellen; Spanien und
die Republik zahlen ihm 200.000 Thaler Werbegeld und be
streiten den Unterhalt seiner Truppen zur Hälfte; würde
Brandenburg angegriffen, so senden die Verbündeten eine
gleiche Zahl Hilfstruppen. Ein Waffenstillstand oder Friede
soll nur im gemeinsamen Einverständniß geschlossen werden ²).
Auch mit Dänemark und Lauenburg wurde ein Bündniß unter=
zeichnet ³). Mit Ausnahme von Baiern und Hannover stand
ganz Deutschland in Waffen gegen Frankreich. Durch die Na=
tion ging wieder ein frischer Zug des Lebens. Seit mehr als
einem Jahrhundert war kein so einmüthiger Bund zu Stande
gekommen. Die Berichte der Gesandten sind voll Muth und
Freude: es sei einmal nothwendig, daß man „vigoureus" vor=
gehe. So weit hatte es der maßlose Ehrgeiz Ludwig's XIV.
seine Verachtung alles öffentlichen Rechtes gebracht, daß alle
seine Verbündeten abfielen und eine Coalition für die Freiheit
des Staates, den er bezwingen wollte, entstanden war. So
lange Lionne gelebt hatte, zeigte die französische Politik noch
immer eine gewisse Mäßigung. Sein Nachfolger, der wilde
Louvois, riß den König in eine wahrhaft leidenschaftliche Politik
hinein. Wieder zeigte sich die Erscheinung, daß Frankreich,

---

¹) Goës an Lobkowitz, 18. Juni 1674. R. A.
²) Droysen, III. 3. 482. Stenzel, II. 330.
³) 1. Juni 1674. Kramprich an Lobkowitz, 16. Juli 1674. R. A.

wenn es die Unterdrückten stützt und vereinigt, siegreich ist, daß aber seine Feinde aus dem Boden wachsen, wenn es die Freiheit und Unabhängigkeit der anderen Staaten bedroht.

Die ganze politische Lage war verändert. Der Krieg für die Freiheit von Holland wurde ein Krieg für den spanischen Besitz und Lothringen, und die deutsche Waffenmacht war es besonders, welche diesen Besitz in den Niederlanden und im Elsaß vertheidigte. Ludwig XIV. gab die Eroberung von Holland auf. Da der König erfahren hatte, daß ihn die Verbündeten von der Freigrafschaft und den Niederlanden her angreifen wollten, wandte er sich im April 1674, wie es Windischgrätz vorausgesagt hatte, in die Franche-Comté und unterwarf das Land. So tüchtig war die Armee, so kühn die Führer, daß Frankreich nach allen Seiten hin im Vortheile blieb. Als die Verbündeten unter Oranien und Souches durch die Niederlande vordringen wollten, stellte sich ihnen Condé mit 40.000 Mann entgegen und lieferte ihnen am 11. August 1674 die Schlacht bei Senef. Beide Theile schrieben sich den Sieg zu, aber die Verbündeten waren doch gehindert, in die Picardie und Champagne vorzudringen. Sie mußten sich begnügen, die festen Plätze Dinant und Grave einzunehmen. Auch am Rhein blieben die Franzosen siegreich. Turenne schlug die Kaiserlichen am 16. Juni 1674 bei Sinzheim zwischen dem Rhein und Neckar, und nöthigte Bournonville nach Frankfurt zurückzukehren. Als die deutschen Verbündeten im September bei Mainz über den Rhein gingen und zwischen Speier und Straßburg lagerten, griff sie Turenne bei Enzheim am 4. October an, und drängte sie aus der Stellung, welche den Franzosen so gefährlich war. Kurze Zeit nachher schien die Uebermacht wieder auf deutscher Seite zu sein. Der Kurfürst von Brandenburg kam am 12. und 13. October mit 20.000 Mann nach Straßburg. Die Verbündeten hatten wieder 60.000 Mann und nahmen sich vor, den Elsaß, Lothringen und die Franche-Comté zu befreien. Die holländisch-kaiserliche Armee sollte sie von den Niederlanden her unterstützen. Die „Reichsarmee" war aber kaum beisammen, so zeigten sich die Mängel der Conföderation. Der Kurfürst von Brandenburg hatte den Oberbefehl, aber niemand gehorchte; jeder Führer wollte seine Truppen schonen. Wieder schob man die Schuld auf Oesterreich. Es wurde erzählt, daß Souches dem Prinzen von Oranien in den Niederlanden und Bournonville dem Kurfürsten im Elsaß Hindernisse in den Weg legten, ja man begann zu zweifeln, ob es zwischen Oesterreich und Frankreich zum Bruche gekommen wäre. Im Lager und an den Höfen wurde geklagt, daß Lobkowitz durch geheime Befehle die Unternehmungen der Verbündeten im Felde durchkreuze. Aber Lobkowitz nahm seit einem Jahre keinen Einfluß mehr auf die äußeren Geschäfte, am wenigsten auf die Führung der Armee, und im October 1674, noch bevor der Kurfürst auf dem Kriegsschauplatze erschien, war Lobkowitz nicht mehr im Amte und vom Hofe entfernt. Die schlechten Erfolge, die er vorhergesagt hatte, kamen auf eine ganz andere Rechnung, zumeist auf die Uneinigkeit der Führer und die Eifersucht des Kurfürsten. Der ganze Krieg verlief ohne entscheidend günstige Resultate für die Verbündeten.

Ludwig XIV. wußte die verbündeten deutschen Mächte dadurch zu lähmen, daß er ihnen Feinde im Rücken erweckte. Auf seine Anregung erklärte Schweden den Krieg an Brandenburg, und der Kurfürst konnte seine Kräfte nicht mehr gegen Frankreich verwenden. In Deutschland ließen Hannover und Baiern die Entwicklung aller deutschen Streitkräfte nicht zu. Um Oesterreich im Inneren zu beschäftigen, ließ Ludwig XIV. durch seine Agenten die Unzufriedenen in Ungarn aufmuntern, und unterstützte sie mit Geld und gutem Rath. Der Krieg wurde am Rhein und in den Niederlanden mit wechselndem Erfolge fortgeführt, aber im Ganzen blieb Ludwig XIV. durch seine Waffen und seine Politik den Verbündeten überlegen.

Im Frieden von Nimwegen [1]) behielt Frankreich die ganze Franche-Comté, und eine Reihe fester Städte in den Niederlanden, welche Frankreich im Norden wie mit einem eisernen Gürtel einschlossen. Der alte Herzog Carl von Lothringen war 1676 gestorben, der junge Herzog Carl, welcher in der österreichischen Armee diente, trat in sein Recht, aber Frankreich hielt das Land noch besetzt und verlangte solche Militärstraßen, daß es für jeden Fall wieder von dem Lande Besitz ergreifen konnte. Oesterreich schloß sich am 5. Februar 1679 dem ruhmlosen Frieden an. Es mußte das alte Freiburg an Frankreich überlassen, und hatte von allen seinen Anstrengungen nichts als zerrüttete Finanzen und den Sturz der einheitlichen Regierung in Ungarn. Auch Brandenburg und Dänemark fügten sich dem Frieden mit Frankreich, Ludwig XIV. hatte die Coalition, die gegen ihn aufgerichtet war, getrennt und geschlagen. Der Krieg endigte mit dem Triumphe Frankreichs, und Ludwig XIV. konnte sich eine Zeit als den Herrn von Europa betrachten. Holland und die spanischen Niederlande waren von dem Ehrgeize des Königs gerettet, der geheime Theilungsvertrag mit Oesterreich zerrissen, aber gelöst war die Frage noch nicht, was nach dem Tode des kranken Königsknaben mit Spanien geschehen sollte. —

[1]) 10. August 1678 Holland, 17. September Spanien mit Frankreich, 5. Februar 1679 mit dem Kaiser und dem Reiche.

XVI. Sturz des Fürsten Lobkowitz.

1674.

Nur wenige Jahre blieb Wenzel Lobkowitz erster Minister. Die Politik, die er befolgte, widersprach zu sehr den Ueberlieferungen des Hauses Oesterreich und der Uebermuth Ludwig's XIV. war zu groß, als daß ein Bündniß und ein Friede mit Frankreich von langer Dauer sein konnte. Es waren aber nicht die politischen Ziele allein, welche Lobkowitz Feinde und Neider erweckten, sondern ebenso die Macht, die er übte und wie er sie übte, sein Charakter, sein ganzes Walten. Die leichte Art, mit der er die Geschäfte behandelte, seine freimüthigen Aeußerungen setzten die fremden Gesandten oft in Erstaunen. Er war gar nicht dazu angethan, Freunde zu erwerben, und noch weniger sie zu erhalten. Der Witz, mit dem er Personen und Zustände geißelte, seine Heftigkeit und Willkür stieß auch jene Männer ab, die er aus dem Staube erhoben und sich verpflichtet hatte. Der Glanz, mit dem er sich umgab, sein Reichthum und sein stolzer Sinn erregten den Verdacht, er wolle noch höher steigen, als er schon gestiegen war. Als der Erzherzog Sigismund von Tirol 1665 die Tochter des Pfalzgrafen von Sulzbach, eine Nichte des Fürsten Lobkowitz heiraten wollte, nahm man an, der Fürst habe diese Heirat begünstigt, um noch mehr in die Verwandtschaft der kaiserlichen Familie zu kommen, als dies schon durch die Gonzaga der Fall war. Einer der mächtigsten Feinde des Fürsten war der

Herzog Carl von Lothringen, weil Lobkowitz gegen ihn intriguirt hatte, als er sich 1669 um die polnische Königskrone bewarb und die Erzherzogin Eleonore heiraten wollte. Auch glaubte der Herzog, daß Lobkowitz die Sache Lothringens 1670 und 1671 nicht gehörig unterstützt habe¹). Besonders waren es aber die Spanier und ihre Freunde, welche Lobkowitz haßten und kein Mittel unversucht ließen, ihn zu stürzen. Seit mehr als einem Jahrhundert hatten die Spanier durch Intriguen und Geld den Willen der österreichischen Minister zu leiten gewußt; nun widerstand ihnen ein Mann aus einer Familie, die sie mit erhoben hatten, ein Mann, mit freiem, mächtigem Geiste, hohen Zielen und unerschütterlicher Willenskraft. Weil sie ihn nicht für ihre Interessen zu gewinnen vermochten, versuchten sie ihn zu stürzen²). Von Anfang an untergruben sie seine Stellung als erster Minister. Schon 1671, als der Kaiser sich dem Bruche mit Frankreich geneigt zeigte, waren Gerüchte verbreitet, daß Lobkowitz seinen Posten verlassen wolle. Aus Berlin und Dresden wurde angefragt, was daran Wahres sei.

Bis zum Frühjahr 1673 besaß Lobkowitz das volle Vertrauen des Kaisers. Oftmals theilte der Kaiser dem P. Emerich die Klagen gegen Lobkowitz mit, damit er sie dem Fürsten berichte und dieser ausweichen könne. Noch 1671 schrieb der Kaiser³): „ich liebe ihn und vertraue ihm alle meine Handlungen an; wenn er sich was anderes einbildet, kann ich nicht dafür." Lobkowitz konnte noch den Vertrag mit Frankreich vom

---

¹) Haussonville, histoire de la réunion de la Lorraine à la France. 3. B.

²) Dall' altro canto. li Spagnuoli, ch'hanno sempre, con gl'artificij, e con gli contanti dirretta la volontà de Ministri in Allemagna, conoscendo nel Locovitz spiriti sollevati, oltre il limite delle loro industrie, non potendolo domare l'abatterono. Bericht des Michiele 1678. St. A.

³) An P. Emerich, 6. August 1671. St. A.

7. November 1671 durchsetzen. Als der Herzog von Anhalt nach Wien kam, und der Kaiser wegen der Krankheit des Fürsten den Hocher und Montecuculi verhandeln ließ, schickte er sogleich nach der Conferenz den Secretär Abele zu Lobkowitz, um ihn von allem in Kenntniß zu setzen. Der Kaiser schrieb ihm selbst die Punkte auf, über welche berathen wurde. Dabei kam es freilich auch vor, daß die Gesandten, wenn sie abreisten, durch P. Emerich geheime Instructionen erhielten, von denen der erste Minister nichts wußte, oder daß ein Gesandter auch ohne seine Zustimmung ernannt wurde, so zum Beispiel Harrach nach Madrid. Wie erzählt wurde, leitete 1671 und 1672 die Verhandlungen mit Gremonville und Anhalt der Hofkanzler Hocher, aber Lobkowitz nahm von allem Einsicht und sein Rath entschied über alle Dinge. Erst als sich der Kaiser im Frühjahr 1673 zum Widerstand gegen Frankreich entschloß, kam die Stellung des Fürsten in's Schwanken. Er fühlte das und wollte zurücktreten. Nur auf die Bitte, welche die Kaiserin Margarethe auf ihrem Todbette aussprach, blieb er im Amte. Noch hoffte er auf den Frieden und die Nachgiebigkeit Frankreichs, aber die Dinge waren stärker als er. Lobkowitz begleitete den Kaiser nach Böhmen, wohnte in Eger der Zusammenkunft mit dem Kurfürsten von Sachsen bei, nahm aber, als der Kaiser nach Prag zurückkehrte, einige Tage Urlaub, und besuchte seine Frau in Neustadt. Als er im September nach Wien zurückkehrte, um den Kaiser zu erwarten, war Gremonville bereits abgereist, der Vertrag mit Holland und Spanien unterzeichnet, der Bruch mit Frankreich entschieden. Seine Politik war gestürzt, die entgegengesetzte Anschauung bei dem Kaiser und der Regierung zum Sieg gekommen. Die Spanier erklärten, nicht mehr mit ihm verhandeln zu wollen, weil er dem Kaiser nicht die volle Wahrheit ihrer Vorschläge eröffnet habe.

Lobkowitz mußte daran denken sich zurückzuziehen. Die Heirat, welche der Kaiser eingehen wollte, war ein Motiv mehr. Auch machte das Alter seine Rechte geltend. Die ermüdende Arbeit, der fortdauernde Kampf mit Gegensätzen und fremden Einflüssen hatten seine Kraft aufgerieben. Noch ehe der Kaiser nach Graz abreiste, überreichte ihm Lobkowitz ein Gesuch um die Entlassung aus dem Dienste: er habe in der Zeit seiner Wirksamkeit nur Neid und Haß erfahren, sein Alter und seine Gesundheit gestatten ihm nicht mehr, sein Amt fortzuführen, er wolle noch alles wegen der Hochzeit in Ordnung bringen und sich dann zurückziehen [1]. Der Kaiser gewährte ihm die Bitte nicht und es war das Unglück des Fürsten, daß er nicht darauf bestand und auf einem Posten blieb, wo er nur im Gegensatz mit seiner bisherigen Lebensrichtung arbeiten konnte. Gerüchte über sein Abtreten waren allenthalben in Umlauf. In Berlin und Paris wurde davon gesprochen. Graf Windischgrätz schrieb ihm aus Kopenhagen, daß ihn der König darum gefragt, er aber die Nachricht widerlegt habe. Lobkowitz dankte ihm für seine freundschaftliche Vertheidigung und fügte nur hinzu, wie leid es ihm thue, daß sich die Leute ohne Ursache so viel Mühe geben und über ihn sprechen [2].

Lobkowitz kehrte nach Wien zurück und übernahm sein Amt wie zuvor. Die Briefe liegen vor, in welchen ihn der Kaiser in äußeren und noch mehr in inneren Angelegenheiten um Rath fragte [3]. Es scheint, daß Lobkowitz seine Freundschaft für Frankreich, welches ihn betrogen und getäuscht hatte, bereute und geneigt war, sich den neuen Verhältnissen zu fügen. Aber es war zu spät. Die Verhandlungen mit Spanien und Deutschland leitete der Hofkanzler seit dem December 1673 allein. Leopold I. hatte im Winter $16\frac{73}{74}$ factisch zwei Minister des Aeußeren, denn Hocher und Lobkowitz berichteten

---

[1] R. A.
[2] Aus Graz, 2. November 1673. R. A.
[3] Bis 28. April 1674. R. A.

und entschieden über die wichtigsten Projecte [1]). Allmälig gewöhnte sich der Kaiser an Hocher, und es kam dazu, daß Lobkowitz ohne Zeichen und Zuthun von seiner Stelle verdrängt wurde. Im Frühjahre 1674 war Lobkowitz in der That nicht mehr der handelnde Minister, sondern nur mehr der Obersthofmeister des Kaisers. Dessenungeachtet schrieb man ihm die matte Kriegführung und besonders die saumselige Kriegsweise des Generals Souches in den Niederlanden zu. Seine Feinde verdächtigten ihn des Einverständnisses mit den Franzosen, er sollte den deutschen Höfen widerrathen haben, sich dem Kaiser anzuschließen [2]). Als im Februar 1674 Graf Wilhelm Fürstenberg gefangen nach Wien gebracht und trotz des Spruches des geheimen Rathes begnadigt wurde, erzählte man sich, Lobkowitz habe diese Begnadigung eingeleitet. Er habe das Todesurtheil auf seinem Tische liegen lassen, bis es einer seiner Leute gelesen und dem Nuntius Nachricht gegeben habe. Der Nuntius forderte von dem Kaiser für Fürstenberg einen geistlichen Gerichtsstand, und als der Kaiser fragte, woher er von dem Urtheil wisse, antwortete er: aus dem Hause Lobkowitz [3]).

Die Stellung des Fürsten war erschüttert. Ringsum waren Mißtrauen, Furcht, Neid und Haß gegen ihn thätig, und es bedurfte nur eines Funkens, um diese Elemente in Flammen zu setzen und ihn in das Verderben zu reißen. Als im Sommer 1674 die Erzherzogin Anna, die Mutter der Kaiserin Claudia nach Wien kam, erhielten die Feinde des Fürsten die mächtigste Verbündete. Sie hatte die seltsamen Reden, welche

---

[1]) Onde ambi uniti ascoltauano et rifferiuano de' Ministri più gravi i progretti: finalmente l'auttorità, che non admette compagni, scacciò dalla seggia Locovitz, la di cui prosperità andaua languendo e ui ripose l'Occher. Michiele's Bericht 1678. St. A.

[2] Helbig: Pufendorf's Bericht, 67.

[3]) Amelot de la Houssaie, Mémoires, 452.

Lobkowitz über sie und ihren Günstling Ferrari geführt hatte, nicht vergessen, auch nicht, daß er sich gegen die Heirat des Kaisers mit ihrer Tochter ausgesprochen hatte. Lobkowitz erwies ihr am Hofe nicht die Huldigungen, die sie verlangte, und duldete keinen Eingriff in seine Rechte. So schlug er ihr rundweg ab, einem ihrer Hofleute aus Tirol eine Truchseßstelle zu geben. Sie verband sich mit seinen Feinden, um ihn zu stürzen. Zinzendorf, der Obersthofmeister der Kaiserin-Wittwe und andere Hofleute waren aus alter Feindschaft gegen Lobkowitz, Hocher und Montecuculi, weil sie ihm einen nachtheiligen Einfluß auf den Krieg und die Politik zuschrieben. Die letzteren scheinen besonders nach Anhaltspunkten gesucht zu haben, um ihn dem Kaiser zu verdächtigen. Der Secretär des Gremonville, Valerius, war in Wien zurückgeblieben und im Besitze der Abschriften der Depeschen an Ludwig XIV.; Gremonville hatte sie ihm unter seinem Siegel zur Aufbewahrung übergeben. Durch Vermittlung eines gewissen Carl Afton, der früher Kammerdiener des Grafen Sigmund Dietrichstein war, ließ sich der Secretär herbei, die Papiere für Geld auszuliefern. Afton übergab sie seinem früheren Herrn und dieser anfangs October 1674 dem Hofkanzler Hocher. Er fand den Inhalt der Depeschen für Lobkowitz so compromittirend, daß er die Hauptpunkte und die schärfsten Stellen daraus dem Kaiser mittheilte.

Leopold I. berief sogleich eine Commission, um die Anklage gegen Wenzel Lobkowitz zu formuliren. Sie bestand aus den geheimen Räthen Fürst Adolph Schwarzenberg, welcher den Vorsitz führte, Montecuculi, Graf Lamberg, Hocher und dem Secretär Abele. In der ersten Sitzung am 13. October 1674 verlas Hocher eine Aussage des Kanzlers des verstorbenen Erzbischofs von Mainz Gudenus, und legte die Depeschen des französischen Gesandten vom ersten Jahre seiner Gesandtschaft bis zu seiner Abreise 1665 bis 1673 vor. Die Commission erhob auf

Grundlage dessen folgende Anklagen [1]): 1. Der Kurfürst von Mainz habe 1672 beschlossen, sich wieder dem Kaiser zuzuwenden und deßwegen Gudenus zu sich berufen; Lobkowitz habe jedoch diesen gemahnt, auf seinen Herrn zu wirken, daß er nichts gegen Frankreich beginne; die kaiserliche Armee werde nichts Feindseliges unternehmen und dem Kurfürsten von Brandenburg werde man schon zuvorkommen, daß er nicht auf eigene Faust Krieg führe. Fürst Lobkowitz habe schon in Frankfurt der Wahl Leopold's I. zum deutschen Kaiser entgegengewirkt. Durch ihn wurde alles den Franzosen verrathen; nur konnte man damals den Urheber der Enthüllungen nicht erfahren. 2. Aus den geheimen Schriften Gremonville's gehe hervor: Fürst Lobkowitz habe die Sendung von Hilfstruppen nach Mailand und in die Niederlande verhindert; er habe veranlaßt, daß der König von Frankreich die Beschlüsse der Wiener Regierung durchkreuzte und mit dem Kaiser eine scharfe Sprache führte. Der Fürst habe sich 1665 anheischig gemacht, die Sendung von Hilfstruppen zu verhindern, sie jedenfalls zu verzögern, und dem Könige anzuzeigen, was darüber in Wien beschlossen wurde. Der Fürst habe ein Bündniß des Kaisers mit dem König von Frankreich versprochen. Er wollte Klagen und Umtriebe in den Provinzen hervorrufen, daß sie keine Steuern zahlen. Er habe gelobt, dem König treu zu dienen und Gremonville beizustehen. Er wollte durch den Kurfürsten von Mainz die Zustimmung des Reiches zum Durchzuge des kaiserlichen Heeres verhindern. In jene Zeit fallen die Aeußerungen des Fürsten: „Der Kaiser ist wie eine Statue, die sich nicht von der Stelle rührt," „die Angelegenheiten Frankreichs werden immer gut von statten gehen,

---

[1]) Geheimes Rathsprotocoll über Lobkowitz. Original lateinisch, 9 Blätter Schw. A. Ich theile die Aussagen der geheimen Räthe mit, um diese zu charakterisiren und ein vollständiges Bild der Verhandlung zu geben.

wenn man seine Rathschläge befolgen will." Er war die Ursache, daß Gremonville in seinen Intriguen beharrte. Nach den Worten des Fürsten sollte 1672 die Rüstung der kaiserlichen Armee nicht gegen Frankreich gerichtet sein, sondern zur Beschränkung der Reichsfürsten verwendet werden. Er wollte dahin wirken, daß spanische Erbländer an Frankreich überlassen würden. Er war die Ursache, daß 1672 das Heer in solcher Unthätigkeit blieb und den Rhein nicht überschreiten konnte. Er hat die Trennung der kaiserlichen Truppen von jenen des Kurfürsten von Brandenburg verheißen. Der König von Frankreich habe die Erfüllung dieses Versprechens gefordert. Der Fürst bezeigte über die mißlichen Erfolge der verbündeten Armee eine große Freude und sagte einmal: er hoffe, sich und Gremonville noch triumphiren zu sehen, sonst müßten beide „die Narrenkappe tragen." Als der Kaiser sich entschlossen habe zur Armee nach Böhmen zu gehen, habe der Fürst den Gesandten gesehen und lachend ausgerufen: „Der Kaiser wolle mit dem Könige von Frankreich wetteifern, aber sein Gesicht sei nicht darnach geformt." Fürst Schwarzenberg faßte die Anklage dahin zusammen: Lobkowitz habe die Geheimnisse des geheimen Rathes kundgegeben, die Fürsten des Reiches vom Kaiser getrennt, die kaiserlichen Beschlüsse nicht ausgeführt, im Ganzen alles darauf angelegt, die Macht des Kaisers niederzuhalten und jene des Königs von Frankreich zu erhöhen [1]).

So gravirend diese Darstellung zu sein schien, so überzeugt die Commission von der Schuld des Fürsten Lobkowitz war, er wurde nicht verhaftet und nicht verhört. Die Anklage wurde ihm nicht einmal mitgetheilt. Er lebte friedlich in seiner Wohnung, fuhr aus, ja es scheint, daß er noch bis zum 13. October zu Hofe gekommen ist. Wohl aber wurde der

---

[1]) Geheimes Rathsprotocoll. Schw. A.

italienische Secretär des Fürsten, ein gewisser Ferri, der seit 1670 in seinen Diensten stand [1]), verhaftet und verhört. Seine Aussage war von keiner Bedeutung: er habe oft mit Gremonville gesprochen, aber nur im Auftrage des Fürsten; von Gift wisse er nichts und verstehe auch nicht es zu bereiten. Auch Ferri's Geliebte und Vertraute, Seferina wurde vernommen. Sie sagte aus: Ferri habe von Gremonville 8000 fl. erhalten und viele Nächte bei ihm zugebracht; er habe den Tod der Kaiserin und ihrer Tochter gewünscht [2]), und sich geäußert, es werde nicht an Mitteln fehlen, dies zu vollbringen; das Geld in der Tasche wolle er um den Tod der Kaiserin hingeben. Ferri wurde beschuldigt, sich gegen den Kaiser mit Verunglimpfungen vergangen zu haben, er sei ohnedies ein berüchtigter Mann und bereits in Rom und Ferrara in Untersuchung gewesen.

Hocher berichtete dem Kaiser das Resultat der Sitzung noch am selben Tage. Welchen Eindruck die Auszüge aus den Depeschen, die beleidigenden Aeußerungen des Fürsten, seine leichtsinnigen, übermüthigen Offenbarungen auf den Kaiser gemacht haben, ist nicht aufgezeichnet. Unwillkürlich mußte ihm Auersperg einfallen. Es war derselbe Fall, dieselbe Schuld. Der Kaiser wünschte deßwegen auch dasselbe Verfahren eingehalten zu sehen. Als sich die Commission am 14. October wieder versammelte, wurde ein Handbillet des Kaisers vorgelesen, welches den Auftrag enthielt, darüber zu berathen: ob man gegen Lobkowitz einen förmlichen Strafprozeß einleiten oder das Verfahren mit Auersperg beobachten soll; ob Lobkowitz als Ritter des goldenen Vließes einen besonderen Gerichtsstand ansprechen könne; ob er seiner Aemter zu entsetzen sei, was mit dem Oberamt in Schlesien, welches der Fürst ver

---

[1]) Lobkowitz hatte einen italienischen und einen deutschen Secretär.
[2]) Anna Maria, geboren 11. September, gestorben 22. December 1674.

sehe, geschehen soll; ob man ihn gefangen nehmen oder nach Raudnitz verweisen soll, ob nicht ein freiwilliges Zurückziehen des Fürsten vorzuziehen sei. Binnen zwei Tagen soll darüber entschieden sein. — Die Meinungen der Räthe waren verschieden. Lamberg sagte: da der Kaiser zur Milde neigt und einen Prozeß nicht wünscht, so kann die Commission auf ein strafgerichtliches Verfahren nicht eingehen; weil aber der Kaiser zustimmt, den Fürsten von seinen Aemtern zu entsetzen, so ist es räthlich dies zu ergreifen. Wegen des Oberamtes in Schlesien soll mit Nostitz berathen werden. Das Verfahren mit Auersperg kann man hier nicht einhalten, weil hier viel schwerere Anzeigen vorliegen und der Fall überhaupt ganz verschieden ist. Lobkowitz soll binnen drei Tagen den Hof verlassen. Hocher möge ihm das anzeigen und einen schriftlichen Erlaß übergeben. Ferri soll noch einem Verhöre unterzogen werden. — Montecuculi erklärte: die vorzüglichste Frage ist, ob ein Prozeß bei einem solchen Verbrechen einzuleiten ist oder nicht. Das Interesse des Staates erfordert, daß Majestätsverbrechen nicht ungestraft bleiben, und es sind solche Anzeichen vorhanden, welche ein Verbrechen beinahe beweisen. Eine einfache Entlassung ist mit vielen Gefahren verbunden. Das Talent des Fürsten ist bekannt. Man soll ihm mündlich eröffnen: die Entsetzung vom Amt, Bedrohung mit einer Geldstrafe, Verbannung in drei Tagen, Verbot der Correspondenz, eine Caution in Geld und Gut. — Hocher äußerte sich: die Frage ist, ob ein Prozeß einzuleiten, ob das Verfahren mit Auersperg festzuhalten, oder ob dem Fürsten der eigene Rücktritt aufzuerlegen ist. Das Interesse des Staates und die allgemeine Sicherheit erfordern, daß noch ein Vorverfahren eingeleitet werde; es wird dadurch mehr an das Tageslicht kommen, dann kann man zum Beweisverfahren schreiten. Der Kaiser neigt jedoch zur Milde. Die Commission wird, wenn sie auch zu einer harten Strafe rathen sollte, bei diesem mildgesinnten Fürsten kaum etwas erlangen; und die Minister sollen dem Willen des Herrn folgen, wenn nicht das öffentliche Wohl entgegensteht. Auf die Rechte des Vließordens kann man keine Rücksicht nehmen; diese berühren nur die Niederländer, nicht die Oesterreicher. Der Fall mit Auersperg war ein anderer. Auersperg war scheu, furchtsam, Lobkowitz ist aufbrausend, kühn, kann sich auf eine mächtige Verwandtschaft stützen. Der freiwillige Rücktritt des Fürsten ist nicht anzurathen. Der sicherste Weg für den Staat wäre, den Fürsten hier oder in der Nachbarschaft festzunehmen. Weil aber der Kaiser milde vorgehen will, so möge ein Decret ausgefertigt werden, daß Lobkowitz sich binnen drei Tagen nach Raudnitz zurückziehe und sich jeder Correspondenz und amtlicher Thätigkeit enthalte. — Abele schloß sich der Meinung des Hofkanzlers an. Schwarzenberg erklärte: der Thatbestand ist ungenügend. Das Handbillet des Kaisers scheine dahin zu zielen, daß man die Zweifel des Kaisers beschwichtige, und dazu den Thatbestand einer neuen Berathung unterziehe. Ferri soll deßwegen nochmals verhört werden, und zwar wenn der Kaiser einverstanden ist, gleich morgen früh. Auch andere Zeugen müssen vernommen werden. Man kann dann neuerdings berathen, ob man Lobkowitz ohne Prozeß und Urtheil der Gnade des Kaisers überlassen, ob man über ihn Recht sprechen und das Urtheil dem Kaiser anheimstellen soll. Wenn der Prozeß fortgesetzt wird, kann Lobkowitz nicht einfach entlassen oder ohne Sentenz verurtheilt werden. Eines davon muß man wählen, und dann dem Kaiser die Wahl zwischen strengem Recht und Milde überlassen. — Die Meinung des Fürsten Schwarzenberg ging durch.

Am 15. October wurde Ferri nochmals verhört. Er sagte aus: Fürst Lobkowitz habe oft mit Franen correspondirt und mit Gremonville viele Unterredungen gehabt, besonders ehe der Kaiser nach Eger gegangen sei; der Fürst sei mit Souches wohl befreundet gewesen, habe sich aber über dessen Unbrauchbarkeit geäußert und daß er zurückgerufen werden solle. Er — Ferri — wisse nicht, was Gift sei, geschweige

denn, daß er davon Gebrauch zu machen verstehe. Auch der
Diener des Secretärs und Carl Akton, welcher die Depeschen
Gremonville's ausgeliefert hatte, wurden vernommen. Der
letztere beschwor seine Aussage, daß er die Papiere vom Se=
cretär Valerius erhalten habe.

Die Commission trat Tags darauf, am 16. October zu
einer Schlußverhandlung zusammen. Nachdem die Aussagen
des Ferri und der Seferina vorgelesen waren, begann die
Debatte. Lamberg meinte: die Anzeigen gegen Ferri sind hin=
reichend, die Folter über ihn zu verhängen, aber er würde die
Folter wahrscheinlich überstehen und sich dadurch reinigen. Er
soll zu lebenslänglichem Kerker in irgend einer Festung Tirols
verurtheilt werden. Was den Fürsten Lobkowitz betrifft, so
muß man ihn, wenn das Verfahren gegen ihn fortgesetzt wird,
in der Nachbarschaft festhalten. Wird aber der Prozeß nach
dem Willen des Kaisers niedergeschlagen, so ist eine Geld=
strafe und die Entsetzung von seinen Aemtern genügend. Der
Fürst soll nach Raudnitz verwiesen werden und zwar mit dem
Befehl, binnen drei Tagen von Wien abzureisen und sich aller
Correspondenz zu enthalten. Der Hofkanzler kann ihm das
morgen früh eröffnen. Man soll ihm ferner eine Geldstrafe
von 100.000 Thalern auferlegen, ihn vorerst aber nur vom
Obersthofmeisteramt entheben. Wer ihm im Oberamt in Schle=
sien nachfolgen soll, kann später entschieden werden. — Mon=
tecuculi war wieder für eine strenge Auffassung. Er sagte: die
Anzeigen gegen Lobkowitz sind sehr erschwerend; einige derart,
daß man zur Folter schreiten, andere, daß man ihn geradezu
verurtheilen könne; jedenfalls reichen sie hin, die Strafe des
Gefängnisses über ihn zu verhängen. Weil aber der Kaiser
den kürzeren und milderen Weg vorzieht, so kann man als
Mittelweg vorschlagen: Entsetzung von allen Aemtern, Ver=
bannung, eine Geldstrafe und Caution. Dafür soll eine be=
stimmte Summe ausgesprochen, der Prozeß jedoch fortgesetzt
werden. — Hocher meinte: für Ferri bedarf es keiner Tortur

mehr, weil seine Schuld offen vorliegt. Er hat beleidigende Worte gegen den Kaiser ausgesprochen, ihn für unfähig zur Herrschaft und nur für den geistlichen Stand geeignet erklärt, er hat den Tod der Kaiserin gewünscht und Geld dafür angeboten. Das Gesetz erkennt zwar dieses Vergehen nicht als ein Majestätsverbrechen und spricht nur eine milde Strafe dafür aus; aber es bleibt doch ein Vergehen gegen die göttlichen und menschlichen Gesetze, und der Kaiser hat das Recht, die Todesstrafe über ihn zu verhängen. Zur weiteren Erforschung der Wahrheit kann man Ferri die Folterwerkzeuge vorweisen und ihn damit bedrohen. Die Aussage der Seserina soll ihm vorgelesen werden. Confrontirt wird sie nicht, wenn sie das Geheimniß begehrt. Was den Fürsten Lobkowitz betrifft, so stellen die Schriften des Valerius einen vollständigen Beweis seiner Schuld her. Ob er auf kurzem Wege zu verurtheilen sei, bleibt fraglich. Er kann verhört und zu einer Caution in Geld verhalten werden. In diesem Falle ist er auf einen bestimmten Ort, vielleicht auf sein Schloß Raudnitz zu verweisen. Seine Amtsthätigkeit hört ohnehin mit seiner Abreise auf. Ein kaiserliches Decret soll ihm die Entsetzung und Verbannung eröffnen. Wenn der Kaiser es befiehlt, so biete er sich dazu an. — Abele sprach sich wegen Ferri für die Drohung der Tortur und wegen Lobkowitz wie der Hofkanzler aus. — Graf Lamberg ergriff noch einmal das Wort: Es handelt sich zwar um das Leben, die Ehre und die Güter eines der hervorragendsten Männer des Reiches, aber die Rücksicht für das Leben und Glück des Kaisers muß allem anderen voranstehen. Man möge doch Ferri auch fragen, warum er den Fürsten bedauert habe, als er hörte, daß es sich um das Leben desselben handle. Der Fall des Fürsten Lobkowitz ist zwar verschieden von dem des Nádasdy, aber die Anzeigen sind doch derart, daß man den Prozeß fortsetzen kann. Jedenfalls hängt es vom Kaiser ab, ob der Fürst Leben und Gut verlieren soll. — Montecuculi fuhr fort: Er bedauere lebhaft das Betragen eines so hochgestellten Mannes. Es ist nicht zu wundern, daß die Dinge bis jetzt so schlecht gegangen sind. Wenn die geheime Verbindung mit Frankreich constatirt ist, wenn er die Beschlüsse des geheimen Rathes dem feindlichen Minister enthüllt und dadurch vereitelt hat, so handelt es sich um Leben und Güter. Auch hat er über den Kaiser schlecht gesprochen. Die Beweise sind zwar nicht vollkommen ausreichend, aber man muß doch auf die Enthebung vom Amt antragen, unter der Bedingung, daß er sich stelle, so oft man ihn vorlade. — Hocher erwiederte: Er habe sehr bedauert, daß er Auersperg seine Enthebung habe bekannt machen müssen. Ein gleicher Schmerz durchdringe seine Seele bei dem Falle des Fürsten Lobkowitz. Es handelt sich da nicht um bloße Zerwürfnisse, um ein Zurückziehen von Spanien, sondern um die Schädigung der kaiserlichen Interessen, indem er den König von Frankreich erhoben und seinen Kaiser zurückgesetzt hat. Die Beweise sind zwar nicht derart, daß man den Verlust des Lebens und der Güter aussprechen kann, wohl aber sind sie hinreichend zu einem Prozeß und zur Gefangenschaft. Es ist nur die Frage, in welcher Form der Prozeß zu führen und welche Art der Gefangenschaft zu verhängen. Der Kaiser kann darüber entscheiden, ob Lobkowitz vom geheimen Rathe auszuschließen und von seinen Aemtern zu entheben ist. Nach seiner Meinung soll man über den Fürsten einen Hausarrest verhängen und ihm bekannt geben, daß der Kaiser seiner nicht mehr bedürfe. — Abele sagte: Die Abschriften der Depeschen Gremonville's sind zwar nicht ganz glaubwürdig; weil sie sich aber auf so wichtige Angelegenheiten beziehen, verdienen sie an und für sich Glauben. Lobkowitz hat ein Majestätsverbrechen begangen, indem er die Trennung der deutschen Fürsten vom Kaiser angebahnt, die Staatsgeheimnisse verrathen und die Beschlüsse des geheimen Rathes vereitelt hat. Die Enthebung vom Amt ist jedenfalls auszusprechen. Zu einem ordentlichen Prozeß kann man nicht schreiten, aber es ist dafür zu sorgen, daß er dem Kaiser nicht mehr im Wege stehe, ihm nicht mehr beschwerlich falle. Er soll daher entlassen und verbannt werden. — Schwarzenberg schloß die Verhandlung mit den Worten: Die Commission möge noch in Betracht ziehen, ob Verdachtsgründe da seien, daß dem Leben des Kaisers oder der Kaiserin nachgestellt wurde, wenn auch nicht von Lobkowitz, sondern von seinem vertrauten Secretär; ob durch den Hausarrest, wie ihn die Herren ausgesprochen haben, eine hinlängliche Sicherheit für den Kaiser gegeben sei, ferner ob man das Vermögen des Fürsten mit Beschlag belegen solle.

Bei der Abstimmung waren alle für die Entsetzung vom Amte und die Verbannung. Lamberg für die Beschlagnahme des Vermögens, Montecuculi für das Verbot der Correspondenz. Hocher und Abele fügten hinzu: Für die Sicherheit des Kaisers werde man schon sorgen. Der Beschluß der Commission lautete dahin: Es sei dem Fürsten Lobkowitz durch den Hofkanzler, wenn dieser es auf sich nehmen will, mündlich zu eröffnen und noch durch ein Decret einzuschärfen, daß er sich auf sein Haus beschränke, sich jeder Correspondenz und der weiteren Gebahrung seines Vermögens enthalte, daß er die Cassenschlüssel ausliefere, daß er von allen Aemtern entlassen sei, daß er keinen seiner Diener entlasse oder verschicke. Noch am selben Tage, den 16. October 1674 wurde das Decret, welches die Verbannung des Fürsten verfügte, vom Kaiser unterzeichnet.

Am 17. October fuhr Lobkowitz zu Hofe und zwar etwas früher als gewöhnlich. Als er in die Burg kam, hielt ihn die kaiserliche Wache an, der Hofkanzler trat heran und übergab ihm den kaiserlichen Erlaß vom 16. October. Lobkowitz las die Worte: „Von Ihrer k. k. römischen Majestät ist dem Fürsten von Lobkowitz, Herzog von Sagan anzuzeigen: Ihre k. k. Majestät haben sich aus gewissen und erheblichen Ursachen allergnädigst resolvirt und befohlen, daß er sich von heut an in den nächsten drei Tagen von hier weg und nach Raudnitz an der Elbe begebe, und weiters nicht nach Hof komme; auch soll er Raudnitz nicht verlassen, sondern dort bis auf weiteren kaiserlichen Befehl verbleiben; er hat sich jeder Correspondenz zu enthalten und darf sich keines der ihm von Sr. Majestät anvertrauten Aemter mehr annehmen; er hat unter Verpflichtung aller seiner Güter einen Revers auszustellen, daß er dem kaiserlichen Befehle gehorsam nachkommen, sich jederzeit und an jeden Ort stellen werde, so oft und wohin es der Kaiser befehlen wird, und nichts gegen den Kaiser und Staat vornehme. Der Hofkanzler Hocher wird ihn noch in einem und dem anderen vernehmen und der Fürst hat demselben gehorsam nachzukommen" [1]). Der Hofkanzler stellte noch einige Fragen, fügte mehrere Weisungen hinzu, und Lobkowitz fuhr in seine Wohnung zurück [2]).

Ohne Widerspruch fügte er sich dem Willen des Kaisers. Er schrieb sogleich an Leopold, bezeigte seinen Gehorsam für den Erlaß vom 16. October, bat aber zugleich, daß ihm der Kaiser seine Gnade wieder zuwende: Se. Majestät möge sich der Dienste, welche seine Aeltern der Krone erwiesen haben, erinnern und erwägen, daß er vor Gott und der Welt sich in nichts schuldig wisse; er könne nicht denken, in was er Sr. Majestät beleidigt oder seiner Pflicht und Schuldigkeit auch nur im Geringsten vergessen hätte; er hoffe deßwegen noch auf eine weitere gnädige Verabschiedung, damit seine Ehre gewahrt bleibe und er mit seinen Kindern nicht in diesem schimpflichen Zustande bleiben müsse. Zugleich schrieb Lobkowitz

---

[1]) 16. October 1674. vom Kaiser und Abele unterzeichnet. Original. R. A.

[2]) Lobkowitz wohnte seit 1667 im Werdenberg'schen Hause auf dem Neumarkte. Für das Stampf'sche Haus unter den Tuchlauben, welches dem Obersthofmeister angewiesen war, bezog er ein Miethgeld von 300 fl.

an den Hofkanzler und ersuchte, ihm den verlangten Revers
nicht in einer Abschrift, sondern im Original zur Unterschrift
zukommen zu lassen. Noch am Abend meldete er seiner Frau
in einem kurzen Briefe die Ungnade des Kaisers; seinem
Sohne, der damals in Siena studirte, schrieb er einige Zeilen,
daß er plötzlich eine Reise nach Böhmen antreten müsse. Nur
dem Hofmeister seines Sohnes theilte er seinen Fall etwas
ausführlicher mit: Gewisse, auf seinen Herrn und Kaiser ge=
machte böse Eindrücke verursachen seinen Abzug nach Böhmen,
bis seine Sache gerechtfertigt wäre, was mit Gottes Hilfe
bald geschehen werde; er möge dies dem jungen Fürsten auf
eine gute Art beibringen, damit derselbe nicht trostlos werde;
sie sollten die Reise nach Rom aufgeben, bis alles aufgeklärt
und die Verleumdung aufgedeckt sein würde. „Man kann
nicht immer glücklich sein, fügte er hinzu, man muß auch
diesmal die Bitterkeit vom Himmel mit Geduld hinnehmen" [1]).

Am 19. October verließ er Wien. Eine Menge Leute
hatte sich vor seiner Wohnung auf dem Neumarkte eingefunden.
Eine Compagnie Dragoner schloß sich dem Wagen an, und
mit dieser Escorte reiste der Fürst nach Böhmen ab. Erst am
12. November kam er im Schlosse Raudnitz an. In Wien
wurde seine Wohnung durchsucht, die Papiere in Beschlag ge=
nommen, und alles bare Geld, eine Summe von 190.000 fl.
confiscirt und an die Hofkammer abgeliefert.

Der Sturz des allmächtigen Ministers machte Aufsehen
in ganz Europa. Die Berichte der Gesandten, die Zeitungen,
die Memoiren der Zeitgenossen waren davon voll. Je weniger
man wußte, desto geschäftiger war man, die Gründe zu er=
rathen, welche den Kaiser vermocht hatten, den Mann seines
Vertrauens, den ersten Rath der Krone in die Verbannung zu
schicken. Wahres und Falsches wurde vermengt. Man erzählte,

---

[1]) Die Originalconcepte im R. A.

Lobkowitz habe die Kaiserin Claudia beleidigt, eine geheime Correspondenz mit Frankreich geführt, er sei von den Franzosen bestochen worden, das Geld — man übertrieb die Summe auf 300.000 Thaler — habe er zum größten Theil von den Feinden Oesterreichs erhalten, die einen sagten, er habe mit den Ungarn conspirirt, die anderen, er sei gegen die Ungarn und die Rechte ihres Landes zu weit gegangen [1]). Viele erkannten ihn für schuldig, die meisten als das Opfer einer Intrigue der österreichischen Minister und des spanischen Hofes [2]). Der venetianische Gesandte Michiele berichtete 1678: „Die Erzherzogin Anna verband sich mit dem spanischen Gesandten zu Machinationen, welche den Fürsten Lobkowitz vertreiben mußten. Sie flochten ihre Intriguen so gut, daß sie nach drei Monaten im Stande waren, ihn zu stürzen und ihn im Angesicht der ganzen Welt als einen verrätherischen Minister darzustellen, ungetreu seinem Kaiser und Herrn, welcher ihn mit so vielen Wohlthaten überhäuft hatte. Sie klagten ihn an, daß er eine geheime Correspondenz mit Frankreich unterhielt, daß er sich durch die Macht des Geldes bestechen ließ, ja noch viel mehr, daß er in seinem Ehrgeiz noch eine höhere Stellung, welche über seinen Rang weit hinausging, erreichen wollte. Er habe getrachtet, die kaiserliche Braut durch Gift aus dem Wege zu räumen. Sein Secretär sei deßwegen eingesperrt. Aber Lobkowitz habe niemals einen solchen Charakter gezeigt, daß man ihm eine solche Schuld beimessen könnte [3]). Der Kaiser war auch trotz aller Einflüsterungen der Feinde des Fürsten nicht zu einer strengeren Bestrafung zu vermögen. Der Fürst wurde verbannt, seiner Aemter entsetzt, die

---

[1]) Frankfurter Relationen 1674. Wagner. I. 364. Rink, II. 714. Menken, 791.

[2]) So Pufendorf in seinem Bericht. Helbig, 66. Ein Bericht, Msc. in der Bibliothek Corsini in Rom.

[3]) Mentre Locovitz mai imprimena carattere, dal quale si potesse dedurre colpa in lui. Michiele's Bericht 1678. St. A.

200.000 fl. und sämmtliche Schriften, welche man in seiner Wohnung gefunden hat, wurden zu Hof gebracht. Wie es jedem geschieht, dem das Glück abtrünnig wird, folgte ihm von so vielen abhängigen Leuten niemand als sein Koch und sein Hausnarr. Von seiner Höhe gestürzt, in der Ehre verletzt, zog er sich auf seine Güter zurück, ein Beispiel der schlechten Einflüsse eines Hofes und der treulosen Verschwörungen der Höflinge. Nur mit vieler Mühe konnten sie den Kaiser dazu bringen, einen Minister zu verstoßen, der ihm bei der Kaiserwahl große Dienste geleistet hatte. Wie man erzählt, hat der Kaiser das Todesurtheil gegen die Rebellen Zrini, Frangepani und Nádasdy nur ungern unterschrieben. Er soll gesagt haben: wäre ihr Verbrechen nur gegen seine Person und nicht gegen den Staat gerichtet gewesen, so wären sie von der Strafe frei geblieben. Es läßt sich daher denken, mit welchem Widerstreben er die Schmach der Ehrlosigkeit über einen Minister verhängte, der, wie man sagt, nicht einen Schatten von Schuld auf seiner Seele hatte. Man folgert dies auch daraus, daß sein Secretär niemals überwiesen und nach einem oder anderthalb Jahren aus dem Gefängniß wieder entlassen wurde. Der Stolz des Ministers und die Hoffnung auf die Gnade seines Herrn haben verhindert, daß seine Lage verbessert wurde. Ein Act der Unterwerfung hätte ihm die Gnade des Kaisers wieder verschafft. Die Kaiserin Eleonore soll ihn dessen versichert haben. Aber er wies es ab, jemand anderen als Gott um Gnade zu bitten. Er soll gesagt haben: das Schlimmste, was ihm geschehen könnte, sei am Ende, auf Befehl des Kaisers den Kopf zu verlieren. Die Katastrophe dieses so hoch geachteten Ministers zeigt nur, welche Macht bei dem Kaiser eine bloße Anschuldigung ausüben kann" [1]).

---

[1]) Quanta forza haueuano presso l'Imperatore l'imputationi e l'accuse. Michiele 1678. St. A.

Was den Fürsten Lobkowitz zu Fall brachte, war der Wechsel der kaiserlichen Politik, die Feindschaft der Minister und Hofleute, der Haß der Erzherzogin Anna und die Rachsucht der Spanier. Von einer Felonie, von einem Verrath oder einer Bestechung kann keine Rede sein. Das Geld, das bei ihm gefunden wurde, war wohlerworben. Schon 1664 hatte Lobkowitz 147.426 fl. bares Geld in seinen Cassen liegen¹). Seine Frau war sehr sparsam und er hatte in der letzten Zeit einige kleine Güter verkauft, um seinen Besitz in der Oberpfalz durch einen neuen Ankauf zu vermehren. Bei seinem großen Einkommen kann man sich nur wundern, daß nicht mehr gefunden wurde. Niemand wird die Mängel in dem Verfahren, welches in der Untersuchung gegen Lobkowitz beobachtet wurde, verkennen. Es ist zwischen den Zeilen zu lesen, daß hinter den Beschuldigungen, welche die Commission am 13. October vorgebracht hat, noch andere Gründe versteckt waren, die man aber bei dem Kaiser nicht geltend machen konnte und wollte. Ein Vertheidiger hätte einwenden können, die Abschriften der Depeschen Gremonville's können nicht als giltige Zeugnisse gegen den Fürsten gebraucht werden, sie sind nicht beglaubigt, man weiß nicht, ob sie getreu sind. Wenn Gremonville wirklich derart an den König geschrieben hat, so ist es noch nicht gewiß, ob der Fürst alles gesagt hat, was ihm in den Mund gelegt wird. Vieles ist entstellt, falsch wiedergegeben. Der Fürst war Minister eines Selbstherrschers. Wenn er den Krieg gegen Frankreich hindern wollte, hat er vielleicht die Interessen Oesterreichs verkannt, aber er hat nur den Beschlüssen des Kaisers gehorcht; was er gerathen, hat der Kaiser sanctionirt, so den geheimen Theilungsvertrag von 1668 und den Vertrag von 1671. Daß er gegen die Wahl

---

¹) Anno 1664 hat sich den 28. Mai im Schatz befunden 147.426 fl.; soll noch dazu gelegt werden, daß die Summe von 150.000 fl. voll werde. Die Fürstin an ihren Gemahl. 25. Februar 1674. R. A.

Leopold's I. zum deutschen Kaiser intriguirt habe, ist eine
Verleumdung; er hat am meisten dafür gewirkt, der Kaiser
selbst hat dies anerkannt. Von aller Schuld kann Lobkowitz
nicht freigesprochen werden. Er hat dem französischen Ge=
sandten mehrmals die Beschlüsse des geheimen Rathes, na=
mentlich den Inhalt der Instruction für Montecuculi 1672
mitgetheilt, er hat demselben Mittel und Wege angegeben,
wie er die Pläne seiner Gegner im Rathe des Kaisers durch=
kreuzen könne; er hat sich über den Kaiser verächtlich, belei=
digend ausgesprochen, indem er ihn einen schwachen, jungen
Fürsten nannte, und ihn mit einer Statue verglich, die man
nach Belieben tragen und aufstellen kann [1]).

Man kann annehmen, daß der Kaiser von den Mitthei=
lungen, welche ihm Hocher und die Commission gemacht
hatten, ergriffen war. Es ist nicht richtig, daß er noch mit
dem Fürsten am Abend des 16. October, als er dessen Ver=
bannung unterschrieb, eine Partie gespielt habe. Der Kaiser
hat in diesen Tagen vom 13. bis 21. October gar nicht
gespielt [2]). Lobkowitz pflegte in den Abendcirkeln des Kaisers
nur selten zu erscheinen, und es ist ungewiß, ob er vom
12. bis 17. October überhaupt zu Hofe gekommen ist. Die
Commission hatte, wie erwähnt, die Beweise der Schuld
nicht zureichend gefunden und deßwegen die Fortsetzung des
Untersuchungsverfahrens angetragen. Aber der Kaiser wünschte
über das Ganze den Schleier der Vergessenheit gelegt und
schlug den Prozeß nieder. Der Fürst war verbannt, er be=
hielt jedoch seine Güter und den Orden des goldenen Vließes.
Das Geld, welches weggenommen und für Staatszwecke
verwendet wurde, ließ der Kaiser später der Familie ver=
güten. Lobkowitz hatte keine Ahnung von der Anklage, die

---

[1]) Depeschen Gremonville's vom 12. December 1667 und 7. Fe=
bruar 1669.

[2]) Mailáth, a. a. O. IV. 44, 45.

gegen ihn erhoben war: er wußte nicht einmal den wahren
Grund der Verhaftung seines Secretärs; er glaubte, daß dieser
eine verdächtige Correspondenz geführt habe. Lobkowitz hat
auch die Verhandlung der Commission und die Ursachen seines
Falles niemals erfahren. Plötzlich und unvorbereitet hatte ihn
das Schicksal erreicht. Er konnte sich an den Spruch seines
Zeitgenossen Logan erinnern:

> Donner, die des Hofes Himmel schickt,
> Schlagen ein, eh' man den Blitz erblickt.

Die Zeit war reich an steigenden und fallenden Größen;
das Leben und die Ehre der Vornehmen mehr gefährdet als
heutzutage die Freiheit des armen Mannes. Man denke an
Fouquet und Lauzun in Frankreich, an Adam Schwarzenberg
und Kalkstein in Brandenburg, an Monaldeschi, an den dänischen Minister Schumacher, an Cardinal Klesel und Wallenstein in Oesterreich. Auersperg und Lobkowitz vermehrten die
Reihe. —

XVII. Sein Tod.
1677.

In Wien wurde erzählt, der Fürst habe seine Wohnzimmer in Raudnitz zur Hälfte mit dem Prunk eines Palastes und zur anderen Hälfte mit dem Hausrath einer Bauernstube einrichten lassen, um sich den Wechsel der Verhältnisse recht anschaulich zu machen. Er hatte dies wahrhaftig nicht nöthig. Aus gewohnten Verhältnissen, aus einem reich bewegten Leben war er in eine Einsamkeit und Lebensöde versetzt, die ihn tief ergriff. Das Schloß war nicht einmal ausgebaut; nur zwei Flügel waren bewohnbar, im Spätherbst war alles unbehaglich, kalt. Wohl kamen allmälig seine Diener nach Raudnitz, aber Frau und Kinder waren in der Ferne. Der älteste Sohn Ferdinand August kam erst zu Weihnachten nach Raudnitz, und blieb, bis ihn der alte Herr im Herbst 1675 wieder auf Reisen schickte. Die Fürstin hatte die erste Zeit nach dem Sturze ihres Gemahles in Kummer und Sorgen verlebt. Kaum hatte sie durch den Brief vom 17. October die erste Kunde erhalten, als auch schon die Gerüchte zu ihr drangen, daß Lobkowitz vom Kaiser entlassen sei, man wisse nicht warum, und daß er abgereist sei, man wisse nicht wohin. Als sie aus einem zweiten Briefe die Richtung der Reise erfuhr, schrieb sie ihm tröstend und liebend [1]): „Man kann wider Gott nicht streiten, was er einem zuschickt, muß man mit Geduld von seiner

---

[1]) 30. October 1674. R. A.

Hand annehmen. Er verleihe Euer Gnaden Geduld und Gnade. Ich werde nicht ermangeln, den Höchsten anzurufen, daß Euer Gnaden Unschuld an den Tag kommen möge. Bitte auch um Gotteswillen, Euer Gnaden wollen sich über dieses Unglück nicht so hoch betrüben, daß Sie an Ihrer Gesundheit Schaden leiden; das wäre den Kindern und mir nicht gedient." Im Sommer 1675 kam sie trotz der schrecklichen Wege nach Raudnitz, und blieb ein Vierteljahr bei ihrem Mann, auch 1676 kam sie wieder mit ihrem jüngeren Sohne, und kehrte im Herbst nach Neustadt zurück.

Wenzel Lobkowitz bedurfte der Theilnahme, des Trostes, der Liebe. Der Schlag hatte ihn tief getroffen. Selbst seine feste Gesundheit begann zu wanken, er erkrankte im December und erholte sich nur schwer. Wohl selten hat ein Höfling oder Staatsmann die Ungnade seines Fürsten verwinden können. Sie sehnen sich immer wieder in den trügerischen Glanz des Hoflebens und auf den gebrechlichen Boden der Macht zurück. Lobkowitz hatte zu viel erfahren und fühlte sich zu alt, um sich in das Treiben der Welt zurückzusehnen, aber er wünschte doch die kaiserliche Gnade wieder, und dadurch die Herstellung seiner Ehre und die Rückerstattung seines Geldes. Die Schritte, die er dafür gemacht hat, bezeichnen sein ganzes Verhältniß. Schon anfangs December 1674 schickte Lobkowitz den Vicekanzler seines Hofstaates, Härpfer und den Kammerdiener Schadner von Greifenfeld nach Wien. Er gab ihnen den Auftrag, bei seinen ehemaligen guten Freunden zu seinen Gunsten zu wirken, alles was noch an Geld und Hausrath in seiner Wohnung vorhanden wäre, zu retten und die Verwaltung von Sagan zu besorgen. Auf seinen Befehl mußten sie in Stockerau den Postwagen verlassen und in einem anderen Wagen nach Wien fahren, damit man im kaiserlichen Postamt nichts von ihrer Ankunft erfahre. Auch die Briefe gingen nicht durch die Post, sondern wurden von vertrauten Personen befördert. Lobkowitz schrieb an Härpfer: er möge sich an P. Emerich, an

den Prälaten von Sagan, an die Grafen Ferrari und Zinzen=
dorf wenden, damit ihm der Kaiser gerecht werde; man ent=
ziehe einem Maleficanten sein Recht nicht, warum einem Un=
schuldigen ¹)?

P. Emerich erwies sich in der That als ein ergebener
Freund des Fürsten. Er überreichte dem Kaiser eine von Lob=
kowitz verfaßte Denkschrift, verbürgte dessen Gehorsam und
Betheuerung, daß er vor Gott und der Welt unschuldig sei. Der
Kaiser antwortete kühl: die Unschuld des Fürsten müsse durch
einen Prozeß erwiesen werden, mehrere Personen wollten ihn
dazu verleiten, er habe es aber aus gewissen Ursachen wegen
des Fürsten selbst unterlassen. Als P. Emerich noch der
190.000 fl. erwähnte, erwiederte der Kaiser: „er wolle dessen
gedenken." Mehr konnte P. Emerich nicht erlangen. Er schrieb
dem Fürsten, daß er die wärmste Theilnahme für ihn hege,
aber er müsse als ein armer Geistlicher vorsichtig zu Werke
gehen; sein Name werde ohnehin überall herumgetragen. Lob=
kowitz gab ihm jedoch keine Ruhe. Er schickte abermals seinen
Hauskanzler zu ihm und schrieb: „der gute Pater ist leider
etwas variabel und muß immer animirt und urgirt werden,
er soll so oft als möglich zum Kaiser gehen, um ihn zu be=
wegen, daß seine Unschuld dargethan werde; es sei kein Bei=
spiel vorhanden, daß man mit jemand so wie mit ihm ver=
fahren hätte; er wünsche nur, vor seinem Tode die Ehre her=
gestellt zu sehen." Aber P. Emerich fand den Kaiser nicht
günstig gestimmt und nahm sich auch nicht mehr der Sache
an. Auf seinen Rath schrieb Lobkowitz an die verwittwete
Kaiserin Eleonore, an Lamberg und Hocher. Lamberg ant=
wortete mit einigen höflichen Zeilen, Hocher gar nicht. Lobko=
witz war davon nicht überrascht, aber es that ihm leid, an die
beiden Herren geschrieben zu haben; er zweifelte nun auch an

---

¹) Lobkowitz an Härpfer, 18. December 1674, 11. Jänner 1675.
R. A.

Hocher's „Affection". Er hatte keine Ahnung, daß der Mann, den er zum Hofkanzler gemacht und in allem bevorzugt hatte, das vorzüglichste Werkzeug seines Falles war. Am meisten ärgerte sich Lobkowitz über den Grafen Martinitz, den Oberstburggrafen von Böhmen, der die Aufsicht über ihn hatte und ihm immer fromme Bücher zuschickte [1]). Nochmals wandte er sich an P. Emerich, daß er zum Kaiser und zur Kaiserin-Wittwe gehe und seine Angelegenheit ohne Vorwissen der anderen vergleiche [2]). Als sich aber der Pater weigerte und die Boten mit süßen Worten abspeiste, ließ Lobkowitz auch diese Hoffnung fallen und ergab sich seinem Geschicke. „Geschehe was Gottes Wille ist, ich habe mich völlig ergeben", schrieb er im Juli 1675 an den Hauskanzler.

Seine Agenten ließ er noch in Wien, und diese scheinen doch Mittel gefunden zu haben, im Interesse ihres Herrn thätig zu sein. Der Kaiser wollte das Geld jedenfalls an Lobkowitz zurückgestellt sehen. Erst als Sinzendorf erklärte, daß die Armee vor Philippsburg nicht bezahlt sei, und auf eine andere Weise nicht befriedigt werden könne, gestattete der Kaiser, daß jene Summe für „das allgemeine Wohl" verwendet werde. Er ließ aber dem Fürsten von der Hofkammer eine Quittung über die 190.000 fl. ausfertigen, mit dem Beisatze, daß die Summe als ein Anlehen betrachtet und jedenfalls zurückgestellt werden würde. 1676 erhielt Lobkowitz die Erlaubniß, auf seine Güter in Böhmen und Schlesien reisen zu dürfen, und 1677 (6. Februar) bewilligte ihm der Kaiser, alle seine Güter in ein Familienfideicommiß zu vereinigen.

---

[1]) Ich will nicht verhehlen, daß der Oberstburggraf immer sucht, mich zu mortificiren und strapaziren durch Einschickung allerhand andächtiger Bücher, die an die Capuciner und an mich kommen. Lobkowitz an Härpfer, 18. December 1674. R. A.

[2]) Lobkowitz an Härpfer, 23. Juli 1675. R. A.

Mit dem Reisen war es jedoch vorbei. Auch kam Lobkowitz nicht mehr an den Wiener Hof, obwohl sich hier die Verhältnisse und Stimmungen mannigfach geändert hatten. Die Kaiserin Claudia starb nach einer kurzen Krankheit am 18. März 1676, erst dreiundzwanzig Jahre alt. Sie war in ihren letzten Stunden so verlassen, daß sie, wie der venetianische Gesandte schrieb, aus dem Leben schied, „ohne einen anderen Beistand zu haben als Gott und die Engel" [1]. Nicht einmal ihre Mutter hatte sie besucht. Sie hinterließ dem Kaiser nur ein Mädchen, Maria Josepha, welche ihr in wenigen Monaten nachfolgte. Auch ihre Mutter, die Erzherzogin Anna, starb bald nachher, am 12. September 1676. Der Kaiser heiratete noch im selben Jahre [2] die Prinzessin, zu welcher ihm Lobkowitz nach dem Tode seiner ersten Frau gerathen hatte, nämlich die Prinzessin Eleonore von Pfalz Neuburg, eine edle, tugendhafte, vortreffliche Frau, mit welcher wieder das Glück und die Freude in die kaiserliche Familie einzogen. Sie gebar dem Kaiser die Söhne Joseph und Carl, welche in Oesterreich und Deutschland nachfolgten.

Bald nach der Vermählung war in Wien das Gerücht verbreitet, daß Wenzel Lobkowitz an den Hof zurückkehren werde. Mehrere Herren, wie Graf Weißenwolf, Sternberg und Wratislaw sagten dem Pfalzgrafen von Neuburg, als er seine Tochter in Wien besuchte, es würde nicht mehr lange dauern, daß Lobkowitz zurückberufen werde. Der Fürst hatte die Werbung und Heirat erfahren, und freute sich darüber, aber zu Hofe kam er nicht mehr. Er war alt, das Klima im Norden Böhmens sagte ihm nicht zu, jeden Spätherbst fing er zu kränkeln an. Im Winter 1676 verfiel er wieder in eine

---

[1] Senza altra assistenza che quella invisibile di Dio e degl' angeli spirar l'anima al cielo. Bericht des Michiele 1678. St. A.
[2] 14. December 1676 in Linz.

Krankheit, von der er sich nicht mehr erholte. Seine Frau war nach Neustadt zurückgekehrt, sein Sohn auf Reisen, er starb wie ein alter verlassener Mann am 22. April 1677. Niemand hat ihm die Augen zugedrückt, wohl aber erschien bei dem Leichenbegängnisse eine Reihe von Prälaten, Aebten und Edelleuten von den Gütern in Böhmen und Schlesien. Der todte Leib des Fürsten wurde in der Capucinerkirche zu Raudnitz, welche sein Vater gestiftet hatte, neben dem Sarge seiner ersten Frau beigesetzt.

Welch' ein eigenthümlich bewegtes Leben! Wie oft mag der alte Mann, wenn er aus den Fenstern seines Schlosses auf Gebirg und Ebene hinausschaute, daran gedacht haben, wie er als junger Oberst über die Felder ritt, dem gefürchteten Wallenstein auswich, oder den Weg der Friedensboten bewachte. Er hat sie alle gekannt die biegsamen Räthe und die blutigen Männer des Krieges: Waldstein, Trczka, Piccolomini, Aldringen, Colloredo, Questenberg, Trautmannsdorf u. a. Er hat den Fall der Revolution in Böhmen, die Schrecken des dreißigjährigen Krieges, die Zeiten der Fronde in Frankreich und des Bürgerkrieges in England erlebt. Von den Grundsätzen seiner Aeltern genährt, im Kriege emporgekommen, gebildet durch eine reiche Erfahrung, war er ein echter Sohn seiner Zeit: gewaltthätig gegen seine Feinde, treu für seine Freunde, voll Pietät und Ergebenheit für seinen Fürsten, begierig nach Ruhm und Macht, zur Intrigue geneigt, schlau, fest, unbeugsam und heftig, voll Gesundheit und Kraft des Lebens. Er ging auf Reisen, lernte fremde Städte und Höfe kennen, wurde ein Kriegsmann, führte seine Reiter gegen den Feind, und wurde frühzeitig eingeweiht in die treibenden Kräfte, welche den Krieg schürten und zum Stillstand brachten. Kaum vierzig Jahre alt, kam er an den Hof des alten, grämlichen, aber gerechten und mäßigen Ferdinand's III. Er erhielt die zweite Stelle im geheimen Rathe und wurde Präsident des Hofkriegsrathes, dieses halb bürgerlichen, halb militärischen

Amtes, das in jeder Zeit so viel geschmäht wurde, und doch immer große Armeen aufzubringen wußte, ohne das Volk zu Grunde zu richten. Mit besonderer Feinheit und Klugheit wußte Lobkowitz auf dem Wahltage in Frankfurt die feindlichen Kräfte anzuziehen und umzustimmen. Der junge Kaiser Leopold I. schließt sich ihm an, wie der Schüler dem Meister, wie der Jüngling dem erfahrenen Manne. 1665 wird Lobkowitz Oberſthofmeiſter, und ist dadurch immer in der Umgebung des Kaisers. Wenn dieser schon dem schläfrigen Portia zugethan war, wie viel mehr vertraute er dem erfahrenen, beredten, glänzenden, heiteren Lobkowitz. Keine politische Handlung wurde mehr vollzogen, ohne daß Lobkowitz zu Rathe gezogen war. Man schrieb ihm den Sturz des Ministers Auersperg zu. Gewiß half er eine der Schlingen zusammenziehen, welche die Spanier und der römische Hof dem österreichischen Minister gelegt hatten. 1669 wurde Lobkowitz Präsident des geheimen Rathes, und bestimmte von nun an den Gang der österreichischen Politik nach innen und außen.

Er huldigte für Oesterreich der Politik des Friedens nach Osten und Westen, gegen die Türken und Franzosen. Vor allem wollte er Oesterreich von der spanischen Politik losketten, welche das Reich in so viele unglückliche Kriege gestürzt hatte. Lobkowitz war ein Bewunderer des jungen Ludwig XIV., der an Geist und Machtfülle, in Pracht und Sitte seinen Zeitgenossen das Muster eines echten Königs zu sein schien. Durch ein Bündniß mit Frankreich hoffte Lobkowitz das Recht Oesterreichs und den Frieden zu erhalten, wenn der kranke Königsknabe in Spanien sterben würde. Er kam dadurch auf eine falsche Bahn, wurde ein Werkzeug Ludwig's XIV. und verkannte die österreichischen und deutschen Interessen, indem er 1668 die spanischen Niederlande und 1671 Holland an Frankreich preisgeben wollte. Indem er das französische Bündniß noch zur Zeit pflegte, als die Franzosen das deutsche Land verwüsteten, glitten ihm die Zügel der

Herrschaft aus der Hand. Es war der erste Zug der Selbstständigkeit Leopold's I., daß er seinen ersten Minister nicht mehr die äußere Politik leiten ließ, daß er sich als deutschen Kaiser fühlte, sich von Frankreich abwandte, und am Rhein und in den Niederlanden die Freiheit Deutschlands vertheidigte.

Lobkowitz war ein Anhänger des absoluten Königthums. Die Geschichte seiner Familie, seine eigene Ueberzeugung und die Strömung der Zeit führten ihn dazu. Er erwartete kein Heil mehr von der faulen, feudalen Gliederung und der provinciellen Sonderstellung der Stände; vielmehr von der modernen Staatsgewalt, welche Richelieu in Frankreich auferbaut hatte. Wie in Frankreich sollte es auch in Oesterreich nur einen Herrn und einen Willen geben. Die staatliche Verwaltung sollte die provinciellen und ständischen Elemente überwinden. Durch sie schien der Gehorsam, die Ordnung, das Gesetz und die Majestät des Thrones verbürgt. Es war Oesterreich so wenig als Frankreich vergönnt, zur englischen Freiheit zu kommen. Lobkowitz war kein starrer Aristokrat. Im äußeren Dienst wurden Bürgerliche wie Adelige verwendet. Als er den Dr. Hocher zum Hofkanzler vorschlug, rühmte er dessen Eigenschaften und meinte: „sie seien bei diesen Zeiten dem adeligen Splendor vorzuziehen." Es wäre zu viel gesagt, wenn man Lobkowitz hohe politische Pläne zuschreiben wollte. Er hatte Grundsätze, aber er ließ sich von der Wirklichkeit der Dinge bestimmen. „Es lassen sich Verhältnisse nicht zwingen, schrieb er an Goës [1]), man muß eben nach Zeit und Gelegenheit die Schwierigkeiten überwinden, denn Gott will auch einen Theil daran haben." Er war kein Freund von überstürzenden Neuerungen. „Am besten, man bleibt bei dem Alten, sagte er einmal, es ist nicht räthlich,

―――――

[1]) 2. November 1673. R. A.

in einem Staate viel auf einmal zu ändern" ¹). Wo er eingriff, leitete ihn ein praktisches Bedürfniß, so in dem Streit mit Sinzendorf, als er in den Staatshaushalt Ordnung bringen wollte, so in den ungarischen Angelegenheiten.

Wenzel Lobkowitz hatte 1669 den Führern der Verschwörung, Nádasdy und Zrini, vom Kaiser Verzeihung ausgewirkt. Als sie jedoch fortfuhren, den Verrath weiter auszuspinnen, überließ er sie ihrem Schicksale und verschmähte weder List noch Gewalt, sie zu unterwerfen. Nachdem sich die Oberungarn erhoben hatten und ihre Haufen von den österreichischen Regimentern gesprengt waren, schien ihm ein Zustand gekommen, wie in Böhmen nach der Schlacht am weißen Berge. Er bereicherte sich nicht wie 1622 so viele österreichische Herren mit dem Ankauf der confiscirten Güter, aber er war entschlossen, mit den halb verkommenen aristokratischen Gewalten in Ungarn aufzuräumen, eine absolute Regierung einzuführen, und so Ungarn für immer an Oesterreich zu ketten. Er beredete den Kaiser, daß die Ungarn durch den Aufstand ihre Rechte verwirkt hätten, und ihr König nicht mehr an den Krönungseid gebunden sei. Auf seinen Antrag wurde in Ungarn das „Gubernium" eingeführt, welches allmälig alle öffentliche Thätigkeit an sich ziehen und nur von Wien abhängen sollte. Die Ungarn haßten Lobkowitz als ihren Feind, als den Schöpfer all' der harten Maßregeln, welche nach 1670 über sie verhängt wurden ²). So lange Lobkowitz am Ruder war, hatten die Ungarn seine Hoffnung, ihre alte Verfassung wieder lebendig zu sehen. Aber nach seinem Fall lebte all' ihr Widerstand, die Agitation und die fremde Unterstützung wieder auf. Dem Nachfolger des Fürsten Lobkowitz, nämlich Hocher, fehlte

---

¹) Gutachten über die Reform der Hofkanzlei. R. A.
²) Seine Verbannung war eine geringe Strafe für seine Handlungen, wenn er nicht die Furien seines Gewissens mit sich nahm. Horváth, II. 284. Uebrigens haben die Ungarn Lobkowitz nicht gestürzt.

es nicht an Energie, aber an Ansehen. Der Wiener Hof suchte
die absolute Regierung in Ungarn noch zu halten, aber der Bürger=
krieg warf dieselbe über den Haufen. Nur ein politisches Ziel
wurde 1687 auf dem Reichstag von Preßburg erreicht: die
Anerkennung der männlichen Thronfolge des Hauses Oester=
reich nach dem Rechte der Erstgeburt. Hätte Lobkowitz den
Anschluß der Ungarn an die Cultur der deutschen Stämme in
Oesterreich angestrebt, die Colonisation ausgedehnt, ein neues
Recht versucht, sein Princip wäre siegreich gewesen und Ungarn
vielleicht heutzutage in Wahrheit eine Provinz Oesterreichs.
Aber Lobkowitz und die Staatsmänner nach ihm versuchten
die Einheit nur in der Staatsform, und diese war absolut,
drückend, hart, und drohte alle kirchliche und politische Freiheit
zu zerstören.

In den Bestrebungen, eine „starke Regierung" zu schaffen,
kam Lobkowitz auch in Gegensatz mit der Geistlichkeit und
namentlich mit den Jesuiten. Auf den römischen Hof und
„seine Schelmenstücklein", wie er sich einmal ausdrückte, war
er nicht gut zu sprechen. Er liebte es nicht, wenn Aebte und
Bischöfe, wie das so oft in Oesterreich geschehen war, welt=
liche Stellen übernahmen. So wehrte er sich gegen den Bischof
Kollonics, als dieser Präsident der ungarischen Kammer wer=
den sollte, „weil die Geistlichen sich heutzutage mehr als die
Weltlichen des Strebens nach Gewinn befleißigen". Die Je=
suiten hatten ihn 1644 zum Rector der böhmischen mariani=
schen Sodalität erwählt, welche Ehre sie nur vornehmen und
einflußreichen Herren erwiesen; aber Lobkowitz kam öfter in
die Lage, ihre Ansprüche zurückweisen zu müssen. Man er=
zählte, nur Lobkowitz habe es verhindert, daß den Jesuiten
nicht die Grafschaft Glatz verpfändet wurde. Er soll den Je=
suiten, als sie um ein Stück Land baten, die Ueberschrift auf
dem heiligen Kreuze J. N. R. J. dahin erklärt haben: jam
nihil reportabunt Jesuitae, die Jesuiten werden niemals
etwas zurückstellen. Er erfuhr das in seinem eigenen Besitze.

Seine Mutter hatte den Jesuiten in Prag für eine Geld=
schuld ein Gut bei Raudnitz verpfändet. Nur mit viel Schwie=
rigkeiten und gegen Ueberlassung zweier anderer Güter bekam
Lobkowitz 1673 das Gut zurück. Noch in seinem Testamente
soll er die Jesuiten verspottet haben ¹). Wenn auch diese Nach=
richten nicht verbürgt sind, sie bezeichnen, wessen ihn die öffent=
liche Meinung für fähig hielt. Clericale Tendenzen in der
Politik lagen ihm ganz ferne. Nur Auersperg hat an eine
katholische Triplealliance gedacht. Der Kurfürst von Branden=
burg täuschte sich, wenn er 1672 in dem Zögern Oesterreichs
sich ihm anzuschließen, eine Scheu erblickte, etwas zu Gunsten
der Ketzer zu unternehmen ²). Ein Jahr nachher erhob Oester=
reich sein Schwert für die Freiheit des protestantischen Hol=
lands. Die Zeiten waren vorüber, in denen im Namen
der Religion Bündnisse geknüpft und gelöst wurden. Da=
bei war Lobkowitz doch ein strenger Katholik. Sein Vater
hatte 1627 in Neustadt durch einen Jesuiten die katholische
Religion wieder einführen lassen. Wenzel Lobkowitz wollte den
Protestantismus in Sagan nicht dulden und befahl, die zuge=
wanderten Prediger zu vertreiben. Es scheint jedoch nicht ge=
nützt zu haben, denn noch 1663 klagte die Geistlichkeit über
die Zunahme des Protestantismus. Alle die Bekehrungsversuche
Ferdinand's III. und Leopold's I. sind in Schlesien geschei=
tert; nur einige adelige Familien convertirten. Als Patronats=
herr der Kirchen auf den Gütern wurde Lobkowitz viel in
Anspruch genommen für den Bau und die Ausschmückung von
Kirchen, und er verweigerte da niemals eine Unterstützung.
In seinen Hausrechnungen ist manche Summe dafür ver=
zeichnet. Noch im Testament vermachte er der Pfarrkirche
in Raudnitz ein Legat. Am meisten war er für die Augustiner

---

¹) Man erzählte, Lobkowitz habe in sein Testament geschrieben, den
Jesuiten vermache ich 100.000 — — Nägel.
²) Droysen, III. 3, 393.

und Capuciner eingenommen, denen auch sein Vater zugethan war, wie denn damals jede vornehme Familie eine besondere Verbindung mit irgend einem bestimmten Orden unterhielt.

Wie bekannt, versuchten damals mild gesinnte und hochherzige Katholiken die abendländischen Kirchen zu versöhnen und sie wieder der ursprünglichen Gemeinschaft zuzuführen. Lobkowitz stand in enger Verbindung mit dem spanischen Franciscaner Christoph Rojas, aus dem Geschlecht der Spinola, der als Beichtvater an den Wiener Hof kam, 1675 Bischof in Croatien wurde und später 1679 an allen protestantischen Höfen Deutschlands Zugeständnisse machte. Seit den Religionskriegen in Deutschland und England war den Menschen das Bedürfniß der Toleranz gekommen. Die hervorragenden Geister in jener Epoche 1648 bis 1700 fühlten den alten Glaubenshaß nicht mehr und standen wie die großen Gelehrten am Anfang des sechzehnten Jahrhunderts für Toleranz und Humanität ein. In den Völkern begann bereits der große Bildungskampf, später „Aufklärung" genannt. Descartes und Spinoza hatten mit der alten Denkart gebrochen, neue Ansichten über Geist und Materie aufgestellt und die unbedingte Gedankenfreiheit vertheidigt. John Locke begann seine Untersuchungen über den Ursprung und die Grenzen der menschlichen Erkenntniß, Hugo de Groot hatte die Rechtsphilosophie begründet. Pufendorf durchbrach in Deutschland die Schranken der scholastischen Orthodoxie und erhob das Natur- und Völkerrecht zu einer Wissenschaft. Leibnitz hatte sich vom Dienst der Staatsweisheit eines Schönborn und Boineburg frei gemacht und begann seine selbstständigen Forschungen. Newton fing 1666 an, die Kräfte zu berechnen, welche Sonne und Sterne in ihren Bahnen halten und eine Welt voll Wunder, voll Wahrheit und Gesetzmäßigkeit offenbarten. So todt die Schulgelehrsamkeit noch war, die lebendigen Geister haben dem Denken und Wissen der Menschheit neue Bahnen vorgezeichnet, und ein Volk arbeitete dem anderen in die Hände. Gewiß hat

Lobkowitz diese vielstrahligen geistigen Richtungen nicht verfolgt, aber er war wie so viele Staatsmänner vom Geiste seiner Zeit angehaucht. Jeder lebt und athmet in der geistigen Atmosphäre seines Jahrhunderts.

Lobkowitz hatte eine rege Theilnahme für den Entwicklungsgang der Bildung, für alle wissenschaftlichen und künstlerischen Bestrebungen. Gelehrte widmeten ihm ihre Werke, junge adelige Herren schickten ihm von Löwen oder Leyden, wo sie studirten, ihre Abhandlungen ein. Er ließ sich 1662 vom Nuntius die Erlaubniß geben, verbotene Bücher lesen zu dürfen. Die von seinem Vater ererbte Bibliothek hielt er hoch in Ehren. Er ließ sie von Prag nach Raudnitz bringen und in einem eigens hergerichteten feuerfesten Raume aufstellen. Von Jahr zu Jahr vermehrte er sie durch neue Ankäufe. In einer Rechnung von 1641 finden sich allein 500 fl. für Bücher verzeichnet. Lobkowitz war besonders für die bildenden Künste, und namentlich für die Malerei eingenommen. Er hatte dafür in den Niederlanden Sinn und Verständniß erworben. Eben in der Zeit, in welcher er an dem Brüsseler Hofe verweilte, war Rubens auf der Höhe seines Ruhmes, die niederländische Kunst überhaupt zur Meisterschaft gelangt. Lobkowitz kaufte Bilder von Teniers, Dow, Metzu, Terburg, Wouwermann, von Lebrun und Mignard. Die Darstellungen aus der Geschichte des heiligen Wenzel von Carl Skreta, heutzutage in der ständischen Gallerie in Prag, sind wahrscheinlich im Auftrage des Fürsten Lobkowitz gemalt worden. Besonders liebte er es, sich mit Portraits bekannter Männer und Frauen zu umgeben. So finden sich in seiner Sammlung Bilder von Ferdinand II., Ferdinand III., Leopold I., Erzherzog Leopold Wilhelm, von der Kaiserin Margarethe Therese, ein Porträt der Regentin Isabella von van Dyck, Portraits des Niclas Zrini, seiner Frau, der Hedwig von Sulzbach, Braut des Erzherzogs Sigismund von Tirol, des Herzogs Gaston von Orleans, von dessen Tochter, der berühmten Montpensier,

Bildnisse der La Vallière, der ersten Geliebten Ludwig's XIV.
und ihrer Nachfolgerin, der Montespan. Ein Hofherr Lud=
wig's XIV., Marquis de Gnitry schickte ihm eine Reihe von
Medaillons mit Portraits der Glieder der königlichen Familie,
der Hofdamen, sämmtlich von dem französischen Hofmaler Mig=
nard gemalt. Bildnisse des Lobkowitz selbst sind von seiner
Jugend bis zum hohen Alter vorhanden, unter ihnen einzelne
von hoher Schönheit. In einigen Werken der Zeit findet man
das Bild des Fürsten in Kupfer gestochen beigegeben. Auch Gold=
münzen wurden ihm zu Ehren und mit seinem Bilde geprägt.

Wie alle großen Herren hatte Wenzel Lobkowitz eine
Vorliebe für Bauten. Das Schloß Raudnitz, das seit dem
Krieg gegen die Schweden halb in Trümmern lag, ließ er
auf dem Grunde des alten Schlosses neu aufbauen und zwar
im Renaissancestil, der damals allgemein maßgebend war,
und noch einen Rest seiner ursprünglichen Schönheit erhal=
ten hatte. Der Bau wurde 1652 von Caratti angefangen,
von 1665 bis 1673 von Orsolini und Antonio Porta fort=
gesetzt, aber erst nach dem Tode des Fürsten 1684 beendet.
Auch das Schloß in Sagan ist von Lobkowitz gebaut, und
dem Raudnitzer Schlosse ganz gleich. Die innere Einrichtung,
Stiegengeländer, Gitter, Schränke, Brunnenverzierungen geben
Zeugniß, daß in Oesterreich das Kunsthandwerk noch nicht
erloschen war.

Gewiß hat Lobkowitz von seinem großen Einkommen
einen würdigen Gebrauch gemacht. Man schätzte dasselbe auf
30.000 fl. jährlich. Er konnte als der reichste Edelmann in
Deutsch=Oesterreich gelten. Als Obersthofmeister und geheimer
Rath bezog er jährlich 6000 fl., 1674 7000 fl.[1]). Das
Nebeneinkommen bei Belehnungen, Auszeichnungen aller Art
war beträchtlich. Die Stelle eines Oberhauptmannes in Schle=

---

[1]) Letzte Quittung vom 20. September 1674, vierteljährig 1750 fl.
R. A.

sion, welche Lobkowitz seit 1672 bekleidete, trug jährlich 5200 fl. und außerdem monatlich 1000 fl. 1665 hatte ihm Kaiser Leopold das Reichslehen Schönsee geschenkt, dazu gehörten das Städtchen Schönsee, sechs Dörfer und die zwei Schlösser Frauenstein und Reichenstein. 1666 erwarb Lobkowitz das böhmische Lehen Waldthurn, er kaufte dazu das Gütlein Waldheim an der pfälzischen Grenze, und 1672 das Gut Ratschinowes in Böhmen. In seinem Testamente vom 19. Februar 1674 vereinigte er seinen ganzen Besitz zu einem Familienfideicommiß. Dafür waren bestimmt: die gefürstete Grafschaft Sternstein [1]), die Herrschaften Schönsee, Waldthurn und Waldheim in der Oberpfalz, das Herzogthum Sagan, die böhmischen Güter Raudnitz, Enzowan, Schreckenstein, Mühlhausen, Unterbeřkowitz und Slřzem, Cztinowes, Ratschinowes, Straschkov und Wraschkov, Chlumetz, Kamezk, Krasnahora und Chistebnitz, ferner zwei Häuser in Prag, eines, das ehemalige Pernstein'sche Haus auf dem Hradschin und ein anderes auf der Kleinseite, bei der Pfarrkirche St. Thomas; dann Weingärten in der Neustadt bei Prag und alles bare Geld.

Wer das Wirken dieses Mannes übersieht, wie er neben seiner politischen Thätigkeit eine Gerichtsordnung für Sagan erläßt, Gemeindestatuten für Raudnitz entwirft, wie er Maulbeerbäume pflanzt, Fasangärten anlegt, Kirchen und Klöster beschenkt, zahllose Almosen austheilt, wie er seinen Haushalt in der strengsten Ordnung erhält, wirthschaftet und spart, der bekommt den Eindruck eines regierenden Fürsten, eines verständigen Grundherren, eines umsichtigen, viel beschäftigten, im Großen und Kleinen tüchtigen Mannes. Am Wiener Hofe

---

[1]) Oder Neustadt an der Waldnab. Schloß Sternstein wurde im dreißigjährigen Kriege zerstört, auch die Ruine ist verschwunden. In Neustadt wurde das neue Schloß von den Lobkowitz gebaut und bewohnt; es ist heutzutage der Sitz des königlich bairischen Gerichtes.

verwunderten sich oft die ernsten steifen Politiker über die rücksichtslosen, übermüthigen Aeußerungen des Fürsten. Man nannte ihn einen Phantasten, einen halben Narren [1]). Aber wer sein Haus so gut bestellt wie Lobkowitz, ist eines ruhigen, geordneten, überlegenen Geistes. In seiner Familie erschien er als der ehrsame, strenge und würdige Hausvater. Seine erste Frau, die junge Wittwe Myska von Zlunitz, hatte er geliebt und war glücklich mit ihr. Seine zweite Frau, die oft genannte Auguste Sophie Pfalzgräfin von Sulzbach, liebte er, wie ein Mann die Mutter seiner Kinder liebt. Ihr nüchterner, protestantischer Sinn paßte nicht zu seiner heiteren Lebensauffassung. Doch war sie eine vortreffliche, edle Frau, und es war sein Unglück, daß er das Hofleben und die öffentliche Wirksamkeit dem stillen häuslichen Glücke vorzog. Auch mit anderen Frauen stand er in freundschaftlichem Verkehr, so mit der Gräfin Susanne Eleonore von Khevenhüller-Frankenberg, geb. Gräfin Kollonics, einer Frau von Geist und wie alle Kollonics von fröhlichem, heiterem Gemüthe. Sie war früher Hofdame bei der Kaiserin Eleonore, dann verheiratet, Wittwe und lebte zu Kirchberg am Wald. Die Erziehung seines ältesten Sohnes überwachte Lobkowitz mit sorgsamem Geiste. Die Hofmeister mußten einen Eid schwören, das Interesse ihres Zöglings zu fördern. Ein Deutscher hatte die Oberleitung. Der junge Fürst studirte, wurde mit fünfzehn Jahren auf Reisen geschickt, und mußte seinen Vater aus jeder Stadt berichten, immer in deutscher Sprache. 1673 schickte ihn der Vater auf die hohe Schule in Siena, welche damals sehr berühmt war und von deutschen und französischen Edelleuten viel besucht wurde. Als der junge Herr seine Freiheit gebrauchen wollte, schrieb ihm der Vater: „Du mußt deinem Hofmeister in allen billigen Dingen folgen, wird das nicht geschehen, werde ich die Hand völlig

---

[1]) Helbig: Pufendorf's Bericht, 67.

von dir abziehen müssen; kann ich den ganzen kaiserlichen Hof regieren, werde ich auch deine Hartnäckigkeit zu beugen wissen."

Das starke Gefühl seiner selbst blieb Lobkowitz getreu bis zu seinem Tode. Wie er sich uns im Bilde darstellt, so finden wir ihn auf jeder Stufe des Lebens voll Kraft, Selbstvertrauen, Zuversicht, wie einen Menschen, der vom Schicksal jede Gunst erfahren hat. An seiner Wiege haben die Genien des Glückes und der Freude gewacht, denn was den Menschen froh und glücklich machen kann, Gesundheit, Reichthum, Macht und Ehre, die Liebe der Frauen und die Gunst des Fürsten war ihm im vollen Maß zu Theil geworden. Aber den Sterblichen ist nur ein bestimmtes Maß von Glück zugemessen. Was darüber ist, zerstört, vernichtet. Der stolze, selbstbewußte Mann erlebte den Sturz seiner Ideen, den Abfall der Freunde, die Ungnade des Kaisers und ging in die Verbannung. Er hat erfahren, was Moscherosch in jener Zeit über das Hofleben schrieb: „Es ist hier nichts als Betrug und Falschheit; der Hof ist ein glänzendes Elend; all' die scheinende Herrlichkeit ist gelehntes, geborgtes Wesen, welches allein auf vergeblichen Hoffnungen und vielen Verheißungen besteht" [1]). Lobkowitz dachte an den Wiener Hof ohne Liebe und ohne Haß zurück. Als die Kaiserin Claudia gestorben war, hörte man nur die Worte von ihm: „Gott sei ihrer Seele gnädig." In einem hohen Gemüthe löscht der Abend des Lebens alle grellen Lichter aus. Der alte Mann ist in der Verbannung und Einsamkeit gestorben. Die Vorliebe für Frankreich war der Irrthum seines Lebens, die Schuld hat sich an ihm gerächt.

Die Fürstin kam nach dem Tode ihres Mannes nicht mehr nach Raudnitz. Als Wittwensitz war ihr Sagan oder Neustadt in der Oberpfalz angewiesen. Sie konnte sich nicht

---

[1]) Miseria des Hoflebens. I. 87.

entschließen, nach Sagan zu gehen, weil dort keine freie Religionsübung war; sie zog es vor, im Schlosse zu Neustadt zu bleiben, wo sie seit ihrer Heirat gelebt und eine neue Heimat gefunden hatte. Nach dem Tode ihres Mannes traten ihre protestantischen Neigungen schärfer hervor, sie verkehrte wieder mit protestantischen Predigern und lud sie oft in ihr Haus ein. Dessenungeachtet trachtete sie, ihren Sohn mit einer katholischen Frau zu verheiraten. Wegen ihres Wittthums kam sie in Zwistigkeiten mit ihrem älteren Sohne. Sie betrachtete sich in Neustadt als regierende Herrin, ließ sich von den Unterthanen huldigen. Sie kam mit den 5000 fl. jährlichen Unterhalt, welcher ihr aus den Einkünften der Herrschaft angewiesen war, nicht aus, und verlangte auch die Auszahlung einer Summe von 10.000 fl., welche ihr der Fürst im Testament vermacht hatte; ja sie rief den Schutz ihres Bruders an. Ihr Sohn that alles, sie zu begütigen, aber sie fing an sich in dem Hause, wo sie gelebt, ihre Kinder geboren und erzogen hatte, fremd zu fühlen. Zwei Jahre nach dem Tode ihres Mannes verließ sie Neustadt, und übersiedelte mit Hab und Gut nach Nürnberg. Erst nach einem Jahre söhnte sie sich wieder mit dem Sohne aus, sah ihn aber nicht mehr. Sie starb am 30. April 1682, und wurde in der St. Lorenzkirche in Nürnberg beigesetzt [1]). Sie war eine echt deutsche Frau von hohem, ernstem Gemüthe, einem starren, festen Willen, dabei fromm, ergeben, voll Liebe zu ihrem Mann und den Kindern. Auf einem Zettel in ihrem Nachlasse waren die Verse geschrieben:

>Was ist, daß man sich viel kränket,
>Dieses jetzt, bald das gedenket,
>Unser Thun hat doch sein Ziel.

---

[1]) Ihr Sohn ließ ihr durch den Baumeister und Bildhauer Johann Trost ein Denkmal in der Kirche setzen.

> Lieber Mensch, d'rum laß es gehen,
> Soll es sein, so muß es geschehen,
> Nach dem großen Himmelsschluß
> Alle Welt sich richten muß ¹).

Die Fürstin hatte fünf Kinder geboren. Eine Tochter und zwei Knaben waren im frühesten Kindesalter gestorben. Es überlebten sie die zwei Söhne: Ferdinand August, geboren in Neustadt 7. September 1655, und Franz Wilhelm, geboren 1659. Der letztere hatte eine schwache Gesundheit, heiratete nicht und starb neununddreißig Jahre alt 1698 in Raudnitz. Der ältere Sohn Ferdinand August war bei dem Tode seines Vaters zweiundzwanzig Jahre und wurde der Erbe und Stammhalter seines Hauses. Als er 1677 aus Italien zurückkam, traute er sich nicht an den Wiener Hof, aber sein alter Lehrer, der Pfarrer in Neustadt schrieb ihm: „nur hin, thun Sie Ihrem Stande nach." Er kam im November 1677 nach Wien, um den Eid der Treue zu leisten, und wurde gut aufgenommen. Der Kaiser schickte den Bischof Emerich, den alten Freund seines Vaters zu ihm und ließ fragen: ob er nicht für das Geld, welches die Kammer seinem Vater genommen, eine andere Gnade annehmen wolle; die Kammer sei sehr verschuldet, und doch wolle der Kaiser das Geld, obwohl dasselbe für das gemeine Wohl verwendet wurde, zurückstellen, „weil sein Vater, der Fürst Wenzel Lobkowitz nichts strafwürdiges begangen habe." Der junge Fürst bat sich die Anwartschaft auf die Oberhauptmannstelle in Schlesien aus, die ihm auch gegen Rückstellung der Quittung über die 190.000 fl. gewährt wurde. Aber die einträgliche Stelle hatte auch andere Bewerber, und der Fürst bekam sie nicht. Kaiser Joseph I. überließ ihm dafür die Herrschaften Wartingen und Hohenreichen in Schwaben, welche in dem Kriege gegen Baiern confiscirt waren. Nach dem Friedensschlusse von 1713 verlor Lobkowitz diese Herrschaften

---

¹) Moscherosch, Soldatenleben, II. 582.

ohne irgend eine Entschädigung, und so ist jenes Geld, welches bei dem Falle des Fürsten Wenzel weggenommen wurde, niemals an die Familie zurückgekommen. Ferdinand Lobkowitz verlor damals auch das Gut Schönsee in der Oberpfalz, weil er dem Kurfürsten von Baiern nicht als Oberherrn huldigen wollte. Am österreichischen Hofe war die Familie vollständig rehabilitirt. Ferdinand Lobkowitz wurde 1691 und 92 Principalcommissär in Regensburg und dann Obersthofmeister der Kaiserin Amalie, der Gemahlin Joseph's I. Er war viermal verheiratet: mit einer Prinzessin von Nassau, einer Markgräfin von Baden, einer Gräfin Althann und einer Fürstin Schwarzenberg, die ihn überlebte.

Ferdinand Lobkowitz pflanzte sein Geschlecht fort. Einer seiner Söhne gründete eine zweite Linie der Familie Lobkowitz. Sie blieben deutsch-österreichische Edelleute, katholisch, conservativ, mit dem Hofe eng verbunden. Wir finden sie im Hof- und Staatsdienst, als Gutsbesitzer, als Freunde der bildenden Künste und der Musik. Der Besitz, welchen Wenzel Lobkowitz zusammen gebracht hatte, zersplitterte sich. Sagan blieb bis 1786 bei der Familie, wurde an den Herzog von Kurland um eine Million Gulden verkauft und der Herzogstitel auf den Stammsitz Raudnitz übertragen. Neustadt, der Wohnort der Fürstin Auguste Sophie, und Waldthurn gingen 1806 durch Kauf an das Königshaus in Baiern über. Die Lobkowitz haben wie so viele österreichische reichsfreie Geschlechter nach dem Untergange des deutschen Reiches ihren Besitz in Deutschland aufgegeben, und wurden wieder österreichische Edelleute.

Alle Nachkommen hielten das Andenken an Wenzel Lobkowitz in hohen Ehren. An dem Hofe Leopold's I. wurde er nicht beklagt und nicht vermißt. Es war auch kein Raum mehr für ihn. Leopold I. übertrug keinem Minister mehr eine solche Allgewalt, wie er sie Lobkowitz verliehen hatte. Er entschloß sich, selbst zu regieren und ernannte keinen Präsidenten des geheimen Rathes mehr ¹); aber er ist immer abhängig geblieben, wie seine Erzieher es gewollt hatten. Nach Lobkowitz waren in der Conferenz die geheimen Räthe ²): Graf Lamberg, Obersthofmeister des Kaisers, Fürst Schwarzenberg, Präsident des Reichshofrathes, der Hofkanzler Hocher, der böhmische Oberstkanzler Graf Nostitz, der deutsche Reichsvicekanzler Graf Königsegg, der Oberstkämmerer Graf Dietrichstein, Graf Sinzendorf, Präsident der Hofkammer und Montecuculi, Präsident des Hofkriegsrathes. Schwarzenberg hatte gehofft, nach dem Vertrauen, welches ihm der Kaiser bezeigte, erster Minister zu werden. Aber er täuschte sich. Hocher leitete seit 1673 die äußeren Angelegenheiten, und blieb in der Gunst des Kaisers bis zu seinem Tode 1683. Der Einfluß Schwarzenberg's dauerte bis 1682, wo ihn dann jüngere Kräfte verdrängten. Er starb 1683, am 26. Mai plötzlich in Laxenburg. Sinzendorf ereilte endlich die Strafe für seine Betrügereien. Er wurde 1680 verurtheilt, begnadigt und starb am 14. December 1680. Auersperg hatte noch die Genugthuung erlebt, seinen Gegner Lobkowitz gestürzt zu sehen; er starb wenige Monate nachher 1677 auf seinem Gute in Krain.

Was in Oesterreich unmittelbar nach dem Sturze des Fürsten Lobkowitz geschah, schien eher für ihn als gegen ihn zu sprechen. Die Kriege mit Frankreich waren unglücklich, die Türken drangen bis Wien vor, und es kam ein Augenblick, in dem die stolze Macht Oesterreich unter dem Drucke von Westen und Osten her zusammen zu brechen schien. Aber in dem Feuer der Zeit war eine Schule von Männern und Helden erwachsen, welche im Herzen und an den Grenzen des Reiches die Feinde schlugen, und die Politik Oesterreichs wieder mit großen Gedanken und einem festen Willen belebten. Am Ende des Jahrhunderts stand Oesterreich wieder mit un-

---

¹) Ipse denique imperare occoepit. Wagner, I. 364.
²) Bericht des Giustiniani, 1682. St. A.

gebrochener Kraft aufrecht, mit dem Frieden im Inneren, und nach Außen bereit, den Streit um das spanische Erbe, der einst 1668 friedlich verglichen werden sollte, in Waffen aufzunehmen. Was Wenzel Lobkowitz angestrebt hatte, der Friede mit Frankreich und die einheitliche Regierung in Oesterreich war gestürzt, begraben, er selbst vergessen.

Die Zeit wirft ihre Wogen über Personen und Zustände. Wer gedenkt noch jener wüsten Vergangenheit mit ihrem Glaubensdruck, ihrer Vernichtung alles Volksthums, ihren politischen Spielen und wechselnden Erscheinungen. Aber es liegt ein ewiger Reiz darin, das Leben des Einzelnen zu erforschen und seine Beziehung zum Ganzen zu erkennen. Deßwegen wurde in diesem Buche österreichischer Geschichte der Mann, welcher der vornehmste Träger der Politik war, in die Mitte gestellt. Er ist geschildert in seinem Wollen und Können, Empfinden und Denken, in seinen Fehlern und Tugenden. Einem Maler gleich, der vom seelischen Ausdruck des Gesichtes gefesselt ist, ohne Neigung und Abneigung habe ich sein Bild entworfen. Nicht alle werden befriedigt sein, wohl aber jene, welche die Züge des geschichtlichen Lebens im Großen und Kleinen beobachten. —

Inhaltsverzeichniß.

	Seite
I. Raudnitz und die Lobkowitz	1—14
Stadt und Schloß Raudnitz	1
Geschichte des Schlosses	—
Bibliothek, Archiv und Bildersammlung	3
Portrait des Fürsten Wenzel Lobkowitz	4
Quellen zur Geschichte seines Lebens	5
Gegenstand des Buches	6
Bedeutung des Mannes in der Geschichte	7
Geschichte der Familie Lobkowitz	8
Bohuslav von Lobkowitz-Hassenstein	—
Die Linie Popel Lobkowitz	9
Fürst Zdenko Lobkowitz	10
Seine Frau Polyxena Lobkowitz	12
Geburt des Wenzel Lobkowitz, 30. Jänner 1609	13
II. Wenzel Lobkowitz, Jugend und Soldatenleben. 1609—1652.	15—34
Erziehung	15
Reisen	16
Lobkowitz wirbt ein Regiment; sein erster Feldzug, 1632 . .	17
Seine Stellung bei dem Falle Wallenstein's, 1633, 1634 . . .	18
Der Krieg in Böhmen, 1634	21
Feldzüge am Rhein und in Westphalen, 1635, 1636 . . .	22
Das wüste Kriegsleben	23
Lobkowitz wird Vicepräsident des Hofkriegsrathes und geheimer Rath. 1644, 1645	25
Das Kriegsgericht in Prag, 1643	26
Lobkowitz nach der Schlacht von Jankau, 1645	28
Sendung zum Erzherzog Leopold Wilhelm, 1646	—

Wolf, Lobkowitz.   29

	Seite
Sendung nach München, 1647	30
Uebertritt des Johann von Werth	—
Lobkowitz wird General-Feldmarschall, 1647	31
Seine Thätigkeit bei den böhmischen Landtagen	32
Lobkowitz wird zweiter geheimer Rath und Präsident des Hofkriegsrathes	33

III. Haushalt und Familie . . . . 35—50

Lobkowitz erwirbt das Herzogthum Sagan, wird Reichsfürst	35
Seine Güter	36
Sein Hofhalt, die Regierung und Verwaltung der Güter	37
Seine erste Heirat mit der Wittwe Pietipesky-Zlunitz	39
Die Erpressung der Schweden, Tod der Fürstin, 1650	—
Zweite Heirat mit der Pfalzgräfin Auguste Sophie von Sulzbach, 1653	40
Die Werbung und der Heiratsvertrag	—
Ein Brief der Braut	42
Ihr Bild	—
Mangel an religiöser Duldung	43
Die Fürstin bleibt protestantisch	44
Ihr Charakter	45
Briefe der Ehegatten	46
Lobkowitz bleibt bei Hofe und im Dienst	49

IV. Der Wiener Hof und die Regierung. 1654—1664 . . . 51—77

Oesterreich nach dem westphälischen Frieden	51
Einfluß der Geistlichen, besonders der Jesuiten	—
Der Absolutismus und die föderative ständische Staatsform	52
Die Organe der Regierung	54
Charakter und Politik Kaiser Ferdinand's III.	55
Seine Familie. König Ferdinand IV.	56
Leopold I. in seiner Jugend	57
Sein Oheim Erzherzog Leopold Wilhelm, 1614—1662	58
Die letzten Tage Kaiser Ferdinand's III.	59
Regierungsantritt Leopold's I., 2. April 1657	60
Berichte der venetianischen Gesandten über ihn: 1658, 1659, 1661	62
Ueber den Erzherzog Leopold Wilhelm	65
Die Kaiserin-Wittwe Eleonore	66
Erzherzog Carl Joseph. P. Müller	—
Der geheime Rath. Abhängigkeit Leopold's I.	67

	Seite
Die geheimen Räthe Ferdinand's III.	68
Die geheimen Räthe Leopold's I. Obersthofmeister Graf Johann Portia	69
Der erste geheime Rath Fürst Johann Weichard Auersperg	70
Der zweite geheime Rath Fürst Lobkowitz	72
Graf und Fürst Adolph Schwarzenberg	73
Der Präsident der Hofkammer Graf Ludwig Sinzendorf	76

V. Die Kaiserwahl. 1657, 1658 . . . . 78—104

Streit der Kurfürsten von Baiern und von der Pfalz um das Reichsvicariat	78
König Leopold strebt nach der Kaiserwürde	79
Französische Intriguen	—
Der Kurfürst von Baiern lehnt die Kaiserwürde ab	80
Der Kurfürst von Sachsen für Oesterreich	81
Stellung Brandenburg's	82
Unentschiedenheit des Kurfürsten von der Pfalz	83
Die geistlichen Kurfürsten	—
Das Kurcollegium und die böhmische Wahlbotschaft	84
Die geistlichen Kurfürsten wollen den Deutschmeister Erzherzog Leopold Wilhelm wählen	86
Erzherzog Ferdinand von Tirol	87
Die Kaiserwürde ist eine Nothwendigkeit für Oesterreich	88
Die beiden Grafen Kurz	89
Lobkowitz spendet an die Räthe der Kurfürsten Geld	91
Geheimer Vertrag mit Trier	—
Mainz und Köln entscheiden sich für Oesterreich	92
Brandenburg schließt ein Bündniß mit Oesterreich	93
Französische Drohungen	94
König Leopold kommt nach Frankfurt	95
Berathung über die Wahlcapitulation	96
Die Artikel 13 und 14	97
Streit über den brandenburgischen Zusatz. Leopold nimmt die Wahl an	98
Die Wahlcapitulation	99
Leopold I. wird am 18. Juli 1658 zum deutschen Kaiser gewählt, am 1. August gekrönt	100
Das Ceremoniell	101
Rückkehr des Kaisers. Befriedigung in Deutschland	102
Unzufriedenheit Frankreichs, der rheinische Fürstenbund von 1658	—

	Seite
VI. Kriege gegen die Schweden und Türken. 1660—1664.	105—147
Ferdinand III. und der schwedisch-polnische Krieg	105
Bündniß Oesterreichs mit Polen, 27. Mai 1657	106
Montecuculi's Feldzug in Polen	—
Bündniß Oesterreichs mit Brandenburg, 15. Februar 1658	107
Der Feldzug der Verbündeten in Holstein, Schleswig und Jütland	108
Der Feldzug in Pommern	109
Zerfall des österreichisch-brandenburgischen Bündnisses	110
Der Friede von Oliva, 3. Mai 1660	111
Rückkehr der österreichischen Truppen	112
Nachtheile des Friedens	—
Siebenbürgen und Georg Rákóczy II.	113
Montecuculi's Feldzug in Siebenbürgen	114
Oesterreich will den Krieg mit den Türken vermeiden	115
Die Residenten Schmidt und Reninger	117
Verhandlungen mit der Pforte	—
Die türkische und österreichische Armee	118
Die Türken erobern Neuhäusel, 26. September 1663	119
Nach dem Feldzuge von 1663	121
Rüstungen für den Türkenkrieg, 1664	122
Der Rheinbund, der deutsche Reichstag, der Kriegsplan	123
De Souches in Oberungarn. Die Hauptarmee	124
Zrini und Hohenlohe belagern Kanissa. Montecuculi übernimmt den Oberbefehl in Südungarn	125
Gefechte bei Zrinivár	126
Marsch an die Raab. Vereinigung mit den Reichstruppen und den Franzosen	—
Die Schlacht bei St. Gotthard, 1. August 1664	127
Der Großvezier marschirt vor Neuhäusel, Montecuculi nach Preßburg	130
Der Friede von Vasvár, 10. August 1664	131
Unzufriedenheit darüber in Deutschland. Ursachen des Friedens	132
Graf Walter Leslie	134
Seine Botschaft in Constantinopel. 1665	—
Sein geheimer Bericht über die türkische Macht	136
Ueber die Umtriebe der ungarischen Malcontenten	137
Zustände in Ungarn	139
Die religiösen Beschwerden	140
Beschwerden über die deutschen Truppen	141
Ueber die Verletzung der Verfassung	142
Die ungarischen Notabeln in Wien, November 1664	143
Tod des Grafen Niclas Zrini	144
Der venetianische Gesandte Sagredo über den Verlust von Siebenbürgen	145

Seite

VII. Die erste Heirat Kaiser Leopold's. 1666 . . . . . . 148—158

Aussicht des Hauses Oesterreich auf die Thronfolge in Spanien . . 148
Leopold I. wirbt um die ältere Tochter Philipp's IV. von Spanien.
 Sie wird 1660 die Gemahlin Ludwig's XIV. . . . . —
Kaiser Leopold wirbt um die jüngere Tochter Margarethe Therese.
 Geburt des Infanten Carl 150
Die Portraits der Prinzessinnen von Velasquez. Tod Philipp's IV.
 1665 151
Reise der Infantin nach Oesterreich. Erste Begegnung mit Leopold. 153
Die Hochzeit, 5. December 1666 155
Die Hochzeitsfeste . . . . —
Das Stillleben am Wiener Hofe. Lebensweise der Kaiserin 156

VIII. Der erste Theilungsvertrag wegen Spanien und die polnische Königswahl. 1667—1670 . . . . 159—181

Ludwig XIV. und das Devolutionsrecht 159
Seine Politik 160
Erster Versuch, Oesterreich für eine Theilung der spanischen Monarchie
 zu gewinnen 161
Ludwig XIV. fällt in die Niederlande ein. Thätigkeit des Gesandten
 Gremonville in Wien 163
Oesterreich sucht Bundesgenossen und rüstet 165
Lobkowitz wirkt gegen den Krieg mit Frankreich 166
Ludwig XIV. läßt Oesterreich einen Vergleich über die spanische Erb-
 schaft antragen 169
Gremonville und Auersperg. Die Motive des letzteren 170
Die französischen Vorschläge. Thätigkeit des Fürsten Lobkowitz . . 172
Die Verhandlung. Gremonville verspricht Auersperg das Cardinalat 173
Nachgiebigkeit der österreichischen Räthe Auersperg und Lobkowitz . 177
Der geheime Theilungsvertrag vom 19. Jänner 1668 178
Bedeutung desselben 179
Die Candidaten für die Krone von Polen, 1668 181
Die Mission des Grafen Schafgotsche. Oesterreich für den Pfalzgrafen
 von Neuburg 182
Die Wahl des Michael Wisnowiezki und dessen Heirat mit Eleonore
 von Oesterreich. 1669, 1670 183

IX. Sturz des Fürsten Auersperg. 1669 . . . . 185—203

Des Kaisers Unschlüssigkeit 185
Auersperg und Lobkowitz gegen den Anschluß an die Triplealliance 186
Mißtrauen gegen Ludwig XIV. 187

	Seite
Die Parteien am Wiener Hofe	188
Krankheit Carl's II. von Spanien	—
Barsches Auftreten des spanischen Gesandten	189
Auersperg ist bei der Cardinalpromotion übergangen	190
Bericht des Residenten Plittersdorf. Der römische Hof hält Auersperg für einen Verräther	191
Seine Schuld oder Nichtschuld	195
Gremonville bietet Auersperg Geld	196
Die Spanier fordern Auersperg's Ausschließung von den Geschäften	198
Sturz des Fürsten Auersperg, 10. December 1669	—
Eindruck in Rom	199
Gerüchte über die Ursachen seines Falles	200
Seine Briefe an die Kaiserin und den Kaiser	201
Auersperg in der Verbannung zu Laibach. Sein Tod, 13. November 1677	202

X. Lobkowitz als erster geheimer Rath. 1669—1674 . . . 204—235

Lobkowitz wird erster geheimer Rath, 10. December 1669	204
Schilderung seiner Persönlichkeit und seiner Politik	205
Charakteristik Kaiser Leopold's I.	206
Die Kaiserin-Wittwe Eleonore. Das Testament des Erzherzogs Leopold Wilhelm. Erzherzog Carl Joseph	207
Erzherzog Carl Ferdinand von Tirol. Seine Gemahlin Anna. Erzherzog Sigismund Franz. Graf Ferrari. Die Männer der Regierung in Innsbruck	209
Vereinigung Tirol's mit dem Staate Oesterreich, 1665	211
Die Conferenz — und geheimen Räthe. Fürst Adolph Schwarzenberg	212
Der Hofkanzler Hocher	213
Der Capuciner P. Emerich	215
Die Gesandten Goës, Kramprich, Lisola, Wicka, Windischgrätz, Pötting, Plittersdorf	216
Die österreichische Hofkanzlei. Hofkanzler Prickhelmayr	219
Lobkowitz's Gutachten über die Besetzung der Hofkanzlerstelle	221
Ueber die Reform der Hofkanzlei	222
Verfall der österreichischen Finanzen	224
Die Hofkammer und ihre Präsidenten	225
Graf Ludwig Sinzendorf und seine Verwaltung	226
Dr. Becher als Hofrath in Oesterreich	227
Borri in Wien	228
Opposition gegen Sinzendorf. Freiherr von Jörger	230
Sinzendorf's Rechtfertigungsschrift an Lobkowitz, 1670	—

	Seite
Commission zur Prüfung der Finanzverwaltung. 1671	231
Streit zwischen Lobkowitz und Sinzendorf	233
Sinzendorf wird vom Kaiser rehabilitirt, 1672. Vereinzelte Maßregeln	234

XI. Die ungarische Verschwörung. 1666–1670 236–284

Unzufriedenheit der Ungarn. Die Führer: Palatin Graf Wesseleny, der Index Curiä Graf Nádasdy, der Ban von Croatien Peter Zrini	236
Graf Franz Frangepani, Michel Bori, Franz Nagy u. a.	238
Erste Verabredung im Bade Stuben, 1665. Zusammenkunft in Murany, 1666	239
Zrini unterhandelt mit dem französischen Gesandten Gremonville. Witnédy's und Petrozzi's Plan, den Kaiser aufzuheben	240
Das geheime Bündniß zwischen Wesseleny, Nádasdy und Zrini, 19. December 1666	242
Graf Rottal über die ungarischen Herren	243
Die Versammlung in Neusohl, März 1667. Sendung in die Türkei Die Pläne Nádasdy's und Zrini's. Zrini's Verbindung mit Graf Tattenbach in Steiermark	245
Die Wittwe Wesseleny. Verbindung mit dem polnischen Domherren Wohenski	246
Der Convent in Szendrö 1667 beschließt die Erhebung. Aufruf des Nádasdy. Plan und Umfang der Verschwörung	247
Nádasdy's und Zrini's Verkehr mit Gremonville	250
Die Anzeige des Pfortendolmetsch Panajotti an den Wiener Hof. Anzeige der Wittwe Wesseleny, 1667, 1668	251
Aussage des Laslo Fekete, September 1668. Rath des Erzbischofes und Fekete	252
Die Ministerconferenz, 30. September 1668	253
Nádasdy wird nach Wien berufen, 1668	254
Zrini's Berufung, Juni 1669. Dessen Aussage gegen Nádasdy	255
Lobkowitz will Nádasdy retten. P. Donellan. Nádasdy unterwirft sich, October 1669	257
Conferenz am 27. November 1669. Der Kaiser verzeiht Nádasdy, 1. December 1669	259
Zrini fährt fort, die Erhebung vorzubereiten. P. Bariglius in Polen	260
Zrini's Anträge an die Pforte. Apaffi zieht sich zurück	262
Zrini's weitere Vorbereitung zum Aufstande in Croatien und Oberungarn. Frangepani, Rákóczy, die Gräfin Zrini	—
Schilderung des Grafen Hanns Erasmus Tattenbach	264

	Seite
Verkehr Zrini's mit Tattenbach. Der Stallmeister Rudolph von Lahn, Graf Carl Thurn	265
Zrini's doppeltes Spiel. Seine Boten, der Bischof von Agram und P. Forstall in Wien. Zrini hofft auf die Hilfe der Türken	267
Zrini erklärt seine Unterwerfung, schickt P. Forstall und seinen Sohn nach Wien	269
Verrath des Tattenbach'schen Dieners. Andere Anzeigen. Der Kriegsrath in Graz	270
Conferenzbeschluß vom 20. März 1670. Zrini mit Gewalt oder List zu unterwerfen. Maßregeln der Regierung	272
Tattenbach's Gefangennahme, 22. März 1670. Conferenzbeschlüsse vom 27. März und 1. April	276
Rüstung der Expedition gegen Zrini	279
Die Unterwerfung Zrini's durch P. Forstall wird bedingungsweise angenommen. Briefe des Fürsten Lobkowitz vom 16. April	280
General Spankau besetzt die Murinsel und Csakathurn. 14. April	281
Flucht Zrini's und Frangepani's. Ihre Verhaftung in Wien, 18. April. Die Gräfin Zrini und ihre Tochter gefangen	282

XII. Das Gericht. 1670—1672 . . . . 285—338

Die ersten Verhöre des Grafen Tattenbach	285
Der competente Gerichtsstand für Zrini und Frangepani. Hofkanzler Hocher leitet die Untersuchung	287
Erstes Verhör des Stallmeisters Rudolph von Lahn und des Grafen Zrini	—
Zrini's Aussagen in den weiteren Verhören	289
Geständnisse Frangepani's und Rudolph's von Lahn	291
Ueberführung Zrini's und Frangepani's nach Wiener-Neustadt	293
Unterdrückung des Aufstandes in Obernungarn. Franz Rákóczy	—
Schrecken in Ungarn. Das Untersuchungsgericht in Leutschau	294
Rottal fordert die Verhaftung Nádasdy's. Volkra in Murany	295
Nádasdy in Pottendorf. Verkehr mit P. Donellan. Die Verhaftung 3. September 1670	296
Thätigkeit der Commission in Leutschau. Ihre Verlegung nach Preßburg, November 1670	298
Aussage der Wittwe Wesseleny über den Verlauf der Verschwörung	300
Nádasdy's Aussagen in den Verhören	301
Das delegirte Gericht in Wien. Die Anklage gegen Nádasdy, Zrini und Frangepani	304
Nádasdy entsagt der Vertheidigung. Vertheidigung Zrini's und Frangepani's durch Dr. Eylers	307
Antwort des Gerichtshofes	308

	Seite
Zrini und Frangepani werden am 18. April 1671, Nádasdy am 20. April zum Tode verurtheilt	309
Die geheime Conferenz bestätigt das Urtheil. Fürst Lobkowitz als Vorsitzender	310
Die Conferenz beräth die Art der Vollstreckung des Urtheils. Der Kaiser bestätigt das Urtheil	312
Hinrichtung Nádasdy's in Wien, 30. April 1671	313
Die letzten Tage Zrini's und Frangepani's. Ihre Hinrichtung in Neustadt, 30. April	315
Der Proceß Tattenbach's in Graz	318
Die letzten Tage Tattenbach's. Abele's Berichte	321
Tattenbach's Hinrichtung, 1. December 1671	327
Die Untersuchung gegen Locatelli und Graf Thurn	329
Confiscation der Güter Tattenbach's. Die Familie Tattenbach	—
Confiscation der Güter Nádasdy's, Zrini's und Frangepani's	330
Schicksale der Gräfin Zrini und ihrer Kinder	331

XIII. Die absolute Regierung in Ungarn. 1671—1679 . . 335—361

Stimmen im Auslande. Stellung Gremonville's	335
Zustände in Ungarn	336
Verfolgung der Protestanten, besonders der Prediger	337
Einfall der Insurgenten in Oberungarn	338
Entschluß des Kaisers, in Ungarn absolut zu regieren. Fürst Lobkowitz. Gutachten der Conferenz über die Einführung eines Guberniums in Ungarn	339
Gutachten der Commission der Theologen und der Conferenz über die Verwirkung der ungarischen Freiheiten, 1672	341
Gutachten des Fürsten Lobkowitz	342
Schwanken des Kaisers. Lobkowitz betreibt die Einführung einer neuen Regierung in Ungarn	343
Gutachten der Conferenz über die Amtsgewalt des Gouverneurs, über die Einrichtung des Guberniums	344
Gutachten über die Persönlichkeit des Gouverneurs. Die Conferenz schlägt den Hoch- und Deutschmeister, Johann Caspar von Ampringer, vor	347
Mittheilung an den Statthalter Erzbischof Szelepcheny. Antwort desselben	352
Volkra's Vorschlag für Begründung der Staatsgewalt in Ungarn	353
Kundmachung der neuen Regierung, 4. März 1673	354
Die Einführung des Gouverneurs in Ungarn, 8. März 1673	—
Haltlosigkeit der neuen Regierung	355
Erneuerte Verfolgung der protestantischen Prediger	356

	Seite
Unzufriedenheit Ampringer's. Administrative Vorschläge	357
Mit Lobkowitz fällt die Stütze des Absolutismus in Ungarn. Die ungarische Opposition durch fremde Einflüsse genährt	359
Tököly's Aufstand. Auflösung des Guberniums, 1679. Die Restauration in Ungarn, 1680	360

XIV. Die zweite Heirat Kaiser Leopold's. 1673 . . . . . 362—369

Kinder der Kaiserin Margarethe. Ihr Tod, 12. März 1673	362
Vorschläge für eine zweite Heirat. Eleonore von Pfalz-Neuburg oder Claudia Felicitas von Tirol	363
Werbung des Herzogs von York, Jacob Stuart um die Erzherzogin Claudia von Tirol, 1672	364
Lobkowitz widerräth die Verbindung mit Claudia, stimmt dann dafür. Verlobung in Innsbruck, 15. August 1673	—
Reise der Erzherzogin nach Graz. Die Heirat am 15. October 1673	366
Schilderung der Kaiserin Claudia	367
Ihre Mutter, Erzherzogin Anna, in Wien	368
Lobkowitz begehrt seine Entlassung	369

XV. Der Bruch mit Frankreich. 1670—1674 . . . . . 370—404

Pläne Ludwig's XIV. auf Holland	370
Der Kaiser und Fürst Lobkowitz	371
Lobkowitz's Streit mit Gremonville. Oesterreich bleibt im Frieden mit Frankreich	372
Besetzung Lothringen's. Graf Windischgrätz in Paris, 1670—71	373
Verhältniß Oesterreichs zu Brandenburg	374
Die Spanier wollen Lobkowitz stürzen. Hocher verhandelt mit Gremonville	375
Lobkowitz bricht mit Gremonville. Versöhnung	377
Vertrag Oesterreichs mit Frankreich, 1. November 1671	379
Lobkowitz der Urheber desselben	381
Ludwig XIV. fällt in Holland ein	—
Der Kurfürst von Brandenburg verbindet sich mit Holland, 6. Mai 1672	382
Mission des Herzogs von Anhalt in Wien. Bündniß Oesterreichs mit Brandenburg	383
Wegnahme der Rheinfestungen. Ratification des Bündnisses, 13. Juli 1672	385
Lobkowitz will den Krieg mit Frankreich vermeiden. Mittheilungen an Gremonville	386
Sturz der Regierung in Holland. Oranien wird Statthalter	388

	Seite
Feldzug der österreichischen und brandenburgischen Truppen, 1672. Politische Schwankungen in Wien	389
Der Kurfürst schließt Frieden mit Frankreich, 6. Juni 1673	391
Umschwung der österreichischen Politik. Forderungen an Frankreich	392
Der Kaiser reist nach Böhmen	394
Die Armee. Verträge mit Holland, Spanien und Lothringen, 30. August 1673. Gremonville verläßt Wien	395
Feldzug Montecuculi's, 1673	397
Gefangennahme des Grafen Wilhelm Fürstenberg	—
Die Coalition gegen Ludwig XIV. Bündniß mit Brandenburg, 1. Juli 1674	399
Der Feldzug 1674	402
Ludwig XIV. bleibt Sieger. Friede von Nimwegen, 1679	403

XVI. Sturz des Fürsten Lobkowitz. 1674 . . . . . . 405—426

Lobkowitz und seine Feinde	405
Die schwankende Stellung des Fürsten	406
Lobkowitz begehrt vergebens seine Entlassung	407
Lobkowitz wird von seinem Amte verdrängt. Verdächtigungen	408
Intriguen der Erzherzogin Anna. Gremonville's Depeschen	409
Die Untersuchungscommission. Erste Sitzung und Anklage des Fürsten, 13. October 1674	410
Verhaftung des Secretärs des Fürsten. Ferri's und seiner Geliebten Aussagen	412
Zweite Sitzung der Commission. Meinungen der Räthe, 14. October 1674	413
Zweites Verhör des Ferri	415
Dritte Sitzung. Gutachten der Commission. 16. October	416
Ankündigung der Verbannung, 17. October 1674	419
Briefe des Fürsten an den Kaiser, den Hofkanzler, an seine Familie	420
Abreise nach Raudnitz, 19. October	421
Gerüchte über die Ursachen seines Falles. Bericht des Michiele	—
Vertheidigung des Fürsten und seine Schuld	424
Der Kaiser schlägt den Prozeß nieder	425

XVII. Sein Tod. 1677 . . . . 427—448

Trostbrief der Fürstin	427
Schritte des Fürsten für seine Begnadigung	428
Verwendung des P. Emerich	429
Quittung der Hofkammer für das confiscirte Geld	430
Dritte Heirat des Kaisers	431
Tod des Fürsten Lobkowitz, 22. April 1677	—

	Seite
Schilderung seines Lebens	432
Seine Vorliebe für Frankreich	433
Seine politische Denkart	434
Seine Thätigkeit in Ungarn	435
Stellung zur Geistlichkeit, zu den Jesuiten	436
Verbindung mit dem Franciscaner Rojas. Beginn der neuen Cultur	438
Des Fürsten Theilnahme an gelehrten und künstlerischen Bestrebungen	439
Seine Bauten	440
Sein Einkommen und sein Besitz	—
Lobkowitz in seiner Familie	441
Glück und Unglück seines Lebens	443
Die Fürstin Auguste Sophie	—
Fürst Ferdinand August	445
Veränderung des Besitzes der Lobkowitz	446
Schluß	—

Verbesserungen.

S. 77, Z. 17 v. oben ist zu lesen, einhauchten: das Festhalten an den u. s. w.

S. 141, Z. 11 v. unten zu lesen statt: Wenn Klagen — Wenn die Klagen.

S. 155, Z. 13 v. oben statt Nadásdi — Nádasdy.

S. 193, Z. 8 v. unten statt Koiser — Kaiser.

Druck von Adolf Holzhausen in Wien
k. k. Universitäts-Buchdruckerei.

www.ingramcontent.com/pod-product-compliance
Lightning Source LLC
Chambersburg PA
CBHW031953300426
44117CB00008B/746